岩 波 文 庫
38-131-1

岩 波 茂 雄 伝

安 倍 能 成 著

岩 波 書 店

鎌倉小町の家　玄関にて　　昭和 17 年頃

熱海惜櫟荘にて　　昭和 17 年頃

父　義質

母　うた

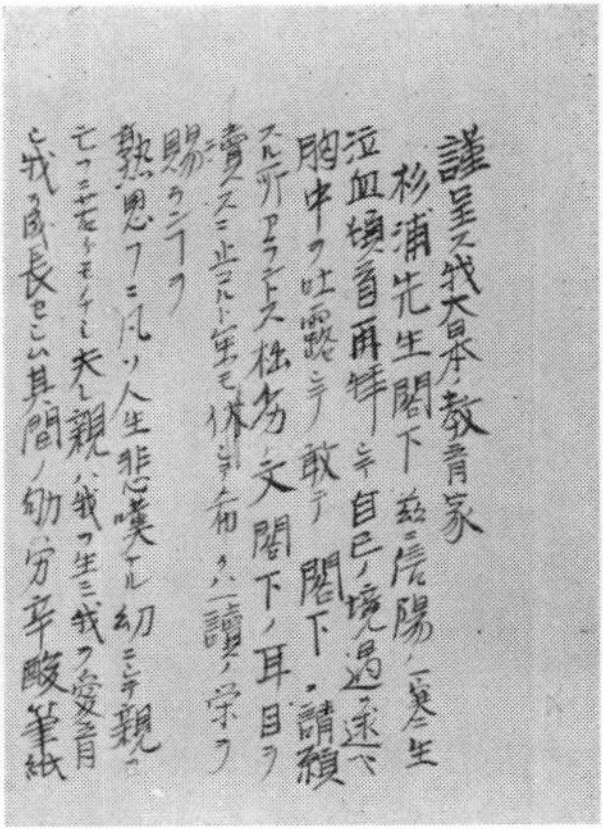

謹呈之我大日本ノ教育家
杉浦先生閣下 茲ニ信陽ノ一寒生
泣血頓首再拝ノ后自己ノ境遇ヲ述ベ
胸中ヲ吐露シテ敢テ閣下ニ請願
スル所アラントス 拙劣ノ文閣下ノ耳目ヲ
涜スニ止ラント虽モ 休ミ給ハズ一読ノ栄ヲ
賜ハランヿヲ
熟思フニ凡ソ人生悲嘆スル 幼ニシテ親ヲ
亡フニ若クハモノナシ 夫レ親ハ我ヲ生ミ我ヲ愛育
シ我ヲ成長セシム 其間ノ幼労辛酸筆紙

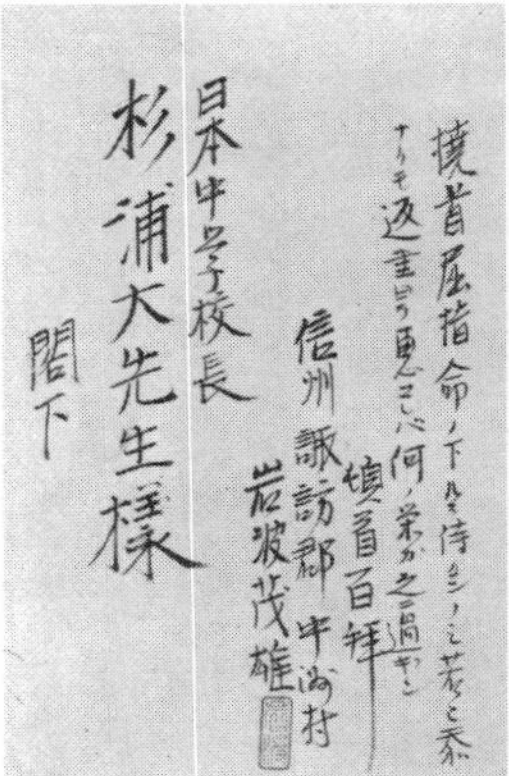

懐首屈指命ノ下ルヲ待ツノミ 若シ恭
ナクモ返書ヲ見ルニ至ラバ心何ノ栄カ之ニ過ギン
頓首百拝
信州諏訪郡中洲村
岩波茂雄
日本中学校長
杉浦大先生様
閣下

杉浦重剛先生に奉る書　冒頭及び末尾

婚約時代　　明治 39 年

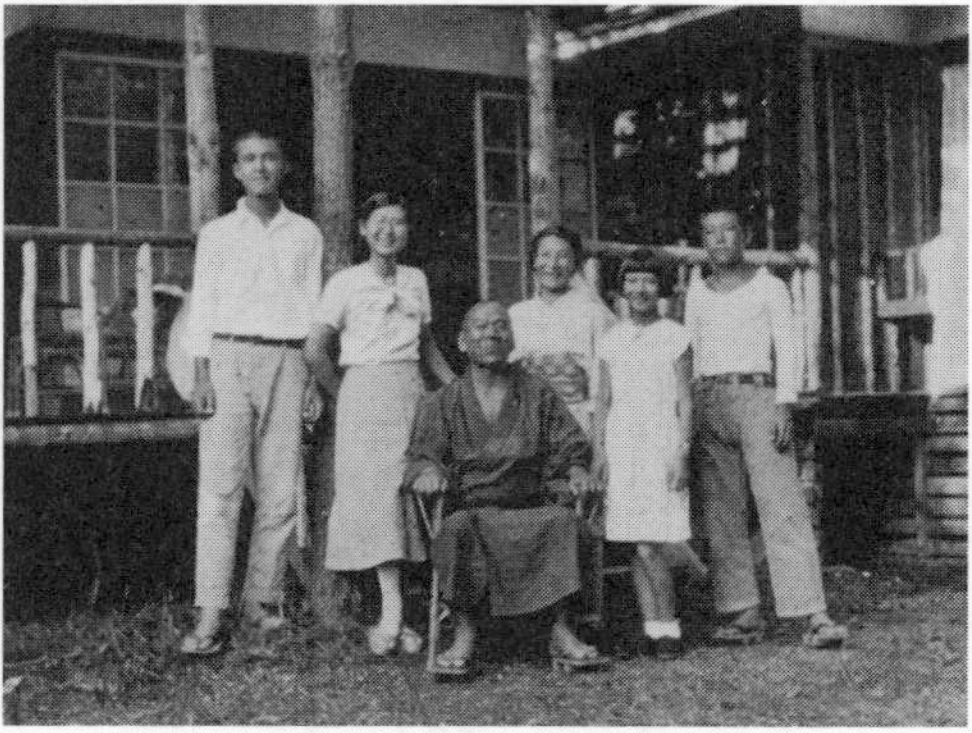

北軽井沢山荘にて　家族と共に　　昭和 9 年夏

神保町の店頭にて　　大正6年1月

回顧三十年感謝晩餐会席上の挨拶　　昭和 17 年 11 月 3 日

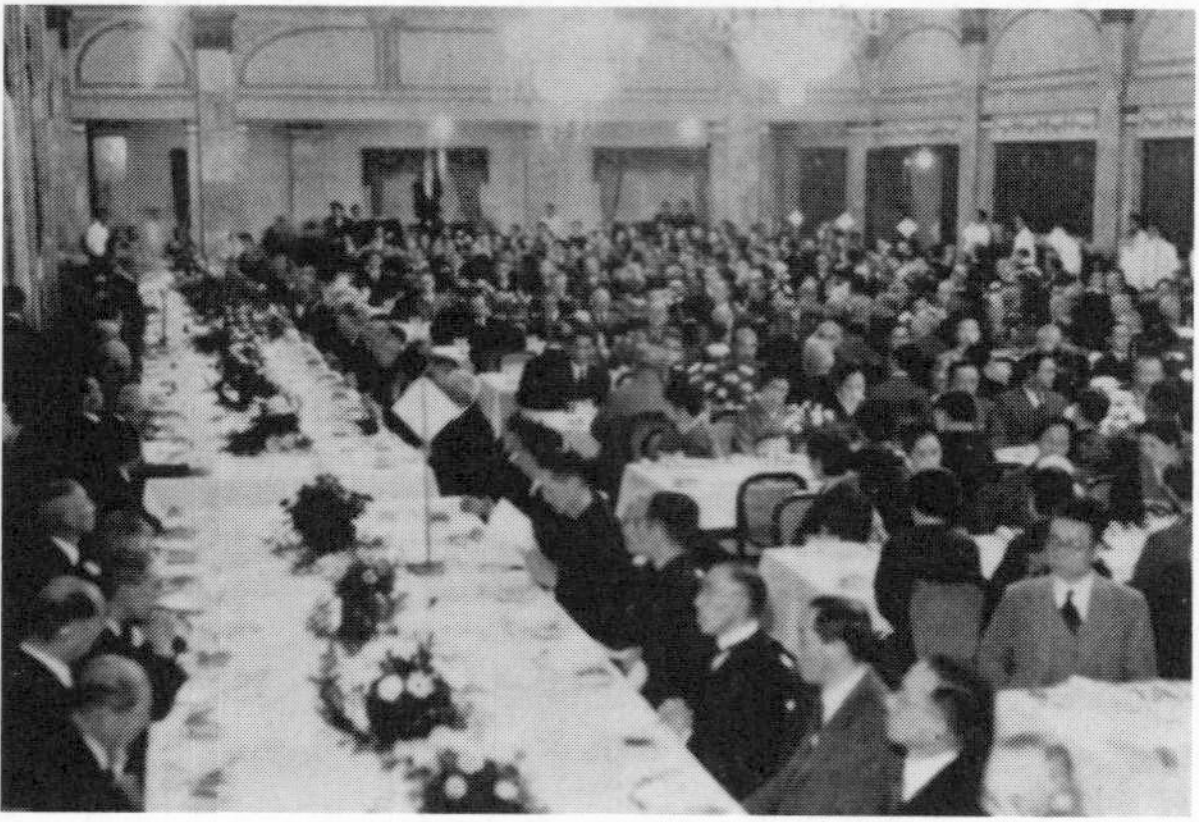

同上　全景

安倍能成と岩波茂雄

熱海惜櫟荘　玄関

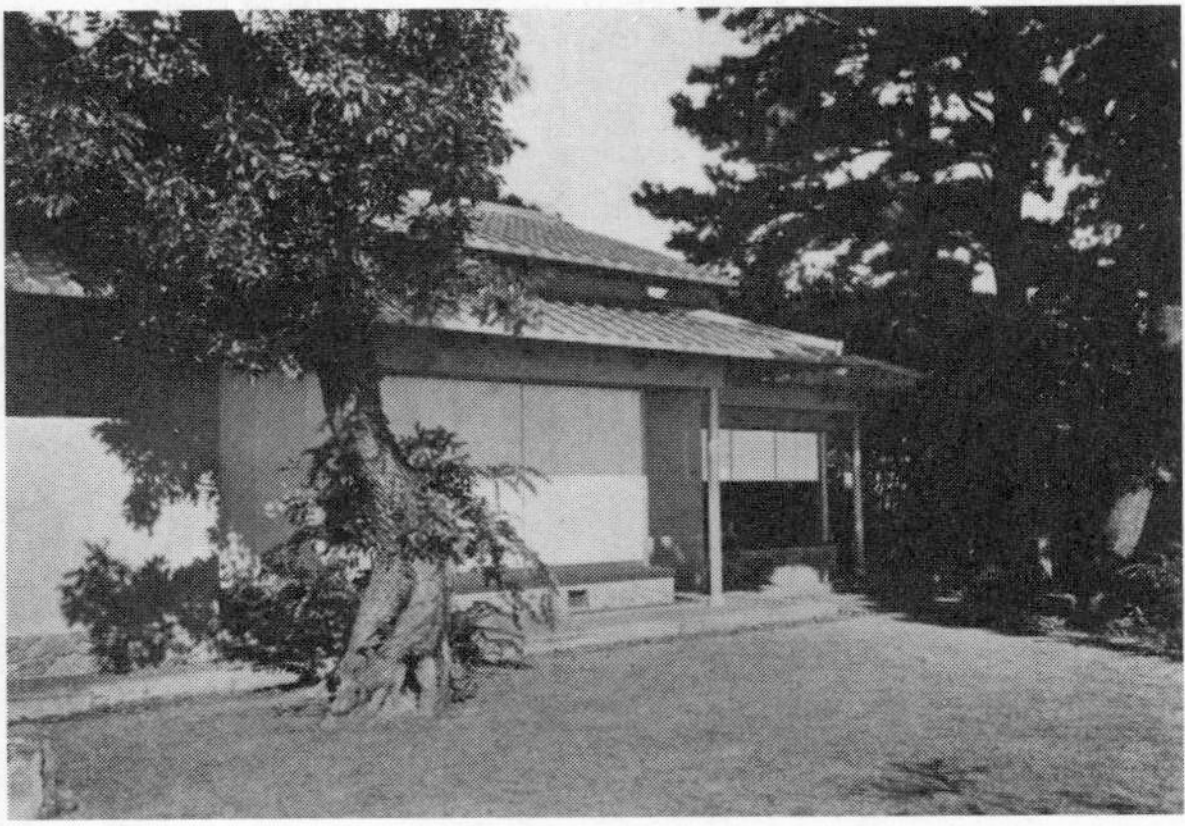

同上　櫟の木

再　序

『岩波茂雄伝』は前にもいった如く、岩波の遺族や岩波書店の希望もあり、私も書きたくて書いたわけだが、書店の方では三千部ばかりを刷って、岩波の友人、親戚、その他各方面の知人その他へ、非売の記念品として頒布することにした。然《しか》るにそれを読んでくれた人々が、著者なる私に向っても、書店に対しても、中々面白いから広く世の中に売り出したらよかろうと勧めてくれ、これは我々にとって勿論《もちろん》嬉しいことでもあるから、ここに廉価版として広く世間に向けて刊行することにした。この書は原稿の時から岩波書店の人々に眼を通してもらい、校正なども随分思い切って自由にやり万誤謬なきを期したのだけれども、それはやはり不可能事に近く、刊行後二十日ばかりの今日にも、指摘されたり気づいたりした誤は数々あった。それをこの機会にすべて改めたことを一言しておきたい。そうして今後も事実の誤謬その他について、遠慮のない御忠言を頂きたい。

昭和三十二年十一月十二日

安倍能成

序

岩波茂雄が死んでから来年は已に第十三回忌を迎えようとしている。一周忌の時旧知縁故者の間に岩波の伝記を残す企があり、先ず岩波を知る諸君の追懐を集めると共に、岩波の遺文を集めた。この遺文の一部は第七回忌の記念に、私が編集して『茂雄遺文抄』の名で遺族から旧知に贈られた。私が岩波と親しく且家族や店員とも懇意だった関係から、こういう仕事にも自然に関与することになったが、伝記を誰が書くかという話が出て、半分は周囲から勧められ、半分は自分が進んで、それを引き受けることになったのは、多分岩波死後二年を経た三周忌の頃であったろう。私と岩波との交情は、本文中にも詳し過ぎるほど書いたから、ここには略するが、岩波は私を信用してはいたろうが誰よりも親愛していたというのではなく、又私の方も岩波を尊敬していたが好きなところばかりではなかった。ただ岩波にとって一番無遠慮な友人で、大切な事を相談するに足るとは思われていたらしい。そんなこんなで私は岩波の友人中では、一番岩波と家族のことを知っていたとはいえるかも知れない。その上岩波という人間が強い独特な性格の持主であり、岩波の事業が日本にとって広い深い寄与をしたという文化的、歴史的意味から、岩波はたしかに伝えるに足る人物であり、これを全体的に伝える上から見ては、私が適任者だと信じたのが、私の敢《あえ》てこの伝記を引き受けた所以《ゆえん》であった。

私はその為に諸君の数多くの追懐や、岩波及び書店に関する記録を調べ、又岩波の遺文や日記、書簡等を、集まった限では皆読みもした。そうしてともかく書き始めたのは、昭和二十四年頃であったろうが、私は私立になった学習院長として、内外の校務が忙しかった為、その仕事は中々はかがゆかず、予定した七周忌にも、それは間に合わなかった。そこで週末週初の二、三日又は一両日を、熱海伊豆山の岩波遺愛の別荘惜櫟荘《せきれきそう》にこもって、その日だけはこの仕事に集中する心構えであったが、行けない除外例も多く、連続的であるべき仕事に、時には長い中断を余儀なくされたりして、仕事は中々思うように運ばなかった。岩波夫人ヨシさんも私の始の稿を面白がり、伝記の完成するのを楽しんでくれたが、そのうち中気にかかり、やがて去年の始に夫の後を追った。この伝記に多大の関心を持っていた、岩波書店の財政顧問で岩波の友人だった明石照男君も、去年九月に逝去し、その外に岩波の親友だった藤原咲平《さくへい》君も渡辺得男君も死に、つい近頃工藤壮平君も死んだ。岩波を知る残った友人も多くは七十を越えて、筆者である私自身も入れて、いつ凋落するか分からぬことを思うと、私は昨年あたりから心に少しのあせりを覚えて来た。それでこれは本腰にならねばと覚悟して、多忙の間にも殆ど除外例なく伊豆山行を守り、夏休に上州北軽井沢へいった時にも、参考文献を持参してこの仕事に集中し、今年の冬休中の正月三日に一とまず原稿を書き終えて、印刷に渡したのはこの二月であったろうか。それから校正が出だしてからも、どんなに直してもよいという約束で、それに随分手を入れ、時には四、五枚の原稿を追加したり、一頁も二頁も削除したり、私自身の手で大抵四校、五校までやって、それが半年以上を経た今月中で、やっと私の手を離れることになった。恐らく本になるのは秋の九月であろう。

自分が進んで引き受けはしたものの、私は時々この仕事を放棄したくなった。私は昔から文章は自分一人で書く方で、談話筆記、口授筆記は嫌いであり、今度もそういう意味で助手は使わなかった。ところが元来記憶のよかった私も、年と共にこの能力が減退して来、拵えた備忘のノートも、整理のしかたのわるいということもあるが、よく忘却し、殊に店のことについては、店員殊に長田幹雄君に気づくに従って疑問を質したり、材料の提出を求めたりし、長田君は一々まめに精確に答えてくれたに拘らず、それを見失ったり忘却したりして、度々手数を掛けることも多かった。何か思いついても、それをすぐ書きつけておかぬと忘れてしまうし、又どこに書きつけたかを忘れてしまう。この材料を整理し、又必要に応じてそれをすぐ見つけられるようにすることが、仕事の能率を挙げるのに如何に必要なのかは、こういう仕事を今まであまりやらなかった、又自分の記憶力を今まで頼んでいた私には、今度という今度実に切実に感ぜられた。そうして助手というものが如何にこの種の著作に重大であるかを痛感したのである。殊にこういう伝記には、細かな瑣末事をも全体との関連から調べる必要があり、そういう時にはつくづくこんな仕事を、この年で多忙の中に何しに引き受けたかと、自分で憤慨することもあったが、伝記に虚偽を伝えてはならぬという責任を思うと、それをほうっておくわけにはゆかなかった。

この書は伝記であって小説でないから、岩波の生活や岩波書店の事業については、第一に時と所とを確めることを丹念に努めた。そうして確め得たものには、明かにそれを記し、明かでないものには推定は書いたが、その推定もしくは想像であることをはっきりとことわった。又できるだけ岩波自身の遺した文章や談話によって、岩波自身をして語らしめることをも努めた。岩波の言行を伝えたものも、それも多くの場合誰々の話ではという断り書きをつけて、私自身が直接に見聞したものとは分かった。こういう風にしてできるだけ岩波を客観的に伝えることには努力し、岩波に関連した人事についてもできるだけ公平を期した積りであるが、その為に私自身の感じや意見を引っ込めたというわけではなく、随分無遠慮に出しゃばっていることは、誰よりも読者の気づかれる所であろう。しかしこの場合にもそれが私自身の所感所見であることは、はっきりと打ち出しておいて、私のを岩波自身のそれにおしつけなかったことは諒としてもらいたい。

出版事業のところで、年次的に岩波書店の出版について叙述したが、色々な意味で主要な出版物を挙げたその選択については、その書物の価値を一々親しく検討したわけでなく、又それが不可能でもある故に、部分的に過誤のあったことを恐れている。

岩波の家庭生活をどういう風に叙述すべきかには随分苦心した。中国では墓表には故人の善事美徳ばかりを録して、悪事や欠陥はしるさないことにしてあるというが、これも無意味だとは思わない。しかし岩波が既に一つの歴史的人物であり、歴史的全体的に観察する場合、局部的に考える場合と違って、その過失も欠陥も、全体の生活を形造る必然的連関の中では、意味を持ったりも許されたりもすることを思い、私は岩波の私生活に就いても、できるだけ隠す所なく書きたいと思ったが、「訐《あば》いて直と為す」結果になることを恐れもした。そうして関係のある人物もまだ生存し、殊に肉親の人々の感情をも思い、諸君の意見も聞いて、書くことを控えた所も少しはあった。だが、これは岩波を品行方正学術優等の君子として表現せんが為でなく、人の及ばぬ長所を持つと共に人間並みもしくは以上の短所及び欠陥を備えた、岩波の全貌を傷つけない程度に止めたことを言っておきたい。

故人に対する所見感想を寄せられた親知の文章は、一々について少なくとも一読はした。岩波の遺文、書簡、談話等も遺す所なく見た。岩波の追憶中には、追憶者自身の事を語って岩波自身に及ぶことの少ないのもあったが、記憶と印象に残ったものは、再読も三読もした。諸君の好意が私のこの著の内容を豊富にして下さったことを深く感謝する。

岩波書店のことに関しては、特に長い間店員であった堤常、長田幹雄、小林勇、三君の教示や助力を得ることが多く、この部分は殆ど三君との合作だといってよい。中にも長田君の書店や岩波についてのまめな精確な記録は、この伝記の精確を助けることが大であった。書いている中にも、新しい事実や事実の誤りの発見があったり、又長田君たちが文章まで親切に訂正してくれたりしたので、前述の如く随分乱暴に削除したり追加したり改竄したりして、印刷と校正の掛りに迷惑と面倒とをかけたことについても、おわびと共に感謝を捧げたい。

ともかくも十年に近い歳月をひっかからされた仕事が終って、久しぶりに夏休をゆっくり浅間の煙に対し得ることを幸福としたい。

（昭和三十二年七月二十六日）

目次

岩波茂雄傳

第一篇　書店開業以前

明治十四年(一八八一)―大正二年(一九一三)

第一章　郷里の生活

一　岩波の生家

岩波茂雄は明治十四年(一八八一)八月二十七日、長野県諏訪郡中洲《なかす》村中金子《なかがねこ》の農家に生まれた。ここは上諏訪の市街に近く、諏訪明神上社の側で、諏訪湖辺の村里である。この中金子は湖水の沖積土の上に屯した部落で、水田は肥沃で収穫が多く、長野県全体がそうであるけれども、諏訪のように冬の長くて外に産物のない――養蚕が盛んになったのは大分後のことである――所では、有利な富裕な土地であった。大した金持もないが、ひどく貧窮な者もなくて、富がわりに平均していたとは、岩波自身の語る所であった。

岩波の生まれたのはこの部落で中以上の家であった。家に伝わる系図によると、先祖は信朝といい、通称は安太良、桓武天皇二十九代の後胤ということになっている。武田氏に仕えて、永禄四年の川中島の合戦に参加しており、子信隆の代に武田家が滅亡するに及び、信隆は旧地金子郷に住み、岩波小六郎と名のった。これが真実だとすれば、茂雄は小六郎から十二代目にあたることになる。

父は義質《よしもと》(安政五年(一八五八)八月二十九日生、旧名は吉蔵で明治十一年改名)、母はうた(文久二年(一八六二)五月二十一日生)という。父は八字髭の小柄な人で、厳正廉直、経書を読み文筆ができた。身体が弱く喘息が持病だったので、田地は小作に任せて、明治十七年には中洲村戸長役場の筆生になり、年給三十六円から、二十二年助役になる前には、倍額の七十二円に昇給した。これは町村制執行第一回の助役であり、同じ年の四月には村会一級議員にも当選し、助役の方はその五月から二十六年の五月まで一期間を務めた。そうして茂雄十五歳の明治二十九年(一八九六)一月五日に歿した。享年三十七歳五月である。

義質の父なる岩波の祖父伝吉は、体格が大きくて大伝と呼ばれ、農業の外に米や酒、醤油、酢の販売を兼ね、田地も買い集めたのだが、この人は彼の父義質を認めて、四男であるに拘らず家を継がせたと、岩波からきいた。長男文治は素行修まらず、酒乱の傾向があって諸国を流浪し、次男源吉は上諏訪の米屋なる親類筋で同姓の岩波家(屋号入《いり》中《なか》)を継いで産を成し、多額納税者になり、三男徳吉は同村の浜家に入夫し、父の弟五男音蔵は後に岩波家の田地を管理し、農閑期には日本橋の魚河岸に出稼ぎに来て、魚の運搬をやったということを、岩波から聞いたことがある。なお父にはたけという妹があり、これは藤森家に嫁した。

母うたは下諏訪の井上善次郎の妹で、善次郎は製糸場を設けて一時かなり手広くやっていたが、失敗して東京神田で薪炭商を営んでいた。母は深く岩波を愛し、当時村では尋常小学四年後、高等小学四年を続けてやる者も乏しい時代に、彼が村の高等小学校卒業後、ちょうどその年有志によって上諏訪町に設立された実科中学に入れたのも、その後彼が東京遊学を敢行して、日本中学に転校し、続いて第一高等学校に入学したのも、固より彼自身の熱烈な願望によるとはいえ、又偏《ひとえ》に母の同情と理解と勇気との賜物であった。岩波の体格も気質も多くはこの母から受け継がれたといわれ、その影響感化も多かった。母は実に男まさりで、気性が烈しく、家のきりもりも、子供のしつけも一切引き受け、何事もテキパキと処理した。特に彼の誠実、熱情、努力、負けじ魂、自分を忘れて人に親切な世話ずきな性質なども、この母に似ていたといえよう。父はむしろ静かな消極的な方であったらしく、後年彼は母について語ることは多かったが、父についてはは極めて少なかった。母は学問はなかったが、愛国婦人会の支部を作ったり、小さな村の婦人連にも、陣頭に立って働きかけた。後(明治三十六年)に彼が書いたものの中に、「余が父の性質」として、「正直、頑固、親切、堅忍、勤勉」を挙げ、「母の特質」として、「極めて同情深く、極めて活動性あり、至って聡明なり、又勇敢剛毅義俠の資に富む、活発快活にして隠すことを知らず」と言っている。

岩波は一家の長男であって、外に三つ下の美都江《みつえ》(明治十七年八月二十一日生)、九つ下の世志野《よしの》(明治二十三年六月十五日生)の二妹があったが、美都江は前記井上善次郎や母うたの兄なる井上伊兵衛の子勝衛に嫁して、夫歿後、昭和十年八月二十四日下諏訪町に歿し、世志野は明治四十年十一月堀内虎田を婿養子に迎えたが、彼女が明治四十二年八月三日に歿して後、虎田は岩波家を離れて他家に入り、今は既に故人である。

岩波の家は彼の語る所によると、「年貢米が一ばんいい時には百俵ほどとれた。まあ田舎では中以上の家でした」とある。前中洲村長伊東一の調べや故老平林佐吉の話を総合すると、持地が合せて二町歩余、地価千円以上あり、当時諏訪地方では有福といわれた中金子にも六、七人しかない、一級選挙者であり、ちょうど岩波の上の詞に当るくらいで、それは偏に祖父伝吉の努力によったものであろう。自家では人を傭って八反歩ばかり田を作る外に、高木、真志野《まじの》、上金子にも田があって、人に貸しており、家でやったのは少しの養蚕くらいのものであった。

二　幼少時代

岩波は小さい時から既に後年の性格を発揮していた。岩波の隣人で一つ年下の宮坂春章の話によると、何歳かは知らぬが少年の頃、家の裏に流れている宮川で泳いでいたが、初は全く下手であったに拘らず、熱心によってだんだん上達して来た。そうなると彼の雄心はこんな小川では収まらず、諏訪湖で泳ごうと言い出し、小舟を一つ借りて宮坂と共に湖を横断したが、二人共まだ子供で艪を漕ぐすべさえ知らぬ上、生憎風がひどくて、舟は上下左右に動揺し、幾たびか顚覆《てんぷく》しようとしたのを、一所懸命の努力でやっと湖の往復を遂げて岸辺に着いた時には、手は豆だらけ、体はびっしょり、腹はすいてものもいえなかった、ということである。

彼が隣字の下金子にあった尋常小学校に入学したのは、明治二十年であるが、その頃、同級だった茅野とらの伝える所によると、「茂雄さは、とてもすばしこい、実にゴタでいたずらで元気者で」あり、外の生徒が二重丸や三重丸をもらうと、やっかんでその生徒の机をひっくり返したりした。お互にお手本、習字帖、書取帖をよごし合わぬ日はないくらいだったが、そういう時彼は実に機敏で、いたずらも自分で手を下さずに計画的に巧みにやったので、「茂雄さのこすさ」と呼ばわられ、小使のばあさんなどは「茂雄さはここでいたずらをしたかと思えば、へえあんな所にいっている」とあきれたが、先生にも生徒にも「茂雄さはすばしこいぞや」といわれており、学校の帰りには、女の子の前へ足を出してつまずかせたり、尻をはぐったりという悪戯もやり、その上大きな声を張りあげてどなったり叫んだり、それは実に元気がよかった。

その頃、多分三年の頃だったろう、彼の家のある中金子から小学校に通っている先生があったが、その後から「茂雄さがゲンコツをくれる真似をして」ついていったのを見つかり、黒板のわきに授業の終るまで立たされたが、授業が終って、「茂雄帰れ」といわれた時、よほど癪に障わったと見えて、礼もせずに帰ろうとした為、又叱られて二度立たされたという話もある。

又弁当を持って家を出るが、学校へはゆかず、みんなの下校の時刻を見計らって後から家に帰ったりもした。そのため学年末の通信簿には、出席不足で落第になっていたので、母は驚いて早速かけつけ、先生にかけ合ってやっと及第にしてもらった、という話もある。後年彼はその事を追懐して、「母は偉いものだ。落第の僕をとうとう及第させてしまった」と彼の妻に語ったそうである。もっとも高等科になっては大分勉強心も起ったということだから、これは尋常科のことであろう。

ここに同村の友人矢崎九重の話がある。岩波が十一、二歳というから、尋常科の頃であったろう。郷村から四、五町離れた田辺《たんべ》という部落に、八月の末に火祭があり、岩波は友達合せて三人と出かける途中母に逢って小遣をせびった。母は外の子供の小遣が二銭だと聞いて、岩波に二銭を与えると、岩波はしつこく七度も請求して一銭ずつで七銭もらい、合せて九銭になって大笑いをした。母からは「皆と同じにお使いよ」といわれ、そこで火祭にいって、一銭に四つの菱形の饅頭をめいめい二銭ずつ買ったが、岩波は帰りに残りの七銭を二銭ずつ三人にわけて、自分は一銭の余りを持って帰ったというのである。これなど岩波の執拗と共に、正直無欲が既に見えていて面白い。

茅野とらのこういう話もある。おじいさん――この祖父伝吉は明治二十八年九月四日、岩波の中学入学の年に死んだ――の金を毎日十銭ずつ盗んで、自分の大好きなゴマネジを買って、学校の往返に、田の中の堆《にお》の蔭で友達と食べた。一人でものをこっそり食べるようなことをせず、必ず友達に分けてやるという風であった。

これは高等科になってのことだが、毎週の土曜日の校友会の研究会が夜の十一時か十二時になり、皆腹が減るので汁粉を食べたが、そういう時岩波はいつも皆の分を払って、いいよいいよといった。後年人の顔を見ると御馳走に引っぱってゆき、人におごらせないで人におごるのを喜びとした風は、もうこの頃からあったのである。

岩波は明治二十四年高等小学校に進んだ。神宮寺《じぐじ》という部落にあり、中洲高等小学校といった。高等科へ上ってもやんちゃはやまず、やはり一日置きくらいには必ず立たされたと、岩波自身語っている。ただ校長だけはこわかったが、上諏訪から通っているので、月曜日は来るのが遅い。学校は山の下の法華寺というのを借りていたので、みんなを語らってその裏山に登り、鐘が鳴っても鬨の声を上げていて下りてゆかない。その内に「校長が来た」というと、急いで駈け下りた。

しかし高等小学校の四年になった時には、金井富三郎という先生の指導で、彼は校友会を作って会長になり、みんなは岩波のことを会長、会長と呼んだ。毎週土曜日の夜に学校に集まって研究会を開き、演説、討論、作文などをして夜を更《あ》かすことが多かった。矢崎九重は、岩波が校友会を創立したのは、高等科四年だといい、塚田広路は、塚田が高等四年、岩波が中学二年の時だといっているが、これは高等小学の終から中学の初に跨り、会は殆ど岩波一人が背負っていたらしい。金井の指導で、課外講義として、その頃有名だった稲垣満次郎の『東方策』(これは英人シーリーの著書で英国の近代に於ける海外膨張を叙した史論だという)の梗概を話してもらい、イギリスやロシヤの日本に対する圧迫をひどく憤慨して、日本の海外発展、国威の伸張に関心を持ち、従って新日本の興隆を劃した明治維新に深い興味を抱くようになった。彼が終世崇拝措かなかった西郷隆盛の話も、当時金井から聞かされたもので、岩波はいつも後を話せ話せとせがみ、仲間に向っては南洲の豪胆と松陰の気概を学べと説いた。その当時の高等小学校最上級生といえば、今よりは遥かに大人であり、日本の新たな興隆期に際して、少年ながら憂国の志を持ったのは、岩波一人には止まらなかったろうが、彼がその中の最も熱烈な少年だったことはたしかであろう。

何れにしても彼の小学の終から中学時代にかけては、彼は時代の風潮を受けて、憂国の情、慨世の熱に、立身出世の風雲の志を加えた、青年らしい血潮に燃えていたらしい。当時の岩波は、短い筒袖を着て、膝までむき出している様子が、まるで西郷を小さくした恰好であった。

前述の校友会については色々な話が残っている。有志の少年を糾合して、論文、随想文、紀行文などを募集し、小学校の先生の審査によって天地人の優位を争ったり、夜教室にランプを灯して演説会や討論会をやったり、集まった文章を当時行われた紫色の蒟蒻版にしたり、又村の人をよんで、お互で(中学生同士)英語の会話をして見せ、何れは日本も英語で話すようになるから、今から聞いておいて下さいといったりしたという。岩波が外国語をしゃべって聞かせたときくと、滑稽でもあり、田舎少年の気負った熱心がほほえましくもある。

又当時の少年のよくやった試胆会を発起して、夜神宮寺の小学校への途中、宮川の新《あら》井《い》土手という蘆が繁って狐のいるという所を、一人ずつ往き返りさせたり、又学校は法華の古寺で、裏山が諏訪神社になり、古樹鬱蒼たる所にあったが、仲間から一人ずつ選び出してそこを潜って帰ることを命じたりした。彼の活躍振りと村の少年に対する威力の程を想見するに足りる。

金井の話によると、岩波はその頃の二年間学校を休むということは殆どなく、風邪その他で身体に故障があって母親が心配する時でも、押して出校した。又熱心な努力家で、例えば数学の問題が解けないと――彼は数学は特に不得意であった――次の時間まで残ってまだ分からぬと涙ぐんでいたり、放課時間になっても自席を去らずに考えこむという風であって、頭脳は級中で一番ではなかったが、努力勉強にかけては及ぶ者はなかった、ということである。岩波自身も「二十人くらいの仲間の中、おれよりもできる奴が一人おってどうしてもそれだけは追い越せなかった」と語っている。岩波は昭和十七年明治節の「回顧三十年感謝晩餐会」にこの金井先生を信州から招待した。岩波は昭和二十年九月、長野で脳溢血で倒れ、病を同市裾花河畔に養っていた頃、ところが岩波快になって散歩を許された時、近所に金井富三郎という表札を見出し、死んだと伝えられた旧師と同名なのを訝って、刺を通じた所、やはりその先生であり、八十歳の旧師と暫く歓談を交えたことを、病床日記にしるしている。

高等四年の時、母は彼に三十坪程の畑を与え、蔬菜を自分の力で作れと申し渡した。彼は瓜や茄子を作って、土曜日や日曜日にそれを竹のイワシ籠に入れ、天秤棒で肩にかつぎ、上諏訪町に出て瓜は如何です、茄子は如何です、と売り歩いた。その売代金を村の役場に託し、慈善のことなどに寄附した。これは母の意志に彼が賛成してやったことらしく見える。後年彼が東京へ出て、母の死を葬りに帰郷した時、親類の反対を押し切って田も畑も家具もせり売りにしてしまったが、この時の天秤棒とイワシ籠とは買い戻して、東京へ持って帰ったということである。そういう風で岩波は少年の頃から力も強く、よく畑を手伝ったり薪を取りにいったりした。一高時代田端に下宿していた頃、その辺の百姓のやることを見ると、まるで遊びごとのようだといっていた。又後年同郷の名取和作と語って、「お互にコエタゴを担いだ者は強いねえ」といったそうである。

岩波は母に愛せられ又母思いであった。しかし思い立つと母にも人にも告げず何でもすぐやるという風だったので、母には随分心配をかけた。高等小学校時代、或る日のこと、ちょっと出かけて来るといって姿を隠したが、夜になっても帰って来ず、村の人は鐘太鼓で探しにゆくという大騒ぎだったが、夜があけてひょっこり帰って来た。何処へいったんだと聞くと、ちょっと思いついて守屋山《もりやさん》へいって一人で野宿をして来た、と事もなく答えたので、皆変な子だと驚きあきれたということである。こんなに自分の気まぐれでぐるりに心配や迷惑をかけても平気でいるという風は、大人になっても残っていた。守屋山というのは、神宮寺の裏深くにあるその辺で一番高い山で、諏訪地方の人は、守屋が曇れば雨が降るといっていたし、古い伝説もある山だそうである。

三　父の死と諏訪実科中学時代

諏訪郡有志によって四年制の郡立実科中学校が立てられた。当時岩波の村では、中学入学は異例であり、殊に家業を嗣ぐべき長男としてそうであったのを、岩波が進んでこれに入学したのは、日清戦争が勝利に終った明治二十八年、岩波十四歳の春であった。然るにその翌二十九年正月五日に父は病死したのである。喘息は持病だったが最後は心臓病であった。その日を追想して、岩波は彼自身の死んだ昭和二十一年の同じ日の日記に、こう記している。

「その日は同族の墓掃除の日であって、私はその方へ出掛け、帰って来て障子をあけたら、父は炬燵《こたつ》の病床にあり、何か苦しんで居るように思われた。話すことがあると言われたが、私は医者を呼んで来ることが先きに必要だと考えて、言わんとすることを、医者を呼んで来て後に聞こうと思って、私自身上諏訪へ馳せて行った。それからたしか親類に聞いたろうと思うが、医師で有名な小沢さんの所を尋ねてお願いしたが、御都合悪く、御いでを願われなかった。帰りに下駄の鼻緒の切れたことを今尚忘れない。暗くなって帰って来たと思うが、その時父はこの世の人ではなかった。村の医者の事はどうしても思い出せない。それで話す事があると云ったのは、後から考えて見て、自分でも病気の最後を知って、僕に言い置きでもしておくつもりではなかったかと思われる。何を言っておきたかったか、私は永久に知る事はできない。」

父の死後母は彼の通学の志の切なのを知りつつも、寡婦の身で親戚の反対をおし切るわけにも行かず――それは後に杉浦重剛《じゅうごう》に呈した書によれば、中学二年を修了しての事であるから、明治三十年三月であったろう――一時彼を退学させたが、彼の切望によって半年ばかりで又復学させることになった。父歿後の心境を、岩波は昭和十七年「回顧三十年感謝晩餐会」の夜の挨拶にこう述べている。

「父を亡《うしな》い、この時初めて人生の悲みを経験し、半年位は茫然として為すところを知りませんでした。一日、「身を立て、道を行い、名を後世に揚げ、以て父母を顕わすは孝の終なり。」という孝経の句に接し、子供心にも孝養の道の未だ残されていることを知りまして、取返しのつかぬという気持ちからはやっと救われました。そこで大いに発奮したと見えまして、本来ならば学業を罷めて家業に従事すべきものを、特に母の許しを得て、前年入学した郷里の実科中学の通学をそのまま続けさせて貰うことになりました。」

その頃の心持を岩波は又下の如く「杉浦重剛先生に奉る書」中に書いている。

「諏訪中学二学年卒業セシトキ来学期通学ヲ請願ス　許サレズ再三号哭シテ乞フモ母ハ堅ク取リテ動カザル也　即断然決意自修以テ此目的ヲ果サント校庭ヲ辞シテ鋤犂ヲ友トスルコト半歳ナリ　偶時勢ノ急激ナル進歩ニ伴ハンニハ到底余暇自修位ニテハ及ブ可カラザルヲ知リ又通校ノ念勃々《ぼつぼつ》禁ズル能ハズ遂ニ至誠以テ母ノ意ヲ動カシ再ビ入学スルコトトナレリ　其后親戚等ヨリモ故障百出セシガ余ハ衝突ニ遇フ毎ニ其志ヲ堅固ニシ現今四学年ニ通学スルニ至ル　今ヤ母ハ余ノ止ム可カラザルヲ知リ窃《ひそ》カニ余ヲ奮励シ給フ　豈《あ》ニ感泣ニ堪エンヤ」

その休学の間に、岩波は隣村の大同義塾へ通ったらしいが、規則をもらいにいっただけか、少しは通学したのか、当人にもはっきりした記憶はないくらいであった。母は岩波を熱愛すると共に非常に厳格で、諏訪のような寒い土地で、厳寒の中にも足袋をはかせず、襟巻も許さなかったということである。もっとも当時の諏訪中学生の気風はばんからで、洋服などを着るものはなく、羽織袴に足駄でねり歩くという風であり、しかもその袴をわざわざ破ったり、羽織の紐をばかに長くして、先を結んで首にかけるという風であった。こういう風は私の生地松山でもあった。恐らく東京書生の風の田舎に拡がったものであろう。

塚田広路によると、岩波は塚田が高等四年、彼が中学二年の時、塚田に中学入学を勧め、学資は家から出してやるといったので、兄の反対をも顧みず試験を受けて入学したが、入学式に臨んで兄の拒否にあい、その前に岩波の通帳で教科書十冊を買ったにも拘らず、これを断念して岩波のところへことわりにゆくと、なぜその前に俺に相談しなかったのかといわれた。これは岩波と彼の母との並々ならぬ親切と義俠心とを示す挿話であろう。この塚田は深く岩波の厚意を謝しているが、岩波を評して、「正義一徹の人で、天才児でも才子でもなく、努力型の精悍溢るる気質だ」といっているのは中っている。

彼と彼の母の親切と義俠とはこれに尽きない。上諏訪の伊藤長七は、後に東京府立第五中学校の校長になり、中学校長中出色の人間であったが、長七が高等師範学校入学の志に同情して、岩波と母とは相談の上学資を補助することにした。ところがそれを始めて二、三年した時、不作で金がなく、田を一枚売るという無理をしてこれを続けた。しかし岩波母子はこれを伊藤に知らすまいとして色々苦心をした。長七は後年その事を知って非常に感激したということである。

諏訪中学時代に於ける大きな出来事は、父の死と、伊勢詣り及び九州旅行である。これは彼の少年時代の物語として面白いから、彼の話によってここにしるしておこう。恐らく父の死んだ翌年、即ち明治三十年岩波十六歳の暮のことであろう。

その頃岩波の部落中金子では、毎年秋の収穫の時に金を出し合って、部落民の代参を伊勢神宮に送り、お札を頂いて部落に頒つ伊勢講というのがあった。例年は志望者が二、三人揃ってゆくのに、その年はどういうものか希望者が一人もないというので、彼は自分が行きたいと申し出た。しかし子供のことだから誰も本気にしないので、彼は家に帰って母の承認を求めた所、母は「外のことではない。神様信心だから宜しい」といった。そこで意気揚々として村の集会に戻って来て、「おかあさんが承知したから行かしてくれ」と頼んで、いよいよ一人で出かけることになった。部落の積立金に自分の貯金もおろし、母からももらい足して、出発したのは暮の三十日の未明であった。

その朝は霜が一面におりて月が皎々《こうこう》と照らしていた。母に送られて産土神《うぶすながみ》にお詣りし、それから茅野《ちの》へ出て、富士見から甲府までゆき、そこで一泊した。その頃まだ鉄道は通じていなかった。

この途中の話だが、彼は非常にこわい目に逢った。それは物売みたいな二人の男が、籠のようなものを担いで、それで彼の行手のじゃまをする。彼がぬけ出そうとすると、籠を突っかけて前へ行けないようにする。東海道にはごまの灰がいるという話を聞いていたし、気味がわるくなったけれども、今更引き返すわけにもゆかず、畢生の勇気を奮って二人の間をびゅうと突破し、一所懸命に逃げのびた。大分逃げて来てから後も、何だかやつらがつけて来ているような気がして、ほんとうにこわかった。その中やっと村に出て少しほっとした所で、すぐ又村を外れて河原になった。その時ちょうど向うから巡査が来たので、早速それを訴えると、巡査は子供のいうことだくらいに思ったのだろうが、「後は俺が引き受けるから」と慰めてくれたので、彼も漸く安心して先を急いだ。それでも甲府の宿では、まだそいつ等がやって来はしないかと心配したものである。

翌日は甲府から富士川の船附の鰍沢《かじかざわ》に出て、川舟で身延へ廻ってから東海道へ出る積りだったのに、いよいよ鰍沢へ来て見ると、舟は出ないという。さあ困ったと思ったが、それもだんだん聞いて見れば、やっぱり舟は出るので、出ないというのは彼の風体を怪しんだからであった。あの辺ではよく川舟で逃げだす者があるので、彼もてっきりその仲間と見られたのだが、ともかくも終に舟には乗れた。その時の彼は桜の仕込杖を持っており、舟の中でもそれについて注意されたそうである。

それから舟を上って見延山にお参りして、一泊した。その相宿に九州武雄《たけお》在の者だという小男の辻湛海というのがあり、日蓮宗のお寺を建てる為に、房州小湊の誕生寺へ行って御許しを得たから、その手続をすましてここに寄り、今から帰郷するのだと語った。彼は翌日辻と一緒に又富士川を下り、東海道の岩淵で舟をおりてから汽車に乗り、名古屋でその男と別れて伊勢に向った。それは明治三十一年(一八九八)の元日であったろう。

名古屋で汽車を乗り換えて山田へ行ったのだが、その時始めて礼装の陸軍士官の、帽子の上に白い毛の飾があり、金モールの附いたきらびやかな軍服をつけた姿を、絵草紙以外に実物で見て、彼は実に年取っての後もなお、その姿や色が眼前にちらつくほどの強烈な印象を受けたと語っている。

その夜は山田に泊まり、二日には参宮をして郷里でくばるお札を幾枚か買い、その使命を果し、それから二見浦に出て、生まれて初めて海というものを見た。彼が驚いたのは、天気が晴朗なのに、浪がどんどん打っていて潮吹《しぶき》が上っていることであった。諏訪湖の水が、畳の上に風が吹いているようにぺたぺたと音しているのを見慣れ聴き慣れて来た彼には、この伊勢の海の現象は実に不思議な驚異だったのである。

伊勢からは京都へのして、いの一番に同郷の先達佐久間象山の墓参りをした。年少から松陰や象山など維新の志士に感激し、中学時代にも西郷南洲の石版画を机辺に飾っていたという彼は、そこでも象山の肖像を買った。

彼は長時間を費さず京都を要領好く見ようと、地図を買って重な名所旧跡を選び、二日で見物をすました。ところがちょうど東寺へ行く途中、和服の筒袖の上に金釦の外套を引っかけて、下駄ばきで歩いてゆく一人の若い男に道を聞くと、自分も東寺へ行くから一緒に行こうということになり、互に「僕は諏訪中学」「僕は一高」と名乗り合ったが、一高が分からず問い返すと、第一高等学校だと答えられて、「それなら僕の憧れている学校だ」という風に、二人の話がはずんで来た。この男は木山熊次郎という岡山県人で、その後、ずっと岩波の信頼する先輩になった。その木山と一緒に東寺から豊太閤の阿弥陀峰の墓に登り、その石段の上から京都の市街を眺めつつ話をした。別れに臨んで彼は象山の像を木山に送った。その時木山は岩波を田舎者と見てか、「東海道にはごまの灰がいるから、汽車では余程気をつけろ」といった。その後木山は中学宛に端書などをよこして、「天下に才能の士は乏しくないが気節の士は乏しい」というような、岩波のすきな詞をいってよこした。

京都から神戸へ出、神戸から船で鹿児島へ直行した。目的は崇拝する西郷南洲の墓参りである。宿屋ででも聞いたものか、船は二等がよいというので、彼の記憶では当時としてはすばらしい大金の八円五十銭かを払って、二等室に収まった。同室に初めて見る西洋人がいた。陸軍士官の実物も初めて、西洋人も初めて、海が初めて、汽船が初めて、汽車は前に長野まで乗ったので二度目だったが、窓の開け閉てはできなかったらしい。しかし持ち前のせいか信州人気質のせいか、敢てその初めての西洋人に話しかけ、どこに行くかと聞かれて、墓という詞が言えず、却《かえっ》て向うから教わったように思うと、彼は語っている。船中では外に今木入誠助という同年輩の、鹿児島生まれの青年と知り合いになり、鹿児島の詞を少し教わったりした。

鹿児島に着いて南洲の墓参りをしたが、その道を聞く時に、南洲と呼び捨てにしたというので、土地の人から叱られたそうである。南洲の家や南洲の塾を見たが、塾の障子は骨が取れてしまっていた。城山はどうしたものか行かなかったようだ。鹿児島から日向の赤江灘などへ行き、鮫だか鱶だかの群を見て目を驚かした記憶をも、彼は語っている。

ここに私の驚いたことは、彼が更に琉球に渡ろうとしたことである。ところがその船がちょうど出たばかりのきわで、呼び返すわけにゆかず、次の便を待つ気にもなれなかったので、終に断念したというのである。

帰りは船で長崎に寄る積りだったが、船酔の為に、熊本の近くの三角で、船を棄てて宿に泊まったが、一晩中船にゆられているような気持であった。熊本については印象が残っていないから、彼は多分船酔の後で素通りしたのかも知れないといっている。長崎へは汽車で行き、その帰りに肥前の武雄に寄ったのは、旅費が尽きかかったので、身延の宿で泊まり合せた辻湛海に借りようと思ったからであるが、土砂降りの雨の中を二里も歩いて尋ねても、そんな家は跡方もない。その時初めて彼は湛海は掏摸だったと気づいたというのである。彼は湛海を信用してはいたが、母から腹巻をはなしてはいけないとくれぐれも注意されたので、それだけはしっかりかかえていた。それでさすがの湛海も手が出ず、見込なしと思い切って、名古屋で彼と別かれたというのが、彼の解釈であり、それを知らずに馬鹿正直に湛海を信用して、金を借りようと思ったのだ、湛海はけしからん奴だ、といった彼の詞をきいた一人は、掏摸から金を借りようとしたあなたの方が上手だね、と冷かした。

そこで今度は帰りの広島で、諏訪中学の先生であり、その転任の時に講堂で岩波が送別演説をやったという川面《かわづら》が、土地の師範学校長をやっているのを思い出し、そこで金を借りた。奈良などは帰りにゆっくり見る積りだったが、もうその頃は家が恋しく、帰心矢の如くになって、広島から東京までの切符を買い、それでも名古屋に下車して城だけは見、東京の叔父の許にかけこんだ。

京都も鹿児島も家にも村にも断りなしだったのだから、二十数日を過ぎて郷里に帰った時には、皆びっくりしてしまった。当時諏訪の方で鹿児島にいった者は殆どなかったというし、この上琉球までいったら、それは或はびっくりだけではすまなかったかも知れない。

前にいった校友会で同輩先輩や村民に働きかけた頃、庭に鉄棒を立てて機械体操をやったり、守屋山の峠の一の平で野球をやり、帰りには小柴を取って背負って帰っては、母を喜ばせたりしつつ、盛んに体力、脚力を養った。登山については特に自信を持っていたらしい。山路を順当に登らないで、一気に直線的に登るようなことを時々やった。その一例だが、中学時代の逸事として原輝美は、彼と共にした蓼科《たてしな》登山のことを語っている。それは諏訪で山の湯といっている新湯、滝の湯などを巡っている中、天気もいいので、さあこれから蓼科山に登ろうということになり、一行四人で登りかけたが、道が迂回して中々はかどらない。峰は非常に近く、晴空では四、五丁くらいの所にあるように見えたので、岩波の発議で直線コースで偃松の中を分けてゆこうということにきまったが、見ると歩くとは大違い、道のない難行に皆へたばってしまったのを、岩波は責任を感じ、シャツのビリビリ破れるのもかまわず先頭に立って、皆を誘導した。その中遠くに畑を見つけてそこへたどりついたが、そこは佐久の領分で木樵がいたので、やっと峰に登る道に出ることができて、頂上を極め、大喜びで湯の宿に帰ったが、岩波は心身の疲労のせいか、急に具合がわるくなって一日寝てしまった。

この直線コースの話は外にもある。後輩の矢崎九重が、岩波が祖父の位牌を諏訪の近くの唐沢山の寺に納めにゆくのに、同行を誘われた時のことである。それを納めて後、岩波が平石山《ひらいしやま》へゆこうと言い出し、一度戻って又登り直さねばならぬのを、そこから直線コースで行こうと主張して、断崖を攀《よ》じ荊棘《けいきょく》をくぐって、やっとのことで平石山に登ったというのである。この直線コースということは、如何にも岩波的であることは争われず、それから後も懲りずにやっている。

岩波の話では、諏訪中学時代に先生の影響を受けたことは殆どなかった。しかし入学当初は、生来一本気の真面目さで、生徒や先生の不真面目をひどく嫌い、風紀粛清派の先頭に立ち、仲間から恐れられていた。

藤原咲平の伝える所によると、諏訪中学には当時厳格な先生と生徒を甘やかす先生との二派があって相抗争したそうだが、岩波の属した最上級生は初め五十人近くもあったのが、甚しく減って気勢上らず、下級生には後に知事にもなった元気者の丸茂藤平や、一高で同級になった樋口長衛などもいたけれども、校長に反抗してストライキをやり放校された。岩波の学年は全校を指導する気力もなく、殊に岩波は規則づくめの方針が気に入らず、不愉快でたまらぬ所に日本中学の自由な校風と校長天台道士杉浦重剛の闊達な教育方針を耳にして、憧憬やまず、加うるに小学校の末以来養い来った雄心が勃々と起り、田舎の小天地に跼蹐《きょくせき》していられぬ心持になって来た。

諏訪中学での岩波をば、藤原は二年上級の目の光った人として——漢文の先生も、彼の目を「眼光炯々《けいけい》」の標本にしたという——ぼんやり印象していたのに、岩波の隣家の宮坂春章から、「茂雄さ」が非常に精神的な人で、虚偽や惰弱や遊蕩などを悪《にく》み、仲間を集めて勉強させ、又精神を磨かせるということを聞いて、印象を深めた。後年岩波は藤原と最も親しい同郷の友人となり、終生渝《かわ》らなかった。

中学時代に『文庫』に歌を寄せて、明治三十一年一月号に載ったことがある。それは

「月　信濃　岩波茂雄」とあり、

雁がねの数見よとてやひさかたの月の光のさやけかるらむ

というのである。同じ頃であろう、同じ雑誌か外のかに投稿をして、「末頼もしき青年なる哉」と評されて、大いに嬉しがったこともある。

第二章　東都遊学

一　日本中学の一年

岩波の上京の志はもはや抑うべからざるものとなった。しかし周囲の情況が母の同意を困難にしていることを察して、種々考慮の末、家の財産は一切妹たちにやって母を養護させることにし、自分は上京して学校をやろうと決心した。又前にいった如く直ぐの妹美都江は井上勝衛に嫁したので、後年末の妹世志野に堀内虎田を養子に迎えて家にならせたが、その妹が死んだ後養子は岩波家を去ることになり、けっきょくその遺産は又岩波の手に返ることになったのである。

当時の我が国は、日清戦役の後を受けて発展途上に立つ姿であった。国民的意識は漸く高まって来て、陸羯南《くがかつなん》、三宅雪嶺(雄二郎)、杉浦天台(重剛)、志賀矧川《しんせん》(重昂)等は、雑誌『日本人』や「日本新聞」によって、日本の国体観念と国民的自覚とを喚起し、二十年代初の欧化主義に対抗した。その上前に述べた如く、彼の青雲の志、英雄崇拝の心は彼を益々故郷にいたたまれなくした。岩波の敬慕した現代人の中に、杉浦重剛があり、彼は教育者で日本中学の校長であった。——杉浦のことを誰から聞いたかを、彼は精確には記憶していないが、有賀牛之丞は当時諏訪中学の先生だった三輪三吉からだろうといっている。——岩波は杉浦を神様の如く崇拝し、この杉浦の日本中学へ転学することを熱望して、働きながら勉強する為に杉浦の家の学僕となることを願い、一書を杉浦に送った。この書は、杉浦歿後昭和十六年の頃、日本中学の事務をしている人から、たまたま学校に残っていたのを返してもらったので、彼はこの事を「回顧三十年感謝晩餐会」の時に披露した。そうして彼自身は、「これを見ると、当時の心境と今日の心境と殆ど変りなく、依然たる旧阿蒙《きゅうあもう》たるに自ら驚く」と告白しているのはたしかに中っている。後年の彼は既に当時青年だった彼の裏に存し、それが又彼の一文に躍如として表現されている。「旧阿蒙」の一語は彼の謙辞であるが、又同時に得意の詞でもあろう。この文章は幼稚ではあるけれども、恐らく晩年の彼の宣言文章の如く、実にしつこい苦心彫琢の末になったものであろう。その中に「少シク孝道ヲ致サントスル暁ニ際シ突然父君ニ後レ給フノ悲傷如何」という敬語の置き損いの如きは、晩年の彼の会話にも往々あることで、如何にも岩波らしいともいえる。岩波の中学時代を表現するものとして、この一文を引こう。

請願書

謹呈ス我大日本ノ教育家

杉浦先生閣下　茲《ここ》ニ信陽ノ一寒生泣血頓首再拝シテ自己ノ境遇ヲ述べ胸中ヲ吐露シテ敢テ閣下ニ請願スル所アラントス　拙劣ノ文閣下ノ耳目ヲ瀆スニ止マルト雖モ伏シテ希クハ一読ノ栄ヲ賜ランコトヲ

熟思フニ凡ソ人生悲嘆ナル幼ニシテ親ヲ亡フニ若クモノナシ　夫レ親ハ我ヲ生ミ我ヲ愛育シ我ヲ成長セシム　其間ノ劬労辛酸筆紙ニ尽ス可ケンヤ　吾レ故ニ曰ク親シミハ父子ノ親ヨリ大ナルモノナシト　従テ人倫道徳ノ百行皆一ニ之ニ基カザルハナシ　サレバ別離ノ悲哀ナル親子ノ別ニ若クモノナシ　殊ニ死別ノ如キ人生免ル可カラザルコトナリト雖モ誰カ父母ノ死ニ臨ンデ慟哭セザルモノアランヤ　童心無邪気ナル時ノ死別ハ悲シミヲ感ズルコト少シトスルモ漸ク父母ノ為ニ其身ヲ成長シ之ヨリハ少シク孝道ヲ致サントスル暁ニ際シ突然父君ニ後レ給フノ悲傷如何　嗚呼余ハ実ニ此ノ悲境ニ沈ミタル可憐児ナリ

余初メテ七歳ノ時小学校ニ入リ十五歳ノ春卒業シ当郡実科中学ニ通学ス　日月流水ノ如ク此年モ暮レテ二十九年トナリヌ　一月五日ハ如何ナル日ゾヤ　我大恩極リナキ父君ハ溘焉トシテ九泉ノ客トナラレ給フ　噫我レ生レテ人トナリ未ダ一片報ズルナキニ去ラレタリ　我レ魂奪ハレ気散シ茫然トシテ為ス所ヲ知ラズ　夢カ夢ニ非ズ　幻カ幻ニアラズ　魂神迷乱数閲月鬱憂無常ノ念ハ胸間ニ充塞シテ解セザリキ一日翻然トシテ思ヘラク死者再来セザルハ必然ノ定理也　徒《いたずら》ニ哭泣スルヨリ寧ロ奮励刻苦身ヲ立テ名ヲ挙グルニ若カズト　大ニ発憤高起スル所アリ　大々的志望ヲ立テタリ　志望トハ何ゾヤ　曰ク力ノ及ブ限リ学識ヲ磨励シ人物ヲ養成シ社会ニ出ヅル暁ニハ至誠一貫以テ現今腐敗セル社会ヲ改革シ国家ノ為ニ身骨ヲ捧ゲ大事業ヲナシ一ハ皇恩ニ答ヘ一ハ亡父ノ霊魂ヲ慰メ聊《いささ》カ孝道ノ終リヲ為サントスルニアリ

余性頑癖魯鈍敢テ超然タル才能ナシト雖モ而モ世ノ才子ヲ羨マザル也　現今ノ才子ナルモノヲ見ルニ博学ハ博学ナリト雖モ国家的観念ナシ　畢竟《ひっきょう》才ハ国家ノ害物タル也　蒙昧ノ人民其目一丁字ヲ解セザルモ其心ハ光風霽月ノ如シ

前首相伊藤侯ハ碩学明達能ク人才ヲ登用シ臨機応変国家ニ尽セシコト少ナカラズ人ハ呼ンデ大人物ト云ヒ大英雄トイフ　然レドモ彼レガ心事ヲ伺フニ或ハ陰雲ノ横ハルアルモノヽ如シ　時ニ猾計ヲ廻ラシテ上ヲ暗マシ下ヲ瞞着スルガ如キコトナクン

バアラズ　余ハ其伎倆手腕ハ遥ニ伊藤侯ニ及バザル板垣伯ヲ推尊ス　何トナレバ氏ハ至誠ヨリ起リ至誠ニ斃ル丶真正ノ人物ニシテ仮面ヲ被ラザルヲ以テ也　サレバ板伯ヲ馬鹿正直ト称スルモノアルモ余ハ信ズ　此ノ貶語ハ伊侯ノ英雄ノ褒詞ヨリ勝レルコトヲ　蓋シ真正ノ価値ハ名ニアラズシテ実ニアリ心ニアリ誠ニアルニヨル也

余大志アリ　大抱負アリ　然レドモ如何セン性ノ卑怯ナルヲ　因之平素剛胆不屈ノ大精神ヲ養ハント彼是苦心セシガ遂ニ其結果陽明学ト禅学トヲ修メント決心セリ禅学ハ其心ヲ沈静ニシテ外事物ノ為ニ其心ヲ動カサヾル果敢ノ気ヲ養ヒ陽明学ニテ以テ活動ノ精神ヲ養フ　両者共大事業ヲナサント欲スルモノヽ学バザル可カラズ余ハ之ヲ案出スルヤ頻リニ此ヲ学バントセシガ又思ヘバ青年時代ハ学術修養時代ナレバ此ノ事ヲバ暫ラク心底ニ蔵シ暇アラバ学バントセリ余ガ書斎西郷翁ノ石板画ノ肖像アリ　又対幅ノ巻物アリ　一ハ（英雄神威排二万慾一成ル）一ハ（至誠不動者未之有也）ナリ　之レ余ガ心印意刻セル格言也　又座右常ニ西郷南洲吉田松陰両大先生ノ伝及西国立志編及陽明学等アリ　暇アレバ繙キテ忠憤義烈ノ気ヲ養ヒ又志ヲ高フシ識ヲ広ム　之レ我ガ愛読物ニシテ吾人ノ典型也　余ハ西郷大先生ヲ遠ク尊敬シテ教ヲ請ハントシ吉田大先生ヲ近ク親ミテ知己タランヲ希フモノ也　余已ニ混頓タル時世ニ憤慨ニ堪エズ止マント欲シテ已ム能ハズ吾ノ志望ヲ斯ク導キシ也

我志ハ確定シテ動カス能ハザルモ如何セン境遇ノ妨グルアルヲ　夫レ我家ハ母ト余ト二妹アルノミ　故ニ余ハ家ヲ襲ヒテ母ヲ養フノ義務ヲ有ス　故ニ東都遊学ハ容易ニ母ノ許シヲ得ザリシ也　諏訪中学二学年卒業セシトキ来学期通学ヲ請願ス　許サレズ再三号哭シテ乞フモ母ハ堅ク取リテ動カザル也　即断然決意自修以テ此目的ヲ果サント校庭ヲ辞シテ鋤犂ヲ友トスルコト半歳ナリ　偶時勢ノ急激ナル進歩ニ伴ハンニハ到底余暇自修位ニテハ及ブ可カラザルヲ知リ又通校ノ念勃々禁ズル能ハズ遂ニ至誠以テ母ノ意ヲ動カシ再ビ入学スルコトトナレリ　其后親戚等ヨリモ故障百出セシガ余ハ衝突ニ遇フ毎ニ其志ヲ堅固ニシ現今四学年ニ通学スルニ至ル　今ヤ母ハ余ノ止ム可カラザルヲ知リ窃カニ余ヲ奮励シ給フ　豈ニ感泣ニ堪エンヤ

余ハ斯カル境遇ヲ脱出シテ東都ニ遊学シ其目的ヲ達セントス　世ノ子弟ガ父兄ノ許ヲ受ケテ遊学スルトハ異ナレリ　故ニ余ハ世ノ学生ガ父兄ヨリ送金ヲ得テ学ブニ引換ヘ独力如何ニカシテ之ヲ弁ジ敢テ母許ヨリ送金ノ心配ヲカケザルコトニ決心セリ　之事ヲ徹センガ為ニ方法トシテ牛乳配達ノ如キコトヲナスコトアリト云フ　余ハ真正ノ大人物ノ家ニ請ヒテ身ヲ托シ己レノ管督ヲ乞ヒ郷里ノ母親ニ心配ヲ薄クシ又如何ナル賎業ナリトモ之ヲ厭《いと》フナク金銭ヲ貯蓄シテ学資ニ充テ以テ其志ヲ貫徹セント　之ヲ以テ大家ノ書生トナラント嘗テ傑士ノ弟子タラント当世ニ求メシモ得ズ

シテ止ミキ　今書生タラントスルニ付キ其人ヲ求ムルコト急也　側カニ聞ク閣下英邁卓識磊落奇偉超然トシテ脱俗シ大ニ教育ノ為ニ尽力セラル丶ト　嗚呼先生　余ガ求メント苦心セシハ　先生　ナリシ也

先生願ハクハ余ノ愚鈍ヲステ給ハズ不幸ナル可憐児ガ至誠ナル心ヲ哀ミ我ヲシテ書生タラシメヨ　先生許可セラルルヤ否ヤ

余過日文学士赤沼氏ニ邂逅シ就テ問ヒシニ云ヘルヨフ　書生トナルコトノ如キハ九分九厘能ハズト知ル可シ　余モ始メ此ノ考ヲ持チ上京セシガ諸賢ノ門ヲ訪フニ一回モ面謁ヲ得ザリシト　之ヲ聞クヤ失望落胆措《お》ク能ハザリシガ后又自カラ奮テ曰ク至誠ニシテ動カザルモノハ未ダ之レ有ラズト　先哲我ヲ欺カンヤ　若シ願フテ許サレザレバ即我至誠ノ足ラザル也　我ニ於テ欠クル所ハ我レ自カラ力行黽勉シテ為サンノミ

先生豈ニ許サヾルノ理アランヤ　至誠ノ発動スル所威尊ヲ瀆冒シテ恐懼《きょうく》已ムナシ撓首屈指命ノ下ルヲ待タンノミ　若シ忝ナクモ返書ヲ恵マレバ何ノ栄カ之ニ過ギン

頓首百拝

信州諏訪郡中洲村

岩波茂雄

日本中学校長

杉浦大先生様

閣下

杉浦もその志に感じたと見え、書生に置くことはできないが、とにかく上京せよとの意味の返事が来た。そこで彼は母に決意を告げて上京の許可を乞うた。母は村人や親戚の思わくをも顧慮して、容易に同意しなかったが、元来彼を愛し、彼を解し又信じていた上、恐らく彼を空しく村里に老いさせたくないという気持も内々あったろうから、遂に無断で出京したということにしてこれを許した。田舎にいて口やかましい親戚や村人に囲まれている母が、この決断をしたのは容易のことではあるまい。これだけでも彼の母の凡庸人でなかったことは分かる。

こういうわけで、彼は彼の先輩で友人で上諏訪にいた、伊藤長七の宿から立つという内諾を母から得た。この伊藤のことは前にも触れたが、彼は久保田俊彦(島木赤彦)、太田貞一(水穂)、岡村千馬太、矢島音次など、中央の歌壇に雄を称したり、信州の教育界に重きを成した人々と同じく、早い時代の長野師範の卒業生中の逸物であった。岩波が上諏訪を出発したのは、明治三十二年(一八九九)諏訪実科中学の四年を卒えた三月の下旬であって、伊藤の高らかな「男子志を立てて郷関を出づ、学若し成らずんば死すとも還らず」の詩吟に送られ、肌寒い湖畔の暁風を衝いて途に上った。それから下諏訪に出て峠を越えて上田に出、矢島音次の許に一泊して、東京へ出た。

彼が着京したのは三月中で、着京すると彼はいの一番に、先に旅中で会った木山熊次郎を一高の寮に尋ねて、藩の寄宿長善館へつれていってもらった。上京についてはその前に手紙で、已に木山の賛成を得ていたのである。着京の翌日、当時の郊外世田谷の松陰神社に詣でたという矢島の言は、ありそうなことである。「杉浦先生に奉る書」の中にも、「余ハ西郷大先生ヲ遠ク尊敬シテ教ヲ請ハントシ吉田大先生ヲ近ク親ミテ知己タランヲ希フモノ也」とある。西郷の茫洋豪胆を及び難しとし、松陰の熱情と気概とに親近を感じたのである。

彼の上京当時及び日本中学の事情は、岩波の隣村宮川村に生まれ、岩波より諏訪中学の二年後輩で、岩波の勧めで一緒に日本中学に入学した守矢真幸の記録に委しいから、以下それによって書いて見る。

日本中学の入学には試験を受けねばならぬので、守矢が遅れて上京し、前記の長善館につき、岩波と会し、その翌々日の四月四日に岩波と共に試験を受けた。守矢は三年を、岩波は五年を受けたが、その結果守矢は入学できたのに、岩波は不合格だったので、——これは英語の点がわるいという杉浦校長の直話だった由——彼は非常に憤慨して、

「怪しからん、怪しからん」と連呼し、「おれがこれ程杉浦先生を慕って来て入れないというなら、おれはもう死んでしまう、死ぬ死ぬ」といってきかなかった。岩波は晩年になっても、時々こういう風なだだっ子的非合理的本性を発露することがあった。それから結局杉浦校長に直談判したが、杉浦は不合格では仕方がないと答えた。そこで岩波は、自分は田舎から出て来て外の学校へ入ろうという気は毛頭ない、日本中学へ入れてもらえねば死ぬより外に道はない、家へもおめおめと帰れない、何とか入れてもらいたい、と泣いて訴え、しまいには入れて頂けねばここを動かないとまでいった。校長もその熱情に動かされたのだろう、それではおれが再試験をしようということになり、その結果特例中の特例として入学を許されたが、恐らくその試験は形式的なものだったろう、という守矢の想像である。始は仮入学で一学期の中に本入学になった。彼は翌明治三十三年(一九〇〇)三月に小坂順造、外務次官になった小村欣一、警視総監になった長谷川久一、医学博士の塩谷《しおのや》不二雄等の諸秀才と一緒に日本中学を卒業した。塩谷はその頃の岩波を、「信州人の最もよい所を集めたような、純真多感で、素朴で、学問ずきで、そして正義感と向上心の人並みはずれて強い、元気で気を負った青年」と伝え、又彼の隣家の宮坂春章も、夏休に帰郷した岩波に勧められて上京、同じく日本中学に入学した。宮坂の伝える所によると、岩波は当時麹町平河町の幽霊屋敷に、借手がなくて家賃が安いのを幸に住んでいた。陰気な家だったので、止宿を勧められたがそれをことわって、外の家を見つけてもらって間借りをした。岩波は万事よく世話をしてくれたが、驚いたことには、宮坂の家から送ってもらった学資金は、岩波が全部取り上げてどしどし使ってしまった。これはたまらぬと思っていると、その代りに自分の学資も同じくどしどし使ってしまう。つまり自分の金か他人の金か一向頓着がなかったと、宮坂はいっている。金銭に対するこういう観念は後々までもあり、まさかこれ程ではなかったが、自分の金が他人の為、社会の為に役に立てばありがたい、そうさせてもらうのだという考は始終持っていた。

当時の日本中学の状況は、守矢の記録によると、先生は生徒に何の干渉もしないが、杉浦校長の所によばれて、「お前は退学せよ」といわれれば、鶴の一声、それまでであった。学校には定席はなく、優等生や勉強家は朝早くから来て一番前に席を取るが、落第組は一番後の席にいて、授業中でも何か遊びをやっている。この後の方には不良分子が多く、寒い時には一つしかない火鉢に窓やドアをこわして焚き、汚い教室に煙がもうもうとしていた、という風で、守矢はとんだ乱暴な所に来たと思ったが、岩波はその自由放任で無拘束で、土足でそのまま教壇に上ったり、鬨の声を上げても平気だし、体操の教師を溝の中に押し込んだりする乱暴も、諏訪中学の規則づくめに比べて嬉しかった。

在学は五年の一年だけだったが、地方の偏狭独善を破って、闊達自由の解放感を与えられたことを、よかったと思うと、後でもいっていた。又岩波は自分の始め不合格だったことを、日本中学が当時都下でも特に英語の程度が高く、地方の実科中学とは段違いだったことに帰しているが、当時の日本中学が無頼乱暴の生徒と共に、相当優秀な生徒を持っていて、一高への入学率が岩波のいう如く都下第一でなくても、相当なものであったことは事実であり、岩波の英語では入学がむずかしかったことも事実であろう。

守矢の日記には、入学後四月二十二日に岩波や金井清（前諏訪市長）と一緒に、松陰神社に参拝した、とある。しかしこれは必しも岩波が着京の翌日参拝したことを否定する理由にはならない。彼は又守矢を誘って、上野公園の西郷銅像の前へつれてゆき、そうしてそこでは「必ず小西郷は大西郷の銅像に向って最敬礼をするのです。多勢人が見ていようが見ていまいが、少しも頓着なくきっとやるのですが、それだけならまだよいので、それを私にもせよと命令するのです。周囲にいる人がクスクス笑っていて、どうもきまりが悪くて困ったのですが、やれやれといってやらされるのには、いつも閉口してしまいました」と守矢はいっている。更に守矢は、「岩波さんは、自分の崇拝者に対しては、人が崇拝しようがしまいが、人まで強制したのです」とこぼしている。これも岩波の性格の一面を語るほほえましい話である。

又こんなこともあった。守矢が前記の長善館に岩波と一緒にいた時、夜も更《ふ》けて岩波が急にこれから横浜へ遠足に行こうといい出し、賛成者七、八人で出かけた。岩波は先に立って、真暗の中をあらん限りの蛮声を張り上げて詩吟をするので、外の連中も皆それに和し、大騒ぎになり、忽《たちま》ち巡査に咎められ、何を騒いで歩いているのだというと、岩波は詩吟をやっていたのですと答える。これから横浜へ遠足するのだ、というと、こんな夜中に遠足する奴があるかと叱られ、色々あやまった末やっと許されたが、一つ目の角を曲ると、岩波は又詩吟を始めるという茶目振りで、ともかく皆くたくたになって明方ようやく横浜に着いた。これは岩波の青年らしい元気の過剰を示したものであろう。もっとも高等学校時代にも岩波と藤原正と私と三人で、夜十二時に東京を出て市川の鴻の台へ遠足したことがあったが、この時はさすがに蛮声はあげなかった。横浜着後一時解散して船着場に集まる約束をし、岩波は守矢外一名の同室者と一緒に牛肉屋に上り、守矢はその時財布をなくしてはと、それを岩波に預けた。食事が終ると岩波は、知人の所へゆくから公園で待っていてくれといって別かれたが、待てども待てども戻って来ない。財布は岩波に預けてあるし、しかたなく歩いて帰ろうかと思ったが、終夜のくたびれでそれもならず、やっと同郷の知人を思い出して三十銭ばかり借り、芝浦通いの船着場で連中と一緒になって帰京したところ、姿を見せず心配をかけた岩波は、ちゃんと先きに帰っていた。公園に人を待たせて何していたのだと詰《なじ》ると、おれも探したが見つからないから汽車で帰って来たといって、涼しい顔をしていた。こういう人をかまわないで平気でいる一面もたしかに岩波にあるが、これは少々変り過ぎているといってよかろう。守矢の日記には、岩波と共に、高等学校の柔術試合や上野のパノラマを見にいったことなどを、しるしている。

これも日本中学在学中のことであるが、暑中休暇に帰省して、親戚の井上と守矢と三人で、乗鞍山麓の白骨温泉に四、五日滞在して、今度も帰りの旅費を残して金を全部岩波に預けたが、横浜のようなことにはならぬかというと、よしよしと答えた。それから途中でじいさんのいる店で昼飯を食い、何かうまいものはないかね、と岩波がきくと、ヤマメがあるというので、ドシドシ持って来いと腹一ぱい食べた所が、勘定が足りない。おやじは金もないのに大きなことをいうとぷんぷん怒る。その時岩波は持っていた何かむずかしい本のありがたみを盛んに講釈して、それを置いてゆくといったが、おやじは承知しない。そこで懐中時計を出してやっと勘弁させた。それから又長く歩いている中に、腹は減るし金はないし、大弱りに弱ったが、多分島木赤彦――当時先生でやって来ていたのだろう――だったと思う人のいた寺へゆき、金を借りて為替を組み、その店へ送って時計を返してもらった、という話もある。

岩波は元気に溢れ、思いつけば前後を考えず、人にも謀らずにすぐ実行するので、随分仲間に迷惑をかけることもあったに拘らず、守矢もいう如く、「親おもいで、私達には実に信頼できるいい先輩であった」のは、岩波の徳であろう。

守矢の日記によると、岩波は明治三十二年に上京して本郷元町の長善館におり、守矢と同宿し、その年の九月に麹町富士見町、十一月には神田猿楽町、翌三十三年には神田南甲賀町の下宿に転々と移っている。前記宮坂春章の話にある麹町平河町の幽霊屋敷というのは、或は富士見町であったろうか、はっきりは分からない。又この岩波に誘われて日本中学へ来た宮坂春章、守矢真幸は、その後諏訪実科中学が五年制の諏訪中学になってから、そこへ復校したということである。

彼が日本中学を卒業したのは、明治三十三年三月で、成績は同年四月の「日本中学校学年試業優劣表」によると、百人余りの中二十五番だったから、わるい方ではない。

岩波が情誼に厚いのは総ての人々に対してであるが、この一年間世話になった日本中学に対しても、同級会事務所を岩波書店内に設け、岩波書店発行の書物を学校へ寄贈したり、互の消息を知らせたり、同窓が上京すると懇親の会合を催したり、校長の引退を送ったり、実に到れり尽せりであった。

日本中学卒業と共に彼の中学時代は終った。後になって彼はこの時代を回顧して、

「師弟に殉じて城山の露と消えし堂々たる男児漢南洲先生の心境と、真実、至誠の権化ともいうべき松陰先生の高風は、私の少年時代の目標であった。これに対する尊崇心《そんすう》は今日尚寸毫も異なる事あるなし。只、今は夢は消え、気魄《きはく》衰え、鈍根、凡骨、学んで至らざるを痛感すること愈々《いよいよ》深くして、往年南洲翁を慕って、生国信濃より一人旅して鹿児島に墓参にゆきし十六、七歳の頃や、又蘇峰の「吉田松陰」を読み、昂奮して第二の吉田松陰を以て自ら任じて飛び上った、野望鬱勃《うつぼつ》たりし中学時代を徒に懐かしむばかりである。」

といっている。

二　一高生活

一年生　ボーキチ時代

岩波の一生涯にとって第一高等学校入学は深甚な意義を持っていた。

しかし岩波は前にもいった如く、明治三十三年三月に日本中学を卒業した。岩波の手記(「惝怳録」(明治三十六年夏))を見ると、母が「明治三十三年五月一日夜わざわざ上京下され、神田駿河台の下宿で涙ながらにお戒め下され候ことごとも、今尚決して忘れ申さず候」とある。中味はわからぬが、母は寡婦としての苦衷を訴え、岩波に教戒したものと思われる。その七月に一高の入学試験を受けたが不合格であった。しかし岩波は試験勉強の為に心身消耗してひどくやつれた。そこで例の宮坂と一緒に保養に箱根へゆこうということになり、箱根環翠楼の鈴木英雄の弟(だろう)が日本中学で同級だったので、無銭で徒歩でそこへたどりつき、御子息の同級生だが金の持合せはないが泊めてもらえるかというと、主人が出て来て、ちょうど息子は不在だがまあ上れということになり、立派な部屋ときれいな湯殿に請ぜられ、宮坂は不安を感じたのに、岩波は一向平気の様子であった。しかし宮坂が先に風呂から部屋に帰ると、女中三人が荷物や服を調べていたのには驚いたそうである。だがともかく一泊して帰ったけれども、多分帰りの汽車代も環翠楼で借りたのだろうということである。ここへ来る途中大磯の海岸で二人が泳いでいる中、大波にさらわれ、もうだめだと助けを求めて叫んだところが、波の音で一向聞こえず、ひょっと立つと股の所までしか水はなく、二人で自分の叫び声の聞こえなかったのを幸《さいわい》ほうほうの体で逃げ出したという話もある。心身が弱っていても、無鉄砲は岩波の附物だったらしい。

それから信州小諸の伊藤長七の宅で一夏を過した間に、上田で内村鑑三の講演をきき、始めて内村の謦咳に接して感動した。しかしなお、身体の疲れが快復せず、神経衰弱を感じたので、同年十月から三ヵ月伊東に転地した。一流の旅館の一室を占領して一月十円五十銭、朝から晩まで鮮魚を食って、からだがピンピンして来たので、二十世紀劈頭の元日は東京でと、暮の三十一日に帰京して、本郷台町(?)の北辰館で新年を迎えた。内村鑑三との因縁のできたのは、この伊東滞在中であり、ちょうど温泉旅館山田屋で再び内村の講演を聴いて感動し、岩波は徒歩で熱海に赴く内村の荷物を担いで行った。熱海に着いて、内村から牛肉を振舞われて、岩波がひどく恐縮したのに、内村は「人足を頼んで来たとすれば……」云々といったので、岩波は自分の心持をも汲まず、人を人足扱いにする内村の態度を憤慨し、手紙で向後師事しないといってやったところ、内村から懇切な返事が来たのを見て忽ち心解け、内村の日曜講演にも出席することになった。

彼はその年七月に再び入学試験を受けて、宿願の一高に入学した。諏訪で一級下だった樋口長衛も彼と共に入学した。当時の一高は勿論今日程多数の志願者はなかったが、全国高校中でも最も通過し難い登竜門と見られ、又大学の入学試験が殆どなかった当時として、一高入学は当時の青年学徒の最大の歓喜と誇とであった。岩波の得意もさぞかしだったろう。ここでちょっと面白いのは、先生だった前田元敏という保証人の外に、副保証人として、彼がその後執拗に排撃して措かなかった、同郷の小川平吉を立てたということである。

一高の入学受験後、七月二十三日長野仏教青年会の戸隠山行きに加わり、飯綱山に登山したという記録がある。

この機会に岩波入学当時の一高の校風の問題に触れておく。大たい一高生は一高が天下秀才の集まりだという誇を持ち、その上この誇をあおって一高生に与えられた寮生活が、青年に集団的な切磋琢磨の機会を与えて、一つの校風を養成したことは争われない。しかしその大体の傾向が、当時の富国強兵を理想として欧米列強に対抗しようとする、皇室中心の国家主義的、愛国主義的精神に対応し、運動競技の尚武精神を以て世間に傲り、他を排して自ら高しとする校風を馴致したことは、今もなお青年学生に愛唱されている「嗚呼玉杯」の寮歌にも明かである。一高の運動諸部は、寮という場所と組織とを持ったということもあり、端艇、野球、柔道、撃剣等概《おおむ》ね天下に覇を称していたと同時に、その選手にも困難な入学関門を突破し来った秀才が相当多く、中にはその品性に於いて一般学生の群を抜くものもあり、彼等は俊才という強い誇に酔い、ちょうど明治二十七、八年(一八九四、五)日清戦争以後の我国が、軍人を光栄ある冠と頂いたように、運動部を頂いて天下に誇ると共に、大多数の一高生も運動部の勝利に随喜し、運動選手を讃えるという風であった。この当時の日本の素朴な愛国的軍国主義に同調した一高校風に対する批評の第一弾は、恐らく岩波が郷里の諏訪中学時代に京都の豊太閤廟前で邂逅して終生の交を訂した、一高生木山熊次郎の『校友会雑誌』に投じた「疑察の自治寮」(明治三十四年一月)であり、明朗率直なるべき自治寮に疑察猜忌の風の行われるのを慨したものである。爾来自治寮の危機を叫んだり、救治策を講じたりする文章が、明治三十五年以来、高山樗牛の影響、更に溯れば内村鑑三、北村透谷等、更に下っては清沢満之、近角常観《ちかずみじょうかん》、綱島梁川等の影響もあって、一高文芸部を中心として、自己に沈潜しようとする個人主義的傾向が台頭し、これが籠城主義的校風論者と対立し、中には折衷的立場のものも出たが、阿部次郎は思索的に、魚住影雄は情熱的、宗教的に在来の校風に反抗し、筆者も亦その仲間であった。中にも魚住がその激越沈痛な名文章でかいた「自殺論」(明治三十七年五月)は、明かに藤村操《みさお》の自殺の影響を示し、はっきりと自殺を肯定して、盛んに情死を讃美したが、彼の校風に対する反抗と否定とは、「個人主義の見地に立ちて方今の校風問題を解釈し進んで皆寄宿制度の廃止に論及す」という長い表題の論文(これは岩波が一高を去った翌三十八年十月に発表された)の発表に至って極まり、運動部を中心とする校風擁護論者と正面衝突を来たし、文芸部の廃止と魚住に対する鉄拳制裁の主張が校内を沸騰させたけれども、我々の反対によって竟《つい》にそこまでにならなかった。当時一高の弁論部は恰《あたか》も仲裁の位置に立って、校風問題討論会を催し、阿部次郎、丸山鶴吉、前田多門等も大学から来てそれに参加したが、岩波はその時は已に学校にいなかったけれども、大たいこうした潮流の中に、彼は明治三十四年入学後、三十五年秋から三十七年夏までを一高に過ごしたのであった。

さて始に帰るが、田舎にいる時から憧憬して已まなかった第一高等学校に入学し得た彼は、まっしぐらにその校風の中に飛びこみ、忽ち熱烈なボート部員、気を負った向陵健児になったが、彼がその頑健な体軀と不屈の気力とで、熱狂的に文字通り体当りしていったボート部をも棄て、学業を怠り、世間的野心を棄てて、ひたすらに友情と自然とにすがって生きようとしたのは、入学後一年半を経てであった。こういう傾向は日露戦争前の青年学徒、殊に一高生徒の一部に萌してはいたが、それを強く刺激したのは、明治三十六年五月二十二日、藤村操が「巌頭之感」を残して華厳滝に身を投じた事件であった。そうして岩波も亦この風潮の渦中に巻きこまれた一人であった。しかし人生の意義について疑を抱いたものの、性格上懐疑的、虚無的或はシニカルな気持は少なく、真善美の理想に対するあこがれや、自然の懐に抱かれ、愛や友情に生きる心は依然として、強く、それによって慰められ励まされることも多かった。

この友情は特に一高時代に於いて多くのすぐれた友人を彼に与え、それが期せずして後年の彼の事業、殊に出版事業に大きな援助と強い基礎を与えることになった。だが彼は固より利用価値の為に友を求めたのでなく、その人の中にある真なるもの、善なるもの、美なるものに、無私の心持で傾倒し得る美質を生まれながらにして具えていたことによって、おのずからこれを得たのであった。

岩波の入学は前にいう如く明治三十四年(一九〇一)九月であったが、当時皆寄宿制度により、直ちに東寮十五番室に入った。同室十二人の中ずっと交を続けたものには、豪農の家に生まれて無産運動をやった新潟の玉井潤次、三菱の重役になった郷古《ごうこ》潔、名古屋の銀行にいて戦争中に死んだ入谷鉾之助、宮内省に務めた能書の工藤壮平、東大農学部の獣医学を担任した島村虎猪《とらい》などがあり、広部一は東大の化学を出た俊秀《しゅんしゅう》で、岩波の敬愛する所であったが、西洋留学を終えて後惜しくも若死した。級は第一部甲で俗に英法文と呼ばれ、英語を第一外国語とするけれども、ドイツ語は初歩だから英語とほぼ同じ時間であった。それが一の組、二の組に別かれ、岩波は二の組で、同組には、鳩山秀夫、阿部次郎、上野直昭、鈴木宗奕(後の宗忠)、林久男、渡辺得男、白根竹介、工藤壮平、荻原藤吉(井泉水)などがおり、一の組には前記の郷古潔や入谷鉾之助、石原謙などがいた。

鳩山はいつも首席を占め、阿部は試験勉強を一つもしないで二番にいるという秀才であった。この二組には文科も交っており、その中哲学志望の者は必ずこの組に編入されていたが、一年の頃は岩波はまだ何れともきめかねていたらしい。だが岩波の話によると、初め東京へ出て来た時には、農科の林学をやろうかと思った。森林が荒廃すれば国は亡びる、林学をやって山を青くしようという考えを、一時持ったことがある。ちょうど私自身も中学四、五年頃それを考えたので、ちょっと面白く感じた。

当時の一高はちょうど、往年運動競技界に覇を称していたのが、入学試験の困難その他で漸く衰微を萌して来た頃であり、天下無敵を誇った野球部が、当時新進の慶應と早稲田とに始めて敗れたのは、岩波入学の翌年、即ち私の入学した明治三十五年の秋であった。岩波が先ず血道を上げたのは端艇であった。始めて入寮した東寮十五番では、岩波はボーキチ(ボート狂い)の仇名を得た。外に、工藤のジキチ(習字狂い)、それから多分入谷だろう、ジュウキチ(柔道狂い)と、三キチが揃っていた。岩波は又顔つきその他から「獰猛《ネイモウ》」という仇名も与えられた。

岩波は中学では漕艇を知らなかったに拘らず、入学の年端艇部に入って、非常な熱心と精励により、その年の末には早くも一部(後の文科)の選手になった。外に渡辺得男、上野直昭、白根竹介、林久男等と共に組選手にもなっていた。一部選手としては第三選手であり、一年上の文科の吉田圭が整調、五番は岩波、三番は白根、二番は林、一番の艇軸が渡辺であったが、練習が始まると、岩波の進境が著しいので、渡辺と入れ替えることになり、渡辺も拘泥なくそれを承知し、その為に全体の漕力が増して、第三選手の実力は第二選手を凌ぎがちで、第二選手は隅田川で第三選手に挑まれるのを忌避するようになった。その頃一高出の工科大学選手に漆野佐一郎がおり、勇猛な大選手として隅田川のボート連中を睥睨叱咤《へいげいしった》していたが、岩波は風貌も頑張りもこの人に似ているというので、「漆野二世」、「新ウル」又は「ウル」という綽名をかち得た。これは岩波自身も誇を以て私に話したことがあり、漆野の顔も覚えているが、なるほど岩波によく似ていた。一高端艇部では冬休(その年は十二月二十四日―翌年一月三日)にきまって利根川遠漕をやることになっていた。これは隅田川、中川、小利根、大利根と、漕ぎ上り漕ぎ下ること七十里の遠漕であった。年末に於けるこの遠漕の途中、佐原の少しさきの大船津の宿で、工科大学の選手と同宿して、本ウル、新ウル両ウルの対面式と称して、互いの部屋に入り乱れてはては取組合が行われたという話もある。又流山附近で二里八町の運河を渡り、いよいよ取手の少し上の本利根に出る時になって、岩波が急に眼をつぶって漕いでいるので、どうしたときくと、始めて見る大利根だから、十分川の中へはいってから見るのだ、それまでは眼をつぶって大観するのだ、といって、満艇の人々から笑われたという話も、それから鬼怒川の畔で、吉田と角力を取り、吉田の引き落しで岩波が見事顔を砂にまぶしたという話もある。最後の銚子の大新旅館で、硝子の簾の上に乗っている鯉の洗いに醬油をむやみにかけて、醬油のたまらぬのを不思議がったという話もあったが、この銚子に着いた時には、「ウルの如きは大声歓呼、櫂を叩いて欣喜した」という記事が『校友会雑誌』に出ている。それから又「旬余の遠漕中、終朝終日、不倦不怠《ふけんふたい》、勉むる者実にオメン、土佐坊、ウルの三人にして功一級なり」ともある。

その頃一橋の高等商業学校(今の一橋大学)との対抗端艇競漕を復活させよとの議があり、岩波自身も時の狩野校長の禁止に反対したが、一高の大選手として、一部、二部(理工農科志望)、三部(医科志望)を通じて人選を内々試みていた時、岩波はまだ未熟だが仕込めばものになる、というので、有力な候補に数えられていた。その頃後に公使になって自殺した佐分利貞男は、大学生で一高ボート部の元老であり、対高商の競漕の為に斡旋していたので、岩波は吉田と共に佐分利を訪うたこともあった。しかし狩野亨吉《かのうこうきち》校長の断乎たる拒絶で、対抗競漕は竟に実現しなかった。

ともかくも一高入学の第一年は、岩波は端艇に全心身を打ちこむことによって充実した月日を過ごした。土曜日曜はいつも隅田川で過ごし、寮では毎日毎夜バック台での練習に没頭した。隅田からの帰りに犬に噛まれて、一カ月ばかり医者に通ったというのもこの頃であろう。東寮十五番でも、毎夜皆の迷惑をもかまわず大きなかけ声を出して練習をし、又同郷で一年上の第一選手だった矢崎揔治の寝室へ吉田圭と共におしかけていって、バック台の稽古をやり、へとへとになっても止めず、コーチをする矢崎の方が参るという勢いだった。しかしこうした努力にも拘らず、三十五年春の各部競漕に岩波達は負けた。競漕の帰りに彼等第三選手連は、喫茶店か何かに立ち寄って、申訳がないから坊主になろうと相談したが、それを実行したのは岩波だけであった。一方矢崎は、吉田、岩波の二人に励まされ、翌三十六年春のレースに、一部は第一、二、三選手とも揃って全勝することができた、だがその時には岩波はもう選手をやめていたと、感慨を洩らしている。この三十五年春の競漕の前、岩波の母は四月五日のたよりに「近日ボート競漕有之おもむきに候処、危険の場所に立よらぬよう万事に気をつけてまちがえのなきようなすべく様心掛け、人にたいして親切にして、かりにも物事ですぎざるようかえすがえすも可致候。又試験もおいおい近より候に付、勉強してよい成績を得る様心掛けべく候」といって来ている。

岩波が端艇選手になったのは、前述の如く明治三十四年の十二月であったが、これより先十月の頃、足尾銅山の鉱毒事件がやかましく、衆議院内では田中正造、院外では内村鑑三、木下尚江などが、盛んに古河側を攻撃し、その為都下学生の共同視察が行われ、当時立教中学生だった年少の前田多門の、神田青年会館に於ける報告演説なども評判だったが、弱者の味方を以て任ずる岩波は、どうしても渡良瀬川へこの一行と一緒に視察にゆきたくてたまらず、渡辺や林も一緒に、土曜日曜のボート練習を休ませてくれと懇願したのを、吉田は整調としての責任から始は許可しなかったが、その次の日曜は朝早くから二倍以上の練習をするとのことで、やっと許可したということもあった。その時、その地方の古沢某という豪家の主人が、この問題に冷淡だとか、古河がただとかいって、新聞記者に攻撃されていたのを、岩波が諄々としてこの男に説いて聞かせたということもある。岩波の社会的関心はこの頃から熾烈であった。しかし今の学生のそういう運動の如くに政治的、政党的ではなく、純粋に人道主義的なものであった。

その翌明治三十五年には日英同盟ができた。一高では例年自治寮記念祭に各室で飾物を作ることになっているが、三十五年三月一日、岩波にとって最初の寮記念祭には、東寮十五番では彼の首唱で、室内をかたづけて二脚の大卓のみを残し、これに紙を貼って大きな下駄一足に仕立て、天井から脚を二本ぶらさげてそれを穿《は》かせ、「天下を蹂躙《じゅうりん》す自治の下駄」と題し、「天柱砕地維欠」という大文字を壁にかけて広告するという奇抜さであった。縄や藁を遠く三河島まで買い集めにゆき、それを大八車何台かで運んだというから豪勢なものである。ともかくもこの頃の岩波のはち切れる元気が想いやられる。現に椅子によりかかって身体をゆすぶりながら本を読むので、一円五十銭で買って来た椅子はすぐこわれるという有様であった。室でその頃よくやるコムパ（一高の詞で、コムパニーの略、集会のこと）で、隣や向うの部屋と、会費五銭以下で塩豌豆や焼芋や最中などの茶話会をやり、岩波がよく発起して、外の部屋への申し込みも引き受け、勉強家は少し辟易の気味だったそうである。十五番室の前の室が十六番で二部二年、その隣が一部二年仏法の部屋で、後に内務大臣になった故潮恵之輔、それから故村上恭一、芝碩文などがいた。又寮友を誘い出して、月夜の梅花を横浜の近郊杉田の梅林に賞し（三十五年の冬二月頃のことだろう）、帰りの途中眠くなって、生麦の異人殺害の碑の側でそこいらの藁をかぶって寝たが、寒いので又歩き出したという話、又動物園のライオンの咆哮を聞くといって、不忍池畔に夜出かけたり、寝られぬといって、月下の校庭を夜中に逍遥したりした話もあった。

しかしこれほど熱情を傾けたボートの選手も、一年だけでよした。もし三年続けてやっていたらば、実にすぐれた大選手になったろうといわれていた。この一年生の五月十日のことである。組選手の仲間の上野直昭が、野球選手として、横浜のアメリカ人のアマテュアクラブと野球試合をやるというので、一高生が応援に赴いた中に、岩波と林久男とは一高野球部が敵に一点も与えず全勝を博したのに興奮して、帰途新橋から上野まで鉄道馬車と競走し、数十台を追い抜いて、かちどきを挙げたという馬鹿話もある。二人のはち切れるばかりの元気の程は思いやられるが、この二人の元気者が揃いも揃って、その翌年のその頃には、狂するばかりの煩悶児となったのである。一学期の学年試験を卒えた後の六月二十日から、日頃親しかった上野、白根、渡辺、林と五人で、青梅、氷川を経、日原に一泊して鍾乳洞を見、御岳に登り、五日市に泊して高尾山を訪い、三日の旅を終えて帰った記事を、岩波は鉄雲生の名で「漫録」と称する遺文中に書いている。鍾乳洞の見物なども実に乱暴で、旅中を通じて恐ろしく元気に溢れていた。

岩波は一高では固より頭脳の傑出した方ではなかったが、ボートに凝って、コツコツと勉強はせず、随分同室の勉強家には迷惑をかけ、又自分に反対する者には、遠慮なく悪罵や皮肉をあびせたと、同室の工藤は語っている。しかし根は親切でさっぱりしていたので、みんなからはすかれていた。だが一度話が母のことになると、別人のようにしみじみとなり、静かな夜などは母のことを思って、「自分はこうしてぼんやりしてはいられぬ」などと、涙を流したことも度々であり、又よく郷里の母に手紙を書いたとは、これも工藤の話であった。

二年生　煩悶時代の始

しかしともかく六月の進級試験も無事に過ぎて、九月には二年生になった。夏休には郷里の諏訪中学へ、矢崎と共に八月初頃ボートのコーチに出かけた。この学校にはこの年始めて端艇部ができ、今井登志喜や小平権一などは二人のコーチを受けて、その漕法がすっかり一高流になったそうである。この時校長から、謝礼はやれんよといわれて、岩波が憤慨した話もある。それから房州岩井の橋場屋にゆき、毎日海に入り、書を読み昼寝をして静養した。恐らくこれが橋場屋を知った始であろう。その後は何かというとよくここへいった。

私の入学した明治三十五年九月は、まさに岩波の新二年であり、私は室が近くて、彼の頬に疵痕のある獰猛な風貌はすぐ眼に止まったが、この頃はまだボートの熱はあったと見えて、新入生の入寮当初に、夜になって提灯を下げてやって来る運動各部の勧誘——これは運動部の威武発揚でもあり、又選手の発見のためでもあったろう——には、岩波も加わって、しつこく端艇部入りを勧めたことを記憶している。又或る日のこと偶然、太い杖を携えて外出する彼の後を歩いたところ、からだ全体に子供のような不均斉があり、彼の肩が存外撫肩で、その上に火山塊と人のいった不恰好な大きい頭部を少し傾け、大きな尻を振り振り歩くところ、中々愛嬌があって、そうこわくもないという感じのしたことを想い出す。

三十五年秋即ち二年の新学期の頃は、彼は阿部次郎、渡辺得男、工藤壮平、荻原藤吉（井泉水）等と一緒だった西寮六番室でも、やはり夜更までバック台の稽古をしていた。荻原はそれを下の如くに描いている。

「夜の消灯後に蠟燭をともして読書する者もいた(いわゆる蠟勉派である)、私もその一人だったが、それは教科書でなくて俳句を作っていたのだ。その蠟燭の灯影が、私の机の位置からすると左手がじかに窓であり、右手は早く寝てしまった者の椅子を隔てて、一間ばかりの空間に光を及ぼしている。その空間の床の上に、小さな船のような形の箱を据えて、一人の男がその箱の中に脚をふんばって、両手を前へ突き出して、エイッエイッと声をかけながら、ボートを漕ぐ姿勢をくりかえしている。その影が蠟燭の薄い光で廊下に面した方の窓の下の板張りにゆらめいている。」

この秋の全寮晩餐会の時、英法の講師だった判事の平山銓太郎が、法律的制裁は人心改善に有効ならずといい、寮の制裁を止めよといったのに対して、岩波は一高の鉄拳制裁は、相手を憎むのでなく愛するが為だと前記「漫録」の中で抗議している所に、彼の校風発揚派たる本色を発揮している。

秋十月には例年発火演習があって、その年は銚子地方へゆき、私も始めて参加した。桑木厳翼、原勝郎は当時一高教授であったが、二人ともにその直前新たに文学博士の学位を得、しかも二人とも一年志願の予備少尉の揃いの軍服で、英気潑剌《はつらつ》たる姿を我々の前に示しつつ行を共にした。一たい一高のこの年中行事は、演習と共に観光が目的であったが、当時山国生まれの岩波が犬吠崎の巉崖《ざんがい》で太平洋の波に見とれ、思わず帽子を落とし、翌日は白鉢巻で従軍したという話も有名であり、『校友会雑誌』に「岩波の帽岩波にさらわる」といった六号記事が出たりした。岩波の向陵名士だったことはこれでもわかる。

又毎年秋駒場の農科大学で催される都下専門高等学校の陸上競技にも、全校生徒が、たしか飯田町から新宿あたりまで汽車を買い切って応援に出かけ、岩波は応援部隊長の一人で、その時一高の選手(阿部彦郎、山内冬彦等)は学習院の選手(三島弥彦)に負けたので、岩波は銅像のように動こうともせず、うす暗い中に立っていた、と荻原は書いている。これも三十五年秋のことで、私も新入早々駆り出されて応援にいったのである。

この慷慨《こうがい》派、校風派の時代に於ける岩波の最後の活動は、本郷龍岡町にあった日本女学校の校長西沢之介及び女子美術学校長藤田文蔵の、一高生中傷に対する厳しい抗議であった。一高は三年制であって、二年生が寮内で中堅会を組織し、主として風紀の問題にあたり、新入生をたしなめたりしていたが、岩波は同室の故清原徳次郎と共に西寮中堅会の委員の一人であった。当時女学生の堕落が問題になり、恐らく新聞記者の問に対して自分の立場を弁護する為だろう、西校長が読売新聞(三十五年十月二十八日)に、大学高校の学生で日本女学校の生徒に艶書などを送り、それが女学生堕落の因をなしている、という趣旨の話をし、翌日の同紙上には女子美術学校の藤田校長が、大学、高等学校の学生に堕落せるものが多い、という話をしたので、西寮中堅会はその真相を探究することになり、早速二人は校友会の文芸部委員野上俊夫、荒井恒雄も一緒に、或は二人だけで、藤田、西を訪うたが、約束の日をずらかしたり、不在と称したりして、西の如きは十数回に及んだのを、二人を早朝に訪問して強いて面会し、言を左右に託して徒らに陳弁する西校長に、読売紙上に正誤陳謝の一文を出すことを約束させ、度々の督促の後やっとこの約を果させた。藤田もそういう一高生がいれば教えてくれと詰め寄ったのに対して、竟に堕落せるものはない、といって新聞記者に言責をなすりつけた。そこで西寮中堅会として、この事件の結末後十二月になって、寮生の誤解なきよう、告白文を日本新聞に寄せた――その文章は阿部が書いたという――という顚末があり、岩波の憤慨と奔走とが眼に見えるようである。校長が居留守を使ったので、岩波が硝子窓もわれるくらいの大声でどなったとか、窓から乗り込んで面会を強要したとかいう伝説もあるが、一緒にいった清原の記する所が正確らしく、それに従ってかいた。

岩波が狂とまでいわれたボートから離れたのは、人生の煩悶、失恋の悩みによって、父の死後彼の理想だった立身出世主義がこわれたという外に、中学生時代からあこがれて、あまりにも理想化していた自治寮と俗世間とが別なものでないのに気づいて、有難みの減じたこともあり、又ボート部に熱中したあげく、彼が明朗純粋ときめてかかった一高運動部にも、世間と同じ暗影を認めて、運動に幻滅を感じたということもあった。岩波が三十五年十一月七日、第二十四回端艇競漕に参加した記録があり、又岩波の遺稿「漫録」には、「三十五年秋季一部レースの夜懇親会席上に於いてなしたる演説」という草稿があるから、この七日の夜のことであろうが、岩波は自分で「一世一代」と称する決心で酒を食らって泥酔の上、泣いて運動部の腐敗を慨し、日頃の満腔の不平をぶちまける大演説をやった。そうしてボートの一部第一選手だった同郷の矢崎揔治の車に助け載せられてやっと寮に帰り、靴のままで寝室にねたということがあった。岩波の泣酒の名は一時校内に有名であった。かくて前にいった如く、翌三十六年の春季各部競漕には、岩波はもう出場しなかったのである。けっきょく岩波の校風発揚時代、ボート熱中時代は、明治三十五年で終ったといってよい。

岩波が荻原井泉水のいう「慷慨悲憤《ひふん》派」から「瞑想懐疑派」に傾き、又「発揚的な校風主義」から「沈潜的な個人主義」に転じたのは、翌三十六年五月の藤村投瀑後に著しいが、既に三十五年九月、二年になってからは、運動部に対して幻滅を感ずると共に、人生問題に対する関心が高まって来た。しかし二年の初期にはボートに対する余熱もあり、又校風に対する関心も強かったことは、上述の如くであったが、年末の一学期試験は病気――と彼はいっている。何病だかはわからぬ――で放擲《ほうてき》し、岩波の好んで言うように、「一巻の聖書を携えて」、冬休を房州で過ごした頃には、その煩悶が漸く高じて来ていたらしい。その原因を捜る時、その主因として岩波の失恋を考えずにはいられない。岩波は自分の恋した女が、同級同郷のはやく故人になったYを愛していたということ、又その思いが帰省の途上で起った、ということを私に語ったことがある。相手は諏訪の女性で東京に留学していたということである。私の岩波と始めて語ったのは、三十六年九月に岩波が落第して同級になった頃であるが、想像を逞しうすれば、岩波の恋愛及び失恋は、明治三十五年の夏頃に発したのではないかと思われる。

岩波は一高入校以前から内村鑑三を尊敬し、これに動かされていたが、彼の畏敬していた先輩木山熊次郎から、内村の『聖書之研究』誌を借り、三十号から初号にまで溯って、バックナムバーを読んだこともあった。仏教よりも基督教の方が彼に親しかったのは、こんな所から来ているらしい。当時本郷森川町に求道学舎を営んでいた近角常観は、親鸞上人の信仰を説いて、青年学徒を集めていたが、岩波がかつてその煩悶を訴えた時、近角は深くこれに同情し、自著『信仰の余瀝』をくれた。岩波はこの書に動かされる所は少なかったが、近角の勧めに従って、トルストイの著『我が懺悔』を買って読んだ。その頃本郷三丁目の四辻近所に、文明堂という本屋があり、そこの綺麗な若いおかみさんと、ここから出た加藤直士訳のトルストイの信仰に関する書物のびらとは、私の記憶にも残っている。岩波自身の記する所によると、明治三十五年(一九〇二)十月十日の夜、一高寄宿寮でこの書を読み始め、「消灯後蠟燭の下で読み続けた時の感激は、全く自分のために書かれたものだ」という感じであった。トルストイの「信仰なきところに人生なし」の言葉を発見した時など、躍り上るほどの喜びだった。「これは僕の思想上の一転機といえよう。人生問題は五十年で解決すべきではなく永遠の信仰によって初めて解決せねばならぬことを教えられ、ここに煩悶解決の緒口を得たように思われてこれまでの暗黒世界から光明輝く世界に出たように感じられた」と告白している。実際その翌朝には、みんなが岩波の歓喜に輝く顔に驚いたという。しかし「さて信仰への緒口は与えられたとはいうものの、信仰を得た訳でなく、それからは一時学業も放擲して、ただ自然に愛着を感じていたので方々に出掛け彷徨した。この頃ミレーの画に凝ったためか、南米に行って羊飼をしようと思い、先輩木山熊次郎君と別れの写真をとったことがある。米国に渡航する手続きまでしたが当時移民問題で渡航がやかましく、東京府庁へ呼び出されて不許可となってこの企図も目的をとげなかった。一巻の聖書を携えて房州へ行ったのもこの頃であり、野尻湖上の孤島、昔神官のいたという本殿の側の部屋に茣蓙《ござ》を敷いて一夏を自炊したのもこの頃であった。」

岩波の学業一時放擲というのはそれから二年余も続いた。この自記の中に出ている岩波の心持は真実だが、その年月には混雑がある。それは後に説く。

その翌明治三十六年の第十三回記念祭には、岩波のいた西寮六番では、これも大卓を利用して、黒い紙を張って本の形にしつらえ、それに金字でHoly Bibleと背皮の所に貼りつけ、窓外には工藤壮平得意の筆で、「重きを負える者は我に来れ」と聖書の文句を大書した大びらをつるした。これは岩波の創意かどうか知らない。恐らく阿部の発意であろう。

西寮六番では室の記録があって、皆が銘々勝手なことを書いたり、気焔を上げたりした。その中に荻原の「汁粉評判記」などもあり、又誰かが皆の未来記を書き、岩波は欧洲に漫遊し、耶蘇の墓に溲《いばり》をした。又岩波は慷慨家として天下を周遊し、失意の生涯中、下の関で、同室だった清原と邂逅し、相抱いて泣いた、というのもある。工藤の語る所によると、その頃隅田川で岩波と顔なじみの藤村操も、時々六番室の窓の下にやって来ては、この漫録を読んでいたという。

岩波が藤村の華厳滝投身に大きな衝撃を感じた消息を、岩波自身次の如くに書いている。

「その頃は憂国の志士を以て任ずる書生が「乃公《だいこう》出でずんば蒼生《そうせい》をいかんせん」といったような、慷慨悲憤の時代の後をうけて人生とは何ぞや、我は何処より来りて何処へ行く、というようなことを問題とする内観的煩悶時代でもあった。立身出世、功名富貴が如き言葉は男子として口にするを恥じ、永遠の生命をつかみ人生の根本義に徹するためには死も厭わずという時代であった。現にこの年の五月二十二日には同学（一年下）の藤村操君は「巌頭之感」を残して華厳の滝に十八歳の若き命を絶っている。

悠々たる哉天壌、遼々たる哉古今、五尺の小軀を以て此大をはからむとす。ホレーショの哲学竟に何等のオーソリチーを値するものぞ。万有の真相は唯一言にして悉《つく》す曰く「不可解」。我この恨《うらみ》を懐《いだい》て煩悶終《つい》に死を決するに至る。既に巌頭に立つに及んで胸中何等の不安あるなし。初めて知る大なる悲観は大なる楽観に一致するを。

青天の霹靂《へきれき》の如く荘厳剴切《がいせつ》なるこの大文字は一世の魂をゆりうごかした。当時私は阿部次郎、安倍能成、藤原正三君の如き畏友と往来して――〔安倍、藤原との接触はその後四ヵ月も立ってのことである〕――常に人生問題になやんでいたところから他の者から自殺でもしかねまじく思われていた。事実藤村君は先駆者としてその華厳の最後は我々憬れの目標であった。巌頭之感は今でも忘れないが当時これを読んで涕泣したこと幾度であったか知れない。友達が私の居を悲鳴窟と呼んだのもその時である。死以外に安住の世界がないことを知りながらも自殺しないのは真面目さが足りないからである、勇気が足りないからである、「神は愛なり」という、人間に自殺の特権が与えられていることがその証拠であるとまで厭世的な考え方をしたものである。」(遺文「思い出の野尻湖」)

岩波のいったように時代が皆そうだったとはいえない。しかし藤村の自殺が我々に与えた衝撃は大きく、未熟の身で人生を「一切か皆無か」につきつめて、自殺に駆られるという傾きの我々にあったことは事実である。私は入学の時藤村、藤原と同級で、藤原は特に藤村と親しかった。藤村は紅顔の美少年で死んだのは数え年十八歳だが、満は十六歳十カ月で、岩波より五つ年下であった。当時及びその後私より一級下の魚住影雄が、『校友会雑誌』誌上毎号人生や宗教の問題を痛烈に論じたことは前にも触れたが、魚住は藤村と相知っており、最も多く藤村の死に動かされた一人である。

岩波は藤村の自殺に刺激され、東片町の寓居で「巌頭之感」を読んでは、林、渡辺と共に泣いたりした。しかし岩波の先を越したのは、去年の夏横浜からの帰りに、岩波と一緒に鉄道馬車とかけっくらをした同じ信州人の林久男であった。彼は学校にも出ず、遂に寮を出て、一人で雑司ケ谷の畑の中の一軒屋にこもり、雲雀鳴く晩春(明治三十六年)、麦の色濃い季節に、昼も戸を閉めて悶えていた。それを慰問する為に、同じ悲しみを持つ岩波が渡辺得男と一緒にそこへいった。悲鳴窟というのはこの家のことであったらしい。ところが林の様子はだんだん昂進して発狂か自殺かという所までになったので、今度は岩波の方が専ら心配して、当時一高の教授だった桑木厳翼、精神病の呉秀三博士に相談し、信頼する先生に預けたらよかろうという勧告に従い、当時長野の高等女学校長で有名な教育者だった渡辺敏に相談することになり、岩波と渡辺は即刻長野に行って、渡辺に乞うて上京してもらい、一言も訓諭も説法もせず、林を連れて信州へゆき、林は間もなく平生に復した。なお余談ながら、林は後に渡辺敏の娘と結婚した。

岩波の自記「惝怳録」で分かったのだが、岩波は前年の三十五年の暮、病気で（何病かは分からぬが）一学期の試験を受けず、房州へ聖書を携えてゆき、十日ばかりを過ごし、翌三十六年六月の学年試験も途中で放棄している。落第はその為であった。岩波がこういう風に人生問題に悩んでいた頃、読んで感激したのは、博文館から出た「北村透谷全集」であり、こんなに自分の気持と合う奴がいるかと、つくづく思ったといっている。しかし我々二人の友人だった北島葭江《かこう》は、その頃岩波が草村北星の『露子』などという、下らぬ恋愛小説を読んで泣いていた、といって、岩波の芸術眼の低いのを笑っていた。この小説は私も読んだが低級なものであった。しかし岩波の出たくてたまらぬ涙は、容易にこの駄小説にも誘われたのであろう。上野直昭は少年の頃化学の先生から、「オゾーンを吸うと気が変になる、信州にはオゾーンが多いから気狂いが多い」ときかされ、平素は岩波たちをからかっていたが、信州人の林と岩波とが揃ってひどい煩悶をしだしたので、今度は心配になって来たといっている。

前に岩波の記憶違いでないかといったのは、岩波は藤村の事のあった後、東片町にいた。「巌頭之感」を読んで泣いたというのは、重にここらしい。それから千駄木に移ったということが、伊藤長七が野尻湖にやった手紙で分かる。君は六月十日以来母君に手紙をやっていない、千駄木に移ったことも知らせない。母君は非常な御心配だと、伊藤は岩波に書いている。悲鳴窟については、当時の級友の色々の伝説があるけれども、今は悲鳴仲間の一人であった渡辺の所伝を取って、これを雑司ケ谷の林の寓居とした。

野尻湖の孤棲

越後の国境に近い信州の野尻湖中の小さな弁天島(形から琵琶島ともいう)に、たった一人の生活をしたのも、この夏休の七月十三日から八月二十日過へかけて約四十日であった。そうしてその前には恐らく前記の如く寮を出て、東片町から千駄木にいたらしい。島の住居というのは、彼のいっている如く本殿と一棟の右側にある、もと天台の僧で雲井といった神官の住んでいた跡であった。これは世間からも家族からも離れて、ただ独り悶々の心を自然の懐に寄せたいとの願いからであった。岩波自身はこの境地を「自然を愛するとかいう生やさしいものでなく、自然に同化したような気持に充たされて私は幸福でした」(「誠実を教えた母」)といっている。食糧は彼が好んで牧童《ヒルテンクナーベ》と呼んでいた少年(石田才吉)が時々運び、用事があると、明治二十二年までは橋がかかっていたという対岸へ泳いで村へゆく。その為に島の対岸の風景館という宿に浴衣をあずけておいた。一夜月明に乗じて、泳いで向岸の小舟に乗り、湖中を漕ぎ廻って、又それを向岸に繫ぎ、泳いで帰って来たり、又友達が来た(多分林であろう)というので、或夜二人で泳いでいって牧童の家を驚かし、食料の芋を頭にのせて帰ったりしたこともある。「風雨が激しく荒れた晩、神殿の板の間に横になり乍《なが》ら、私はこの大自然の怒りをじっと聞いていました。ふと雨戸の隙間が、ボーッと明るくなったと思うと、黒い人影が入って来ました。驚いて起き上ると、それはびしょぬれになった、母でした。無理に船頭にたのんで舟を出し、嵐をおかしてやって来たのです。」(同上)

恐らく母は岩波の学業を廃し自殺をするのを心配して来たのであろう。「母の姿を見た私は、母の愛に動かされて心ならずもこの愛着の島を去ることにしました。……島と別れる時は地に伏して号泣しました。」(同上)

私は岩波から一、二年後島の話をきいて羨ましくなり、翌々三十八年の八月一ぱい(日露戦争の終了直前)を、やはり一人でこの島に過ごした。「今度の書生さんは泳いで出て来ない」という評判だったそうである。

　この島で書いた岩波の自記「惝怳録」(三十六年夏期と附記した)が、この頃(昭和三十一年末)に、蔵の中から発見せられ、私はそれを読んで岩波の当時の心境を備さに知ることができた。中には岩波の記憶と違って、その誤を訂正すべきものもある。これは岩波という人間を知る上に重要な文献であるというよりも、その後の岩波は、その性格は、その素質は、已にその時に十分現われていたといってよい。その意味でこの手記によって当時の彼を語ることは、又岩波其人を語ることにもなると信ずる。

　さて島へ来た動機であるが、第一には彼が学年試験を放棄して、進級の望みを失い、近い周囲に口喧ましい親類近隣を持つ母に合わす顔もなかったことである。次には失恋である。失恋の事実は彼が私に語ったことによって明かだが、この自記の中ではそれを具体的に語ってはいない。しかし友をも離れてここへやって来たのが、失恋から来た人生への絶望を主原因としたことは、ほぼ推察に難くない。彼は島に着いた夜、「さびしさにたえかねて親しき友の名を呼びぬ。友は来らずして悽愴《せいそう》をますのみなるに、恐怖の情は死の懼《おそ》るべきを以て更に我に迫りぬ。あわれ寂寥《せきりょう》を求めて友を呼び、生を厭うて死をおそる。人は矛盾の動物なる哉。弱きは人の心なる哉」(「惝怳録」)と告白しているのは彼の真情であろう。そうして彼は島にいる間、当初の友と離れるという期待に反して、伊藤長七、上野直昭、樋口長衛、吉崎淳成(同室の一高生)、林久男、阿部次郎等と文通し、彼等から来た手紙をこの手記中に写し取っている。伊藤は岩波の家との親しさから、母の苦衷を察して、学業を修めて早く世に出で、母親を一日も早く安心させることを勧め、阿部も法科大学へ進学することを勧告している。彼は何の為にこの島へ来たかと自問して、一言にしていわば「我」を知らん為だといい、又慰めを得んが為だ、自由に人目を離れて泣かん為だともいっている。実際彼はこの島にいて昼夜よく泣いたらしい。

先ず彼の母の島を訪れたのは、彼が島に入って十日目の七月二十三日で、彼の文章にはその為に直ぐ島を去ったように誤解させる所があるが、又その時も詩化されて、朝が夜半になったりしているが、彼が島を去ったのはその後一月を経てであり、母の来たのは朝であった。彼は母の来訪によって、やめようと思った学校生活継続の意志を取り直し、彼によればともかくも今一年高等学校を続ける決心をし、同時に彼を誘惑した自殺を思い止まったのであった。母にして見れば、周囲の反対と白眼とを押し切って、無理をし困難を忍んで岩波を上の学校に送ったのに、それが途中で頓挫するというのは堪えられないことであり、岩波にも母の心持は分かりすぎるくらい分かっていたのである。

彼は母の来訪した明治三十六年七月二十三日を、十四年八月二十七日の彼の誕生日、二十九年一月五日の父の死、三十二年三月二十六日の東都遊学と共に、記念すべき重要な日だと書いている。六月十日以来彼は母に音信せず、居所をも知らさず、ここへ来て伊藤の勧めに従って漸く母に音信をしたが、その母は帰宅した妹世志野からこの居所を知って、心配の余り尋ねて来たものである。母は朝の九時過から午後の二時半頃まで岩波と語り続けて帰ったが、岩波は彼女を柏原駅に送って後島に帰り、「此夜床につき、彼を思い是を思い、母の恩愛の厚きに係らず、我の罪深かりしを追想して、情緒紛糾悔念転切に眠につく能わず、感情高潮になれる時一決心をなせり。曰く、「吾人の理性が如何に生存の無意義を示すとも、吾人の感情が如何に死の安慰を訴うるとも、吾人は我が唯一の母の天地間に存命せられる限り、断じて断じて自ら我が生を絶たざる可し」」(「惆悦録」)と書き、又その後の方に「たとえ万有の不可解を知ることあるも、藤村君を学んで花の如き最後に安慰《あんい》を得る能わず、又人生の憂苦を免るる道に失敗することあるも、かのウェルテルの跡を追う能わず、噫、一度一決心をして喜びし我は、直ちに大なる悲境に陥りぬ……ああ涙多かりし一夜、母の愛を得たるの日、死の自由を失いし日、人生の原野に何れに行く可きを知らざりし我が、僅に一活路を得たるの日。忘れがたきは明治三十六年七月二十三日なり」と記し、そうしてその夜同じ思いを母に書いた手紙にも、

「……小生はいかに世を厭うとも、神仏を信ずる能わざるも、又事業に失敗するも、愛を天下に失うも、御母上様のあらんかぎり、妹よしののあらんかぎり、決して決して死する事は致さず候……」

とある。

母の彼に対する真底からの愛、この愛に対する彼の感激、そうしてこの愛に報い得ざる痛苦、悔恨は、彼の生涯を通じていた。彼は島から母に送った手紙の中にも、彼の不勉強、不健康、不経済によって、事毎に母を悩ましたことをわびている。実際彼は乏しい中から、寡婦の身で、小さい村の親戚や近隣の冷たい注視を凌ぎつつ、彼を東都に遊学させた母の志に副わず、学業には不勉強で、不養生をし、前後を顧みず浪費したことは事実であり、彼自身も亦「理想を高きに求めて、母の愛の近きにあるを忘れし我は、不幸の児なりき」と慨《なげ》き、「天上の星を望んで足の地上にあるを知らず」と反省してもいた。しかし同時に彼の志す所が竟に母の志に副い得ざることを思わずにもいられなかった。彼は人に依るか、神に依るか、自然に依るか、と設問して、「神の子たらんか、母に憂愁をかくるを如何にす可き、世の人とならんか、我の所信をすてざる可からず、むしろ自然の児たらんか、母の期待する所他にあるを如何せん。我は遂に何れかに行く可きを知らざるなり、噫」と嘆いている。

彼は具体的に失恋のことを記してはいないが、断片的にその消息を伝えるものは「悄悦録」の方々にある。「信仰を疑い、宇宙の霊体を信ぜず……我は、誠に世にあきはてたるなり、生を厭えるなり、総ての望を失えるなり、而して遂に我は我を厭えるなり」といい、「愛を失いし我は宗教を措いて他に安心を得る地位なし。宗教が果して我に安慰を与うか。之れ大なる疑問なり」といい、又「余の生存の無意義を知りて尚死せざるは、只母の愛によるというも不可なきなり。されども母の愛は余の求むるものにはあらざる也。余は母の愛の尊きを知ると共に他に親しむ可き愛あるを知るなり。余の生命の一半を捧ぐ可きものは此愛なり」といい、彼は又母に妹を加えて、「されども悲しい哉、此両者の愛は余に慰藉となり、更に転じて大なる苦痛となるを。余は此両者の愛に安んずる能わざるなり」といっている。彼が天下唯一の知己あらば足る、老若男女を論じないといっている如きは、可憐なる花の如き少女に対する眷恋《けんれん》の情の間接的表現とも見られる。又「男女相憐は之れ実に人間の至情にして濁世の光明とも云う可し」といい、進んで更に「余は一度愛するものをすつるに忍びず、彼は我を偽るも余は彼を偽るを得ざるなり、彼は余を怨むも余は彼を怨む能わざるなり。彼は余をさくるも余は追わざるを得ず、遂に彼の心を得る能わずとも罪を彼に帰する能わず、余は我を怨まんのみ、自ら泣かんのみ」といい、又「彼女の霊と合体せん為には、水火も辞せず、生命をも顧みず、只全力を尽して之を求めて止まざるなり。かく彼女を追求すると雖も、敢て彼女を神なりと見るにあらざるなり。彼女の欠点我之を認む。然れども霊妙なる力は如何に動く可しやを知らずと雖も、余の霊は彼女の霊を得んとしてやまざるなり。かくして遂に彼女を得ざらんか、余は世に望なきもの速に生を絶ちて少しも怨むことなけん。之に反し遂に彼女の心を得んか、余は彼女の肉体は直に死すと雖も、余が心霊は飢えざるなり。之れ彼女の霊は彼女と共に死せざればなり。余はかくて一生独身なりと雖も、彼女の霊を慰藉者として、歓喜して清き真面目なる生涯を送るを得ん。之を余の恋観となす」と、乱暴ともいうべきプラトニック・ラヴを告白している。この理想愛の表現の底には、或は彼を棄てた、否彼につれなかった異性の面影があるのかも知れない。この女性は快活な世間的な女だったとも私はきいている。

又「余は今心底に秘事、人に明さんとして辞出でず、之れ心弱き故ならずや。さりとて過去に於ける罪なりしことを想起して、人に対して之を隠すことは出来ぬ」ともいっている。これは情事に関係した事のようではあるけれども、その事実を確めることはできない。けっきょく彼は彼の恋愛もしくは失恋について、具体的に語らず、表現せず、ただ抽象的、理想的に語っているだけである。しかし彼が泣いて泣いて泣きまくったことは事実のようである。失恋の詮議はこれくらいに止めておこう。

岩波は「我」を知ろうとして「知るべきは我、求むべきは信仰」とまでいっている。そうして岩波はその頃の岩波なりに、随分真剣に自己を追究した跡が見える。自分が徒らに世を慨して、自分の責むべきを忘れたこと、理想を追って現実を忘れたこと、人生の意義を悉《ことごと》く解して後、職業を選ばんとする者は、遂に一生為すなくして終る、無用の思索はやめて、先ず書斎の掃除をなすべく、両親あらば両親に仕え、妻あらば妻を愛すべきこと、宇宙の根本義を考えるをやめて、先ず現在自己の尽すべきことをなすこと、人生の価値は与えられるのではなく自ら作るべきことなど、厳粛《げんしゅく》な自己反省を試みると共に、又自分の性格について色々考えている。神の子たらんとしては信仰のなきを慨き、世間人となるは自分の理想が許さず、自然の子となって富士山麓の地に農耕に親しみ、愛人を得て家庭の平和を楽しむ生活を願いつつも、「我に不穏の精神と野次の根性あり、同情の精神、憂国の至情の心底に潜むあり。今煩悶せる我に取りて此境涯は安慰を与うるに相違なきも、一切の社会的活動を止めて、一生かくして暮らし了るを得るか。之れ大なる疑問なり」と迷ったりもしている。

彼が去年十月トルストイを読んで、「信仰なきところ人生なし」の語に接し、一つの大きな光明を得たことは説いた。その後信仰を基督教に求めて方々の教会に説教を聞いてまわったが、牧師の説教にも祈りにも、真の信仰を認め得ず、やがて教会から遠ざかり、直接に聖書にぶつかるべきだと思って、その年(三十五年)の暮から聖書に親しみ来ったことは、彼の所記によって明かである。島の生活中にも、絶えず信仰を求めて、或る時は「信仰は愛なり」と叫んだりもしているが、自分の生きる根拠としての信仰の乏しさが、繰り返し苦悶の種になり、幾度か彼に絶望を与えんとした。しかし彼は道徳を疑ってはいるが、それは世間的道徳を疑っているのであって、道徳そのものを否定するのではなかった。これは彼の本来の道徳的性格に基づくものであった。そうして繰り返す失望の間にも絶えず信仰を求めた。彼の下の言はそれを痛切に現わしている。

「余は信仰の必要を知る、而も未だ信念なきなり。復活を信ぜざれば基督の救世主なるを信ずる能わず。又仏教を究めざれば、解脱の如何なるものかを知る能わず。然れども余には余の神あり。余の神は真理なるか、人格を備たるものなるか、万有其物なるか。吾之を知らず。只余は云わん、余の神は余に自由、正義、博愛、純潔を絶対的に渇望する念を与え賜うものなりと。余は余の神の我心にあるか、心以外にあるか、又其如何なるものなる乎は、毫末《ごうまつ》も知らざるなり。余はただかかるもの在るを知るなり、而して余は之が為には喜んで死に就くを得。之れ余の神なり。」

又彼が「余は社会の冷酷、人生の悲惨を知る。我は世をさけ人を嫌う厭世家なり。余は冷酷なる社会に何故に尽す可き義務のあるかを知らず、悲惨なる人生を救う可き責任あるかを知らず、然れども余は社会の趨勢の卑汚を見て之を傍観し得ざるなり。人生の堕落するを以て自若たる能わざるなり。ああ之れ何ぞや。宇宙に霊妙なる力あり、我を支配し賜うにあらずや」というに至って、彼が道義的宗教なる基督教に同感せし所以も了解せられる。又事実に於いて彼は今までに仏教の感化も受けず、知識も持たず、研究もしていなかった。しかも彼は基督教を以て自分の性情に適する宗教と見、自分の最も好む点として、次の

一　積極的進歩的活動的なること
二　聖書中なる道徳の高崇熱烈なること
三　正義の観念特に鋭きこと
四　仏教の如く世を脱して超然たるにあらずして、世と戦い世を救うこと
五　宗教として純乎たるものなること(即哲学的理屈を多く云わずして、直ちに人心の奥底へつき込むこと)
六　失望的ならずして世にも希望的なること

を挙げている。これは基督教を肯定する一般の見方以上に出たものではないが、当時の彼の到達し得た所なることは明かである。彼は基督の復活と救世主なることとを信じないが、しかし人類在って以来最も完全偉大なものを基督に見、人類の犠牲となって十字

架上に流した血を、世に最も尊いものと見ている点では、基督の十字架を信仰したともいえよう。そうして「我は愛の犠牲の尊きを此の聖者に学ばんとす。「身を殺して仁を成す」、之れ幼時より吾の理想とする所、否吾人本来の性情なり」と叫んでいる。彼が歴史を以て仁義と権勢との争闘と見る粗雑な歴史観も亦、基督教の歴史観、世界観に通ずるものである。

この野尻湖の四十日の彼の多涙多情多恨の跡を見て、なお彼の生きんとする意志と体力との強いことを認めざるを得ない。彼は生を終るまで一定の信仰を得なかったといっている。しかし彼は彼の性格と信念と本能とによって、絶えず生を肯定して積極的に生き、考えるよりも直感して活動し、自己の信念に従って社会的に活発に行動した。その素地を作った一時期、一契機として、この島の生活の重要なことを認識しないではいられない。

彼は「島を出ずるの辞」の中に「ああ世に光を認めず、生存の意義を知らざるも、余は暫らく母の愛の俘《とりこ》となりて苦しき生をつづけざるを得ず、学を修めん望なきも学を励まざるを得ず、向陵の地はうれしからざるも再び踏まざるべからず」とかき、又「芙蓉湖上月余の閑生活によりて、余は愛と信仰と希望との尊きを知りぬ。余は之を得て始めて人生の真趣を知り得べしと思えり。されど絶望の淵に沈みし我は果して此の三者を追求する気力を出し得るや」と疑い、また「ああ何の日にか常住の光明を得て、涙の谷以外に此世あるを知らむ？」とも嘆いている。更に十月以降の「秋風録」には「余の目下要求するは人生問題の解決にもあらず人生の真義を知了せんとにもあらず。只、我慰藉を得て我感情を癒さんことなり」と告白している。望を失い切ったのではないが、光明と安心とは未だ彼に臨まなかったことを覗うに足りる。

彼の心境を説くに忙しかったが、この島からは、黒姫、飯綱、妙高の三峰を望み、殊に妙高は峻秀の姿と雲烟《うんえん》の奇を見せている。島には老杉が茂って、岩波は山を望み雲を眺め、鳥声を聴き、夜は魚のはねる音に耳を澄まして、日々を送った。岩波の部屋から島の船附の鳥居までは二、三町に過ぎなかったが、これを二往復すれば日が暮れてしまう程、彼は自然の裏に没頭しきっていた。同郷の先輩矢沢米三郎が島に来たときいても、彼は避けて会わなかったそうである。

この野尻湖籠りには更に後日談がある。岩波は野尻を去って、ちょうど八月下旬、例年通り最後の遠泳を試みる前日、房州北条の一高水泳部にやって来た。そうして明日の大遠泳に是非泳がせてくれといった。その時、かつて水沢の緯度観測所にいた橋元昌矣や、黒い仁王のような陸上選手の阿部彦郎――これは一高時代の文科から大学では法科に移り、その時代に遊び、竟に吉原の引手茶屋の娘と結婚して、後に弁護士となった男

——、ボート友達の吉田圭、白根竹介などが口を揃えて、「岩波それは無理だよ、何しろ明日は早朝から夏中最後の大ふんばりの沖之島、鷹之島三里の遠泳（早くて四時間半、最後は七、八時間になる）だから、くたびれた足では到底だめだ、一体岩波は泳げるのかね」と、盛んに反対の声を揚げたが、岩波はそれに屈せず、どうしてもやると言い、けっきょくこの大遠泳をがむしゃらにやり遂げて、一躍して最上の一級になったということがある。それは明治三十六年八月二十三日である。彼の泳ぎは水泳部の神伝流や水府流は知らず、全く田舎の無法流で、足なども扇足とも蛙又ともつかぬ好い加減なものであったに拘らず、こうして体力と気力とでおし通した。その時の参加者七十名、全泳者は四十名だった。

島の中に四十日籠もって泣いてばかりいた間に、向岸に泳いでいって舟をつかまえて漕ぎ廻るというのも、普通ではない。翌々三十八年の夏七月、岩波と一緒に野尻湖を尋ねた上野は、この事を岩波から聞いて、「昼間泳いで見て、身体の浮きの悪いのに、やや気味悪さを感じていたのに」と、岩波の振舞に驚き、「煩悶の傍に心身の鍛錬もできていたのであろう」といっているが、その挙句房州へ駆けつけての始末がこれだから、更にあきれざるを得ない。これは畢竟岩波の性来の生命欲と生命力との旺盛頑強に帰すべきものであろう。岩波はいつも「死ぬることを思うといやになる」と、よく私にもいった。岩波が「悔悦録」にしるしている中に、多分小学高等科時代だったか、眠っている間に死が来てはと心配になり、睡眠を廃して死を避けようとした思い出を語っている。死の恐怖、生の欲望、身を殺して仁を成さんとする願い、この三つは相対抗し矛盾しつつ岩波の中に激し合っていたのであろう。

北条からの帰途岩波は吉田圭と、吉田と同級の土屋幸正を大原に訪おうとして、外房の浜を歩いていったが、遠泳をやりのけて鼻息の荒かった岩波は、水を見ると泳ごう泳ごうと言い出し、吉田が知らぬ海でやたらに泳いではと止めるのも聞かず、とうとう小湊誕生寺の側の妙の浦で、波もなく風も凪いでいる海を泳いだ。ところがこの浦には一本沖へ吐き出す潮流があるのに、岩波はそれに気づかず、夢中に沖へ沖へと払われてゆく。吉田は岩波に注意して辛うじて潮流を横断し、危い命をやっととりとめて上陸ができた。岩波が郷里の家の裏の小さな宮川で泳いだ時にも、余り上手ではなかったし、その後上京した翌年の夏、大磯で失敗した話も、前に述べたが、それより大分後のこと、本屋の岩波が著者の高橋誠一郎をその居大磯に訪問して、一緒に泳ごうということになった。游泳に長じた高橋の眼からは、岩波は実に下手糞の泳ぎだが、ともかくも波を凌いで泳ぐ有様を見て、高橋は岩波の処世術もこんなものかと感心したそうである。

この房州の帰りに、東京に着いて浅草の観音に詣で、大道の屋台店を吉田と二人で、おでん屋、てんぷら屋、団子屋と全部片っぱしから平げようと、暖簾をくぐったが、とうとう七、八軒目で腹一ぱいになり、二人で顔を見合せて呵々大笑したというから、恐ろしい景気である。序《ついで》に岩波の健啖振りを語れば、寮にいては梅月、青木堂、淀見軒、門前のそば屋等を盛んに食い荒らした。その前から宮坂や守矢は、よくつれられて湯島の梅月(菓子屋)や江知勝(牛肉屋)などにゆき、宮坂は岩波が梅月で栗饅頭「ひともろぶた」を食い尽くしたといっている。「もろぶた」というのは「むろぶた」のことであろう。「むろぶた」といってもそう大きくはなく硯箱くらいはあったろうが、彼が「向ケ岡の健啖児」たる資格を十分備えていたことは事実である。この岩波の大食は晩年まで続き、更に進んで人を御馳走する方へも年と共に拡大し向上した。

二度の落第と一高生活の終

岩波は三十六年の九月には房州から帰京し、やがて寮の喧噪を避けて、当時はまだ閑寂な田舎だった田端の旭館に下宿した。当時学校は皆寄宿制でも、摂生室(医務室)で神経衰弱という診断書をもらって、下宿する者は相当あった。そうして田端は寮を出て孤独を求める連中の巣となり、阿部次郎、魚住影雄、藤原正などもそこにいたことがある。

しかし九月十九日には水泳部員として隅田川で泳ぎ、上野公園の大懇親会に列して、遠泳者の一人として賞を受けたりしているが、岩波は母の熱望によって、一高に続けて学ぶ決心はしたものの、胸中の不安は、その後も収まらず、落着いて学校の課程を勉強することはできなかった。

私が岩波と始めてものをいったのは、岩波が私の組に落ちて来た明治三十六年九月のことであった。教場の中に昂然《こうぜん》と立っていた岩波の姿が、今も眼に見えるような気がする。それからいつとなく話を交え親しくなったが、これは藤村が取りもった縁ともいえるので、級中でも藤原正や私とは特に親しかった。外に山田又吉は後からではあったが随分親しくなり、中勘助との交りも私や山田などの関係から結ばれた。なお岩波と共に落第した者の中には荻原井泉水などがあった。

この秋藤村をしのび、郷友宮坂春章をつれて日光華厳滝を訪い、滝壺から見上げたり滝口から見下ろしたりして離れず、宮坂に、この滝で死んでも命は惜しくない、……ただ国の母のことを考えると死ぬるわけにゆかぬと語った。また五郎兵衛茶屋に、ドイツ語の教授岩元禎《てい》から教わったシルレルの言葉だという、「この地なおうるわし、人たること亦歓びなり」と楽書した。この文句は岩波の愛誦句となり、我々にもはがきの端などによく書いてよこした。彼の自然に慰みを見出した心境を語るものであろう。この三十六年九月から翌三十七年六月までは、私もあまり学校には出ず、岩波は殆ど学校には出ず、試験もろくろく受けなかったのではないかと思われるが、確かな記憶がなく、私は試験を休んだ覚えはないが、六月の学年試験には落第し、岩波はその時二度目の落第を私と一緒にした。岩波が三十六年の秋日光を訪うた外には、岩波に関した記録も私の記憶もない。二度続けての落第は除名になる習わしであったが、我々の先生岩元禎の語る所によると、岩波は勉強する意志もないようだからということで、除外例には洩れたのだそうである。岩波は母にはすまず、学校を改めてやる気にもなれず、前に引いた如く、「この頃ミレーの画に凝ったためか、南米に行って羊飼をしようと思い、先輩木山熊次郎君と別れの写真をとったことがある」と書いている。しかし木山と別れの写真を取ったかも知れぬが、我々即ち阿部次郎、藤原正、北島葭江、故人椎名純一郎が一緒に、岩波と別れの写真を取ったことは事実であり、しかもそれは阿部次郎の許に残っていて、ちょうどその明治三十七年初夏と、裏にしるされている。岩波は当時美術学校にいた郷友宮坂春章から『ミレー画集』を贈られ、ミレーの画例えば「アンジェラス」「落穂拾い」「種蒔く人」など――その頃だんだんこうした写真版が輸入された――を愛し、ミレーの悲痛な顔をした自画像を宝に掲げたりしていたから、米国へ渡って南米で羊飼になろうなどの空想は、以前から持っていたであろうが、その渡米の動機が二度落第のゆきづまりにあることは確かであり、「一巻の聖書を携えて房州へ行ったのもこの頃であり、野尻湖上の孤島……に一夏を自炊したのもこの頃であった」というのは、岩波の記憶違いで、当時の岩波の記録によれば、房州にいったのは三十五年の年末であり、野尻湖へいったのは三十六年七月から八月にかけてであり、母が島に来たのに感激して、続けようと思ったのは、岩波の自記によっても、一高の学生生活であり、米国行もそれを思い断ったことも一つも書いてない。大学選科入学を思い立ったとすれば、それは一年後の三十七年夏以後のことであり、その前に先ず渡米を思い切ったのである。こういう記憶は年月を経ると混淆して、前後のことが同時になったりするものだが、一つ面白いというかおかしいというか、岩波が落第を恥じて夫人にも語らず、夫人も偶然の私の話によって始めてそれを知ったということである。その当座こそ恥かしいのが人情かも知らぬが、この二度の落第も、その後の岩波の人間と生活とを形成するには重要な因子であり、今となっては別に恥じるにも誇るにも当らぬ事実だと、私は思っているから、それを言って岩波をからかってやったところ、「君は落第を売物にしている」と反撃したことがある。岩波が店の連中に求められて話をした時、或る店員から「それで結局二度滑ったんじゃありませんか」と問われ、「そういうことになるかも知れん、安倍は頻《しき》りにそれを主張しているが、一回は確かだった」などといっているのを見ると、岩波に取ってショッキングだったこの事件を忘れるはずがないと思って、何だか滑稽な気もするが、それを本当に忘れていたとすれば、「その愚や及ぶ可からざる」大人物として、尊敬せねばならぬのかも知れない。

岩波が「一芸に生をたくして世との交渉をたつことの心安さを思い、音楽学校に入ろう」と思い立って、阿部次郎などに止められたのは、一度目の時か二度目の時かは知らない。

かくて明治三十七年六月で岩波の一高生活は終ったが、岩波が一高で結び得た友人との交情はいよいよ深きを加えた。又当時の校長だった狩野亨吉は、当時四十になるかならずであったが、実にしっかりした人物で、岩波は始め対高商のボートレースを許さないといって反抗し、又すべてが消極的で積極的でないといって抗議したが、いつの間にか参ってしまった。それからずっと親炙《しんしゃ》して、狩野の晩年には殊に厚意を寄せた。一高の生活に対しても彼は終生強い愛着を持っていた。自治寮についても彼が一年、二年を過ごした東西の旧寮について、下の如くに書いている。

「忘れがたいのは向ケ丘に屹立していた東西の旧自治寮である。これは今現にある新寮のような衛生的な事務的な明朗な建物ではなかった。しかし私はこの旧寮の建物を心から好きであった。城郭の如くがっちりして居り、又ぶっきらぼうに出来ており、あくまで高く、急傾斜を以て天をつくその姿は尖鋭であり、雄大であり、壮厳であった。これを仰ぐ者にある一種の迫力と威力と魅力とを感ぜしめた。散歩などした時、不忍池をへだてて上野で見る夕空に黒くそびゆる旧寮はなんとも云えぬ厳粛そのものであった。また点火されたる光景も壮観であった。この旧寮が陰鬱《いんうつ》であっても非衛生的であっても私の趣味は問題なしに新寮よりも旧寮をえらんだのである。おもうに新寮から敏腕なる事務家が生れるかも知れない。しかしドイツの深い森林が偉大なる哲人を生んだという論法を以てすれば、国難を背負って立つような傑物は新寮でなく旧寮から生れるであろう。私には旧寮はそんな風に思えたのである。」

その上に彼は、天気のよい日三階へ上って、富士山を眺望して楽しんだことや、また「月明の夜三階よりこころみし寮雨〔小便〕の快味もわすれられない」と懐かしがっている。

三　選科入学と結婚及び母の死

選科入学と結婚

岩波は母の諫に従い、又旅行免状の出ぬために、アメリカ行を断念して、東京帝国大学文学部の哲学科選科入りを決心した。岩波は後年店員から、なぜ選科にはいったかと聞かれて、別に文学士の肩書などに執着はなかったこと、選科でも本科でも実質的に同じだということ、又本科入学の為には高等学校の試験を受けねばならぬことをいっており、これはみんな本当だが、本科になる為に高等学校のあらゆる学科を受けることは、容易のわざでなく、当時の岩波にそれが到底できなかったろうことも疑なかった。その頃は多分小石川水道端の樹陰の多い寺院にいたと記憶する。

私は一、二度この寺に岩波を訪うて、同県の児玉ヤヨに紹介された。ヤヨは当時三十を越えていたと思うが、小作りで若く見えた。彼女は独身でクリスチャンで植村正久の信者であった。後年彼女と幸田露伴との結婚は、富士見町教会で植村の司式の下に行われ、私も岩波の縁からかこの式に招かれた。ヤヨは岩波の煩悶に同情して、彼に親切であったが、後に岩波が恋人を得て幸福になってからは、急に彼に冷淡になったと、岩波が私に語ったことがある。

岩波のそれから翌年に至る動静は、私も忘れたし又記録も乏しいが、三十七年の秋、寺から第六天町の素人下宿に移って、私も一、二度尋ねたことがあり、その頃のことだと思うが、伊予の人でどこかの女医学校に通っていた種坂章江(後に綾井)と知り、私も紹介されたことがある。それから翌年にかけてそこにいたのだろうと思うが、はっきりした記憶がない。何しろ岩波は母親からのたよりにも、お前のように下宿をよくかわる者はない、といわれた程、あわただしく移転する人間であった。その章江の話によると、岩波はその頃妹をつれて房州や伊東へいった。私が岩波の妹世志野に会ったのはたった一度きりだから、恐らくその頃のことだったのであろう。世志野はひどい神経衰弱だったが、房州橋場屋のおかみ忍足《おしだり》せきは、当時の岩波が病妹に対して全然無抵抗の態度を取り、何一つ逆らうことがなかったと、感心し切って、後日親しく私に話したことがある。本当に岩波のこうした徹底振りは、竟に他人の企て及ぶ所ではない。

それはとにかく岩波は夏に帰省して後再び出京し、午前と午後とを小石川の独逸協会学校と神田の正則英語学校とに通った。当時独逸協会学校には、大村仁太郎、山口小太郎、谷口秀太郎という教授がおり、三太郎の独文典が世に行われた頃であり、その一人から岩波は「ツァラットゥストラ」の講義を聴き、その講師が、当時盛んにニーチェの本能主義を唱えた登張竹風《とばりちくふう》の、この書をよく読んでいないことを語ったという話をして、三太郎に対する敬意を表していた。正則の斎藤秀三郎のこともよく岩波から聞かされたが、一高入学前にも已に教を受けたか知らぬが、恐らくこの頃の経験に基づくものであろう。授業のベルがなると、斎藤は驚くべき早さで足音高く階段を駆け上り、教室に入るや否やチョークを取って黒板に字を書く、途中何か思いついたことでもあるのかノートをいきなり破り、鉛筆でメモをしてポケットに突っこむ。時間中一分の隙もないが、ベルが鳴ると途中でも何でもすぐ教室を去って駆け下りる、というのである。此等の挙動は岩波に酷似した所があり、岩波は恐らく斎藤に共鳴すると共に、斎藤の態度に激励もされたのであろう。後年岩波書店が斎藤の遺著『英和中辞典』を出したのも、この感激によることが大であったろう。

岩波が後に夫人になった赤石ヨシの家に下宿したのは、明治三十八年七月だということだが、その七月初旬に、上野、白根、石原(謙)は、山越に郷里から来た岩波に大屋で会して、野尻湖畔に一泊し、飯山に出てそこの中学に務めていた林久男を訪い、一緒に渋温泉に浴し、長野で林と別かれて、上野、石原、白根は塩尻峠を越えて諏訪湖へ出で、中洲の岩波の家に泊まり、十日余りの旅を終えて、三人は帰京したというから、岩波の出京して下宿捜しをしたのは、その後いよいよ本腰に選科入学の準備をする為だったのかと推察される。そうしてその九月に入学し得たのである。独逸協会学校も正則英語学校も前からいっていたものか、夏季講習見たようなものに出たのか判じかねる。三十七年から三十八年にかけて、それまで何をしていたかにも私の記憶も記録もないが、こうして親友を家へつれてゆくくらいだから、岩波の気持も母の気持も、少しは落着いていたのであろうか。

しかしその頃下宿していた牛込から、一日午前午後両校に通うのは不便なので、神田方面に貸間を捜した。たまたま北神保町十六番地に、貸間札を出している赤石家に尋ね当って、そこに下宿したことが、岩波を恋人と結婚とを授かる運命に導き、高等学校時代の失恋や鬱悶や彷徨とは反対に、この選科時代を岩波の幸福な約婚及び新家庭の数年たらしめたのである。

赤石ヨシは北海道石狩町に生まれ、父三次郎、母りさは共に青森県寄りの旧南部領の出である。父は赤石与一の下に漁場で働いていたが、与一に見込まれて南部から妻を迎えて、同じ赤石の姓を名乗って新しく家を建てた。ヨシはこの家から与一の家へ養孫女にもらわれたので、同家には終生独身の養母良久《らく》があった。養家は旅宿を業としたが、彼女は客の前に侍してふざけかけられたりするのがいやで、東京へ出奔したのを、与一の未亡人なる祖母セキが心配して追っかけて来、北神保町に家を買い、ヨシと共に住まい、ヨシは今の共立学園の前身共立女子職業学校に通っていたが、その家は三間あり、二階の一間があいていたので、貸間札を出している所へ、岩波が現われて来たのである。その明治三十八年(一九〇五)九月には、日露戦争の和議が成立して、それに不満な連中の日比谷焼打事件もあった。

岩波の来てからのことを、ヨシの語るところに従ってかいて見よう。

或る日ヨシが学校から帰って来ると、二階に非常に朗らかな男の声が聞こえる。彼女は何ともいえない美しい魅力のある声として、その後この声を忘れなかったといっている。その声からどんな美男子かと想像していたところ、会って見ると又、恐ろしい顔をした、想像とは正反対なのにびっくりしたとは、彼女の告白である。

祖母は彼女が岩波を見るまでにいろいろと話をしたらしく、一度で気に入ってしまって、本当によい人、立派な人と感心して、文句なしに二階を貸すことになり、ヨシも、日が経つにつれて、全く祖母に同感することになった。私は岩波がそれ程美しい声の持主だったとも思わぬが、ヨシと岩波との縁は、階上の声を聞いた時、已に結ばれていたらしい。

ヨシはその頃、掃除以外には岩波の部屋にはいったことはなかったが、岩波は毎朝起きると、聖書から抜粋した句を集めた『日々の力』を朗読していたらしく、いつも机上にその本がのっていた。しかし袴はインキに汚れたわかめのようなぼろぼろのをはき、姿もきれいとはいえず、汚ならしい恰好をしていたに拘らず、ヨシは実に立派な人だ、心の綺麗な誠実な人だと思っていたし、昔ものの祖母も、実に立派な偉大な人物だと口癖のように言い、将来はきっとえらい人になると言い言いしていた。ヨシは岩波が、男の友達にも女達にも又老人にも、誰彼の区別をせず、実に親切な人だったことに感心していた。その家は私も時々いったことがあり、今の岩波書店販売部のある神保町四辻から、水道橋の方向へ少し歩いて、左に曲った所にあったが、近所の人は、岩波が路地へはいって来るとすぐ分かる、ちょうど燃えている蠟燭の火が風に煽《あお》られてパッパッと音がするように、風を切って勢よく歩いて来る、と言って評判だったし、それが岩波だということはすぐ分かったと、ヨシはいっているが、前にいったように岩波が尻をふりふり、右と左の肩を交互に勢よくつき出しつつ、狭い路地を進んで来る様子は、実に蠟燭の火の形容によって適切に美化されている。これが仮に近所の人の詞だったとしても、この足音に心を躍らしたのが誰だかは、言うだけやぼであろう。又その頃の岩波は、前述の二学校の外に、日曜毎に内村鑑三の聖書講義にも出ていたそうである。私が岩波の紹介でしばらく内村の講義を聴きにいったのも、この頃のことかと思うが、年代は確かでない。時節は夏で角筈の櫟林が青かった。小山内薫が浴衣に袴で角帽をかぶっており、志賀直哉が黒木大将の息の故人三次と一緒に来ていた。

こういう風に岩波が赤石の家に間借をするようになってから、岩波の母が信州から出て来て、一晩とまって帰ったことがあった。母の立身出世の理想とは凡そ反対の方向へ、岩波が逸脱したことは、母の絶えぬ苦労の種であったので、岩波からヨシのことを聞き、その当人や家族を見に来たのだろうと思われる。母にして見れば、相手がよい人ならば、年頃になった岩波に身を固めさせたいという意志もあり、そうしてヨシは大たい母の眼鏡にかなったのではないかと思う。しかしこれは私の想像に過ぎず、岩波から確めたことではない。

岩波は明治三十八年九月に、試験が通って東大文学部の選科に入学した。入学後のこととして、同郷の宮坂春章の伝える所によると、その頃宮坂は上野の美術学校に通っていたが、時々大学構内の寂しい所へ夜になって同行をさせられ、岩波が暗い空を眺めて、何か人生のことを考えて独語しているのを見て、精神異常かとも思ったというから、その頃はまだ恋愛をどうしようかと迷っていたのであろう。しかし三十八年の末には郷里に帰り、一家和楽の新年を迎えたという便りを、岩波は工藤宛にしているから、母も岩波の入学で一安心したのであろう。ある日、入学から半年余も立って、翌三十九年の春のことであったが、岩波がヨシに向って、浮間ケ原に桜草を摘みにゆかないか、と誘った。荒川を川口の方へ渡ったところに、戸田という名が今もあり、戸田ノ原と浮間ケ原とは同じ所か、後者が前者の一部分かは知らぬが、交通が不便で行楽の乏しいその頃には、この原は春の行楽地として、東京人には知られていた。ヨシは祖母に相談して見ますといって、「岩波さんが浮間ケ原に桜草を摘みに一緒に行かないかと言いますが、行ってもよいでしょうか」と祖母にきくと、祖母は言下に「ああああいいよ、岩波さんと一緒ならどこへ行ったっていいよ」と答えた。この言葉はヨシのその後もはっきりと覚えて忘れなかった返事であり、祖母は岩波を尊敬し信頼して、神様のように立派な人だと思っていたのだそうである。

二人は浮間ケ原に出かけて遊んだ末、原っぱで弁当を食べたが、その時岩波は如何にも恥かしいような、困ったような顔つきをして、「赤石さん、ちょっと言いにくいのですが……あなたはよそに出られる人ではないのですか」ときいた。ヨシは赤石家へ養女に来た身なので、よそには出られぬ旨を答えたところ、岩波は「それでは僕は家を妹に譲って、養子になってもいいのだが……それではどうです」と聞かれたので、ヨシも急なことでドギマギしてしまい、「とにかく祖母にも話して見なければわかりません」と答えると、「あなたの気持はどうなんですか」と畳みかけられて、「私はよいのです」と言うと、岩波は「それではそのしるしに握手をしよう」と言った。田舎出の娘であったヨシは、原っぱの中でも誰かに見られているような気がして、胸が騒いでどうしても握手などということはできず、思い切って「そんなことは真平ごめんです」と言うと、岩波は「それではとにかく妻になってもらえるんですね」と確かめ、ヨシは「ええ」と答えて、岩波の求婚は成立することになった。しかしそれから浦和かどこかで、お茶を飲んだ間も、何か悪いことをしたようで、胸が一杯になり、手がふるえてとまらなかった、とヨシはいっている。

岩波は私にもその約婚の成立を、非常な喜びを以て伝えたが、四、五日してから、「あれはやめた」と言い、更に一両日後に、「あれは僕の誤解だった、赤石さんは泣いて弁解した」と訂正した。岩波はヨシの若い男と親しげに話している姿を見て嫉妬したのであった。

こういうわけで二人の間にめでたく婚約はできた。その頃、養祖母は九段の郵便局に七百円の貯金があるに拘らず、それに手を附けないで、養母に対して金を送れといってやれと命ずるので、ヨシはそれを苦慮して、手内職で月謝を稼いで学校に通っていたが、岩波は後一年のことだから母に話して助けようということになり、二人相談の上、経費節約の為に祖母は郷里へ返すことになり、ヨシを先輩の伊藤長七の所に預かるということで安心させ、養祖母は家を売って郷里に帰ったが、伊藤の所でなく、ヨシは実は岩波の母の兄で神田佐久間町で薪炭商をしていた、前記の井上善次郎宅に引き取られ、そこから一年間通学して、職業学校を卒業した。

その佐久間町の家へも私は一度いったことがある。それは岩波がヨシの為に買ってやったオルガンを、私の世話になっていた家の娘の為に買うという話でであった。たしか三十円かで買い取ることになった。それは勿論二人に金が入用だったからである。

岩波は北神保町の家が解散になる前、三十九年の春三、四月頃、上野桜木町の東漸院に移って自炊していた。同宿に一高以来の友人で法科大学生の故人山本唯次、太平洋画会の画家である庄野宗之助(号伊甫)がいた。その後十二月に岩波は本郷春木町の緑春館という下宿に移った。館主は浅賀といった。岩波はここに半年ばかりいたが、その夫人及び子息と親しくし、後にその正美という子息は岩波書店に暫く務めていたこともある。ヨシは井上方に止宿して時々岩波を訪うたが、その年の暮のクリスマスには、岩波がヨシの友人と阿部次郎及び私を招いて集まりをし、次郎がマタイ伝三章を読み、ヨシが讃美歌を歌ったようなことが、ヨシの記憶に残っている。その頃は岩波もヨシも大分クリスチャン臭かった。その後浅賀の父は下宿業に失敗して、弓町に侘住いしていた時、岩波は態々《わざわざ》そこを尋ねて、正美に中村敬宇訳の『西国立志編』を送った。正美は深くそれを感謝している。

その中ヨシは明治四十年(一九〇七)職業学校を卒業すると同時に、両方の親が上京して、三月二十五日神田佐久間町の井上宅で結婚式を挙げ、早速二人は房州岩井の橋場屋に新婚旅行をした。宿の女達は、むくつけき岩波が、立派な奥さんを拉し来ったというので、評判を立てたということである。大森祥太郎の言によると、信州の小学教育者として望を嘱された弟の大森忠三が胸を病み、やはり同じ病気で療養旁々ここの小学校に務めつつ、橋場屋に宿泊していた同郷の小池元武をたよって、ここへ来たのも、明治四十年頃というから、それはこの岩波の新婚旅行の頃であったかと思われるが、年月は確かでない。そうして岩波はこの縁から、大森がその後病死するまで親切を尽くし、又小池にもその後ずっと交を続けて、色々懇情を捧げた。岩波はその夏に又房州を訪うた。八、九月頃私が岩波を介して従弟の堤常をその岩井の近傍に転地させ、橋場屋のおかみの親切に与かったのも、やはりこの年であった。

ヨシは卒業したが、岩波は学生なので、結婚後ヨシは一旦帰郷し、その間岩波は本郷の或る貧しい人の二階の六畳にいたそうだが、ヨシはその年の十月四日に石狩を立って上京し、間もなく本郷弥生町三番地の大学裏門の向うあたりに、二階の六畳と四畳との間借りをして愛の巣を営んだ。郷里から助力を仰がず独立してやろうと申し合せ、ヨシは藤原正にかいてもらった「御仕立物処」という看板を出し、岩波は週に二、三回木山の宅へ通い、『内外教育評論』編集の手伝をして月七円の報酬をもらっていた。又その前後のことであろう、神田の私立中学か何かに教えにいって小遣を稼ぎ、それからこれは遡って一高退学当時だったろうが、開成館で月給三十円くれるという募集に応じて行きは行ったが、字を書かされて見事に落第したこともあった。その弥生町の同じ家にやはり新婚の梅室純三夫婦がおり、互に乏しい物をやりとりしたり親しくしていたが、岩波は日曜毎に細君同伴で美術館や展覧会にいっていたそうである。その間卒業論文の勉強に忙しかったが、たしか題は「プラトーンの倫理説」であった。

翌四十一年(一九〇八)二月頃、木山の近くの貸家に移った——家賃六円五十銭——その間の一つの事件は堤常が岩波の世話になったことである。堤は私の母の里に生まれた従弟であるが、父は旧い士族で落魄し、父母及び妹と共に東京の姉婿の所に引き取られていた。少し前から呼吸器を病んでその家に臥し、見るに忍びなかったので、房州に転地させ、橋場屋のおかみ始め親切な人々の温情によって、次第に快復に赴いていたのに、好きな釣に凝ってつい身体を冷やしたため、病気をぶり返した。そうして已むなく東京に引き上げ、私の遠縁の医師岩井禎三の世話で、東京の赤十字社病院に入院させていたが、退院後の行きどころがないので、私から岩波に頼んで実費で置いてもらったのが、この家であった。当時堤はまだ十九歳くらいだったが、私がいって見ると、暖く炬燵をこしらえて、夫婦して堤を迎えてくれている親切には、思わず涙がこぼれた。堤はそれから又岩井の世話で、米人ホイトニーの院長だった赤坂病院の薬局を手伝い、薬剤師になろうと志したが、岩波が後に書店を始めると共に手伝うことになり、岩波と終生の関係を結んだのである。因縁の不思議を思わざるを得ない。

しかしその頃ヨシは既に妊娠しており、この家は土地が高くて汲水その他に不便だったため、四月頃大久保百人町の新築の家賃八円五十銭の家に移った。六畳二間に、三畳、二畳で、当時の岩波にとっては大した住居であった。六月になって岩波の徴兵検査があったが、丙種合格で入隊せずにすんだ。もし岩波が入営したら、ヨシは営門の前に屋台店でも出して、時々会ったり、暮しも立てようなど話し合って、大笑いをしたこともあるそうである。親しい仲間の内で家を持ったのは岩波ばかりだし、それに四十一年二月頃から、新婚の藤原正も暫く同居していたので、両者共通の友人即ち私、阿部次郎、石原謙、上野直昭、山田又吉、吉田圭、北島葭江などが、入り代り立ち代りおしかけて、中には家計の苦しさも察せず飯を食うものもあったので、細君は大勢の時にはライスカレー、少ない時には豚鍋を出すというような苦心をしたそうである。

岩波は選科在学中、漱石の英文学講義には出なかったが、ケーベルの哲学講義には分からぬながら出席して、その高風に接したことを感謝していた。

母の死

岩波の卒業直前、ちょうど徴兵検査の結果の通知と殆ど行き違いに、明治四十一年(一九〇八)六月二十五日に、母が脳溢血によって長逝したことは、岩波にとっては如何ばかり残念だったろう。享年四十六歳である。岩波は中学一年十五歳の時父を失って、一時は茫然として為す所を知らなかったと告白しているが、しかし岩波の一生を決定する力が母にあり、母と岩波との生命の繫がりが一層深かったことは争われない。彼は一高在学中運動に夢中になったり、人生に苦悶したりしている中にも、母のことを思うと自分はじっとしていられない、勉強せねばならぬというあせりは、常に彼の胸中に往来して、時々友人に洩らしたことは前にもいった。彼はいっている。

「深い絶望と自殺病から私を救って呉れたのは、やはり母の無言の愛情でした。故郷で私の帰りを淋しく待ち侘びている母の姿でした。

母は学問はありませんでしたが、大へん活動的な人でした。男勝りの気性で、村のいざこざ等一人で世話をやいたり、愛国婦人会の支部創設に骨折ったり、よく村のために尽しました。また、正しいことは何処までも押し通して行く誠実な人間でした。一度上京したことがありましたが、私が上野公園に連れて行きますと、母は一番に西郷さんの銅像に丁寧に頭を下げました。そうして私に云いました「西郷さんには時々御参りに来なさいよ」母は正義を愛しました。

折角上京した母に芝居だけでも観せてやろうと思ってすすめますと、反って叱られました。「お前が学校を卒えるまでは芝居なぞみないよ、」そして「銀世界」へ梅見にだけ行きました。「銀世界」というのは、代々木のガスタンク跡の梅林です。

私はこれまで誠実ということをモットーにしてやってきました。つまらぬ妥協をしたり、掛引きをしたりせず、ただ誠実をもってすべての事に当るよう心掛けました。つまらぬ乍ら私が今日あるも、母の無言の教えのおかげです。母も私が誠実に生きて来たことには地下で満足しているでしょう。

母はまた親切で、情深く涙もろい一面を持っていました。貧しい人達の面倒をよくみてやり、小作の人達にも大へんやさしくしていました。」（昭和十五年二月『新興婦人』所載）

彼が前記「惆悵録」にしるした母の訓言と云うのを見ると、「正しき道に進め。人に親切にしろ。正直にしろ。決して一言も虚言を云うな。学校のことを勉強しろ。体を健康にする為養生せよ。ですぎるな」とある。彼はこの訓にいつも従ったとはいえぬが、しかしこう聞いて見ると、岩波の性格の大部分が母から来ており、その強い意志、その親切、義俠、正義、又世間に対する積極的態度など皆そうである。親子とも命取りの病気が同じ脳溢血であったことも、相似た体質を語るものであろう。風雨の朝野尻湖を訪うて泣いて学校へ帰ることを勧め、二度の落第で渡米しようとしたのを引き止めた母は、岩波の結婚に対してはよい理解者であった。それにしてもお前の学校を出るまでは芝居を見ない、と叱った母が、その卒業の十数日前に死んだのは世にも悲しいことである。

その年の七月岩波は東京帝国大学文学部哲学科選科を卒えて、ここに岩波の学生生活は終った。

第三章　女学校の先生時代

明治四十一年(一九〇八)七月選科を卒業して以来、翌四十二年の三月神田高等女学校教頭に就職するまでは、以前から引き続き、木山熊次郎の『内外教育評論』の編集の手伝をしていた。木山は岡山県の素封家の生まれだったが、眉目秀でて意気に富んだ男で、東京帝国大学文学部の社会学科を出て、この雑誌を経営した。当時東大出は主として官場に職を求め、文科出のものも多くは教員に出るくらいのもので、こうして独立に雑誌を出すことは珍しく、この雑誌も教育雑誌中の新味異色と認められていた。私も岩波の紹介で木山を知り、訳稿などを載せてもらった。木山は後に読売の記者をも兼ねていたが、不幸にして明治四十四年九月七日三十二歳で若死をした。その時三宅雪嶺は、木山を帝大出身者中の異色として賞讃していた。木山は明石照男と同県の一、二年先輩で、岩波は木山の紹介で明石を知り、その後明石から書店の経営について助力や勧告を受けるようになった。木山との初会については前にしるした。

神田高等女学校以前に、今の河田町辺の奎文女学校とかいうのに少し務め、又女子体操学校へ小遣取りに務めたこともあった。神田高等女学校は神田橋の袂にあった。校長は竹沢里で、その娘の恒が後に阿部次郎夫人になった。ここへの就職は阿部の紹介によってである。月給は三十五円、ボーナスが五円、役目は教頭であったが、岩波は例の如く一つも労を惜しまず、全力を生徒の教育に捧げた。しかし岩波が日本の教育中女子教育が最も遅れているという平常からの見識に基づき、又岩波自身矛盾はあっても女性尊重論者《フェミニスト》たる熱情からも、この職業には進んで赴いたという所があった。その年月は四年余に過ぎなかったが、この期間は岩波の生涯で一番貧乏な時代であったろう。しかし前にいった如く、毎日のように暢気にやって来る我々と一緒に飯を食い、遠来の知人に対しては又心のこもったもてなしをした。二度の落第仲間の椎名純一郎が、故郷秋田県角館から上京して来訪した時、私も居合わせて、一緒に四谷の荒木町の「いろは」牛肉店で夕食を振舞われたが、その時岩波は途中でちょっと待ってくれといって、質屋で親譲りの羽織をかたに金四円を調達して来た、ということを後からきいた。しかしその四円で「いろは」の奥座敷で威張って牛肉を満喫し得たのであった。又通勤の電車賃を節約するつもりで歩いたが、靴が傷むので結局不経済と悟ったり、電車賃がなくて、近くに住んでいた同郷同窓の樋口長衛の所へ借りにゆくと、樋口もやはり無一文だというので、已むを得ず学校まで歩いたりしたということもある。当時の電車賃は始め五銭、それが七銭になり、七時前に乗ると往復券が片道代で買えた。その頃は五銭だったと岩波はいっているが、もう已に七銭ではなかったかとも考えられる。なお岩波の言によると、当時電車は新宿から日比谷までゆき、日比谷で乗り替えて神田橋まで行ったそうである。その外郵税を節約する為に、大抵の場合はがきを用いたということである。

岩波の教師になる前年、明治四十一年(一九〇八)、二十七歳の八月十四日に、長女百合が百人町の家で生まれ、岩波は始めて人の子の親となった。子供ができて家が手狭になった為に、藤原夫婦は四十一年秋学校を出て柏木の方に移ったが、岩波は八円五十銭の家賃を節約する為に、翌四十二年の二、三月頃、児玉ヤヨの紹介で、同じクリスチャンの那須利三郎という、元大工で内村鑑三とも知っていた人の、千駄ケ谷の住宅の離れを五円五十銭で借りて移った。離れといっても下は漬物置場になり、ひよわい階段を上ると、六畳、三畳のともかくも清潔な二間の部屋があるという有様であった。私がそれをネストと呼んだと岩波はいっている。ここで百合の初節句を祝い、阿部や山田や私で雛を贈ったことがある。岩波は百合の為に乳母車を買ってやりたいと思ったが、当時ゴム輪の乳母車がないというので、東京中を捜しまわり、やっと京橋の裏通りにそれを見つけ、松屋で二十五円で新調した外套を質入れして、八円の金を得、十円のその車を購い得て、千駄ケ谷まで引っぱって帰ったこともある。この漬物臭いネストにも私達は度々遊びにいったものである。しかしその六月には西大久保の関龍一の借家の二階家に向上し、階上に友人山田又吉を置いた。関の家では始め岩波の風貌に恐れをなして躊躇したが、懇請によって貸して見ると忽ち親しくなり、息子の関龍一などはひどく岩波を慕うようになった。翌四十三年の一月には、麴町富士見町二丁目、靖国神社馬場の北側の、南部伯爵家の借家に私と一緒に住み、私兄妹は二階に、岩波一家は下に住んで、共同生活をしたが、翌四十四年の春頃に同居生活をやめ、岩波は又元の百人町の家に返り、次女小百合がそこで八月十一日に生まれた。ちょうどその七月二十日過から八月にかけて、岩波と私とは田部重治や市河三喜及び私の義兄藤村蓋と、天幕を携え、信州大町を基点として、高瀬の渓から烏帽子岳、野口五郎岳、赤牛岳、黒岳から、立山温泉を経て立山に登り、ざら峠や針木峠を越えて再び大町に帰る七、八日の登山旅行をした。その時山案内は市河に向って「旦那、若い衆は先にやってゆっくりいきやしょう」といったことがある。その若い衆というのが市河より五つ年上の岩波だから、元気の程は思いやられる。それから私と岩波とは、両人の旧跡である野尻湖を訪い、高田に出て、前年の夏修善寺で夏目漱石の大患の時に、胃腸病院の医員として長く漱石――その頃岩波はまだ漱石を知らなかった――を看ていた森成麟造を、その郷里の越後高田に訪うて一、二泊し、高田を立って途中信濃川の洪水にあい、小千谷へ遡って橋を渡って長岡に廻り、新潟に着き、信濃川橋畔の宿で行灯部屋に入れられ、新潟から船で羽前酒田に航し、伊藤吉之助を訪うて一、二泊、馬車で浜伝いに秋田県の本庄までゆき、そこの中学にいた藤原正を訪い、三人で秋田まで徹夜して歩き、それから又三人して大曲に近い角館の椎名純一郎の家に着いた時、次女出産の電報に接した岩波と別かれたこともあった。

百合が生まれてそう間もなかった頃だと思うが、阿部と私と岩波とで戸山原を散歩したことがある。上野直昭はいたようにもいなかったようにも思う。阿部が一人の女に対して純粋な愛を続け得るかどうかの不安を口にした時、岩波がこれを否定したのを覚えているが、上野にも同様の記憶があり、阿部と岩波と上野と三人で戸山原を歩き、次郎は結婚した二人がいやになったら別かれるが好い、といい、岩波は一旦結婚したら嫌になることはあり得ないと強く主張した、という。上野は又私がいたとは記憶しないというが、しかしこれは多分同じ時の同じ話ではなかったかと思われる。別かれる別かれないの問題より、阿部が一人の女に対する愛情の純粋が続くかどうかを問題にしたのだと、私ははっきり記憶している。又上野は結婚前だろうといっているが、岩波は四十年の三月末に結婚しており、その前ということはない。

四十二年の秋のことであったと思う。西大久保に住んでおり、二階に山田がおり、近くの柏木に阿部次郎がいた時に、夫人が小さい百合を背負って家出したことがある。夫人は思いつめて大川端までいったが、思い返して戻って来た。岩波はいかにも岩波らしく、「家内は僕を信頼し過ぎるからこうなる」という意味のことをいったが、これは信頼し過ぎるから自分のちょっとした言葉でも重く深刻に取る、という意味のようにきこえた。事情は知らぬが岩波が烈しくヨシを叱ったのであったろう。岩波の細君崇拝時代、愛撫時代は過ぎて、後年のがみがみ時代がやや萌しかけていても、それはむしろ自然なことであろう。しかしそれはまだ岩波の理想的恋愛感情と矛盾する程ではなかったらしい。しかし夫人の立場から考えれば、妊娠という婦人にとって身心半ば病的な時期や、赤ん坊の世話のやける頃、乏しい家計をやりくりしている中に、友人の新夫婦がわりこんだり、二階に友人がいたり、その疲労と苦労とは並大抵ではなかったろう。殊に岩波の人一倍のホスピタリティー(厚遇)には、夫人も随分進んで協力したが、岩波の短気と烈しさとを思えば、それが結果から見て無理になったことも、十分考え得られるのである。

神田高等女学校の四年間、岩波は実に骨身を惜しまず、愛を以て生徒を率いた。地方から来て英語のできぬ生徒の為に、朝始業前に英語を講じてやり、又特別講義として論語や聖書などを講じ、その為には放課後遅くまで残ってプリントなどを作り、寒い朝も休まず、この課外講義をやり、その上教師が休むと岩波が進んでその補欠講義をやり、又或る時は講義に夢中になって、教壇からおっこちたという風で、自ら「僕はみんなに教える時間が一時間でも多く欲しいのだから」といっていた。当時の生徒で後の堤(当時坪田)久子の言によると、彼の受持は英語、国語、西洋史に及び、漢文などは随意科だったが、赤壁賦、東湖の詩などを講じた。ともかく岩波の教育に対する熱情は実に盛んに燃え立ったのである。その為あまり目だたぬ小さい私立女学校だったに拘らず、学業、成績も随分向上したということである。

お昼には生徒と一緒に弁当をたべた。それは梅干し入りの特別に大きな握飯で、岩波は実に質素な人だと思われていたが、これは岩波が、どうも女生徒が弁当を隠して喰うのがよくないのに気づいて、意識的に大きい握飯を振りかざしたのである。

又試験については当時の生徒だった吉田圭夫人静江が下の如く書いている。

「大きな眼、横に一文字を引いた大きな口、刻み深い顔の先生、ドンドンドンと大きな足音をさせて教室にはいり、チョークに力を入れて試験問題を書きなぐり、長いチョークをパチパチと幾本も折って、さて大声で大急ぎで一通り読んで、鞭で指しながら早口で読み、そのまま教室をあとに、どっかへ行ってしまわれる。やがて時間が来ると、大きな足音をドシンドシンとさせて教室に帰って来られ、出来たかねといわれて、答案をまとめて持ってゆかれるのが常であった。その時の先生の表情は、実に何ともいえない慈愛に満ちた顔であった。」

女高師を出た秀才の同僚が「岩波さんのあの態度は実にえらいものです。到底私にはあの真似はできません」と讃嘆していたそうである。

又、生徒の知識や趣味の啓発の為に、校外の講演につれていったり、大学へ参観に伴ったり、展覧会にひっぱっていったりすることを、常に一つもきまりわるがらず、又億劫がらなかった。当時岩波と同じように私立中学校の開成中学の教師をしていた田辺元が、或る秋の日の午後文展を見に行き、多くの女生徒を引率して来ている岩波に会って、岩波の一向きな教育者的態度に感心し、研学と教育との二途に彷徨している自分の態度を恥じたことを、深く肝に銘じて忘れなかったといっている。

学生との親しみは又非常なものであったが、これには彼の性来のフェミニズムも加勢していたであろう。秋の遠足で相模の神武寺へいった時、五、六人の生徒と山深く分け入り、手を繋いで歌ったり話したりして、打ち興じて時間を忘れ、大急ぎで発車二分前にやっと駅へかけつけた。窓から首を出して待っていた竹沢校長が、はいって来る岩波を、遅れたらどうすると叱ると、「やあ、すみません」とちょこんとおじぎをしたので、生徒たちは思わずクスクスと忍び笑いをした。遅れた連中が岩波にわびると、「校長は大分カンカンだったよ」と気軽にいってのけたという話もある。親しい生徒が父を失って、「先生がお父さんのように思われる」といったら、「お父さんか、いいだろう、でも兄さんではどうだね」と笑っていったという話もある。又二人の生徒が岩波の家を訪うて、鶏卵の折を帰り際に出したところ、何だこれはと大喝され、玄関に置いたままアタフタと帰っていったら、後から岩波はその折をかかえて、夕暮の大久保の街路の真中へ、ここへ置くよといったまま、後も見ずすたすたと帰ってしまい、二人は泣き出しそうになって、しかたなくその折を持って帰ったこともある。これは岩波の潔癖と共に、人に与えて人から与えられまいとする、一種のエゴイズムの現れかも分からない。

しかし岩波が教え子に親し過ぎること、それが何の遠慮もなく世間の常軌を逸することが、学校の校長や同僚の当惑を招いたこともなくはなかった。その点岩波には総じて加減のできない所がある。しかしこの生徒への親しみは卒業後はおろか殆ど終生続き、或当時の生徒は岩波の親友の吉田圭の夫人になったり、支配人の堤常の妻になったり、或は岩波の世話で結婚したりした者もあり、しかもその親交が彼女等の夫や子や親などの家族にまで及んで、慶弔や病気の心配なども実にまめで且親切のこもったものであり、又時々は家族の就職の心配にまでもなった。又同窓会には必ず出席して、岩波の方で会費はすべて負担するという有様で、彼女達は皆岩波に親愛と尊敬とを抱いて終生渝らなかった。又岩波の義理固さは、千葉の本橋のぶの所で同級会のあった時、岩波が珍しく来ず、皆心配していた所へ、俄かの腹痛で来られない、という電報が来たが、翌々日突然態々千葉のその家へ詫びに来たので、本橋は深く恐縮感激したそうである。

この同級会に岩波がスズラン会と命名したそうであるが、これは長女に百合、次女に小百合と命名したと同じく、岩波の文学青年的趣味を示すものであろう。

岩波の教師生活は四年余に過ぎず、又その後繰り返すことはなかったが、ともかく教育者としても特色ある類の少ない教師だったとはいえる。

これで岩波書店を通じて、岩波が大いに日本の社会と文化に働きかけた時代に先だつ、岩波の前生涯は、岩波の尊敬していた明治天皇の時代と共に終ったわけである。

岩波の生まれた明治十四年は、恰も国会開設の詔の出た、明治の黎明期であり、それが岩波の高等小学四年から中学にかけての明治二十七、八年の日清戦役、高等学校時代の三十七、八年の日露戦役を経て、日本の勃興期から、四十三年の韓国併合による大陸進出の基点獲得時代に亘っている。小学の終に『東方策』を読んで、英人の横暴な進出を憤慨し、南洲、松陰を崇拝して、明治日本の国是なる富国強兵を理想化して、立身出世に生きようとした彼は、日露戦役の時は、私なども同じく戦争などは顧みず、自分の煩悶に没頭し、トルストイに感激し、聖書に救を求めて得ず、その内に愛と婚とを得て、つましい謙虚な態度で女子教育に熱中したが、けっきょくこの生涯にも安住を見出し得なかった。

第二篇　岩波書店

大正二年(一九一三)―昭和二十一年(一九四六)

第一章　古本屋開業

――古本の正価販売

先ず商売人になった動機である。それを岩波自身に語らせよう。

「当時理想に走っていた僕は学校の経営方針にあき足らず、私塾でもやろうとも思ったが、更につきつめて考えてみれば信仰もなき自分は人の子を賊《そこな》う如きことより外出来ない教育界より去ることにした。なお当時は月給が三十円〔実は三十五円〕で少しの不平もなく、往復十四銭の電車賃を節約するため大久保から神田まで歩いたが、靴のへることに驚き、朝の割引時間に乗り往復五銭の電車賃ですませたことなども覚えている。」

「人の子を賊う」という意識は確かに岩波にあり、教育のむずかしさも痛感していたけれども、彼はこういう文句がすきで、前にも後にもそれを繰り返すことが多かった。

しかし教職をやめた根本理由が、信仰のない自分が、内省の結果、人の子を教える資格がないと自覚したことにあるのは、岩波自身の自白の通りであり、外の教育上の理想とか主義とか感激とか独立とかいった理由は、それに比べては薄弱なものであると言っている。まことに世の教育者中、神田高等女学校時代の岩波くらい、情熱と精励とを以て、報酬に頓着なく教育に当ったものは少なかったろう。この緊張と集中とが弛んで、感激の薄れて来たことが、彼に生活の転換を求めさせたということもあり、又彼自身も開店の挨拶にこの心持を陳べている。又校長の遣りかたに対する彼の不満から、彼の前後を顧みぬ直往に対する周囲の困惑が、彼に与えた反映などから、嫌気がさして来たこともあろう。

当時の神田高等女学校長竹沢里は、鳩山春子などと同じく古い東京女子師範――東京女子高等師範の前身――の卒業生であったが、私立学校経営の立場から、教育的よりも事業的になる傾があり、例えば新学年前に市内の小学校長を招待して饗応するという如き、どこでもやる新入生吸収策をも試みた。ところが岩波の方では、生徒の教育や教師の参考に必要な、書物や教具も備えつけないで、こういうことに金を使うのに平かでなかった。それに彼は、教育者という仮面を被って金儲けはしない、金儲けをするなら、看板を掲げて正々堂々とやるという気持を、彼を引き留めた同僚の女の先生にも語っている。何れにしても彼は、この上教育の仕事に感激を続けられなくなっていたのである。

「さて教職を去ってから以前より憧れておった晴耕雨読の生活を富士山の麓で送ろうと場所まで心に思い定めたのであった。しかし当時未だ三十そこそこの若さだったので、田園生活は暫く取って置きのものにして、その前に一度市民の生活をして見ようと思い着いた。御存知の如く封建時代以来士農工商といって商人は世間で一番低いものと見られている、しかし商人と雖もやり方が社会的任務を尽すにおいては必ずしも卑しいものではない筈だ。人のため必要な品物をなるべく廉価に提供すれば人々の必要を充たし、また自分の生活も成立つ、とすれば商売必ずしも卑賤ならず、官吏や教員と異って自由独立の境地も得られ、また人の子を賊う惧《おそ》れもないから心安らかにおられる、こう考えて市民の生活に入ったのである。僕が一市民として商業を始めようとおもったのはこのような気持からだったので、何商売でもよく、当時新宿中村屋をやっておられた同郷の先輩相馬さん御夫妻を尋ねて、御意見を伺ったような次第だった。現に相馬さんに教えられて、売物に出ていた乾物屋の店を覗いて帰って来たことがある。」

この富士の見える所で農耕をやるというのは、岩波の永い間の夢で、当時もその後も度々私に語ったものだが、しかし何商売をやろうかには色々迷い、菓子屋になろうか、それとも食堂を経営して旨いものを安く食わせようか、菓子屋になるなら、二、三年は職人として見習いをせねばならぬが、細君はそうなったら針仕事をしてやってゆこうなどと、語り合いもした。相馬は、「自分の十年間の経験から、商売も新知識を必要とする時代故、旧慣を打破して全く新しい方法を採用するには、却て学校出の素人の方がよろしいとさえ考えられるから、一奮発してごらんなさい」と激励し、新宿の将来の有望をも説いたそうである。

ここに岩波らしさを示す一事は、いよいよ古本屋をやるときめてから、それを相談又は宣告の形で、随分多くの先輩、友人、後輩に話していることである。後日でも岩波の相談を持ちかけるのは、大概自分でやろうときめていることで、やめろといってもめったにやめたためしはないのだが、その態度が真剣なので、相手は、自分だけが相談された気持になって、感激するのである。これは策略的なものでなく、岩波は実際、老若男女を問わず、自分の知人の人格を尊重する気持が強く、その真情に相手が動かされるのであって、たしかに岩波の重要な徳の現れである。もっとも時々は、「君だけに話すのだが」が「君だけ」でない場合もあるが、これは少しの人を除いては、誰もが無意識的にやることで、深く咎めるには足りない。神田高等女学校の教え子たちは皆、一所懸命に止めたが、その中の一人が、「先生がどうしてもやって見ようと思召したら、おやりになった方がよいでしょう」といった所、「よくいってくれた」と岩波は喜んだそうである。けれども岩波から相談を受けたり宣告をされた友人知己の多くは、口に出すと出さぬとに拘らず、岩波の正直無鉄砲な性格から、この商売については不安や危険を感じたようである。但し私の所に来て岩波が話した時には、即座によかろうといったのを覚えている。

もっとも岩波が古本屋になったのには、ちょうど都合の好い偶然もあった。開業した大正二年(一九一三)の二月二十日に、神田の大火があったが、この火災で焼けた古本屋の尚文堂が、自分の店の隣に貸店を新築したのを、そこの手代で神田高等女学校に出入していた同県出の伊東三郎という男が、かねて岩波から商売したいという話をきいていたからでもあろう、その店を岩波に薦めたというのである。場所としても神保町の交叉点に近い絶好の地位にあり、家は新しくて二階もあった。今ならば中々駆け出しの借りられるような場所ではあるまい。固より古本屋が比較的資本を要せず、年期を長く入れる必要が少なく、且自分の今までの生活と関係の深い書物を取り扱う商売だったことが、取っつき易かったということもあろう。

そこで、その年の夏休には一家で旅行の予定だったのを止めて、七月二十二日に、大久保百人町の借家からこの神田区南神保町十六番地の貸店に移り、二十九日には神田高等女学校で告別式をすませ、その足で車を引いて市《いち》に行った。女学校の教え子で、後に堤支配人の妻になった坪田久子にその頃やった手紙にも、「今日学校の告別式を終って、すぐその足で古本市に行き、沢山の書物を仕入れ、車を引いて帰って来た。その感慨無量」とある。そうしていよいよ八月五日開業の運びになった。岩波は方に三十二歳であった。店の名を何にするかという相談が百人町で出た時、夫人が、屋号だけ世間に知られて、店主が誰だか分からぬのがいやだから、姓そのまま岩波書店としたらどうだろうかといったところ、岩波も「あ、却てそれがいい」と賛成して、「岩波書店」ときまった。

その開業の資金になったのは、信州諏訪在中洲村の田畑の売代であった。もっとも岩波は前から、いわゆる不在地主として小作料を取るのは、いやがっていたが、管理を頼んでいた叔父の岩波音蔵も、その仕事を辞退して来たので、夫人の話によると、開店の前年が偶然豊作でもあり、割に高く八千五百円くらいで、宅地だけ残して田畑を売ることになった。岩波がその処分に帰郷した時に、御先祖様の田畑に手をつけるとは以ての外だという周囲の手前、音蔵も口では反対しても、内心は岩波に同情同意していたが、村から上諏訪に出て、米屋をやって金持になっていた源吉伯父は、酒を飲んでゆでだこのような真赤な顔で、刀を振り廻し、大音声を張り上げて、「音蔵とシンゲエ(茂)を殺してしまう、御先祖の田畑を売るとは何たる罰当りだ」と怒鳴るので、二人とも蔵の中に隠れ、音蔵の妻が一人で言いわけをしているのを、「音蔵を出せ、シンゲエを出せ」とわめき続け、あたりは見物の山だったと、音蔵の娘小山常代は語っている。この源吉伯父が平生岩波に親切だったということは、ついぞ岩波からきいていないが、中に立って同情も心配もしていた音蔵が、後年岩波の成功を喜んだ心中は、さこそと察せられる。

書店を開く前、神田の警察署で中々許可しないので、友人吉田圭が、当時警視庁の保安課長をしていた長谷川久一(日本中学、一高の同窓で後に警視総監になった)を訪うて、岩波の人物を紹介したところ、翌朝神田警察署の巡査がわざわざ認可証を届けて来、御世辞をいって帰ったということもあった。八千円の資本は、造作その他に費やした後に七千円足らずを残したが、開店当初の棚を埋めるため二千円の書物を買い、二年目に二千円、三年目に二千円を使って、だんだん心細くなって来るという有様であった。

岩波の告白にもある如く、岩波が本屋を始めたのは、自由な善良な市民として独立の生活を営もうとする、つつましい願いから出たものであって、後に志した日本文化への貢献などを、当初から予期していたわけではなかった。彼は「回顧三十年感謝晩餐会」の席上でも、「私が商売を始めたのは、いわば市井に隠れ家を求めてのことであって、責任の軽い、心の苦しみのない、気の済む生活をしたいという、極めて消極的な気持ちから出たのであります。日本の文化に多少でも貢献しようとか、学術の振興に寄与しようなどと云う抱負をもって始めたのではありません。私の青年時代から苦しんで来た人生問題は、畢竟死生の問題であり、この年になっても、まだ私には、人に語るほどの信念はありません。しかし苟《いやし》くも生を否定せぬ限り、他人の厄介にならずして一日も暮すことはできませんから、なるべく人の迷惑にならぬよう、身辺の小さな義務だけでも出来るだけ忠実に尽すべきだと思い、小売の場合にも、出版の場合にも、私は此の事だけは、忘れぬように心掛けて来たに過ぎないのであります。その生活態度が今日の如き結果を来たしたのであります」といっているのは、彼の謙遜ではあるが詐《いつわ》らざる告白であろう。

彼が開店案内として方々にくばった挨拶は左の通りである。

「粛啓　秋風涼冷之候益御清祥奉賀候。陳ば野生儀感激なき生活の繋縛を脱し、且つは人の子を賊う不安と苦痛とより免れん為教職を辞し、兼てより希いし独立自営の境涯を、一市民たる生活に求めて、左記の処に書店開業仕り、新刊図書雑誌及古本の売買を営業といたし候。

就ては従来買主として受けし多くの苦き経験に鑑み、飽くまで誠実真摯なる態度を以て、出来る限り大方の御便宜を計り、独立市民として、偽少なき生活をいたしたき希望に候。不敏の身貧弱の資を以て険難の世路を辿り、荊棘を開いて新なる天地に自己の領域を開拓せんとするには、定めて遭逢《そうほう》すべき多くの困難可有之事と存候、野生が新生活に於ける微少なる理想を実現する為、御同情御助力願われ候わば、幸之に過ぎず候　敬白

大正二年九月

東京市神田区南神保町十六番地（電車停留場前）

岩　波　茂　雄

（電話　本局　四二五四）

（振替東京弐六弐四〇）

二伸　此方に御出向の事も有之候わば御立寄下され度奉願上候」

この挨拶には下の如き詞が附せられていた。

桃李云わざるも下自ら蹊をなす。

低く暮し高く想う。

天上星辰の輝くあり、我衷に道念の蟠るあり。

此地尚美し人たること亦一の喜なり。

正しき者に患難《なやみ》多し。

正しかる事は永久に正しからざるべからず。

正義は最後の勝利者なり。

これは岩波が日頃好んだ格言で、「回顧三十年晩餐会」の挨拶にも、挨拶に添えて朗読している。

この開店の辞は忽ち反響を呼び、これに先ず感激した人に奈良農夫也《のぶや》があった。奈良は北海道日高国沙流郡長知内教育所で、アイヌの教育に従事していたが、この開店の辞を見、当時『読書之友』に「読書論」を発表して、地方読書人として中央書肆に要望した所に一致するというので、この稿を打ち切った。それ以来岩波書店地方販売の有力な顧客、理解ある店友になった。この人は「蘆花全集」が出版された時蘆花から招かれ、教職を止めて上京し、全集編纂の手伝や徳冨家の出版の相談役をやっていた。後に「岩波文庫」が出た時、創刊の祝として徳冨家が無償で『自然と人生』を贈ったのも、彼の配慮によるものである。この人は浅草の木賃宿にいて、子供に英語を教えてやったりもした。東京にいる時は髪を長くしていたそうである。岩波のなくなる少し前まで生きていて、岩波と親しく交った。

岩波が欠点の多い野人であることは勿論だが、しかしやはり稀に見るえらい奴だという感じを、死んでからますます強く感じた。そうしてそのえらさの最も大きな表現として、古本正価販売ということがある。これは無論勇気果断を要することだが、その根底に虚偽と掛引を極度に厭う性格と、頑固な道徳的信念とがなければできることではない。そうして妥協を許さない直往、この直往を貫徹する耐久力、その為に生ずる色々なトラブルに堪え得る強い神経が必要である。高が古本の正価販売だといって馬鹿にするかも知れぬが、これは東京中、日本中の商習慣に全面的に叛逆する行動であった。それにも拘らず岩波はそれを自分の店で敢行した。そうしてそれがだんだんと原則的に普及するようになったのである。

岩波が古本の正価販売をやった根底には、こういう信念があった。偽なき生活は人の子には不可能かも知れぬが、偽なき真実の生活をしたいという欲求は、我々の意識に潜存する厳乎たる事実であり、我々の中心に蟠る至深至高の要求である。岩波は虚偽を厭い、教師をやめて商人になったが、正直では商売はできぬというのが、世間の常識であった。しかし岩波はそれを迷信だとし、もし正直でやってゆけねば、それを棄てるに未練はないという覚悟で、始の内に抱いた多少の不安もかなぐり捨てて、正直で大丈夫やってゆける、そうしてカントの詞だという――カントにその通りの詞を私は見出していないが、人の教によって、カントの『宗教哲学』の書中にこれと殆ど違わぬ文句を見出した――"Du kannst, denn du sollst."(汝は為すべきが故に為し能う)を振り廻して、この信念を縷説《るせつ》した。そうしてこれは彼の実践の水火を通って出た信念であった。そこに彼が青白い学者やインテリを辱めるえらさがある。

古着屋と並んで最もたちの悪い、言い値の半分以下に値切るのも珍しくなかったという、掛引だらけの古本屋を、その巣である神田の真中で向う三軒両隣に廻し、正価は一銭一厘も引かないというのだから、無謀で商売も何も知らぬ教員上りの店が、三ヵ月続くか半年続くかと、同業者から嘲笑されたのも無理はない。それには頓着なく、岩波は「正札販売厳行仕候」、「正札高価なれば御注意被下度候」という二通りの札を、店の柱という柱にぺたぺた貼り、当時は支那留学生が多かったので「言無二価」、又英語で"one price shop"の札まで書物に貼って、その徹底をはかった。

しかし書物のことも書物買入れのこつもよく知らぬ彼には、間違いも多かった。学生生活はしたけれども書物に親しんだという方ではなく、著者の名前や書名に感激して高く買うこともあり、お客さんの一教授から、本の価値《ヴァリュー》と市価(マーケット・プライス)の区別の講義を長々と店頭で聞かされたこともあった。そこで客が他店より高いというと、それを売らずに、即時その本を店の奥に引っこめてしまい、店員を近所の同業者のところにやって値段を調べさせ、その後外よりも廉価な正札をつけて、掛引だという誤解を避けるため、翌日になってから店に並べるようにした。自分の無知の責任をお客に負わすべきでないとの趣旨から、こういう本は損失を冒して正札を書き替えたのである。当時一軒置いて隣の進省堂主人故鴨志田要蔵、その店員吉田三五郎、最も多く洋書を持っていた東条書店などが、いつも岩波の相談役で、始は本を買うとよく進省堂に相談にゆき、一人で買って来た時などは、新本より高価で買い取ったこともあったが、安く買い取った時には、本気になって「売主にすまぬことをしたな、安く買い過ぎたな」といって、掘出しを喜ぶ風情などなかった。

それに開業の始は品不足で、店の棚に穴ができるので、友人から借りた本や自分の本を、成るべく売れぬようにこっそり一番高い棚に並べ、お客がそれを手に取るたびに、ひやひやしたこともあった。経済学の福田徳三がこういう本を売らなかったといって憤慨した話も残っている。

しかしこれ程力み返って正札販売をやっても、客の方は中々分かってくれず、来る人も来る人も、古本を負けぬという法があるかというし、店の方では、あなた方の為に犠牲を払って正札販売をしているのだといって下らず、開店当時には店先で毎日客と喧嘩ばかりしておった。これはそれから二年立って、植村道治が岩波書店にはいった当時も、毎日あったというから、随分長い戦だったわけである。或る時岩波の尊敬していた学校の先生――岩波の私にした話によると、ルーテル伝などを書いた故人村田勤であった――が、三省堂の百科辞典を持って行って、後から「あれはいくらにしてくれるか」というから、「正札通り一銭もお引きできない」と答えると、やはり古本を引かずに売る法があるかといって、帰ってしまった。岩波の方では、通りすがりのお客なら知らず、自分の態度や気持は理解してくれるだろうと思うこの人の、こういう詞に憤慨して、「お気に入らない値段で一冊も売りたくないから、喜んで買って頂ける時は別として、あの品はお返し願いたい」といって、車を引かせて取りにやった。ところがその人は自分の仕打をわびて、書物はそのまま売ってくれ、といったので、岩波も喜び、その後交《こう》誼《ぎ》を続けたという話もあった。

古本に正価があるかといった後、方々を廻って又買いに戻る人もあり、又或る人は、誠実に仕入値段まで打ちあけて正札を説明しても、冷笑を以て迎える。とうとう腹を立てて、「価の如何に拘らず、あなたには売りませんから、外の店で買って下さい」といって、追い出したようなこともある。従って、負けない、掛引をしない為に、買わずにゆく客も多かった。

毎日朝の六時頃から夜の十一時頃まで、入り代り立ち代り人々に接するのだから、帳場に座って此等の客の尋ね振り買い振りを見ていると、中々興味もあった。堂々たる風采の一見紳士らしいのが、一銭しか儲けのない雑誌を三銭値切って断わられ、買わずに去るのもあれば、法被を着た、ただでも本をくれてやりたいと思うような工夫が、正札通り払ってさっさと出てゆくのもあり、又面倒臭いくらい丁寧に時儀をして本を尋ねに来るのも、立派な風をして、「おいお前の店にこれこれの本があるかい」と威張って、そっくり返るのもある。かっぱらいの外は大抵皆値切るが、その値切りかたにも色々あり、正札だと説明しても一、二銭引かせようとして、十分も二十分もねばる気の毒な人もあり、「少年漢文叢書」は以前の三十五銭が三十七銭に上っているのに、この二銭を引かせる為に、二日に亘って三、四回足を運んで、結局正札の三十七銭で買ってゆくという念入りなのもある。フロックにシルクハットの紳士が、二、三銭の教科書を態々取り寄せた上、それを持って行った子供の使に、割引をなぜせぬかと叱ったこともある。当時値切り方の最も甚しいのは支那人であって、これは国民性にもよるだろうが、古本屋が支那人に対して特に誠実を欠いたという点からかも知れないという、岩波の観察である。一般に女の人の本を買いに来ることの少ないのにも驚いたが、値切りかたの細いのには更に驚かされた。帝大や一高にも随分汚い値切りかたをする者があったが、概して一番買いかたが綺麗であった。中には何程安くても、負けさせずに買うのは恥辱だと信じていると思われる、恐ろしい習慣的惰性の持主もある。此方の仕入の半分にしろなどと平気で言うのをきくと、貴様はこちらを詐欺師だと思っているのかと、反問もしたくなる。

以上は岩波の店頭観察だが、これだけを見ても、古本正価販売の断行が、如何に煩《わずら》わしい手続と不快な感情を必要とするかが分かる。しかしこれは結局正直を旨として掛引をせず、無用な紆余曲折を排して、簡単に率直に生きてゆく、簡易生活という根本方針から来ている。しかし簡易生活を貫くまでは中々不簡易である。それは勇気だけでなく忍耐を要する。岩波は生活全体に於いても大たいこの方針を貫いたが、書物の販売と出版事業とに於いては、殆ど完全にそれを遂行したといってよい。高山樗牛の書いた文章に、天才は物事を単純化する、常人はそれを複雑化するという意味の詞があったが、複雑を誇る人には下らない複雑を鼻にかける場合が多い。簡易化、単純化を実現するには、信念も辛抱も努力も必要である。自分の確信に基づく主張によって、古本の正札販売という簡易化を実行し得た岩波は、常人のなし得ない所をなし得た点に於いて、天才的だったといってもよい。これだけでも岩波はたしかに後世に伝うべきえらい人間だったと思う。

岩波の商売のやりかたは、成るたけ高く買って成るたけ安く売るというにあった。岩波は、一高の同室か同級かで投票の結果、最も商売人に不適当な人物に当選した自分に、もし商売の秘訣があるとすれば、ただこれだけだと言っている。これを固く信じ、そうしてこれを実行し得た岩波は、くり返していうがやはりえらい。

正価販売もたたったのであろう。当時岩波書店の売上高は、他店の三十円くらいに対して、十五円くらいに過ぎなかった。あとに述べる通信販売の如きは、読者に親切であればある程、骨折損の草臥れ儲けであった。

かくて岩波の古本正価販売は、数年にしてさしも因襲の深い古本商の間にも行われ始めて、今日は殆ど一般的になった。その後出版を始めるようになって、新本の小売販売が定価の一割又は二割引であった商習を廃して、定価販売を断行したのも、「割引のできるものなら、初から引いた定価で売ればいいじゃないか」という、上述の簡易正直主義によるものである。そうしてこれも亦竟に天下を追随させるに至ったのである。岩波をすかぬ人も、この岩波の人間としての力、その根底にある確信には感服してよかろう。

読者に対しての忠実な奉仕というのは、岩波の書籍業を一貫した精神であり実行であったが、古本屋時代にも落丁に注意し――これは外の古本屋も商売上一応やってはいた――、買って来た書物は一々店員や手伝いに来たもとの女生徒などに調べさせ、それのある本は遠慮なく売主へ返したり、誤って売ったものは買い戻すということを厳格にやった。これは出版を始めてからも同じことで、毎冊に落丁のあったものは返してくれ、ないものと引き替えるということをことわっていた。

古本屋開店当時の緊張と勉強とは大変なものであり、いよいよ本屋になれば、自転車に乗ることを覚えねばならぬといって、自転車を買い、提灯を持って九段下の牛ケ淵へゆき、一晩中練習して翌日は乗れるようになった。だがその時一緒に練習にいった店員の鈴木峰吉には、自転車を一つも使わせず、氷水をおごっては、自分だけで専用したという話が残っている。それで古本市へ買い出しにいったり、顧客に書物を届けたりしたが、朝は五時頃に起き、紺の股引をはいて朝飯前に客の所へ古本を買いにいった。当時古本市は週に三、四回あり、原書市など加えれば殆ど毎日になった。市の無い日は草履ばきで、朝から本郷、早稲田、青山、三田の古本屋を回って、注文品や神田で売れそうな品を仕入れて帰って来る。時にはさすがにくたびれて、二階へ上って――当初二階は岩波の家族の部屋であった――ねそべって太息をついていることもあった。又汗びっしょりになって帰って、細君に「ああ労働は何と神聖なものだ」と感激して語ることもあった。始は風呂敷包にして背負っていたが、後には箱車を買ってそれを引いて出かけた。かくして玉石混淆でもあり、又貧弱でもあった書棚も、だんだん充実しては来たが、しかし古本市場通いに対する熱は、そう長くは続かなかった。

古本販売の外に岩波書店の特に標榜したのは、聖書販売であり、横浜の聖書会社から直接に取り寄せていた。これは岩波自身もいっている如く、内村鑑三の教によって聖書を尊重したことが原因であった。当時の一挿話だが、店へゆくと、一時よく眼の吊り上って頬骨の張った、一見異相の男が来ていた。これは島倉儀平といって聖書販売の仲立をしていた者であるが、後に殺人鬼として新聞紙上を騒がした凶悪犯人であった。新刊雑誌中内村の『聖書之研究』は早くから店に置いたが、他店刊行の新刊は、自分の特に敬愛する著者のなどで特に売りたいと思うものを、版元から取り寄せるという風であった。『聖書之研究』の外に、岩波が当時愛読していた『婦人之友』、同郷の島木赤彦(久保田俊彦)の編集していた『アララギ』――大正三年六月には売捌所、四年三月には発売所になった――は、毎月店頭に立看板で広告した。当時内村はその厚意に感じて、読書の必要について店頭で演説をしてやろうか、といったことがある。新刊雑誌は大正四年頃には、良明堂という取次店から取り寄せていたし、大正六年頃から日比谷図書館に納入していたのだから、その前から既に一般に新刊も取り扱っていたのであろう。

今一つ岩波の始めたのは、地方への通信販売であって、これは開店一、二年後からである。互の信用の上に立って、自分の店にある本は固より、他店の本をも取り次いで送ってやる、薄利又は無利、更には往々持ち出しの、迅速、丁寧、低廉に読書人の便利を計る奉仕的な仕事であった。それにも拘らず、地方の人から店で送った本が着かぬといって、泥棒呼ばわりをして来たので、あなたは教職にあるというのに、事の真偽をも正さず、人を泥棒呼ばわりするとは何事ぞ、人を信用しない人間とは今後取引はこちらから御免を被るといってやって、ああさっぱりしたと洩らしたこともあった。岩波は細君にも口癖のように、店の土台は金銭であってはならぬ、一にも二にも信用でなければならぬと繰り返した。この通信販売は、自店発行のものは、今度の戦争による紙不足で本が出なくなった時に中断し、他店の殊に古本は、大正九、十年頃にやめた。

開店当時、雑誌は割引いて売る慣習になっていたのを、店員中不慣で旅行案内を定価で売ったことがあり、その相手が誰か分からぬので、新聞広告で謝罪しようとまで考えた。こういう岩波の態度は、大袈裟だとか偽善的だとか言われがちだが、岩波が真剣にそう思っていたことは事実である。

その当時は前記した房州の鈴木峰吉といって、早稲田大学の哲学科を出て小学校の先生をしていた青年を始め、小僧を合せて四人くらいの店員で、神田高等女学校の卒業生や吉田圭など、知人の手伝いもあったが、大抵夜十一時か十二時に店をしまって、その日の精算をすました後は、岩波は鍋焼饂飩を呼び入れたり、近所の屋台店でおでんを店員と一緒に食ったりした。岩波は店に余裕がないので、給料らしいものも払えぬと気の毒がっていたが、店員は不平もなく皆忠実に働いた。もっともその中には、不平を唱えて後に退店した者も一人あったが。

しかしそういうことを断行した当座は、やはり士族の商法に洩れず、店の利益は中々上らないので、岩波がもと下宿していた家の子息で、真面目な人物として店に招き、通信販売の主任をさせた店員の浅賀正美は、こうした高踏的な店の方針に不安を感じ、熊沢蕃山の「武士は武士らしく、商人は商人らしく」という文句を引いて、店のやり方の改変を岩波に献言したが、岩波はそれを容れなかったので、退店したという事もあった。

こういう困難にも拘らず、岩波書店はだんだんと世間に認められ、信用を博するようになった。通信販売の如きも労多くして功少なくはあったけれども、これが岩波書店を地方に認識させ、岩波書店を築く基になった間接の効果は、予想外に大きなものであったろう。

かくて始は今につぶれるだろうと予期した在来の古本商も、これはと眼を見張るようになったが、その間に岩波は商売人として、世間の古本商の又教員上りの商人のやれぬ思い切ったこともやった。大正二年神田の大火で同文館が半焼した時、その焼け本の水を被ったもの燻ぶったものまで、一まとめにして市《いち》に出したのを、入札でなく直接交渉で非常な高値で買い占めた。当時同文館は哲学、商業、教育等の百科大辞典を数種出版していた。岩波の大胆無謀は同業者を驚かしたが、彼はそれを市にも出し、大きな札をつけて店にも出し、ともかくそれをこなした。その時古本屋が談合して一冊五円で買おうとしたのを、岩波は八円八十銭で買い取り、それを修繕したりして結局十五円で売ったのである。又「大英百科全書」の売物全部三十五冊を買ったことも、当時としては大胆なやりかたであった。しかし外に揃いばかりでなくばらも買って、市に出したが、半端が多くて儲からなかったそうである。その外に当時は安かった『古事類苑』を二百何円かで落し、高価のレコードで玄人を驚倒させたこともあった。

岩波は開店翌年の大正三年九月、即ち開店後一年余で、漱石の『こころ』を出版したが、実はその前開店の年の末に、頼まれて蘆野《あしの》敬三郎編の『宇宙之進化』という自費出版の世話をしている。かくて書籍販売と出版とは並行もしくは交錯していたのだが、先ず書籍特に古本販売の方からかたづけておこう。

開店以後その方の著大な事件は、大正三年（一九一四）末から翌年の始にかけて、台湾総督府立の図書館から、一万円の図書購入を一手に託されたことである。これは前帝国図書館司書長、日本図書館協会会長であり、後に岩波書店から『日本随筆索引』を出すことになったけれども、当時は全く一面の識もなかった太田為三郎が、そこの館長となり、日比谷図書館長の今沢慈海とも相談の上、特に岩波書店を選んだわけである。当時岩波書店の信用が心ある人々の中に已に存していたことが分かる。当時官庁では、千円以上は入札に附すべし、という規則があったのを、太田は予め長官の諒解を得、名前だけを近所の同業者や人から借りて、形式を整え、請求書提出の運びをした。岩波はでき得る限り便宜を計り、当時は本も廉くはあったが、多分九段下の書店街のめぼしい本は全部集めたくらいで、先方でも荷が着くたびに、「こんなに本というものは廉く買えるのか」と驚いたそうである。実際岩波の納入価格は外の本屋の値段より二割以上も安かったのであった。それから引き続いて、岩波書店は同図書館の図書納入書店に指定された。しかし一万円というのは、当時では恐らく今の六、七百万円にも当る大金だから、岩波は書籍購入の資金ができず、『こころ』の出版で知遇を得ていた夏目漱石に、三千円の融通を申し込んだ所、漱石は即刻それを承知し、所持の株券を貸して、それを抵当に銀行から借用をするようにしてやった。漱石はただ暢気に考えたのを、漱石夫人が証文その他の手続をせねばと主張したのは、当然のことであるが、岩波はそれを意外に思った程、まだ普通の商売的常識を欠いていたのであった。その後も時々岩波は漱石に融通を受けたことがある。

それからずっと図書館に納入していたが、大正六年頃に岩波の希望で、今沢の館長をしていた日比谷図書館にも新刊書を納入することになった。前にもいった如く、岩波書店では書物の落丁を丹念に調べたので、図書館の方では一々取調べの煩雑を免れ、非常な便宜を得たのであったが、一、二年経ってから、岩波は東京市の支払が非常に長びき、金利に追われるから、との理由で、納入を辞退した。これは恐らく金利に困りもしたろうが、払うべきものを早く払わない官庁の態度を憤慨してでもあろう。これも岩波らしい商売型である。もっとも奥田義人の市長時代には、支払が早かったので、大いに感激したということであるが、なおこの外に後に左翼の書物を訳したりした佐野文夫の父が館長をしていた、山口図書館に書籍を納入した。大正五、六年の頃であったろうが、その時同館から、岩波書店の見積書、請求書両方とも、個々の本代が合計の価格に一致せず、過不足が多いという小言を食った。これは勇将の下に弱卒なく、店員も主人と同じく計算に疎かった事実を示すものであろう。

この頃の一つの逸話を加えておこう。開店後一年内のことである。或る朝岩波は店員浅賀をつれて、自転車で三田四国町の小宮豊隆の宅を訪うての帰り、御成門へ下りる坂道で、浅賀が誤って人力車と衝突し、乗客を投げ飛ばし、車夫を横倒しにした。車上の人は須田信次という高田商会の重役で、後頭部に打撲傷を受け、歯が二枚折れた。その時先をゆく岩波の姿は見えなくなったが、浅賀が愛宕署へ呼ばれて、尋問を受けている所へ、いつの間にかフロックコートに山高帽を被った岩波が忽然現われて、自分が自転車に未熟な店員を無理に引き出してわるかった、と誠意を込めてわびたので、双方の話合いにまかせられ、何等の条件もなく示談が無事に成立した。岩波は立派な桐の火鉢を須田邸に送って、陳謝の意を表した。ひそかにその場を抜け出で、店に帰ってフロックコートを着用に及んだのは、警察側をのしかからせぬ手段だったのであろう。岩波が存外機敏なことは分かるが、しかし大真面目に山高フロックコートで警官にひたあやまりにあやまった岩波の姿は、何といっても滑稽ではある。

第二章　出版事業

一　創業時代

――処女出版『こころ』、「哲学叢書」及び「漱石全集」

岩波に古本屋をやる始から出版をやる積りがあったかどうかは、判定しにくい。恐らく古本屋をやっている中にそういう気になったのであろう。進省堂店員吉田三五郎の話によると、古本屋をやると出版界の様子がよくわかるとか、古本屋に来る客は新刊店の客より眼が高い、古本屋をやることは出版をやる参考になるとか、よく語っていたそうである。こうして岩波の出版への意志がおのずと動いて来たのは事実であろう。

そこで岩波は古本屋を始めて一年ならずに、出版を始めるようになり、それが古本販売と並行していたが、古本の方は次第に影を薄くして、大体活発にやっていたのは大正

七、八年頃までであり、新刊販売だけを今に続けている。

漱石の『こころ』の自費出版が、岩波の大をなす基礎になったことは争われないが、これより先き、開店当時のことだったろうが、漱石に店の看板を書いてもらいたいから、私に一緒にいってくれとのことで、岩波は始めて漱石山房を訪うた。漱石は即座に快諾して、「岩波書店」と大書してくれた。この時の文字が店の額になり、又屋上の看板に金字でかたどられていたが、額も看板も大正十二年の関東大震災で焼失した。

『こころ』は漱石の自費出版ながら、岩波の処女出版のように岩波はいい、他からもそういわれている。これは大正三年(一九一四)九月のことだが、その八月に日本はドイツに対して宣戦を布告した。それに先だって、大正二年暮に、前述の如く、蘆野敬三郎編の『宇宙之進化』という本を、岩波が世話して蘆野の自費出版で出している。蘆野は私の妻の叔父で、後に田辺元の岳父になったが、星学をやった理学士、当時海軍大学教授であり、人間としては一風ある人だった。これはシカゴ大学教授ジョージ・ヘイルの原著に基づいて編述されたものであった。漱石の自費出版が岩波の処女出版なら、『宇宙之進化』は前処女出版かも知れない。もっとも『こころ』の出版は、岩波が漱石のものを出したいと願った時、外からもうるさく頼んで来るので、漱石も一つ自費で出して見ようかという気になったのだが、何しろ駆け出しの書店が当時第一の流行作家のものを出したという、世間への信用の獲得、その後『硝子戸の中』『道草』を引き続いて出版して、漱石全集の出版元になる素因を作ったのに対して、蘆野の方は、ただ頼まれて事務を取ったというに止まり、それっ切りでその後の岩波書店に影響することのなかったという相違は著しい。しかしこの書は印刷については単語と単語との間隔を置いたりして、蘆野一流の凝り方を示している。

岩波は『こころ』の出版にはすっかり感激してしまって、何でもかでもいい材料を使って立派なものを作ろうとしたのを、漱石はその行き過ぎを戒めて、よく小言をいった。しかし漱石も自費出版に興味を持ったと見え、支那古代の石鼓文の石摺から取った装幀を自分で試みさえもした。漱石死後全集を出すようになった時にも、色々評議の末この装幀を襲用することになった。序にいえば漱石自身の装幀は、この『こころ』と『硝子戸の中』だけである。双方の契約で最初の費用は一切夏目側で持ち、岩波はこれを償却してゆき、それがすんでから、半期半期に利益を計算してそれを折半したのだから、漱石との共同出版ともいえよう。それも二年余りたった漱石の死後には、共同出版の煩を避けて、『こころ』も岩波書店の普通の出版になった。『こころ』を出した頃のこと、岩波が御礼心に三尺四方位の卓を持って来たのを、漱石がつけつけとそれの悪口をいったので、岩波はそんなら持って帰りましょう、とあっさり出た所、漱石はいやそれに及ばない、とすましていい、ぐるりのみんなが笑ってしまったという事もあった。

なお翌大正四年二月初に、堤常が岩波の懇請で店へはいり、それからずっと三十年余の間、岩波書店の支配人として又柱石として、岩波の欠陥を補い、積極的手腕は欠けていたけれども、終始一貫誠実に自分の功名をも権力をも利益をも求める所なく、縁の下の力持を甘んじて務め、後にはその妻久子も会計掛長として、夫婦共に岩波書店の取引先及び著者の信用を深めたことをいっておこう。もっとも久子が会計を担任し始めたのは、五年も後の大正九年七月五日であり、岩波から預かった金は郵便貯金、銀行預金一切で一万八千円であり、預かり証を書かされたそうである。

初期の出版の内、『こころ』にも劣らず重要なのは、「哲学叢書」の出版であり、岩波書店に哲学書肆としての名を肆《ほしいまま》にさせたのも、元はこの叢書であり、又関東大震災以後、昭和初頭の不況、不景気に堪える力を提供したのも、この叢書の売行が与かって力があった。この刊行の資金として村井銀行に千円の融資を申し込み、七百円貸してくれた。もし一つも貸してくれなければ、こちらから取引をやめる覚悟を以て申し込んだという。又この叢書の装幀に灰色の木綿を用いたことが、装幀界に新紀元を開いた。すべての出来栄えが揃ってもいないし、十二巻中売行の相違は随分あったが、この書が日本の思想界、殊に若い学徒に与えた影響は、その売行と共に大きかったといってよく、今まで殆ど哲学書が顧みられなかったのに対して、一時の哲学もしくは哲学書流行時代を作ったのであった。この叢書の始は大正四年(一九一五)十月であって、第一次欧洲戦争が始まって一年の頃であり、岩波自身の言によれば、「わが国の思想界の混乱時代に当って、この混乱は哲学の貧困にありと思い、哲学の一般的知識を普及する目的」であった。当時ドイツのオイケン、フランスのベルグソン、又インドの詩人タゴールの書物などが多く読まれ、当時私の書いた発刊趣旨の広告にも、「オイケン、ベルグソン、タゴール、思想界の送迎も亦多事を極む」と説き起こしたものだが、——開店匆々の二年くらいは、私は外にもよく広告を書かされた——ともかくも文化と哲学とに対する興味が我が国の読書界に起りかけていたところだし、又第十九世紀後半の哲学蔑視、科学偏重に対して、カントに帰れという新カント派、即ち西南ドイツ学派のウィンデルバント、リッケルト、マールブルヒ派のコーエン、ナートルプなどの哲学が、カントの批判主義に立脚して、その認識論的要素を力説すると共に、文化の自己批判としての文化尊重の哲学、認識主観を尊重する観念論的哲学の流行を、日本の哲学界に促したという気運もあり、岩波の出版は期せずして、時運の波に乗ることになった。

編集者は岩波の一高以来の親友だった、阿部次郎、上野直昭及び安倍能成であり、教授達で相談を持ちかけたのは、西田幾多郎、朝永三十郎、桑木厳翼くらいで、我々はあまり教授達《プロフェッソーレン》の御世話にならぬ積りで、三人共全くの布衣《ふい》であった。先輩では紀平正美の『認識論』、速水滉の『論理学』くらいのもので、大正四年十月出版の『認識論』を始に、田辺元の『最近の自然科学』、宮本和吉の『哲学概論』、安倍能成の『西洋古代中世哲学史』、速水滉の『論理学』、石原謙の『宗教哲学』、阿部次郎の『倫理学の根本問題』、上野直昭の『精神科学の基本問題』、阿部次郎の『美学』、安倍能成の『西洋近世哲学史』、高橋穣の『心理学』、そうして高橋里美の『現代の哲学』は最後の大正六年八月に、即ち満二年間に十二巻を刊了した。著者はほぼ二、三年に亘って明治末年に東京帝国大学を出たもので、当時としては新進であった。此等の書物は多くは西洋の著書によっての解説や講述であるが、哲学に対する時代の要求を充たすには役立った。その中で自己の著述というべきものは、紀平正美を始とし、田辺元、高橋穣、速水滉くらいのものであったろう。厳密にいえばこの叢書こそ岩波書店の処女出版というべきものであって、岩波も編集者の我々も、せめて千部売れてくれればと心配したものであり、前記進省堂の吉田の如きも、岩波が最も心を傾けたのは「哲学叢書」だといっている。それが意外に世の歓迎を受け、全十二冊の為に用意しておいた紙が、二、三冊分でなくなるという勢であり、恐らく二十数年に亘って広く読まれ、何百版を重ねるものが、その大半を占めるという有様であった。中でも最も多く売れたのは、速水滉の『論理学』であって、大正末までに七万五千冊、それから昭和十六年までには九万冊、岩波の生存中に十八万冊に及んでいる。

「哲学叢書」以後の大出版は大正六年(一九一七)末に於ける「漱石全集」の出版であるが、その間にも、ポアンカレの『科学の価値』、リッケルトの『認識の対象』の如き、当時問題になった哲学書の訳(大正五年)、内務省の官吏をやめてキリスト教信仰の道に入った藤井武の『新生』(大正五年)等の著の外に、重要なのは、倉田百三の処女作『出家とその弟子』(大正六年)、西田幾多郎の『自覚に於ける直観と反省』(大正六年)、鳩山秀夫の『日本債権法総論』(大正五年)などであり、鳩山のこの著は、昭和十六年までに九万三千冊売れた。斎藤茂吉、和辻哲郎、野上八重子の著作も、既にこの間に顔を出しており、大きい本としては学士院蔵版の『伊能忠敬』(大正六年)の如きもある。当時倉田は無名の青年で郷里に病臥中、書を未知の岩波に送って出版を求め、この書によって一躍文壇の寵児になった。しかし初の八百部は自費出版で、その後が岩波の出版になった。外に倉田の大正十年に出た評論感想集『愛と認識との出発』は、その前大正七年に出た阿部次郎の『合本三太郎の日記』と共に広く青年学生層に読まれた。『出家とその弟子』は後に岩波文庫に入れるまでに十五万近く売れた。西田はこれまでに已に『善の研究』『思索と体験』などの小著はあったが、この『自覚に於ける直観と反省』は、彼の体系的著述の出発をなす大著であって、恰も彼が京都帝国大学に位置を得て、思索と研究とに便宜な生活について以来の最初の著述であり、爾来西田哲学の建成及び流行と共に、その後彼の著述は悉く続々岩波書店から出て、その死に及んだ。鳩山は岩波と一高時代に同級の誼みがあった。当時の彼は新進第一流の民法学者であって、頭脳の明晰、説明叙述の達意を以て聞こえ、ついで更に『日本債権法各論　上中下』(大正七、八、九年)を出した。ほぼ同時に、当時の新進法律学者だった穂積重遠の『親族法大意』も出て世に行われた。岩波書店がその後、松本烝治、中田薫、田中耕太郎、我妻栄等の良著、大著を出し、又新機軸による『六法全書』を出し、在来の法律専門書肆の外に法律書出版者として重きをなしたのも、端をこの辺に発したものと見てよかろう。

しかし岩波書店の大を成した最も重大な契機が、「漱石全集」の刊行にあったことは疑ない。大正五年(一九一六)末に於ける漱石の死の後、全集の出版は弟子達によって企てられた。しかし、『こころ』以前の漱石の著作は、大部分春陽堂から出版され、『吾輩は猫である』『行人』と短篇集『漾虚集』及び『文学論』は、大倉書店から出ていた。その外『色鳥』という漱石の選集一冊が新潮社から出ている。これは新潮社主佐藤義亮(橘香)が、親しく漱石の作品を読んで試みた選集であり、漱石はそれを喜んで話したが、岩波はそれに不服で、「そんなことなら僕にもできる」といっていたけれども、それはどうかと思われる。『色鳥』は固より問題にはならぬが、春陽堂や大倉書店を措いて岩波が出版者となるには、そこに相当無理があった。当時森田草平や鈴木三重吉は、従来の個人的縁故もあり、春陽堂にやらせたがったのであるが、岩波は、自分が出版するのが、日本の為にも夏目家の為にも一番好いという信念を堅持し、漱石未亡人も小宮もそれに賛成したので、「漱石全集刊行会」の名で、岩波が事実出版を引き受けることになった。当時としては珍らしい大出版であり、春陽堂、大倉書店に冒険を敢行する度胸の乏しかったことも、事をここに運んだ理由の一つではあるが、私はその時、岩波の道義感と功名的本能との合致した強引ぶりにまざまざと面接した思いをした。この全集の編者に名を列したのは、寺田寅彦、松根東洋城、森田草平、鈴木三重吉、小宮豊隆、野上豊一郎、阿部次郎、安倍能成の八人であったが、こういう今までになく完備した全集のできたのは、小宮豊隆の漱石に対する愛情から出た、ひたむきな周到な努力によるもので、森田が生活の為をかねて校正に従事し、内田栄造(百閒)等がそれを手伝った外は、外のものはあまり実際に働きはしなかった。ただ私は我がままなみんなの間の斡旋役を少し務めた。当時森田は校正を引き受けていたが、岩波は当時まだ、こういう全集の編集や校正が如何に大きな仕事であるかについての理解には乏しく、全集が予定の時期に出ぬことについては、印刷会社にも校正者にも不平を持っており、それが又相手殊に感情的な森田に反映することもあった。当時に於ける最上の活版所として築地活版所を選んだのだが、社長の野村宗十郎はよく岩波の神経質を口にしていた。これはたしかに岩波の一面でもある。けれども又他面に、『書簡集』その他が予定のページ数を遥かに超えたことなどは、一つも意に介せず、予定の価格を変えることはなかった。これも亦岩波式である。

第一回の全集予約は四千部を超え、翌々年の大正八年(一九一九)十二月の第二回予約は、六千五百に達した。当時としては意想外の景気だったのである。震災の翌大正十三年(一九二四)六月、更に第三回の予約刊行をした。以上三回は刊行会名義の出版であったが、昭和三年三月普及四六判「漱石全集」二十巻を、岩波書店名義で発行するに及び、大倉書店の抗訴があった顚末は後に記する。

大正六年末に於ける「漱石全集」刊行に至るまでを、岩波書店の創業時代と見るならば、それはほぼ第一次欧洲戦争の時期に亘っている。この間、大正三年には『こころ』以下の自費出版三種、『こころ』の外に、委託出版として魚住影雄の『折蘆遺稿』、島木赤彦の歌集『切火』があり、四年には五種、五年には十八種になり、六年には「漱石全集」を除いて二十一種で、一月には早速、前年十二月になくなった漱石の未完成の最後の作『明暗』を出している。前にもいった通り、この間では「哲学叢書」が最も重要な出版である。漱石の『こころ』以後の作『道草』、随筆集『硝子戸の中』を出したことも、大きなプラスであり、又哲学、法学の外に、田村寛貞（東京音楽学校教授）の『楽聖ワークナー』の如き、当時として贅沢な本も出版された。哲学書ではこの数年紀平正美の自家の体系を述べたものが、『哲学概論』『無門関解釈』『行の哲学』その他数種出た。自然科学の方も二、三あったが、大たいは岩波の知人及びその関係のものが多く、このことは著者を友人とする岩波出版の特色として長く続いたけれども、その友人範囲が着々と拡大していったことも忘れてはならない。ここに附記しておくべきは、『哲学雑誌』の発売を大正三年始から引き受け、震災頃まで続けたこと、阿部次郎の主幹で雑誌『思潮』が六年の五月に出たことである。『哲学雑誌』の編集は宮本和吉、伊藤吉之助がやり、岩波は発売だけであったが、岩波書店と哲学との関係を親密にするには役立った。『思潮』は八年の始に廃刊になったが、和辻哲郎の奈良芸術に対する感激を傾倒した「古寺巡礼」や、ケーベルの随筆は、この雑誌の呼び物であった。ケーベル博士から寄稿を仰ぐということは、岩波の発議に出たもので、相談を受けた私は多分だめだろうといったのだが、博士は存外喜んで承諾してくれ、それに久保勉という恰当な訳者が傍にいたということもあり、博士は楽しんでこれを書き、日本の教養ある人々を喜ばしたばかりでなく、東京帝国大学退職後も、博士の日本に残した印象を更に確かにし濃くした。

これは岩波の博士の人間に対する純粋な敬愛から来た実現であって、岩波はこういう意味で、出版ばかりでなく、色々のよい事をした例は多い。しかし岩波が後にケーベル先生の文章を出す為に『思潮』を出した、といっているのは、結果を原因にとり代えた誇張の詞である。なお大正六年一月に岩波は、南神保町十六番地の小売部と続きの一棟を入手した。建物買収については、鳩山秀夫、太田水穂の好意を受けた。売価約二千円であった。

なお「漱石全集」の第一回予約は大正六年の末に始まり、大正八年十一月に終ったことをいっておこう。

二　関東震災前後

「漱石全集」の発刊その他で資金の流通もよくなったので、これから震災までは、新進の勢で随分積極的に出版界へ押し出していった。ちょうど七年には、六月ドイツに革命が起り、十一月にはドイツと連合国との間に休戦条約が調印され、続いて講和条約が結ばれた。この時、一番苦労したフランス、ベルギー両国民と喜びを共にすることは、我々の義務だと称し、我が国旗と共に両国旗を掲げて祝意を表したのは、いかにも岩波らしい。

大正七年(一九一八)の出版は十四点に過ぎないが、これは「漱石全集」に忙殺された為であろう。しかし骨の折れた出版としては、画家橋口五葉の監修になる広重の『保永堂板東海道五十三次』の複製と、正岡子規の『仰臥漫録』を表紙や挿絵まですっかり原物のまま複製した珍本がある。当時の定価が十二円であった。私は五十三次のような金のかかる本は、今少し資本ができてからにしては、と止めたが、岩波はそれをきかなかった。しかし損もしないでそれを完成した。ソクラテスは、時々ダイモニオンの声を聴いて行動を決定し、それは多く制止の声だったという。私も岩波に対しては多く制止の詞を放ったが、しかしダイモニオンほど的中しないことが多かったのも、まあ已むを得ない。目だったものには、内村鑑三の『基督再臨問題講演集』がある。この年波多野精一、宮本和吉訳『カント実践理性批判』が出た。これは翌八年藤原正、安倍能成訳『カント道徳哲学原論』、十年の天野貞祐訳『カント純粋理性批判』、又訳ではないが、遡って前の年の六年に出た桑木厳翼著『カントと現代の哲学』などと共に、新カント派の哲学に刺激された日本哲学界のカント哲学への関心を示すものであり、やがてカント生誕二百年を記念する、大正十二年末の「カント著作集」十八巻の企画を促した。また翌十三年には雑誌『思想』は「カント記念号」を出し、諸家のカント及びカント哲学論の中に、田辺元の『カントの目的論』も出た。

外に哲学書としては、田辺元の『科学概論』(七年)、西田幾多郎の『意識の問題』(九年)、波多野精一の力作『西洋宗教思想史』(十年)、左右田喜一郎の『経済哲学の諸問題』『文化価値と極限概念』(十一年)が出た。左右田の著は一時経済学を哲学化する勢をさえ見せた。古典では、久保勉がギリシヤ原典から訳して阿部次郎と共訳したプラトンの『ソクラテスの弁明・クリトン』(十年)が出、十一年には宮本和吉、高橋穣、上野直昭、小熊《おぐま》虎之助編の『岩波哲学辞典』が世に出るようになり、哲学書肆としての岩波の声価は、万人の認める所となり、一時『哲学雑誌』の発行所として、わりに多くの哲学書を出した弘道館などの影は薄くなった。

第一次欧洲大戦には、我が国は労少なくして功多く、資本主義経済が格段に発展すると共に、労資の対立も漸く激化し、経済生活を中心とする社会問題が、実際的にも学問的にも問題になったが、震災に至るまでの岩波の出版も亦これを反映している。社会学に関するものとしては、当時京都帝国大学にいた高田保馬が続々大量の著述を出し、森戸辰男の訳したブレンターノの『労働者問題』(八年)の外に、小泉信三の『社会問題研究』(九年)、河上肇の『近世経済思想史論』(九年)、河合栄治郎、堀経夫等の労働、経済、社会の問題に関する著述がある。河上の著は日本の経済学界に社会主義的傾向を促進した意味で、画期的といわれている。九年五月頃には、普通選挙の世論が盛んになり、岩波は京都帝国大学教授佐々木惣一の小冊子『普通選挙』を発行して、その大看板を店頭に掲げた。これは岩波の政治的社会的情熱の表現の一例と見てよかろう。十年には、プレハノフ著、恒藤恭訳の『マルクス主義の根本問題』も出た。岩波はその他の問題に於けると同じく、社会問題、経済問題、労働問題、従ってマルクス主義の問題についても、先ずその正確なる認識を必要だとし、自家の出版によってこの要求に応じようとした。これは彼の社会的公正の理想と、学問愛好の精神とに基づくものであった。彼は学者でなく学問をよく知っていたとはいえぬが、学問の意義と価値とを信じたのみならず、この信念を出版に於いて実現した。彼はこの点よき意味に於ける進歩主義者であった。

大正七年から十二年までの六年間を見ると、岩波書店が後に刊行した各部門の書物は、大たいお目見えをしている。ドイツの文化哲学（新カント派、オイケン等の）の影響もあって、当時は文化と教養の標語が多く掲げられ、文化住宅を始め、文化アパート、文化洗濯の語が、巷にはびこった時代であり、又西洋の音楽や美術が、レコードや写真版ばかりでなく、アメリカへ行く途中の世界的名手によって西洋の名曲が親しく奏され、又『白樺』などに活発に紹介された近代美術の巨匠の原作が、ぽつぽつじかに見られ始めた時代であった。ともかくも西洋文化が観念と思想とばかりでなく、感覚を通じて直接に我が国にはいって来、富力の増加と共にそれが日本人によって日常生活化せられる程度が、殖えて来たとはいい得るであろう。この趨勢にも応じて、前掲の田村寛貞や上野直昭などの手で、「音楽叢書」が既に五年の始に計画されたが、程度が高きに過ぎたのと生硬なのとの理由で、三、四冊は出たが、世に多くは行われなかった。美術の方でも、矢代幸雄や板垣鷹穂の西洋美術史に関する講義や概説が二、三出たが、当時この方面の著述はまだ少なかった。西洋文化への親しみが増すと共に、西洋の古典的教養を身に体したケーベルの、雑誌『思潮』や『思想』(和辻哲郎を主幹として十年に創刊)に発表した随筆は、教養ある人々の中に愛読者を得、此等を集めた独文、和文の『ケーベル博士小品集』は正続各々二冊をこの時期に出し、大正十二年の震災前に死んだケーベルの歿後直ぐに、『思想』が「ケーベル先生追悼号」を出したということもあった。岩波書店は今に至るまで、随分文芸書をも出しているに拘らず、文芸書肆と認められないのは、その作家が大たい岩波の友人もしくは特別に関係のある人に限られ、哲学、社会科学、自然科学などのように、岩波が進んで出版を求めた人々が少ない為であり、これは又岩波の人間がいわゆる文士肌とそりの合わなかったのにもよるであろう。「漱石全集」の第二回予約が第一回に次いですぐなされたということもあったが、漱石以外の作者では、倉田百三の諸作、又倉田の推薦したものなどで、後に『竹沢先生と云ぅ人』を岩波から出した長与善郎は、この時期に『三戯曲』を出し、外に岩波の友人中勘助の処女出版『銀の匙』くらいのものであろう。変ったものとしては、ローマ字運動への関心から出した、『ローマ字坊ちゃん』(十一年)が挙げられる。翻訳文学に至っては、圧倒的にドイツの近代古典が多く、当時日本の哲学が殆どドイツ哲学一点張りであった大勢と共に、岩波は文芸方面に於いてもドイツ文化の輸入者といわれるに値するであろう。此等は殆ど大正十五年に至って、京都帝国大学教授藤代禎輔監修の名の下に、「独逸文学叢書」中に収容せられ、且又後の「岩波文庫」の中に編入された。岩波は叢書ずきで、外にも又その後にも沢山の叢書を計画した。これは岩波の出版者としての素人ぶりを残したものといってよかろう。なお当時文学理論又は評論としては、土居光知の『文学序説』、阿部次郎の『地獄の征服』(十一年)のあったことを附記しておこう。

外に京都帝国大学教授坂口昂を中心とした「史学叢書」が、十一年に発刊されて、四、五冊出た。これもラムプレヒト等を始め、ドイツの史学思想の紹介及び翻訳であった。史学方面でこの時期中出色の著述は、和辻哲郎の『日本古代文化』(九年)であろう。

岩波が学問としてともかくも自分で触れたのは、哲学方面であるが、彼は哲学と共に自然科学知識の徹底と普及とを出版者として念願したことは、当初からであった。大正十年(一九二一)アインシュタインの相対性原理が唱道せられ、科学を知らぬ者まで、ニュートン以来の物理学、世界観が、すっかりひっくりかえったように考える程の大衝動を全世界に与えた頃、相対性原理に関する二、三の著述は、岩波書店から出たが、大正十一年秋、岩波が内心ライヴァルと思っていた改造社の山本実彦が、そのアインシュタインを招待し、十一月には東京帝国大学で講義をさせるに至って、恐らく岩波はこれが為に多大の焦燥を感じ、自然科学に対する実質的貢献でこれに対抗しようと思ったのであろう。この頃彼は長岡半太郎、寺田寅彦、石原純等二十余名の自然科学者、数学者たちを、築地精養軒に招待して、科学方面の出版についての力添えを求めた。これより先き、大正十年の末に、岩波は寺田寅彦、石原純を編集者として、「科学叢書」及び「通俗科学叢書」の刊行を企画している。寺田には「漱石全集」刊行以来次第に接近し、十二年に『冬彦集』『藪柑子集』を出して以来、彼の随筆は殆ど皆岩波書店から出るようになったが、彼は独創的な科学者であり、個性的な文章家であったのみでなく、彼を信頼する者にとって、実に絶好のアドヴァイザーであった。岩波が科学書肆として雄を称し得たことが、寺田に負う所の多いのは、岩波自身の深く感謝する所であり、寺田の死後も彼の遺影は、岩波書店の彼の部屋に掲げられていた。石原純は理論物理学界の俊髦《しゅんぼう》として名高かったが、大正十年恋愛事件によって東北帝国大学を辞してからは、主として岩波書店で働くことになった。しかし彼の岩波に負った所は、恐らく岩波のそれよりも大きかったであろう。彼は石原謙の兄である。

試みに大正七年以後震災に至るまでの、自然科学、数学に関する著述を列挙して見ると、田中阿歌麿《あかまろ》『湖沼学上より見たる諏訪湖の研究』(七年)、中沢毅一『動物と比較したる人間』(九年)、ヤング著、柳原吉次訳『代数学及幾何学の基礎概念』、庄司彦六『力学』、阿部余四男『動物学講義』、桑木彧雄《あやお》、池田芳郎訳『アインスタイン相対性原理講話』、石原純『相対性原理』、同『エーテルと相対性原理の話』(十年)、池辺常刀《つねとう》『特殊一般相対性原理』、東北帝国大学鉄鋼研究所『金属材料の研究』(十一年)、石原純『物理学の基礎的諸問題』、愛知敬一『ファラデーの伝』、藤村信次『熱電子管』(十二年)等を挙げ得る。

なおこの間の出来事として、現在岩波書店の中心となっている長田幹雄、小林勇が、大正八年、九年と引き続いて入店している。長田は岩波の友人で長田の先生である小尾喜作の推薦であるが、岩波が小尾に寄せた、店員の理想的標準には、一、あくまでも真面目なる者、良心の敏感なる者、二、健康の者、儀容ある者、三、頭脳のよき者、理解力の勝れた者、四、奮闘的の者、負けず嫌いの者とあった。

この機会に新本の販売価格について一言しておこう。当時新本の発行元から取次店へ卸される値段は、普通堅実な書物で一割五分乃至二割引位のものであったが、初版発売の時だけは特に入銀と称してそれよりも更に五分位余分の割引をして取次店に卸されていた。取次店はそのうちから三分乃至五分位の手数をとって小売店に卸し、小売店はその二割前後の自分のマージンのうちから何割かの割引をして売るのだが、普通のものは一割引であった。岩波は小売店で読者に一割引で売るなら、始から一割引いたものを定価にすればよい、定価をきめておいて其以下に売る法はないという意見だったので、自分の出版物は定価販売をしてくれと奥附に書き、それを実行しない所は、取引を止めた。これは大正四年であったが、この合理的な主張は、従来の慣習に反するという理由から反対もあった。それで始には、学生が出版元の岩波に買いに来ても、岩波書店では割引いては売らず、外で買うならそれを見逃すという少しばかりの妥協もした。しかし結局岩波はこの主張を通し続け、そうして次第にこの新しい主張が認められた。但し書籍商組合の規定としてそれが取り上げられ、新本が定価通りに販売されるようになったのは、大正八年十二月一日からであった。

岩波は払うべきものは約束通り期日通りに払うという主義を徹底的に実行すると共に、取るべきものも厳正に取るという方針であった。そのような方針は彼の商売上の取引にも実行しようとしたが、なかなか困難が伴った。しかし「哲学叢書」の如きは売行がよくて、品不足になり勝ちであったので、或る小売店の如きは、わずか一銭二厘の利益を一銭にまで引き下げたことさえあった。がっちりした、しかも売行のよいものを出版し得たことによって、岩波の理想には同業者も次第に敬意を表するようになったのである。この盛況に対して、岩波は、これは何も儲があると思って始めたことでなく、ただ新しい哲学的教養が日本に必要だと考えて、この出版を敢行して意外の歓迎に会ったのだ、と豪語している。

なおこの頃のことであろうが、博文館資本の洋紙店博進社から紙を買ったところ、かけだしの出版者だというので、外では二月払いなのを、岩波書店に向っては一月払いを要求した。そこでそれをちゃんと払いはしたが、岩波の方では君の方で人並に取引をするまでは君と交渉しないから、信用ができるようになったら来い、といって、博進社との取引はそのまま絶えた。自分の約束に対する誠意を認めない者への、岩波の憤慨の表現である。

大正九年には我が国では株式市場の恐慌から全面的恐慌が起ったけれども、出版界は第一次世界大戦の影響を受けて引き続き好況であり、岩波書店の発行書籍もすべて好評で、店勢は次第に加わって来た。この年十一月に小石川に住宅を買ったのも、店の繁盛を語る一つの事例であった。

なお大正十一年正月に石本恵吉が大同洋行を創めて、当時一手に洋書を引き受けて専横の評判のあった丸善に対して、廉価に便利に洋書を提供するという触れ込みだったのに、岩波は忽ち共鳴してしまって、石本を声援したが、その後彼の触れこみとは裏腹の利己主義的な遣り口を見て、その声援を取り消す声明を発表した。岩波の惚れ込み失敗の一例である。

大正十二年(一九二三)九月一日の関東大震災では、岩波書店も亦、神田神保町四角に近かった書店二棟、同今川小路の持家倉庫三棟、有楽町の印刷工場等皆焼失し、焼失書籍をも合せた損害は、約八十万円に上ったという。しかし重要書類は店員の犠牲的努力によって持ち出し、原稿も無事だったので、著者から感謝された。この時北海道の岩波書店ファンの奈良農夫也が、「漱石全集」一揃いと、裸では働くこともできまい、下帯でも買ってくれ、と若干の為替を送って来た。この全集本は震災後いちはやく世に出た全集の原本となった。私はちょうどその当時、友人中勘助から岩波の所有に移った小石川小日向水道町の家にそのまま住んでおり、それは岩波の住宅と共に焼け残って、災後直ぐに岩波と会うことができたが、岩波の当時の感激には、むしろ異常を感ずるくらいであった。岩波は二十数人に余る店員及び家族の何れも生命に別条なかったことを、多大の興奮を以て感謝し、再起の元気に燃え立っていた。私はこの時岩波の生活にはたしかにこういう強い刺激が必要であり、こんな場合彼は最も生きがいを感ずるということを痛感した。その時、私は著者として印税の引き下げによって岩波の損失の幾分を救おうかと思い、重な著者に相談して見ようとして、先ず波多野精一に話して賛同を得たのだが、岩波はそんなことを一顧する気色さえなかった。彼は震災後『思想』十一月号に、裸一貫復興邁進する所信を述べた「謹告」をしているし、小熊虎之助には、「こいつは面白いぞ。新規蒔き直しで大きな仕事ができる」といい、中村白葉には、「もう一度元の振り出しに戻ると思えば何でもない」といって、坊主頭を無造作に拭いたそうだ。亦岩波は後になって、「僕は実際に感謝という気持をあれ程味わったことはない」と告白している。

この元気で十一月には震災後のトップを切って、いの一番に南神保町に岩波書店新築の棟上を行い、それに先だち小石川の自宅を仮事務所として復活した出版活動は、十月には、鳩山秀夫の『日本民法総論　上巻』、高柳賢三『新法学の基調』、西晋一郎『倫理学の根本問題』、河合栄治郎『社会思想史研究　第一巻』、土方成美『財政学の基礎概念』の外に、太平洋戦争になって問題となった津田左右吉の『神代史の研究』を出した上、年末には「ストリントベルク全集」及び「カント著作集」(全十八巻)の刊行に着手した。そうして次の十三年（一九二四）には六十余冊、翌十四年（一九二五）には七十冊に近く、十五年（一九二六）には八十を越える書物を出した。しかしこの多数の中に多少石が交っていることも免れなかった。もっともこの出版を促した原因が、震災によって東京の書店の書物が殆ど皆焼け、読者の方で精神的感情的に書物に飢えていたという実情もあったことは勿論だが、その頃の多数の出版中には、災後大正年間の三年中で見ても、十三年半ばに初版と同じ型の「漱石全集」第三次予約出版、それから「独逸文学叢書」「美術叢書」「音楽叢書」「史学叢書」「科学叢書」「通俗科学叢書」「科学普及叢書」「栄養学全書」「哲学古典叢書」「哲人叢書」「佐藤信淵家学全集」、又在来の「トルストイ全集」の外に「チェーホフ戯曲全集」、前記「ストリントベルク全集」、それから近所で震災を受けた東京商科大学（今の一橋大学）の「復興叢書」なども出版した。叢書の続出にも拘らず、中には売高のあまり芳しからぬものもあった。「哲人叢書」の如きも、竟に朝永三十郎の『デカート』一冊を出したきりだし、「哲学古典叢書」も大正年間には、松浦嘉一訳の『アリストテレス詩学』、河野与一訳の『ライブニッツ形而上学叙説』の二冊を出したに止まった。もっともこれは岩波が著者の学問的良心に信頼して、藉すに年月を以てすることを厭わなかったのにもよるけれども、元来著者というものは、催促をうるさがると共に、あまり催促されねば閑却されたと思うものである。これを適当に巧妙に催促するのは、好い出版を世に出すという出版者の義務に附随する義務だともいえよう。彼は計画はするがそれを忘れてすぐ新しいものにかぶりつくということもあり、又当時の岩波及び店員にそういう訓練や技巧が不足したことも争われない。又こういう叢書や全集の採択には慎重を要するのに、それが永い文化に貢献し、日本の現状に切要だと感ずると、すぐそれをやろうとしたこと、それに好いことは何でも自分で独占しようとする――その癖他方ではそれの反対の、誰でもいいことをしてくれるのを望む、ということもいっていたし、これもうそではないが――多欲から、又主意さえよければそれは必ず成功するという信念から、又その上に震災という大変に煽られた感激と一時の好景気も助けて、勢に乗り過ぎたということもあり、こういう叢書や全集の出版に、如何に編集及び編集者が大切であり、その用意が中々容易でないという心構が、当時の岩波に不足していたこともいなめないであろう。

試みに私が震災後大正末に至るまでの書物の数を大ざっぱに分類して見ると、広く社会問題、経済問題に亘った書物が四十で最も多く、これに次ぐのは外国文学の翻訳、研究、評論で三十八、科学二十八、音楽、美術、考古、建築をひっくるめて二十五、哲学二十三、政治法律が十九、現代の小説、戯曲、和歌をこめて十七、日本の古典及びその研究が十、随筆その他雑が九、史学が六、宗教が五、語学は二(田中秀央の『羅甸文法』)、及び『日本随筆索引』である。固より分類の明確にできないものもあるから、これは概況を知らせるに過ぎない。震災後経済問題、社会問題が次第に切実になって来た傾向を示すものとして、この種の書物の数の多いことがうなずかれるであろう。哲学と科学との数の多いのは、岩波書店の哲学書肆たる特色と共に、彼が文化の根底としての哲学を尊重したことを示し、科学の進歩及び科学的知識の普及を志したことも覗われる。

又外国文学の中にはドイツとロシヤとが多く、フランスは殆どないといってよかった。経済や社会の方面では、実際家でもある井上準之助の『我国際金融の現状及改善策』や、明快簡潔な良著である小泉信三の『近世社会思想史大要』があり、法律、史学の部門では中田薫、三浦周行の日本法制史に就いての研究、上田整次の遺著で特殊な専門的研究である『沙翁舞台とその変遷』、津田左右吉の著にしてこれも後年訴訟問題になった『古事記及日本書紀の研究』、哲学では田辺元の力作『数理哲学研究』、三木清の処女作『パスカルに於ける人間の研究』があり、科学方面では石原純の物理学、自然科学の理論的方面の著述、本多光太郎の主宰した東北帝国大学の金属材料研究所所員の述作になる実験的研究などがあった。なお一つ問題になったのは、関根秀雄訳『ブリュンチエール仏蘭西文学史序説』であるが、この誤訳が林達夫によって烈しく指摘されたので、訳者とも相談の上、七百部を破棄して、改訳を「岩波文庫」に収めることになった。これは落丁の取換えと共に出版者としての岩波の良心を示すものといえるが、同時に誤訳の皆無ということが殆ど不可能であると共に、人によって解釈を異にするという考量もなされねばならぬことを、いくらか簡明にかたづけすぎるという傾もなくはなかった。同時にこういう処置が、岩波出版の翻訳に対する酷評を、即ちあんなにやかましく言いながら、これはどうだという非難を招致することにもなったであろう。なお他店から出版を新たにしたもの三、四があり、当時学界に頭角を顕わして来た小泉や高橋(誠一郎)等の関係から、慶應義塾大学の教授たちの政治経済に関する著述も出た。以上述べた所は震災後三年ばかりの状況である。

出版についての一事件として、『ケーベル博士小品集』のドイツ語原文がドイツで製版され、その紙型代その他の費用四一八マルク(一円につき一・八七マルク)をドイツ大使館に届けたということがある。又大正十三年七月に、知人で中華民国の要人だった蔣方震の手を通じて、北京松坡図書館に、大正十二年後刊行した、哲学、歴史、文学、社会、心理の図書一切を送り、代金四百円を受け取ったことがある。

大正末年の一つの出来事としては、大正十四年九月から、今までの素人的な大福帳式を改めて、複式簿記を採用したことがある。これによって店の経済上の動きが一目瞭然となり、仕事の運営に便ずることができた。この煩雑な仕事を短時日の間に成し遂げたのは、当時第一銀行重役だった岩波の友人明石照男の推薦した、同行員曽志崎誠二（後同行重役、現第一信託銀行社長）の指導によるが、又会計責任者であった堤常の妻堤久子の努力も大であった。第一銀行とは、大正六年末丸の内支店が新設されて以来取引があったが、その後融資関係も生じた。明石や曽志崎が岩波書店財政上の顧問として、岩波の相談に応じて助言を与えた関係は、その後も続いたが、明石は昨年物故し、曽志崎は岩波歿後会社成立以来監査役として今日に及んでいる。

さて前に遡るが、この震災に遇っての岩波の勇気百倍と共に、岩波のえらさを示すものは、震災最中の朝鮮人の蜂起侵入を断乎として否定したことである。これは亀井高孝が当時会った知人中唯一人であったといっている。その後朴烈事件というのがあって、朝鮮人朴烈と彼の妻の金子文子の二人が、震災直後の九月二日に拘引されたが、岩波は彼等のその後の行方不明についても深く憂慮していた。こういうことは彼が普通の民衆やインテリと断然違う所である。

世界恐慌は昭和四年即ち一九二九年から起ったのであるが、日本では既に大正末より昭和初頭にかけてその先触れがあり、経済界は多事、多難を極め、しかもそれに処する国民の決心も政府の対策も貧弱で、色々の混乱が続出したのであった。二年（一九二七）四月二十二日には、田中内閣によって全国のモラトリアム（支払猶予）が布告され、支那各地には日貨排斥が盛んに行われた。岩波はこの年の暮から正月の半ばにかけて、北京旅行を三木清と共に試み、私のいた京城にも立ち寄った。

震災直後は岩波の異常なる感奮に答えるかの如く、書物の売行もよかった。これは前にもいった如く、日本の書物を発行する出版者の大部分を集めている東京が灰燼に帰して、その活動が中絶したので、読者が書物に対する飢渇を痛感したということに基づき、又地方でも新しい出版を翹望《ぎょうぼう》したということもあったろう。震災復興の事業も賑かに行われはしたが、何といっても、これが日本の経済界にとって大打撃、大損害であったことは勿論であり、そういう日本や世界の経済景況には、わりにお構いのない素人であり、「汝は為す可きが故に為し能う」の信念を押し通そうとしたさすがの岩波も、震災の翌々年の大正十四年(一九二五)の下半期には、空前の不景気を嘆じている。大正十三年、十四年には返品が盛んに来て、今川小路に設けた大きな倉庫もそれで一ぱいになった。それに震災予防調査会から発行された、各部門別の災害調査報告書(四六倍判六冊)を全部買い取って、発売をも引き受けたが、極めて専門的であった為に売行不振で、相当の大損失であった。先にいった複式簿記の採用もその頃のことである。曽志崎の話では、震災直後にはいった二十万円を第一銀行に預け、それを担保に十万円を借りたけれども、大正十四年にはそれが三万円に減った。そこで無担保で更に十五万円を借りたが、始めそれを断わられたといって、よい事業をするのに力を貸さないとはけしからんと憤慨したという。しかし彼は不景気の為に迷惑を著者にも紙屋にも印刷屋にもかけることはなく、できるだけ良書を出版して世を益するという方針を改めず、後になっても度々口にした如く、向うから頼まれたものでなく、こちらから頼んだものだけ出そうと心がけた。昭和初頭のこの不景気の中に岩波書店を支えたものは、「哲学叢書」の売行がよかったこと、「漱石全集」が沢山出たこと、西田、田辺、紀平等の哲学書や鳩山、穂積、松本等の法律書の世に行われたことである。殊に「哲学叢書」は随分長い間、岩波書店の米櫃であった。

三　岩波文庫とストライキ

——昭和初頭

昭和初頭に於いては、先ず「岩波文庫」の発行を挙ぐべきである。これが上記の大正末期より昭和の始にかけての大不況を受けて生じた日本の経済界、従って出版界の不況に対して、何か新天地を打開しようとする企であったことは争われない。これより先き、大正の末に同じくこの不況に悩んだ改造社の山本実彦は、派手なやり過ぎの後の経営困難を挽回するために、「現代日本文学全集」という円本を出す、一か八かの大胆な企画を思い立って、大当てに当てた。岩波はこれに対して世界文学全集を出そうと志したが、それも岩波の企画の先を越した新潮社の「世界文学全集」が前者以上の大成功を収める結果となった。岩波はこれを見て心平かなるを得なかった。そこで予約によって読者を束縛することの不当を指弾し、読者の自由選択によって購読のできる廉価版として、岩波が、学生時代から親しんでいたドイツのレクラム文庫、イギリスのキャッセル文庫に倣って、「岩波文庫」の発刊を思い立った。出版前、出版の初、その後の経過は、当事者だった小林勇、長田幹雄の書いた雑誌『文庫』所載、「岩波文庫略史」に委曲を尽くして面白く書かれている。岩波の著者たち、殊に有力な東北帝国大学教授の著者たちその他は、この企が無体系だということ、経済的危惧のあること、又廉本で著者の印税を減殺すること等の理由で、これに反対した。それに当時病気で店を休んでいた大番頭の堤の反対に会って、一時岩波の熱も醒めかけたが、年少気鋭の小林勇、長田幹雄の熱と、恰もその頃京都から東京に移って来た年若い三木清などの協力で、乗りかけた船は遂に満帆の風を孕んで港を出ることになった。小林は岩波を助けるというより主となって著者の間を奔走し、長田は店にあって事務に没頭した。三木は当時京都帝国大学教授だった波多野精一にすぐれた学才を認められ、波多野の口利きで、岩波の出資によって二、三年独仏に留学して帰った。三木は西田幾多郎にも学才を認められていたのだが、その才気の奔放と欠点の多い性格とのために敵を設け、志を出身の京都大学に得ず、上京して法政大学に教鞭を取ったが、昭和の初期からずっと著書の計画や著者の選定についての助言者、広告や宣伝の筆者、岩波のアドヴァイザーとして岩波書店のために働いた。岩波は終生三木を愛好したとはいえないが、三木の学才は認め、彼の言に聞き、又結果から見ては随分彼を利用したとはいえよう。この頃創立当時の助言者、相談役だった阿部次郎、「漱石全集」以来岩波と親しくなった小宮は、仙台の東北帝国大学へ、安倍は京城帝国大学へ、次の時代の和辻は、京都帝国大学へ赴任して、年長者としては東京に残っていた茅野儀太郎(蕭々)、高橋穣が岩波の相談に応じていたけれども、二人共岩波には遠慮もあり、消極的であって、三木は意気投合した小林と共に、岩波を動かす力を持つ点に於いて、二者にまさっていた。これは岩波の新時代に対して積極的に働きかけようとする性向によることも大であったろう。これに対して店内には堤がおり、彼は大体に於いて岩波の積極性に対して消極性を代表していた。それが岩波書店を固め、著者の信用を博する力となったと共に、いつもそれが必ずプラスだったといえないことは、文庫の例に於いても見られる。私なども三木の同情者ではなかったが、しかし文庫の発行には賛成であった。文庫の装幀は平福百穂《ひらふくひゃくすい》の案になり、正倉院御物の古鏡の模様を取ったものである。

「岩波文庫」の前には「アカギ叢書」その他の安っぽい類似本があったが、その寿命は短かった。しかし「岩波文庫」は「真理は万人によって求められることを自ら欲し、芸術は万人によって愛されることを自ら望む」という盛んな文句に始まる発刊の辞の手前からも、「古今東西に亘って文芸・哲学・社会科学・自然科学等種類の如何を問わず、苟も万人の必読すべき真に古典的価値ある書」を、一万冊売れてわずかに二百円の利益だけ得られるという計算の、百ページ(星一つ)二十銭の市価で売らねばならず、且つ岩波の今まで慎重に計画したものが、他の拙速によって先を越された実例から見て、徒らに巧遅を誇っているわけにもゆかず、殊に現代日本の「古典的価値ある書」の選択については、色々の批議を免れなかった。しかし引き設けた弓は急速に矢を放つ必要があり、昭和二年七月にその第一回が発刊された。この第一回だけの発売書目を掲げておこう。

『新訓万葉集　上巻』、『こころ』、『ソクラテスの弁明・クリトン』、『実践理性批判』、『古事記』、『藤村詩抄』、『国富論　上巻』、『にごりえ・たけくらべ』、『国性爺合戦・鑓の権三重帷子』、『戦争と平和　第一巻』、『芭蕉七部集』、『五重塔』、『病牀六尺』、『父』、『出家とその弟子』、『桜の園』、『幸福者』、『号外』、『科学の価値』、『認識の対象』、『おらが春・我春集』、『北村透谷集』、『賢者ナータン』、『春の目ざめ』、『令嬢ユリェ』、『曽我会稽山・心中天の網島』、『闇の力』、『仰臥漫録』、『科学と方法』、『伯父ワーニャ』、『生ける屍』。

この三十一点が一時に出たのであるが、その中に岩波書店発行の書物が十三種もあるということは、岩波書店は自分で発行している単行本をどしどし文庫の中に入れてしまうのではないか、という疑惑を本屋に持たせたのももっともだが、これはそれが当然文庫に入れらるべき書だったからであり、又前にのべた発行を急ぐ必要という事情にもよったであろう。

彼が「岩波文庫」発刊に際して読書子に寄せた一文は、三木清の筆に岩波自身が手を入れたものであるが、その中に「近時大量生産予約出版の流行を見る。その広告宣伝の狂態は姑《しばら》く措くも、後代に貽《のこ》すと誇称する全集が、其編集に万全の用意をなしたるか。千古の典籍の翻訳企図に敬虔《けいけん》の態度を欠かざりしか。更に分売を許さず読者を繫縛して数十冊を強うるが如き、果して其揚言する学芸解放の所以なりや。吾人は天下の名士の声に和して之を推挙するに躊躇するものである」といっているのを見て、直ちに岩波に熱烈な同感のみを送るわけにはゆかない。岩波の此等の全集に対する批難は中っているけれども、例えば「漱石全集」の予約は巻数が少なく、又同一人の著作だという弁解はできても、五十歩百歩であることは否定されず、この正義の標榜下に鬱憤《うっぷん》と嫉妬と反感との燻ぶっていることも認めねばならない。さりとて偏にこの矛盾を指摘して彼を攻撃する気にもなれない。だが私たち友人は微笑を以てこの矛盾を看過しても、世間にはこれを岩波の偽善的行為の証拠にしたがるものもあろう。それはさておき「岩波文庫」は社会の非常な歓迎を受け、何百通という感謝状、激励文が未知の読者から寄せられ、その一人からは「私の教養の一切を岩波文庫に託する」とまでいわれ、岩波は非常に感激もし得意にもなり、この計画は十数年来考えに考え、練りに練ったものだとまで言い出し、一時中だるみ的に冷却していたことなどは忘れていた。この計画が多年岩波の心中にあったことはたしかだが、練りに練った方は少しあやしい。しかし後年も告白している如く、「本屋になってよかった」という程の感激を、読者の歓迎から受けたことは、彼の詐なき実感であった。けれどもこの文庫が実質的には、当時まだ若かった小林、長田の情熱と努力とによってできたこと、三木の提撕《ていせい》と助言との功績のあったことも、書きとめられなければなるまい。

「岩波文庫」の発刊は第一回からその年の秋の第二回に及んだが、その中に河上肇、宮川実訳の『マルクス資本論』が入れられた。岩波はその為わざわざ「岩波文庫マルクス資本論刊行の辞」を草した。これには始から改造社版の高畠素之訳『マルクス資本論』とのいきさつがあり、後に説く「マルクス全集」の事件によって、河上の資本論は中絶することになった。しかし岩波がマルクス主義については、三木の影響と勧説もあったろうが、彼の出版者としての一般的主張の如く、先ずこれを認識するという必要を信じ、これを禁ずるよりもこれを拡布すべきだという積極的意志に基づいて、この企を始めたことは明かである。これと同時に岩波が戦争中国策に副わぬ危険思想の宣伝者として、軍部の眼の敵にされた原因もここに胚胎している。なおこの頃関西方面の書籍小売商が結束して、「岩波文庫」の不売を行ったことを挙げておこう。それはこんな安いものをどんどん出されては、自分たちの商売が上ったりになる、という理由であったが、幸に全国的に拡がらずして消滅したものの、読者には歓迎されても小売業者にボイコットされては、岩波書店にとってもゆゆしい大事件だったに違いない。しかし「岩波文庫」が三十年後の今日もなお生命を有するのは、それが広く読者の要求に根ざせることを証拠だてるものである。岩波の文庫に対する最も重要な見識は、古典の尊重にある。彼は古典普及の程度を直ちに一国文化の水準を示すものと見、経済的価値は高くとも本質的価値に乏しいものは編入せず、著者から謙遜の積りで、文庫にでも入れてもらいたいといわれるのを以ての他とし、単行本には引き受けられても、文庫には引き受けられぬといって拒絶する程、文庫を尊重愛護して厳選を加えたといっている（遺文「岩波文庫論」）。しかし古典的なものが必しも一般的でない、更にはっきりいえば、多くの売れないという悩みは、既にその頃からあったし今もあるといってよかろう。殊にめぼしい古典がだんだん出揃った今後に於いて、一層この困難は倍加するわけである。「岩波文庫」が急速に出た直接動力は、改造社の「現代日本文学全集」にあったが、その後改造社は又「改造文庫」を出し、「岩波文庫」の星一つ二十銭に対して半額十銭とした。これは恐らく「岩波文庫」を敲きつぶすという意図であったろうが、岩波の方では内容の厳選、紙質の優良、印刷の鮮明に加えて、一つ星(百ページ)の分量を事実に於いて二つ星のそれに近づける等によって、これに対抗した結果は、竟に「岩波文庫」の勝利に帰した。

「岩波文庫」発刊の年の記憶すべき出版は、「芥川龍之介全集」の出版であろう。ちょうど文庫第一回の発表を終え、上機嫌で信州の上伊那教育会の人達と南アルプスの縦走を試みようとして、当時の飯田町駅を立つ前、岩波は「アクタガワリユウノスケシス」という電報を受け取った。岩波は漱石山房で芥川と相知ってはいたが、特に親知というわけではなかった。この電報が特に岩波に発せられたのは、芥川が自殺に先だって、彼の敬愛する漱石の全集が出た岩波書店から、自分の全集も出したいという遺書をかいたからである。この全集八巻はこの年の十一月から刊行された。しかしこの全集の出版についても、芥川がかつて出版を約したという新潮社との紛争があり、岩波はその発行に先だって、九月「芥川龍之介全集刊行の経緯に就て」を発表したが、新潮社は全集刊行に先だって、縮刷新版の「芥川龍之介集」という選集を出して対抗を試みた。なおこの年から三年にかけて、理化学研究所内、物理学輪講会の『物理学文献抄ⅠⅡ』が出た。

翌昭和三年に於いて特筆すべきは、その二月から岩波講座第一『世界思潮』（十二巻、四年四月完結、第二刷は四年六月―五年五月）が発刊されたことである。これは岩波の日頃唱道する、精確な学問的知識を日本人に普及する目的の実現にあることは勿論であり、筆者も大部分当時第一流の学者大家か、新進年少の学者かである。これの編集者は三木清、林達夫、羽仁五郎の三人であった。すべてが精確な知識を分かり易く伝えたとはいえないが、当時の水準的学問を世に拡げ得たとはいえよう。事の序に一括してその後の講座刊行に触れておこう。第二次は『物理学及び化学』（二十四巻、四年六月―六年七月）で、寺田寅彦、柴田雄次、石原純が編集者であり、六年六月から第二刷を出すに至った。第三次は『生物学』（十八巻、五年二月―六年九月）で、柴田桂太、谷津直秀、小泉丹の編集にかかり、後更に増訂版二十二巻（七年五月―九年八月）を出した。第四次は『地質学及び古生物学、鉱物学及び岩石学、地理学』（三十三巻、六年二月―九年六月）の中、地理学は小川琢治、岡田武松、石橋五郎、辻村太郎の編集、地理学以外は小川琢治、矢部長克、神津俶祐、中村新太郎、加藤武夫の編集という大がかりであったが、売行はよくなかった。第五次『日本文学』（二十巻、六年六月―八年四月）の編集者は藤村作《つくる》、橋本進吉、吉沢義則、山田孝雄であり、第六次の『教育科学』(二十巻、六年十月―八年八月)は大瀬甚太郎、吉田熊次、小西重直、西晋一郎が編集した。第七次は『哲学』(十八巻、六年十一月―八年九月)で、西田幾多郎編集の名を掲げ、第八次は『数学』(三十巻、七年十一月―十年八月)で、高木貞治が編集した。第九次『世界文学』(十五巻、七年十一月―九年六月)の編集者は野上豊一郎、茅野儀太郎(蕭々)、市河三喜、豊島与志雄、谷川徹三であった。第十次『日本歴史』(十八巻、八年九月―十年五月)は黒板勝美の率いた国史研究会同人が編集に当り、第十一次『東洋思潮』(十八巻、九年六月―十一年十一月)は、津田左右吉、池内宏、羽田亨、武内義雄が担当し、第十二次『国語教育』(十二巻、十一年十月―十二年九月)は藤村作がこれを引き受けた。岩波の期する所は編集者と執筆者とに、学界第一流の大家及び少壮学者を網羅し、又最新の学説に遅れざらんことを期し、そのうち世評の如何わしく、その批難に理由あるものに対しては、削除その他の良心的措置を惜しむ所はなかった。又予定よりも甚しく紙数の増した場合にも、既に「漱石全集」第一回にそうであった如く、定価を変ずることなどはしなかった。その最も著しいのは、『数学』の最終巻が予定紙数の四倍に達したのに、予約価を改めることなく、読者から感謝された如きである。削除の例は、「朝日新聞」(昭和七年三月)「鉄箒」欄に於ける霜田静志《せいし》の指摘によって、『教育科学』講座より宮下正美の「ニールの学校」を廃棄したこと、又『東洋思潮』中の友松円諦《えんたい》の「印度社会経済思想」を廃棄し、その挨拶を講座会員にしたことを挙げておこう。

講座は昭和十二年七月の日支事変に入っても、『国語教育』の刊行をその九月に遂げ、十三年の十二月から敢行した第十三次『物理学』の出版は、岡田武松、寺沢寛一、仁科芳雄、石原純を編集者として、二十二巻を困難を冒して十六年一月に完成し、また十五年五月に始めた『倫理学』十五巻は、十六年十二月に漸く完結したけれども、十六年八月に始められた『機械工学』は、時局に剴切であり又その必要に応じたものであるに拘らず、十九年二月第十回で中絶せざるを得なくなった。これは用紙の減少に基づく出版の制限という理由が表に出されているが、当時の軍部及びその追随者の風当りが、岩波書店に強かったことを示すものである。普及講座として時局にも適切な『防災科学』(六巻、十年三月―十一年十月)があった。『防災科学』は寺田寅彦の命名と示唆によったもので、寺田の外に、安藤広太郎、岡田武松、大河内正敏、小泉丹、柴田雄次、中村清二が編集に協力した。始は岡田に気象学講座を持ちこんだが、岡田の応じなかったためこれになった。余り売れなかった。岩波はこの岩波講座を以て大学講義の公開と見るのみならず、各大学が自分の大学教授以外の講義を拘束されているのと違い、この講座では最善と信ずる講師を全国の大学から自由に選択し、日本の大学の欠陥なる転学の不自由を補うものだと誇称することを敢てした。

昭和三年は田中内閣によって普通選挙の行われた年である。その三月店内にストライキが起り、天下の耳目を動かした。当時は世界大戦中労少なくして功多かった日本の産業界の繁盛が、今までになく資本主義的体制を強化して、労資対立の勢を養って来た所へ、大正末から昭和始の不景気は、共産党の運動に好機を与え、又田中内閣の対支政策に対する反抗運動もあり、その活動が頗《すこぶ》る活発になったという時機であり、各所に争議が行われ、中にも野田醬油の争議の如きは、前年から今年の四月にかけて二百日余にも亘った。出版業界でも近く巌松堂や三省堂にそれがあり、其等の報道、秘密文書や暴露的文書が、ガリ版刷のビラなどで頻繁に撒かれ、電柱その他街頭の到る所に貼付され、世情まことに騒然たるものがあった。このストライキがどれだけ党からの指図によるかは分からぬが、当時の岩波書店は前年から「岩波文庫」を矢継早に刊行し、又岩波講座『世界思潮』の新計画を始めた上、その年はちょうど「漱石全集」普及版(全二十巻、三年三月―四年十月)の予約募集にかかったところで、約六十人の店員及び十五名から二十名の小店員は、随分烈しく働かされ、夜業も遅くまでやらされた。所が雇傭関係は大体旧態であって、岩波は温情を以て店員には接したが、業務も拡大し、世間との交際もせわしくなって、個人的に彼等に接触することも少なくなった所に、人手不足の為に新しく雇い入れた店員中には、二、三の少なくも共産党かぶれした者があり、関係者も、この店務の多忙と店員の疲労や不平を利用し、まだ年少で主人の信頼と自分の活動力を頼み、有能で精励で生意気でもあった著者係主任小林勇、「漱石全集」主任長田幹雄を先ず鎗玉に上げ、対人的に反抗心をあおる策に出た。三月十二日朝主謀者は店員を集めて煽動演説をし、一　給料即時三割以上増給、二　寄宿舎並に衛生設備の完備、三　時間外勤務の手当支給、四　疾病其他に対する給与、五　退職手当並に解雇手当の制定、六　長田幹雄、小林勇の即時解雇、七　最低給料の制定、八　昇給期及び昇給率の制定、九　幹部公選、十　賞与規定の制定、の十ヵ条を提議した。後で連判状に署名を求められた時、旧い店員は要求を受け入れてもらいたい、但し長田、小林のことは除くという条件で署名した。此等の連中二十名ばかりは小石川の岩波邸へ引き上げたが、争議団は岩波書店を占領して、岩波書店従業員一同の名を以て店主岩波茂雄に歎願書を出し、翌十三日午前十時までに回答を要請し、岩波の回答がその時刻より延びたというので、歎願は要求の形になった。この集会には有志の名を以て十ヵ条の中一ヵ条でも同意の者は集まれと檄し、又事情を知らぬ小店員には、小店員有志の名を以て、これを懐柔しようとした。岩波は店員の待遇については誠意を以て考慮するが、小林、長田の罷免には応ぜられないと答え、十六日になって岩波は店に乗りこみ、争議団と折衝したが、彼等は依然として反抗を続けた。これより先き、大阪の出張から帰った店員坂口栄の向背が注目されていたが、彼は中立を標榜して事態を諦視して後、小店員を引き離して小石川の岩波の住宅へ連れ帰るに成功してから、形勢は俄かに一変し、十七日岩波の「私の誠意を認めて私と仕事を共にするの旨を、本日午後二時半までに店主又は堤支配人のもとまで御申出なき方は、午後二時半限り一応この店からお引取り下さい。三月二十日正午までに右の件に関し御再考の上御申出なき方は、店主に於いて退職の方と認めます」という店員への辞によって、事態はほぼ解決し、二十二日夕に至って、岩波より主謀者五名解雇の挨拶があり、後から一名がやめて、この事件は解決した。時恰も三月十五日にいわゆる三・一五事件があり、共産党の大物の手入があったりして、主謀者の予期していたかも知れぬ党からの応援のなかったことも、この事件の急速な解決を促した原因であろう。

争議が起ったので、恰も病気療養中だった堤も帰って来、著者側としては茅野蕭々、高橋穣、伊藤吉之助、三木清、城戸《きど》幡太郎の外に、岩波の旧知で三井鉱山の労働問題に経験のあった長沢一夫が、主として指導に当り、三木は労働問題の理解者という立場もあり、争議団との折衝に当ったが、勿論彼等の満足は得られなかった。外に岩波書店の財政顧問だった曽志崎誠二、取次店で岩波と懇意な栗田確也も岩波の為に心配し、曽志崎は店員の要求する給料其他の事項について、岩波に勧告を与えた。岩波の親しい郷友なる藤原咲平も馳せ参じて、この事を円満に解決するために、長田、小林の謝罪を勧説したが、両人は始から遺憾の意を表して、辞職を岩波に申し出でていた。私が春休で京城から帰った時には、争議も殆ど解決を告げていた。かくてこの争議に於いても、岩波は友情による協力をふんだんに受けたのであった。さて主人公岩波の態度はというと、実に優柔不断で無用に争議団に同情したり、自分は以前から店員の待遇改善を考えていて、堤にそれをいったのに堤が反対したのだ、というようなことを、後までくどくどとぐちったりして、争議解決後赤坂で協力者の慰労会をやった時にも、岩波は又堤のことを言い出したので、来会者が堤をよしてはいかん、と忠告したくらいである。こういう場合の岩波の態度を見ると実にたよりなく危っかしいという感じがするのであるが、あたりの危惧にも拘らず、事はいつの間にかゆくべきところへゆくから妙である。この事件については、岩波は働く者の理解者同情者を以て任じている上、事業主としてはできるだけ雇用者に厚くする心がけを平常から持ち、又今のままでは待遇が手薄いという自覚、自責もあったし、第一かりにも報酬が少なく使用が過酷だという理由から争議が起るということは、岩波にとって心外至極であり、岩波の名誉心を傷つけることこれに過ぐるはなく、殊に自分がそれに気づいていたのだから、ややもすれば争議側の要求に軽々しく応じそうであったり、その三カ月前に満支に旅行していたことなどは忘れて、支配人の堤を責めるというのも、岩波らしいといえばいえることで、そこに岩波の良心もあり、名誉心もあり、無反省もあった。なおこの事件については、「朝日」「東京日日」なども大きく報道し、雑誌『実業之世界』(昭和三年五月号)は、争議側の筆と覚しい虚構の多い誇張的記事を掲げた。

争議後は、事件のあった後の常として、岩波は大いに緊張し、神保町の店の二階の押入に寝て奮闘するという有様で、店員の待遇改善、設備、慰安等についても意を用いることが多かった。

六月に至って文庫の『マルクス資本論』についで、希望閣、同人社、弘文堂、叢文閣、岩波書店の五社で連盟版「マルクス・エンゲルス全集」の刊行を発表した。先に『資本論』についても、改造社の高畠素之訳『資本論』との対抗を見たが、今度又河上肇を主訳者としてこの企を始めたのは、マルクス・エンゲルスのような古典的著作については、訳書が二つあってもいいという、表面堂々たる岩波の主張もあるが、岩波の山本に対する対抗意識によることも否定せられまい。河上のマルクス主義に殉ずる如き熱情は、岩波を引きつけるに十分であったが、当時彼が彼の尊信する小泉信三に相談をかけた時、小泉は河上をドイツ文の訳者として不適当だし、又こういう長い期間に亘る、辛抱を要する仕事には不向きだといい、岩波もそれに一時同意したが、その後京都へいって河上に会って感激したものか、河上の『資本論』翻訳の出版を引き受けるに至ったのである。

小泉は、当時改造社と連盟側の両方が、マルクス文献学の最高権威と目された、モスコーのマルクス・エンゲルス研究所長リヤザノフあてに、打電して競争を試みた醜態を陋として、それを非難する一文を公にした。果然この連盟は六月に始められて、はやくもその翌七月の末には、岩波の連盟脱退声明書を見るようになった。これは河上が、その事情はともかくとして、改造社版に寝返ったのに憤激してのことであるが、同時に連盟書店が始終岩波にもたれかかった無責任に愛想をつかしたということもあったらしい。但しこの出版から来た負債の脱退以前の分に対しては、岩波書店と弘文堂との等半負担とし、弘文堂の負い分は岩波書店で暫く立替えたのであった。連盟の一員なる叢文閣の足助素一は、直ちに河上に対して絶交状を送りつけた。岩波はその時は、脱退声明書にも河上の名は露わには出さないで隠忍したが、その後岩波文庫『マルクス資本論』その他の交渉の不愉快を重ね、遂に昭和六年五月絶交状を発した。しかし昭和二十一年一月河上の訃に接した時には、岩波は厚くこれを弔い、その葬儀にも列した。

九月には『思想』を休刊した。十月には、小林勇が退店して独立に鉄塔書院を経営するに至った。岩波は推薦の一書を草して、著者その他に後援を依頼したが、心中は小林の退店に平かならず、自分が彼を愛する故につらく叱った真意を解しないといって、私にもこぼしていた。小林とすれば、争議団の目の敵にはされるし、岩波には絶えずがみがみいわれて不平でもあったろうし、若い著者の三木等新進と意気投合して、出版界に新気運を開こうとする野心もあったろうし、店の柱石だった堤の態度にあきたりない所もあったろうが、先ずは自分を頼む勝気に駆られた若気の至りという所であろう。しかし岩波の子飼から一旦離れた苦い経験が、彼の、敗戦後岩波書店の中心となる力を養ったことも争われぬであろう。

九月京都和辻宛の手紙にも岩波は、「本年は店にとってサンザンの凶年だ。春の争議以来色々のまずい事があった。最近にはマルクス・エンゲルス問題、又『猫』の訴訟問題などもある。堤氏が病気であるのに、小林の退店問題が又起った」とこぼしている。それから又「改造版はとてもひどいといって吾々を激励していた河上氏は、此度主謀者となり、マルキシズム専門の希望閣、大原社会問題研究所の専門の書店同人社より連盟版をむしり取って(金なき故託せられぬという理由)、改造の山本の手に渡した。その希望閣主市川君は、河上氏が小生に紹介し、その事業を助けてくれと依頼したんだ。何という河上氏の態度だろう……」とも附記している。

上記の中「猫の訴訟問題」とあるのは、漱石の『吾輩は猫である』その他を全集に入れることは、発行者大倉書店も承知のことであり、既に三度の大型版予約募集をも了しているのであるが、今度円本の普及版として全集を発行したのは、大倉書店の利益を害したものだというにあり、その賠償として、当時としては巨額の金三万五千円を請求したのである。これは大倉書店主大倉保五郎によって、この年九月十日に提訴された。元来「漱石全集」は「漱石全集刊行会」を発行者とし、岩波書店は大倉、春陽堂と共に予約申込所となっていたのだが、予約募集については両店共に殆ど熱意を示さず、実質的には岩波書店が始終発行者でも発売者でもあり、第三回予約には二店の予約申込所も殆ど有名無実になった為、普及版には単に「岩波書店内漱石全集刊行会」とのみ署して、予約申込所の名を出さなかった。しかしそうするにしても、大倉、春陽堂に一応ことわらなかったのは、岩波書店の手落といってよかろう。もっとも春陽堂は別にこの訴訟には参加しなかった。岩波は弁護を友人で著者である鳩山秀夫弁護士に依頼し、鳩山事務所の草薙晋、青沼亜喜夫の両弁護士が主としてこれに当り、数次の公判の結果、昭和五年八月に至って、結局双方の協定により、版権所有者夏目純一、発行者岩波茂雄の両名は、昭和五年九月までに一万円を大倉書店に払い、大倉書店は『吾輩は猫である』の外に、同書店出版の『行人』『文学論』及び『漾虚集』の出版に関する一切の権利を、夏目と岩波とに譲渡することによって、事件は落着を見たのである。

昭和三年八月五日は開店十五周年に当ったが、岩波は気がくさくさしたと見えて、記念する気にもなれぬといった。しかし名著特売の名で記念事業はやったが、気も進まず、売れぬ本であったために成績もわるく、その著者達からも「僕の本もとうとう名著にされました」と皮肉られた。

序にいえば昭和二年には、不景気にも拘らず文庫の外に七十冊近い単行本を出し、哲学方面には、和辻の『原始仏教の実践哲学』、矢吹慶輝の『三階教之研究』、西田の『働くものから見るものへ』、文学では武者小路実篤の『運命と碁をする男』、幸田露伴の『春の日曠野抄』、田中秀央の『希臘語文典』の外に、岩波書店では始めての教科書なる亀井高孝の『中等西洋史』が出た。

昭和三年には約六十冊の単行本を出し、ドイツ新カント学派を中心とした哲学論文の翻訳なる「哲学論叢」十九冊、河野与一訳『ライプニッツ単子論』、村岡典嗣《つねつぐ》の『本居宣長』、三木清『唯物史観と現代の意識』の外に、数学、自然科学、技術の諸著がある。その中に石原純の『自然科学概論』や佐野静雄の遺著『応用数学』があった。この年は岩波にとって多事な一年であった。

四　昭和四年から日支事変まで

昭和四年(一九二九)は前年の大厄難を受けて、更に世界的恐慌の波を浴び、不景気はいよいよ深刻を加えたが、元旦に彼は「世評に超然として平安明朗なる心を以て新年を迎えるを喜ぶ」という意味の賀状を出しており、郷里の信濃教育会に二千円を寄贈したりしている。講座『世界思潮』は第二回の予約募集をし、雑誌『思想』を、和辻哲郎を上置とし、谷川徹三、林達夫の編集の下に再刊し、十月には神田一橋通、旧東京商科大学のいわゆる三井ホールの建物(即ち今の岩波書店本部)を買い取って、編集部、出版部はこれに移り、小売部は元の通り南神保町十六番地に残した。本部はもとがもとだから商店向の建物ではないが、その堅牢質実な建築が岩波の気に入ったのであろう。この十月には「岩波版トルストイ全集」(二十二巻、四年十月―六年十月)、「露伴全集」(十二巻、四年十一月―五年十一月)の予約刊行を行い、更に死んだ郷友島木赤彦の全集(八巻、四年十一月―五年十月)、「良寛全集」(一冊)、又単行本七十数点の外に、「岩波文庫」にはますます力を入れ、又「岩波講座」等を出した。その中には前掲の「哲学論叢」「カント著作集」、西田幾多郎の『一般者の自覚的体系』等の哲学的著述、地味な科学や工学の書籍、『左千夫歌論集』など、不景気にめげぬ意気を大いに示しはしたが、財界の不況に伴う出版界の不況がますます岩波書店の困却を大にしたことは争われない。米川正夫、中村白葉、原久一郎の訳になる「トルストイ全集」は、岩波の『我が懺悔』以来のトルストイに対する感恩と尊崇との情を実現しはしたが、その売行はあまり芳しくなかった。しかしその後「岩波文庫」その他で出た部数を加えれば、トルストイの著作の普及は大した数であろう。「露伴全集」については、内容が小説ばかりでなく学問的考証も多いこと、露伴が世間から忘れられていた頃だったので、景気はよくなかった。露伴自身も後年これについて、「岩波君も損をしたが、僕も嬉しくない結果になった」とこぼした。

六月には三木清の編集による「続哲学叢書」が出た。これは大正四年の「哲学叢書」を受けて、新時代学界の新機運を伝えるという趣旨により、著者も大分若くなった。最初に新明正道の『社会学』、戸坂潤の『科学方法論』が出た。しかし哲学流行の時代を過ぎて、この叢書は前叢書程の歓迎は受けなかった。経済学では高田保馬の『経済学新講　第一巻』が出、七年までに合せて五巻の大著を成している。外に文庫の『サーニン』が発売禁止になったという一事件がある。十一月にトルストイの女《むすめ》アレクサンドラ・リヴォーヴナ・トルスタヤが来朝し、岩波はこれを歓迎し懇遇した。その時岩波は、トルストイに対する崇敬の情から、トルスタヤ嬢に対して何等かの助力をしようと申し出たが、嬢は徒らに厚意を受けることを辞し、『トルストイの思い出』を著し、それが八杉貞利、深見尚行の訳で翌五年十一月に出版された。しかし嬢は竟に日本に安住ができず、去ってアメリカに移った。

昭和五年(一九三〇)は、天下漸く乱れんとする多事の年であった。冒頭(一月)に金解禁があり、ロンドン軍縮会議、浜口首相狙撃事件等が頻発した。そうして金解禁によって、世界経済の影響を直接うけるようになった我が国の経済界が、前年九月以来米国に発生した恐慌と不況とを受けて、ますます不景気になった年である。それに弾圧後の共産主義は却て労働者や青年学徒の間に潜勢力を得、他方民主主義、議会主義を否定して軍人の勢力を回復しようとする、少壮軍人の粗笨《そほん》な革新運動が漸く勃興しようとした時代であり、浜口首相はその一犠牲としてこの年十一月に狙撃されて翌年に死んだ。

岩波は二月に郷里から衆議院議員に立候補を勧められた。それを受諾したという誤報が伝えられたので、「所信を明かにす」という一文を発表して、自分が出版事業に専念する意義を強調して、政界出馬の意なきを告白した。彼は経済界の不況に対しても、一々明確な意識を持っていたわけでなく、ただあくまでも現下の日本が必要とする良書を出版して、この危機を凌ごうとする正道に出でた。よき著者を得てこれを大切にし、よき読者の要望に答えて日本の文化を促進すること、この意味に於いて読者との連結を固くすることは、岩波の開店以来の渝らざる方針であった。そうしてそれは終局に於いていつもよい結果をもたらした。

昭和五年の出版中重要なものは、末川博の編纂にかかる『岩波六法全書』である。この書は従来の六法全書とは異なり、今までになかった参照条文、事項索引附によって新面目を発揮した点に於いて画期的であり、使用者に便宜を与えること多く、類書を圧して世に行われ、その後新法令を増補して度々版を新たにして今日に及び、又多くの追随書を呼び出している。

全集には先年(三年十一月)歿した京都帝国大学教授、美学者深田博士の「深田康算《やすかず》全集」(四巻、五年五月—六年三月)、東京商科大学教授で経済学を新カント哲学によって置礎しようとした左右田博士の「左右田喜一郎全集」(五巻、五年六月—六年五月)が、相次いで出た。外に「高等数学叢書」が発刊され、今年は掛谷宗一の『一般函数論』、藤原松三郎の『常微分方程式論』が出た。辞書は伊藤吉之助、高橋穣の編纂にかかる『岩波哲学小辞典』が出、大阪商科大学の編集にかかる『経済学辞典』(五巻及び索引)は、七年に亘って刊行された。今年中の刊行書籍七十余の中、種目としては哲学最も多く約二十五、新古文芸約二十、法律、経済、政治約十五、科学約十五その他である。法律書では鳩山秀夫の著述の外に、我妻栄の『民法総則』が出、又内田実著『広重』は翌年一月朝日賞を受けた。この外に後に問題になった津田左右吉の『日本上代史研究』、それから九鬼周造の特色ある著作『「いき」の構造』、木村素衛《もともり》訳の『フィヒテ全知識学の基礎其他』、山内得立《とくりゅう》著『存在の現象形態』、又山に生涯の心魂を注いだ大島亮吉の遺稿『山——研究と随想』も出た。岡田弥一郎の『日本産蛙総説』は、高価の故もあったが売れなかった。又この年に大内兵衛の『財政学大綱　上巻』が出、翌年次いで中巻が出たが、下巻は大内がいわゆる「教授グループ事件」のために弾圧されたため、遂に未刊に終った。――大内の話によると、岩波は昭和二年に大内に著述を頼みに来たが、その後大内は「鼎軒田口卯吉全集」刊行のことに関係し、その出版社同人社のための資金として、岩波から五千円を借りた。『財政学大綱』の印税はその償却にも当てられたということである。

昭和六年(一九三一)は、金輸出解禁による不景気が底を衝き、年末にできた犬養政友会内閣によって、金輸出が再禁止され、我が国の財政は金本位を離れて、国際物価と不釣合な高物価の勢は、以前よりもますます甚しくなった。秋の九月十八日には満洲事変が勃発して、陸軍省は外務省を無視し、関東軍は陸軍省と連絡せず、統帥権の名の下に勅命に反き、国際信義を蹂躙して、太平洋戦争に於ける世界からの袋叩き催促の端を開いた。

しかし岩波書店は時勢の不安に頓着なく、八十種に近い単行本を出し、その中哲学(心理、論理、一般文化を含む)はやはり一番多くて二十五に近く、科学、数学これに次いで二十種を越え、その中には寺沢寛一の『自然科学者のための数学概論』の如く学問的効用の多い本が出た。これは爾後十万に近い発行部数を見た。文学は十三、政治、経済、法律は十種に余り、歴史、伝記は八であった。

雑誌『科学』の創刊は今年に於ける一つの事件であった。岩波は知識と文化の根本として哲学を尊重すると共に科学を尊重し、その発達と普及に志を抱いたのは年来のことであるが、雑誌『科学』は、非営利的な純学問的雑誌として、今日まで刊行を続け、科学界に貢献したこと大である。恋愛事件で東北帝国大学をやめた石原純に同情した岩波は、石原を聘してその編集主任を依頼した。その他の編集者は岡田武松、寺田寅彦、小泉丹、柴田雄次、坪井誠太郎であり、第二号から安藤広太郎、柴田桂太、末広恭二、橋田邦彦がこれに加わった。

今年より翌年にかけての、『校本万葉集』十巻は専門的な出版であり、又孔子の名を伝えている文章を網羅した藤原正編の「孔子全集」、今裕の訳した「ヒポクラテス全集」は共に売れなかったが、珍としてよかろう。「哲学論叢」は続刊されたが、売れぬものが多かった。なお斎藤博の『マクドーナルド』なども出た。なお五月に至り、先年来の河上肇に対する絶交に基づいて、「岩波文庫」から出していた河上訳の『マルクス資本論』『賃労働と資本』『労賃・価格および利潤』の廃版を宣言し、六月に至り、「不明の致す所、已むを得ざる次第」の見出しの下に、この事を「出版通信」及び「朝日新聞」にも発表した。

なおヘーゲル歿後百年を記念して、「ヘーゲル全集」の発刊が企てられ、今年中に『精神哲学』が出、翌七年『精神現象学　上巻』『小論理学』『大論理学　上巻』『歴史哲学』が出、その後岩波の生前には『大論理学　中巻』『精神現象学　中巻』『哲学史　上巻』『哲学史　中巻』を出した。因に彼の死後続刊七冊に及んで漸く完結に近づいている。

次の昭和七年(一九三二)には、海軍将校を首謀者とする犬養首相暗殺の五・一五事件があり、九月(十五日)には満洲国が成立し、その結果我が国は国際連盟を脱退した。他方ワシントン条約の失効と共に、軍備拡張が盛んに唱えられた。

岩波がこの時勢に対して憤懣《ふんまん》を感じたことはいうまでもないが、その出版には、特にこの時局を反映するものはなく、八十種に近いこの年の刊行物中、依然として多い哲学思想に関するものは二十に余り、科学、工業は十五、六種に及んだ。法律書では田中耕太郎の著『世界法の理論　第一巻』が出た。これは翌八年に第二巻、九年に第三巻を出している。法律学界の大著として田中の学者的地位を重からしめた書である。特筆すべきは野呂栄太郎を主とした大塚金之助、平野義太郎、山田盛太郎編集の『日本資本主義発達史講座』(七巻、七年五月―八年八月)の予約刊行であり、これは反時勢的出版というべきものであるが、岩波の野呂の篤学に対する敬意と、平素からの真実の認識という主張とから、これを敢てしたものである。しかし彼はそれが非合法に成らざるよう、当時の潮内務次官を介して警務局図書課長の了解を得、編者側にも再三注意して刊行したものであるに拘らず、第四回目に至って最高部の意向により突如発売禁止になった。だけれども後続の分はともかく出版せられ、翌八年八月に完成を見たのであった。岩波はその時刊行の次第について縷陳《るちん》している。外に石河幹明の『福沢諭吉伝』四巻の出版は、八年に出した「続福沢全集」と共に、文明の先覚者としての福沢に対する彼の尊敬を示すものであり、昭和五年に逝去した内村の「内村鑑三全集」(二十巻、七年四月―八年十二月)の発刊も、彼の学生時代からの内村に対する敬意と感謝とを表するものといってよかろう。辞書には、亀井高孝、石原純、野上豊一郎の編集にかかる『岩波西洋人名辞典』があった。

又「岩波文庫」中のジョイスの『ユリシーズ』の訳について、同じものの別訳を出した第一書房の長谷川と論争したりもした。哲学書では西田の『無の自覚的限定』という西田哲学の特色を発揮した書が出、外に宇井伯寿の『印度哲学史』も出た。新進の思想家評論家としての三木清の「続哲学叢書」第一巻の『歴史哲学』は、群を抜いて世の歓迎を受けたが、この叢書も、翌八年に於ける長田新の『教育学』を最後として、予定分七冊は刊行を見なかった。科学書では正田建次郎の『抽象代数学』や妹沢克惟《せざわただかつ》の『振動学』、小倉金之助の『数学教育史』が出色であった。今年中に出た『異本伊勢物語』、武者金吉編『地震に伴う発光現象の研究及び資料』等の専門的研究の外に、三井高維《たかすみ》の増補にかかる『両替年代記関鍵』の如き、それから岡田弥一郎、馬場菊太郎の『蛙――発生』も前々年の『日本産蛙総説』と共に売れぬ書物であった。

昭和八年(一九三三)は、満洲事変、五・一五事件の余燼を残しながらも、斎藤、高橋両老相の努力によって、時局を補綴して一時の小康を得たが、出先軍部は元旦早々山海関を越えて北支に事を構え、五・一五事件の公判では、陸海軍人とも非常識的な軽刑を受けたが、海陸軍離反の情勢は既に萌していた。

今年度の出版は「岩波文庫」や年末に出した「岩波全書」を除き約六十種で、辞書では故斎藤秀三郎の旧著『熟語本位英和中辞典』、全集では慶應義塾蔵版の「続福沢全集」(七巻、八年五月―九年七月)が出、雑誌では『文学』と『教育』とが発刊された。

ちょうど八月五日は恰も創業二十周年に当り、それを記念するが為に、十月二十日より十一月十日までの三週間、特売を行った。これは昭和三年の名著特売以来のことであった。

又三月に「岩波文庫」中のトーマス・ア・ケムピス著、内村達三郎訳『基督のまねび』(Imitatio Christi)が、無断で春秋社から出版され、その巻末の訳者声明書中に岩波を中傷する言があったので、春秋社を告訴し、文庫中の同書を絶版に附したという事件があった。達三郎は鑑三の弟であるが、鑑三と不和義絶になっていた為か、「内村鑑三全集」を岩波書店から出したのを不都合だとして、『基督のまねび』を絶版にしろといって来たのを、岩波はこれを拒絶した。彼はそれを不都合とし、無断で春秋社出版に及んだものであり、それに対して、岩波は弁護士鳩山秀夫を代表者として、一　総て書店に配布したものの(春秋社版)即時引上げ、二　絶版、三　図書を広告した各新聞紙上に謝罪文を掲載すること——実際それは「東京朝日新聞」紙上にのみなされた——を要求した。右に対する判決は、翌々十年六月岩波の外遊不在中に、第一審判決言渡しがあり、十二年十月岩波側の勝訴に了った。これは岩波の不正、不当に対する、利害と煩雑とを厭わざる烈しい抵抗を示す一例であった。

従来書店のマークとしては、橋口五葉の図案になる甕を用いていたが、今年の末頃からの出版書籍にミレーの『種蒔く人』を用いることにした。雑誌『書窓』創刊号(昭和十年三月）の問に答えて、「私が元来百姓であって、労働は神聖なりという感じを特に豊富に持っており、従って晴耕雨読の田園生活がすきであるという関係もあり、詩聖ワーズワースの「低く暮らし、高く思う」を店の精神としたいためです。なお文化の種を蒔くというようなことに思い及んでくれる人があれば、一層ありがたい」といっている。岩波はミレーの画からミレーの人間をも敬愛したことは、前にも述べた通りである。

この年の記念事業としては、年末の「岩波全書」発刊がある。これは岩波がドイツの「ゲッセン叢書」に比すべき、文化、社会、自然の全科部門に亘って、内容の精確な、信頼すべき、簡明にして廉価な叢書を出版しようとする計画に出でたものであって、彼はその刊行の辞の中にも、我が国学界の研究往々泰西の塁を摩するものがあるけれども、学術全般に亘る社会的水準は欧米に及ばざること遠き故に、「岩波文庫」が東西古典の普及を主眼とするに対して、この全書は、現代学術の普及を目標とするといっている。まあ大体当時の帝国大学の講義を公開したものといってよく、試にこの年末に出した第一期の書目と著者とを挙げて見ると、文化方面では、西田幾多郎『哲学の根本問題』、田辺元『哲学通論』、法律経済その他の社会科学では、美濃部達吉『行政法I』、横田喜三郎『国際法』、中山伊知郎『純粋経済学』、我妻栄『民法I』、中川善之助『民法III』、自然科学、数学、技術科学等の方面では、山羽儀兵『細胞学概論』、鈴木雅次『港湾』、宮城音五郎『水力学』、東浦《ひがしうら》庄治『日本農業概論』、寺田寅彦、坪井忠二『地球物理学』、佐々木達治郎『航空計器』、松沢武雄『地震』、飯高一郎『金属と合金』、橋田邦彦『生理学　上』、掛谷宗一『微分学』、西成甫《せいほ》、鈴木重武『人体解剖学』に見る如き、斯学の有名な専門家を網羅し、科学のあらゆる分野に手を伸ばしたことは、その後昭和十八年末に及んだ、全編百十ばかりの目録を見れば十分首肯される。十八年にはわずかに四冊を出しているばかりで、用紙の統制其他時局の圧力の重さを思わせられる。

なお出版に直接関係はないが、この二十周年を記念して、岩波が文化学問各界の功労者と岩波が信じた人に、感謝金を呈することを始めた。委しくは岩波の「社会生活」に於いて述べることにする。

記念の特売もこれ亦非常の好況であった。もっともその宣伝にも力を注ぎ、解説附目録三万部をくばったり、東西「朝日」「大阪毎日」「東京日日」に全ページの広告をしたり、販売店に便宜を与えたり、又割引は在庫数、需要度を考慮して、最大四割五分引、最小一割七分引の勉強をしたりした結果、十月二十日から十一月十日まで三週間の短時日間に、発売書目七五二点が十一万八百部ばかり売れ、その価格十八万二千円程に及び、当時としては実に珍しい売高であった。最も多く売れたのは、鳩山の『日本債権法総論』及び『日本債権法各論　上下』であり、又売上の多かったものには、藤岡作太郎の

『国文学史』、九鬼周造の『「いき」の構造』、夏目鏡子の『漱石の思い出』、和辻哲郎の『古寺巡礼』等があった。

なおこの年の出版中には小宮豊隆の精到な『芭蕉の研究』、故人増田惟茂の『実験心理学』、菊池正士の『量子力学』、物部長穂の『水理学』、小泉丹の『進化学序講』等があり、『水理学』は学界でも少ない、注目すべき著であった。十一月に佐々木惣一、末川博、瀧川幸辰《ゆきとき》、田村徳治、恒藤恭、宮本英雄、森口繁治共編の『京大事件』が刊行された。これは京都帝国大学教授瀧川幸辰の著『刑法読本』の思想についての、政府の弾圧に対する法学部教授の抗争を発表したものであった。これについては岩波の「社会生活」に於いて述べる。

昭和九年(一九三四)の年頭に当って、岩波は過去の二十年は基礎工事だ、この上に立ってこれからの仕事を進めてゆきたい、という意味の賀状を出している。この年陸軍革新派のロボットであった荒木陸相は林陸相に代り、軍人の政治関与は世論の攻撃にも拘らず依然として行われ、「帝人事件」と称する陰謀的訴訟があって、斎藤内閣は倒れ、これに次いで弱体の岡田内閣が出現し、軍部は進んで満洲国の帝政を実施し、一時軍部に対抗しようとした議会や政党中にも、これに通謀するものさえあった。岩波はかかる時勢に処して方々の設問に答えて、厳正公明に一切の情実に支配されず、読者に指針を与える図書評論の出ることを望み、又小店に抱負なるものありとせば、それは書物でも雑誌でも、時に投じ世を迎える動機では一冊も出すまいという念願でしょうといい、今後いかなる雑誌を出してほしいかの問に対して、主義理想態度に於いて一貫せる、具体的にいえば、高き理想を抱き、第一義に立脚せる教養と趣味とを兼ねたる、上品にして簡易平明なる大衆雑誌、思想界の主潮に対して指導性をもつ思想雑誌、正確平明にして趣味ある子供の雑誌と答えている。この雑誌の理想は彼によって十分に実現されたとはいえないが、幾分の実現を見たことと、又彼が終始この理想を持っていたこととは事実であり、従って彼は自店発行の雑誌についても常に不満を抱いていた。又年末「読売新聞」から、昭和九年の出版界回顧と十年に於ける実現の希望を問われた時、前者には出版の社会的使命に覚醒すべきことを挙げ、後者に対しては、当局の検閲方針の確立（寛厳何れなりとも）、これが理解を著者、出版者に徹底せしめること、この標準の不足又は不徹底の為に、不必要に生ずる精神上又は物質上の社会的大損失をなくせねばならぬことを答えている。この最後のものは、例えば、その標準の不明もしくは不徹底によって、当局の了解を得ていたものが、出版後に至って禁止された場合の如き経験からの注文であり、総じて此等の提議は、彼の軍部、官憲及びこれに追随するジャーナリズムに対する抗議を含めたものたることは勿論である。

今年の出版物中、平野義太郎『日本資本主義社会の機構』は『日本資本主義発達史講座』に書いたものを一冊に纏めたもので、これは相当に出たが、これより少し先に出て名著といわれる山田盛太郎の『日本資本主義分析』の方は、それ程出ていない。これに対して『名も無き民のこころ』は、河村幹雄という日本主義的思想の持主なる理学博士の遺稿であり、これも二万近く流布した。一万に近いものには斎藤茂吉『柿本人麿　総論篇』があり、外に小泉信三『アダム・スミス、マルサス、リカアドオ』、阿部次郎『世界文化と日本文化』、田中耕太郎『法律哲学概論　第一分冊』なども好く出た。文献的もしくは専門的なものは、いつも売れないが、高柳真三、石井良助共編の『御触書寛保集成』、外山英策『室町時代庭園史』の如きもこれに洩れず、増田惟茂の遺著『心理学研究法』の如きも学問的価値に副う売行はなかった。

今年出た全集には「吉田松陰全集」(十巻、九年十月―十一年四月)、普及版「芥川龍之介全集」(十巻、九年十月―十年八月)があった。松陰は岩波の青年時代から敬慕と共に親近を感じた志士であり、全集の発行は固より本懐とする所だったが、時局がこの全集の出版に便じたということもあり、彼としては又、松陰の如き真の憂国の志士が、今のいわゆる憂国の志士と如何に違うかを示したかったのかも知れない。

その外に法学博士筧克彦の皇太后陛下に進講した『神ながらの道』が刊行され、その内容見本に「頒布に際して」の一文を附している。天地の大道の日本に顕現したものが『神ながらの道』で、これを知りこれを体するのが皇国の民としての吾等の目標だといい、これは近時流行せる偏狭にして世界に不通な日本精神とは根本的に違うものだろうし、自分は鈍根にして博士の『神ながらの道』を解すること甚だ乏しいが、畏友加藤完治君の勧によって、これを頒布するに至った、という趣旨を陳べている。この書の出版が、岩波の尊敬せる加藤の熱烈な勧誘によったことは想像せられるが、彼自身が熱烈な愛国者であり、常に「陛下の赤子」と称し、富士山の讃美者であり、五箇条御誓文の精神を力説せる人間として、皇国の道を世界の道に合致せしめようとする念願の現れだともいえるであろう。既刊の「吉田松陰全集」の後に出た「藤樹先生全集」、「本居宣長全集」等の発刊も、又その趣旨に出たものと見るべく、彼も亦自分の所信に負かざる限に於いて、世潮に逆わず、むしろこれを善用しようとしたといってよかろう。

なお今年に於ける著大な事件は、岩波書店が始めて教科書に手を着けたことである。既にその前に亀井高孝の『中等西洋史』も教科書として好評だったが、書店自身の発意と計画とによった教科書は今度が始めてである。それは中等教科書で『国語』と題し、編集は主として西尾実が当り、来学年に備えてこの年末に出したのである。岩波は国語教科書刊行についての所信を、十年一月には「東京朝日新聞」や「帝大新聞」に公表し、教科書は、編者の立場からは自由を拘束されて所信が十分に発揮されず、出版者としては、特色あり生命ある出版が困難だと考えて、従来は手を着けなかったが、しかしそれは本来国民教育の経典たるべきものであるから、殊に今日の時局に於いてその重大を考え、理想的教科書の出版に邁進する覚悟になったと述べ、その普及に関しては、教科書業界に於ける過去の不祥事件に鑑み、公明な手段と真摯な努力とを尽くすという決心を披瀝し、従来教科書頒布の手段として用いられなかった、新聞広告によるという破天荒の挙に出た。その成績は抜群であって、最初の版が昭和九年から十二年までで、巻一の六万八百から巻十の九千六百まで、合計三十一万五千、ずっと後まで通算すると三百九十三万五千に及ぶという盛況であった。当時岩波は単行本にゆき詰まって教科書に手をつけたという世評もあったが、事実はやはり岩波の告白通りであった。辞典には末弘厳太郎、田中耕太郎編の『法律学辞典』(総索引共五巻、九年十二月―十二年三月)が年末に発刊された。

この十一月に幸田露伴や小泉信三の口利きもあり、寺田寅彦の賛成もあって、店員の一部に反対もあったが、小林勇が店に復帰した。彼の鉄塔書院では、相当きびきびと時代向きの書物も出したが、先ずは「放蕩息子の帰宅」という所であろう。

昭和十年(一九三五)の賀状には、更に本年から学術の普及、民衆教化向上の方面にも努力する志を述べている。後日に於ける「岩波新書」はその主要な実現と見てよかろう。今年二月、美濃部達吉の天皇機関説の排撃が右翼議員によって行われ、国体明徴という実は反明徴の抽象的文句を以て、ほんとうは、議会の存在理由を危くし、憲法を破壊する決議が行われた。又軍部自身の中にも抗争があり、軍人中のインテリであり、岩波や藤原咲平と同郷であった陸軍省軍務局長永田鉄山は、過激派に使嗾《しそう》された相沢中佐に殺された。そうして国力の中核を経済力に置こうとする、岩波の敬愛する高橋老蔵相の主張に対して、平和を破壊して軍備の為に経済を問わざる軍部の主張は、一層猛烈になった。その上欧洲に於けるナチス・ドイツの一時的成功に眩惑されて、自由主義、議会政治の時代は既に過ぎたという、軽薄にして他律的な考え方が台頭し、時勢は岩波の所信に逆行して書店発行の美濃部の『現代憲政評論』は改訂処分を受けた。しかしそれにも拘らず、岩波書店は一時の不況を脱して、ますます好況に恵まれ、加うるに昭和九年四月より十年三月までの、図書館協会推薦図書は全国第一位の多数に上り、年内の発刊書目は百に近かった。その中最も多く世に迎えられたのは、松本烝治の新改訂版『商法大意』、石河幹明の『福沢諭吉』、高山岩男の『西田哲学』、野呂栄太郎の『日本資本主義発達史』、和辻哲郎の『風土』等で、『風土』を最とし、『西田哲学』はこれに次いだ。かなり多く出た秋山範二の『道元の研究』、岡崎義恵の『日本文芸学』や西田幾多郎の『哲学論文集』の外に、九鬼周造の哲学的述作『偶然性の問題』も出た。同時に学会の嘱による論集や文献的な専門書で、発行五百に充たぬものも十四、五冊に及んだ。又全集として決定版「漱石全集」は、増補訂正の外に小宮豊隆の作品解説を巻末に附した、十九巻の予約刊行を十月(十二年十月完了)に始め、辞典には谷津直秀、岡田弥一郎編の『岩波動物学辞典』、岡田武松、寺田寅彦、柴田雄次監修の『理化学辞典』、八杉貞利編『岩波版露和辞典』の発刊があった。岡田は去年と今年とに跨って、斯学中の名著といわれる『気象学　上下』を世に送った。またローマ字論者田丸卓郎の遺著『Rikigaku I』(IIは十二年)が出版された。なお今年六月から「大思想文庫」二十六巻が矢継早に発刊されて、翌十一年末に終った。これは大思想家の主著を選んで、小冊の中に解説を加えたもので、哲学書が多いけれども、新旧約聖書、自然科学、経済学、政治学の古典、思想的な文学に及び、マキャヴェリの『君主論』、マルクスの『資本論』も仲間入りしている。

岩波は五月五日郵船靖国丸で門司を出帆して、欧洲諸国を歴遊し、アメリカを回り、十二月十三日浅間丸で横浜に入港した。それについては又別に記するが、不在中九月頃に「固定負債十万に達し、近く岩波書店が株式会社に改組される」という虚構の流言が行われた。

この年末に岩波の尊信して、出版その他の指導、殊に科学方面の出版について指導と援助とを得ていた、寺田寅彦が逝去した。

昭和十一年(一九三六)に至って、軍部の独裁的運動はますます具体化して来た。しかし一方に於いて国民及び知識階級の反軍的傾向はますます甚しい中に、少壮過激の陸軍軍人は二・二六事件の暴挙に出て、斎藤老内大臣、高橋蔵相を惨殺し、叛軍は数日間帝都の中心に占拠したが、この時には天皇のはっきりした反対と海軍の非荷担によって、彼等の野望は達せられなかった。しかしそれにも拘らず、一時は軍部の狂態に反撃した議会も彼等の反撃に忽ち腰摧《こしくだ》けとなり、対外不協和、独伊追随とそれに基づく防共協定の締結を見るに及んで、ますます軍部の専横を促し、日本を危地に推し進めるに至った。

しかし岩波書店の出版は好況を加えた。この年三月岩波は出版協会に対して、出版の宣伝機関よりも組合の向上進歩を促す為の機関が必要であり、現代社会の有能の士に、厳正なる図書の批判を始とし、組合の真の発展の為に思う存分努力させるようにし、その一切の費用を組合が負担するという案を出している。又多年美術印刷に精根を傾けた、七十四翁田中松太郎の功績と人格を讃え、晩年の不幸を慰めるが為に、同志同好を促して表彰慰労金を集めた。

今年の出版点数は百に及んで、全集には「鷗外全集」著作篇（二十二巻、十一年六月―十三年八月）、「寺田寅彦全集」文学篇（十六巻、十一年九月―十三年一月）、科学篇（六巻、十一年十二月―十四年三月）があり、辞典には島村盛助、土居光知、田中菊雄の共著になる『岩波英和辞典』、阿部重孝、佐々木秀一、城戸幡太郎、篠原助市編『教育学辞典』（四巻外に総索引、十一年五月―十四年九月）があり、外に『経済学辞典』の追補、『岩波版露和辞典』の大型版を出している。この英和辞典に対して、「東京日日新聞」紙上小宅騒市（大宅壮一）がちょっかいを入れたが、岩波は著者の土居と共にこれを反駁せずにはおかなかった。「岩波全書」は前年に続いて十二冊を出し、それは主として自然科学及び機械科学に関するものであるが、武内義雄の『支那思想史』、宇井伯寿の『支那仏教史』をも交えている。なお新たに出た叢書としては「科学文献抄」を十二冊出している。これは寺田寅彦の示唆によったもので、先年出した「哲学論叢」と共に専門的な論文であって、多くは売れなかったが、「哲学論叢」が全部翻訳であったのに対して、これは著述が多く、今年度の出版十二冊の内にも翻訳は二つだけである。専門の権威を網羅し、最新の研究を紹介したものが多い。武藤俊之助の『強磁性の量子理論』、湯川秀樹の『β

線放射能の理論』、菊池正士、青木寛夫共著の『中性子』などもこれである。又仁科芳雄外の訳にかかるディラックの『量子力学』も出た。

又去年の「大思想文庫」についで「大教育家文庫」(二十四巻、十一年三月—十四年六月)が発刊され、西洋ではソクラテス、プラトン、アリストテレス、ロック、オウエン、モリス、モンテーニュ、ルソー、ゲーテ、シルレル、ペスタロッチー、ヘルバルト、フィヒテ、コメニウス、フレーベル、シュライエルマッヘル、スペンサー、ヘルバルト、ギイョオ、デューイ、ディルタイ、ナートルプ、東洋では、孔子、孟子、荀子、朱子、王陽明、日本では白石、諭吉、蕃山、益軒、素行、宣長、尊徳、梅巌が対象とされた。この文庫の著者の中には西晋一郎、長谷川如是閑、津田左右吉、落合太郎等もあった。なお違った方面では、金田一京助、知里真志保の『アイヌ語法概説』、野上豊一郎の編した『能面』(十一年八月—十二年七月)があり、後者は毎回九枚、合せて九十枚の大写真版であった。この外、本間順治編の『国宝刀剣図譜』(十一年八月—十三年二月)は一回十枚、合せて百六十枚の写真版を頒布した。佐藤得二の『仏教の日本的展開』は非専門的な興味ある書物で二万以上出た。

今一つこの年の出来事として、前にもちょっと触れたが、友松円諦が『東洋思潮講座』第九回配本に執筆した「印度社会経済思想」が、大島長三郎未発表の原稿の剽窃だったことが知れ、岩波が直ちにそれを廃棄し、その代りに適当な筆者がなかった為、マックス・ウェーバーの著書『宗教社会学　第二巻』の、印度社会制度に関する部分の紹介をそれに当てたという事件があった。この態度を比丘庄太郎なるものが批難したのに対して、岩波は又徹底的に弁明している。こういうことが学者として致命的であることはいうまでもなく、岩波のかかる虚偽に対する態度の実に潔癖で徹底的なことは、岩波の性格を語っている。学問と虚偽との両立し得ざることを思う時、私は岩波の態度に全面的に賛同する。

法学に於いては尾高朝雄の力作『国家構造論』が出た。我妻栄の「民法講義」の第三篇なる『担保物権法』も多く世に行われた。小堀杏奴の父鷗外を追憶した、『晩年の父』の出たのもこの年であった。

軍部が策動して激発に努めた戦争は、翌十二年に至って、竟に日支事変となった。ここで一つ区切ることにしよう。

五　日支事変から太平洋戦争まで

昭和十二年(一九三七)は、太平洋戦争を誘致する日支事変が七月に勃発した年である。

広田内閣の崩壊後、大命の下った宇垣一成の組閣も、軍部の反対にあって流産し、その次に出来た林(銑十郎)内閣は、議会会期の最後に解散するという暴挙を敢てしたけれども、選挙は惨敗に終り、次いでできた近衛内閣も、どうにもならなくなった準戦時状態を戦時状態に移すところの日支事変を防止し得なかった。しかも戦火が上海に移り、徐州が落ち、十二月に南京が落ちても、この事変は終らず、日本と日本国民は長期戦の泥沼に引っぱりこまれることになった。

岩波は、新年の賀状に「学術日本、文化日本の水準を高め、真に一等国としての面目を保つに至らしめ……陛下の赤子として」力をつくす覚悟を述べている。

又日支事変以後(十一月)「統制に堕せる新聞」を攻撃し、「挙国一致の統制もよいが、低調貧弱な内容で、世界に不通のものでなく、その原理は古今を貫くものであらねばならぬ」と説き、「近衛首相の摩擦相剋を避けたい希望も、私闘を止めよとの意味ならばいいが、非常時に当って、朝に諍臣なく野に侃諤の論調なきは、国家の憂患だ」(「読売新聞」)といっている。

これは固より一般出版統制に対する不平をこめての言議であるが、岩波書店に於いても、日支事変の勃発した七月に、山田盛太郎の『日本資本主義分析』(昭和九年二月刊行)を自発的に絶版に附した。自発的とはいっても官憲の処分でなかったという意味で、官憲の圧迫によることは論を待たない。山田はマルクス学徒であったが、篤学の士として岩波の敬服していた学者であり、この著は説の相違は別として、今も昭和経済学書中の名著に推されており、岩波は昭和九年に彼の文化私賞ともいうべき感謝金を山田に贈っている。

今年中に於ける出版も百種に近く、社会科学に属するものが三十に近かったが、この中に方々の大学学部から頼まれた論文集なども交っている。自然科学、機械科学に関するものも二十に近く出た。哲学は十五に足りなかったが、田辺元の『哲学と科学との間』、西田幾多郎の『続思索と体験』が世に迎えられたのは、西田や田辺の哲学の流行を示すものであり、天野貞祐の『道理の感覚』は、その後天野の啓蒙的論文が大いに世に読まれる端をなしたが、軍部による自由主義的思想の弾圧によって、翌十三年三月自発的絶版の已むなきに至った。この『道理の感覚』と共に田中耕太郎の『教養と文化の基礎』が、田中のこの種の著としては珍しく世に迎えられたのも、軍部の思想抑圧に刺激された時代の動向を見るべきであろう。外に和辻哲郎の大著『倫理学　上巻』は、和辻の総ての著書の然るが如く、盛んに世に迎えられた。変った所では山田孝雄の『連歌概説』がある。辞典では田中秀央、落合太郎編著の『ギリシア ラテン引用語辞典』、我妻、横田、宮沢等の編集になる『岩波法律学小辞典』、全集では「二葉亭四迷全集」(八巻、十二年十月―十三年八月)、「中村憲吉全集」(四巻、十二年十月―十三年十月)があった。

なお今年八月吉野源三郎が岩波の懇望によって入店した。吉野は岩波の信頼を受け、始は岩波のブレーントラストのような役を務め、殊に岩波死後岩波書店出版の動向を決定するには、小林勇と共に与かって力があった。八月には在上海の書店主内山完造を通じて、「魯迅文学奨金」に金一千円を寄附した。これに先だち中国各大学図書館に岩波の発行書籍を寄贈しようとの意志があったが、日支関係緊迫の為に果さなかった。岩波のこの話は、当時同盟通信の上海支部長だった松本重治や小林勇と同席食事の時に出て、岩波はどこの大学へ出版書籍を送るか、学校を選んでくれといい、松本はそれに同意して上海に返ったが、時已に晩く一カ月後事変がはじまってしまった。岩波の失望落胆は思いやられる。蔡培火《さいばいか》の『東亜の子かく思う』を出したのも、岩波の中国人に対する同情からである。この年岩波の尊敬する幸田露伴が文化勲章を受領したのを祝して、岩波等の主催で、六月二十八日に東京会館に祝賀会を催した。なお食糧事情の窮迫によって、店員の昼食給付を開始したのもこの年のことであった。

昭和十三年(一九三八)の一月六日に、岩波は屋上で店員に挨拶し、文化事業に携わる者の覚悟を述べ、自身の健康に言及し、他の会などをつとめて断わり、ゆっくり仕事にのみ携わって健康の保持に努める、といっている。この年に入って、日支事変はいよいよ長期戦の泥沼に入った。武漢は陥落しても、蔣は騒ぐ色もなく都を重慶に移し、近衛首相は「蔣介石を相手にせず」という空な声明を強いられた。そうして「国家総動員法」が議会を通過した。かくて日本を衰亡に導くこの戦争は、軍部権力の崩壊を防ぐが為に、「百年戦争も辞せず」という空元気を以て続けられ、「資本主義の修正」を名とする軍部の統制経済は、兵力を強めも民力を養いもできなかった。しかし軍需インフレの景気によって、又物資の欠乏と娯楽の制限とによって、読書に向う人心の要求もあり、一般に書物の売行は次第に増し、殊に岩波書店の発刊した中国、日本に関する文献などは、岩波を排撃しようとする一派や組織も、これを顧みずにはいられぬということもあったらしく、こういう種類の書物の売行が著しく殖えた。その上に哲学教養等の書物も、精神的栄養に渇する青年インテリに求められて、売行を増すに至り、岩波書店は次第に昭和初年来続いた不景気から回復した。この傾向は年を追って上昇し、昭和十五、十六年はその頂上であったろう。

新年の賀状に、日本民族に固有にして且つ世界的性格を具備したる文化を創造育成する覚悟を述べた岩波は、こういう時勢には大不服であり、日頃の持論からも日支事変には大不賛成であり、近衛首相が蔣介石と親しく会見して戦争をやめることを切望し、事によっては自分自身大陸に渡ってもいい程の情熱を示したのであるが、軍部の狂態に対しては、一応皇軍の赫々たる武勲を讃美しておいて、この武力日本に文化日本の及ばないことを指摘し、文化水準を上げることを力説した。古典の尊重、科学の推進、精確なる知識の拡布は、彼が依然正々堂々と吐くところの正論であった。そうして「日本の現代文化は余りに急速に発展したため、その根底に於いて堅実を欠く憾みがある。これを培養充実するには古典の普及にまつ所が多い」と力説した。「岩波文庫」が古今東西の古典を普及することは、岩波のあらゆる機会に畳説せる所であり、今年になって、九年に出した「吉田松陰全集」の漢文を訳した普及版(十二巻、十三年十一月―十五年四月)を出し、十五年に「藤樹先生全集」(五巻、十五年二月―十一月)、「山鹿素行全集」思想篇(十五巻、十五年六月―十七年八月)を出し、十七年に「本居宣長全集」(十七年十二月より始め、十九年八月に至り、紙の供給不足の為に中止)を出したのは、一面軍部及びこれに追随する右翼の連中に対する防壁でもあったが、岩波が元来愛国者であるが為であり、又平生の古典尊重の精神の現れだと見てよい。彼が今年九月十九日に、「国民新聞」記者から非常時の出版国策について談話を請われた時にも、「かかる時代には特に古典の普及を念頭に置いて出版に志すべきだ」と説き起し、「支那の文化工作についても東洋古典の研究は根本的に絶対必要であり、古代支那が東洋否世界文化に、身近には日本文化に及ぼした功績をも認めるという、大きな態度で支那に臨むべきだ」と語っているのにも、彼の精神は覗われる。

今年の出版点数は百を越えたが、外に全集として、「鷗外全集」翻訳篇(十三巻、十三年七月—十四年十月)、「鈴木三重吉全集」(六巻、十三年三月—十二月)もあった。辞典では、アイヌの父といわれた英人ジョン・バチェラー(John Batchelor, 1854-1944)博士の、『アイヌ・英・和辞典』第四版(一八八九年初版だが、本版は一九二六年三版を加削訂正した決定版)を感激を以て出している。しかし時局の影響で辞書の刊行は、戦前戦中を通じてこれが終となった。博士は明治十二年来約六十年間北海道に在住し、アイヌの研究と教化善導に尽瘁《じんすい》して、勲三等に叙せられた功労者であるが、時局の圧迫によって、昭和十五年の末には八十八歳の高齢で本国へ引き上げざるを得なかった。なお奥平昌洪《まさひろ》著の『東亜銭志』は、当時として稀に高価なる七十円の書物であったが、服部報公会からの出版費補助を受けてこれを刊行した。外に今年の出版中の異色は、新宿中村屋の主人相馬愛蔵の『一商人として』である。これは自分の商人としての体験の適切な記録であるが、岩波は郷党の先輩であり又商売道の先達である相馬のこの書のために、推薦文を書いている。この書は大いに世に迎えられて、けっきょく一万八千余を刊行した。我妻栄の法律書(今年は『親族法・相続法講義案』『民法教材I』)、山崎又次郎の『帝国憲法要論』、東畑精一の『農村問題の諸相』は、社会科学の方面で多く出たものであるが、哲学方面でも高山岩男の『哲学的人間学』、高橋里美の『認識論』、和辻の『人格と人類性』などが世に迎えられており、特に村岡典嗣の『日本文化史概説』はけっきょく五万以上を出した。これは能勢朝次《あさじ》の『能楽源流考』の如き浩瀚《こうかん》にして専門的な書物が、千も出たのと同じく、やはり時代の日本主義的傾向の反映であろう。しかし科学的なものもわりによく出て、菊池正士の『原子核及び元素の人工転換』の如き、余りに専門的なものはそうでもないが、高木貞治の名著『解析概論』なども存外に売れ、外に藤岡由夫の『現代の物理学』、石原純の『自然科学的世界像』なども多く出た。随筆としては滝沢敬一の『続フランス通信』が昨十二年の『フランス通信』に次いで盛んに世に迎えられ、戦争中にも第三(十五年)、第四(十六年)を続刊しており、又中谷宇吉郎の『冬の華』は、科学的随筆家としての中谷を一層ポピュラーにした。小泉信三の『アメリカ紀行』が相当に出ているのも、和辻と同じく小泉のポピュラリティーを示すものであり、小宮豊隆の『夏目漱石』がけっきょく三万以上を出しているのは、小宮よりも漱石のポピュラリティーを示すものであろう。中国関係のものでは関野貞の遺著『支那の建築と芸術』が出、十五年には日本についての、十六年には朝鮮についての同種の著が出ている。

この年の出版中著大なものは、「岩波新書」の発刊である。岩波はこれを開店二十五年記念の出版として発表した。「岩波新書の企図する所は、学究的立場を離れ、古典の制限を脱し、今日この時代に生くる人々の要求により自由に即応しつつ、現代人としての一般的教養に資すべき良書を、時代の流れに従って提供して行くことにある」(九月に草した原稿)といい、又「各部門一流の大家を煩わして、俗流化せざる啓蒙的良書の執筆を乞うと共に、広く海外の優れたる類書を紹介し、兼ねて現代文学の代表的作品を選択し、これを簡易なる体裁と低廉なる価格の下に頒とうとする」(同上)ともいっている。この「岩波新書」発刊の動機は、全く日支事変にあり、この事件の重大性、長期化を考えて、この企画はなされたのである。そうして企画には三木清が参加し、編集は主として吉野が当った。中国では何百万の若者が戦争をしているし、国内でも悉くが中国に関係ある日々を送っているのに、日本人は中国について一向知らないという事実から、新書にはできるだけ中国に関するものを入れようという考があり(しかしこの意図は十分に迎えられなかった)、これは同時にこの戦争に対する抵抗をも意味していた。かくて定価は同じ年に発行された五十銭紙幣に因んで、一律に五十銭とした。年末の十一月から十二月にかけて発刊したものは、二十冊を越え、津田左右吉『支那思想と日本』、寺田寅彦『天災と国防』、斎藤茂吉『万葉秀歌』上下、中谷宇吉郎『雪』、武者小路実篤『人生論』、矢内原忠雄訳『奉天三十年』上下、高橋健二訳『ドイツ戦歿学生の手紙』、森鷗外

『妻への手紙』、小倉金之助『家計の数学』、鈴木敬信訳『神秘な宇宙』、森島恒雄訳『科学史と新ヒューマニズム』、長谷川千秋『ベートーヴェン』、丘英通訳『死とは何かその他』、長与善郎『大帝康熙』、長谷川如是閑『日本的性格』、白柳秀湖『世界諸民族経済戦夜話』、その他に現代作家の作品には山本有三、里見弴、久保田万太郎、川端康成、横光利一のものがある。この新書は価格の低廉も助けて、大いに世に迎えられ、例えば三木清の『哲学入門』の如きは、発刊忽々十万も出た。前に引いた発刊の辞は吉野源三郎の執筆であるが、岩波は十一月の雑誌『思想』に、更に堂々として激越な刊行の辞を発表して、虹の如き気焔を吐き、時勢に対する鬱憤を述べた。その中の「御誓文の遺訓を体して、島国的根性より我が同胞を解放し」云々の文句は、蓑田胸喜によって問題とされ、又「また頼みとなる武人に高邁なる卓見と一糸乱れざる統制ありや」等の文句から、某憲兵から咎めの手紙を受けて、陳弁大いに努めた如きこともある。この文章は岩波自身店員の反対に遇うことを恐れて、彼等には相談せず、相談したのは友人矢島音次その他であったが、果して刺激を軍部や蓑田一派に与えたのであった。

新書はその後続刊せられて忽ち百冊に及んだが、用紙、印刷の制限を被った為に、十八年は僅に一冊、十九年は二冊を出すのみで、十九年十一月の宮村定男訳『近代医学の建設者』を以て終を告げた。この叢書は、価格の低廉、内容の清新と相俟《あいま》って広く世に行われ、戦時中も発行二万を越えるものが多く、中には四万、五万にも及ぶものもあって、知識層の読書に対する渇を医《いや》す所が大きかった。

なお序に附記するが、戦後岩波生前中に、新書復興の企があり、羽仁五郎『明治維新』、矢内原忠雄『日本精神と平和国家』、近藤宏二『青年と結核』は、新書判と異なるB六判ではあったが、装幀も同じで、新書の繫ぎと見るべく、三冊共に岩波の企画によって生前着手され、死後に出たものである。戦中のいわゆる赤版に対して、戦後はいわゆる青版が二十四年四月に出て、今日に及んでいることをもいっておこう。

なおこの年には先年出した中等教科書『国語』のあとを受けて、女子用全十巻を刊行した。また先に予約刊行した「大思想文庫」を個別的に重版刊行した。

前述の如く日支事変が長期戦争の泥沼に陥没しかけて、戦争の前途の暗さがはっきりして来たあせりは、出版の圧迫ともなって現われた。伏字も非常に多くなったが、○○と二字伏せてあれば「革命」と読んでよい時期もあった。今年二月に「岩波文庫」の白帯物(社会科学部門)が弾圧を受けたが、さすがに発売禁止処分とまではゆかず、「今後の増刷を見合わせる分」、更に一段重いものには、「現在未製本で残っている刷本の追加製本を見合わせる分」があり、それも当局の内意によって、「自発的に」という形式を取れとの命令であった。当時の出版事情を知る一助ともなる故、十三年二月にこの種の処分を受けた文庫の書目を挙げて見る。

増刷見合せのものは、マルクスでは『猶太人問題を論ず』『資本論初版鈔』『賃銀・価格および利潤』『賃労働と資本』『哲学の貧困』、エンゲルスでは『住宅問題』『自然弁証法　上下』『反デューリング論　上下』『原始基督教』、両者共著の『フォイエルバッハ論』『芸術論』『ドイッチェ・イデオロギー』であり、外にリアザノフの『マルクス・エンゲルス伝』、レーニンの『唯物論と経験批判論　上中下』『ロシアにおける資本主義の発展　上下』、カウツキーの『基督教の成立』『資本論解説』、ルイゼ・カウツキーの『ローザ・ルクセンブルグの手紙』、ローザ・ルクセンブルグの『経済学入門』『資本蓄積論　上中下』『資本蓄積再論』等である。刷本があっても増製本のできぬ部類には、マルクスの『フランスに於ける内乱』、エンゲルスの『家族、私有財産及び国家の起源』『空想より科学へ』、レーニンの『帝国主義』『何を為すべきか』『カール・マルクス』『レーニンのゴオリキーへの手紙』等である。マルクスの『資本論』は、前に述べた如く、河上肇との絶交により、岩波によってそれこそ自発的に絶版に附せられたが、後から出た長谷部文雄訳『賃銀・価格および利潤』『賃労働と資本』も結局当局によって禁止され、上述の如く発行を停止された全部は、昭和十五年九月十日に至っては、明白に発売禁止を命ぜられ、紙型をも押収されて、正式に処分を執行された。

弾圧は文庫以外にも加わり、同じ十三年二月には大内兵衛『財政学大綱』が、大内がいわゆる教授グループ事件によって起訴された理由を以て、休版を命ぜられたのを始とし、同月には矢内原忠雄の『民族と平和』が禁止となり、三月には時代の良心として広く世に迎えられた天野貞祐の『道理の感覚』が、前述の如く著者によって自発的に絶版にされた。これは書中天野の軍事教練に対する非難が、軍部の物議を醸し、穏健にして理解のあった当時の京都大学軍事教官に累を及ぼすことが大きかった為にも、この処置に出たという著者自身の談話であった。しかしこうした弾圧は、既に昭和四年に岩波の出版に加わっていた。それは前にも触れたが、文庫の中村白葉訳、アルツイバーシェフ『サーニン　上巻』が発売禁止になり、次いで下巻も禁止になった。これは忌憚なき性欲描写を禁ずる風俗上の取締だったが、当局に削除箇所を質し、分割還附願を出し、改版の上再刊した。その後昭和七年に『日本資本主義発達史講座』の第四回が、前述の如く発売禁止にあい、その後刊行を続ける為には、八年に至って発売禁止になった第五回、第六回、第七回を、分割還附願を提出して、削除命令の部分を除かねばならなかった。しかし出版言論圧迫の気勢は、本年前後に至って急激に加わったことは明かであり、十二年九月にジイドの『ソヴエト旅行記』が削除を、十一月には文庫版田山花袋の『蒲団・一兵卒』が次版での削除を命ぜられた。前者は外国事情に関し、後者は軍人侮辱のかどであり、共にいわゆる非常時局を反映している。序に合せてしるせば、翌十四年には芥川の『侏儒の言葉』が、やはり軍人侮辱で次版改訂、武者小路の『その妹』が、癈兵の問題で削除、蘆花の『自然と人生』も、その中の「国家と個人」一篇を削除、六月には『ボヴァリー夫人　上下』の削除並びに次版改訂、十六年三月に、前記『資本蓄積再論』とソレル『暴力論』とが、昭和十五年の大禁止の漏れとして禁止になったのを最後として、終戦に至るまでこのことはなかった。恐らく日本の書肆中左翼出版を専門にした本屋以外で、岩波書店くらい当局の弾圧を被ることの大きかったものはあるまい。

なおこの八月に、店の広告機関をも兼ねて薄い雑誌『図書』を発刊した。これは十七年十二月に至って、時局窘迫《きんぱく》の為中絶、戦後二十四年末に至って復刊した。なお七月に店員に貯金を奨励し、基本金を預け入れた貯金通帳をくばったことを挙げておこう。

昭和十四年(一九三九)は、日支事変も三年目になって、いよいよ行きづまりを見せ、列強の日本に対する圧迫と支那に対する援助とはいよいよ強まり、第二近衛内閣の、汪《おう》精衛《せいえい》の和平工作に応ぜんとした計画も頓挫して、平沼内閣に代り、九月には欧洲で英仏と独伊との戦争が遂に勃発したが、我国はノモンハン事変によってソヴィエットに大敗したり、日英会談に威張り散らしたばかりで、アメリカの致命的な経済圧迫をかち得たり、ドイツを頼みにして頻に媚態を呈した結果が、独ソ不可侵条約の複雑怪奇を生んだりした。この間にあって岩波は新年の賀状に、東洋の平和と学術の振興とは日頃の念願だといい、五箇条の御誓文の精神を飽かず力説し、新聞紙の国策迎合主義を攻撃したりした。又中央公論社発行の谷崎潤一郎訳、山田孝雄校の『源氏物語』に、盛んな推薦の詞を送って、世を驚かしたりしたが、これは昭和九年に同社発行の坪内逍遥訳「シェークスピヤ全集」についても、既にやったことである。一方岩波書店は、当局の圧迫と右翼系の攻撃にも拘らず、ますます好況を呈した上、文部省の推薦図書は岩波書店が第一位を占めた。今年の出版書籍の品数は八十ばかりであったが、外に新書三十一冊、全書五冊を出し、一月には企画以来十有六年を閲した「カント著作集」も、第十五巻の『美と崇高との感情性に関する観察其他』を最後として、十八巻を完了した。全集では「小泉三申全集」(十四年十月に始まり、十七年十一月第四回を出して後二冊は出なかった)、「山本有三全集」(十巻、十四年十一月―十六年二月)が出、法律については中田薫の『法制史論集第二巻』が、大正末年の第一巻後十余年を隔てて出、又四年を隔てて、十八年に第三巻が出た。哲学思想方面では、田辺元の『正法眼蔵の哲学私観』を最とし、速水敬二の『哲学年表』、三木清の『構想力の論理　第一』などが大いに世に迎えられ、その外に宇井伯寿の『禅宗史研究』、高橋里美、金倉円照、九鬼周造の哲学書などの刊行を見た。

外に長田新の訳になるハインリヒ・モルフの『ペスタロッチー伝』(五巻、十四年十一月―十六年三月)なども出している。中国に関するものでは、清水盛光の『支那社会の研究』が多く出た外に、津田左右吉の『道家の思想と其の展開』、武内義雄の『論語之研究』があり、日本文化についても、岡崎義恵の『日本文芸の様式』、村岡典嗣の『続日本思想史研究』を始め、大西克礼、片岡良一などの著も世に迎えられた。外に渋沢栄一の恩顧者の依頼と岩波の慫慂《しょうよう》とによってかかれた、幸田露伴の『渋沢栄一伝』が出た。しかし全体としては法律、経済、政治等社会科学に関する書物が、二十の数を越えて最も多かったけれども、反軍国主義的傾向を帯びた著述は跡を潜めるに至った。

岩波は、この年の年賀状に日頃の信念なる「東洋の平和と学術の振興とは私の常に念願とする所……武力日本と相並んで文化日本をも世界に躍進せしめねばならぬ」ことを繰り返し、「出版に関与する者の銃後の責務として」の覚悟を述べている。また、日本人の体力の不足を憂い、一月二十三日には店員を屋上に集めて次の如く呼びかけている。

「ラジオ体操を始めようと思いますから賛成の方はやって下さい。縛られることは自分が嫌いですから人も縛ろうとは思いませんから、自由に、すきな人は、毎日ここにそろってやって下さい。

これを思いつきましたのは、近ごろ、私が健康が非常に大切なものだということを感じ始めたからです。というのは、自分がすこし弱って来たから特にそう感ずるわけで、若い人々はまだ、それ程に思わないかもしれません。

私は、外をすこし歩いて来まして、つくづく感じましたのは、日本人は、頭脳の方面に於ては、今日では決して他の国々に負けないほど優れているのですが、体格の方はまだまだ諸外国よりずっと劣っているということでありました。頭脳のみ強くても、それと共に身体が強くなって行かなければ決して充分ではありません。それで、今日我々各人が、健康を増進させるということは、ひとり自分のためばかりでなく、国にとっても必要欠くべからざることであるわけであります。

皆が健康になるために体操をすることは、この店だけでも誠に小さな範囲にせよ、よいことと思うのでありますから、やって行こうと思います。

こういう体操をやろうということに、先ず私が気がつきましたから、まあ、私が先覚者というわけでありますから、賛成の人はどうか私と一緒に毎日続けてやって下さい。

毎日二時四十分からであります。ここでやるわけですから雨天の際は出来ませんが、そうでない限り、毎日ここでします。体操の先生は、いま急の場合で間に合いませんでしたから、後藤さんにとりあえず先生になってやってもらいます。」

今年四月、岩波の同県人で、岩波の古本屋開業の機縁を作った、もと尚文堂の店員で、書店自彊館の主人となり、神田書籍販売業者中の有力者であった伊東三郎が死し、岩波はこれを悲しみ、葬儀に臨んで弔詞を捧げた。本年度に於ける重要事件は、買切制度（返品不能扱）を実行したことである。これは用紙の欠乏から、特に今春以来旧刊書中に類例なき多数の品切本が出たが、価値高い新刊書の刊行にさえ制限を加えねばならぬようになった為、できるだけむだな紙の使用を避けて、出版の合理化を謀るとの趣旨から出たのであった。そこで、従来委託販売にしていた単行本及び全書をも買切制にすることとなり、九月二十日発行の岡崎の『日本文芸の様式』からこれを実施した。なお新書と文庫は買切制にはしなかったが、事実上返品どころではなく、需要に応じきれない状態の中に戦争になり、戦後再出発に際しては引き続いて無返品を実行した。岩波書店は大方針としては買切制度を志し、又岩波の書籍のよく売れる為、殊に東京市内に於いては事実上買切制を実施したようなものであった。出版界も委託販売によるむだは長く問題にしたことでもあり、むしろ岩波の英断はゆきつくべき所へいったものと見、又岩波だからできたのだと認める向きが多かった。戦後の近年になって、「岩波文庫」の古典が、已往にめぼしいものを出して売行が減退した所へ、他店から時好を迎えるような新しい叢書や文庫が続出して、委託販売をやるので、小売業者は買切制を大分問題にしているようだが、新しい岩波書店は依然としてこの方針を堅持している。

　昭和十五年(一九四〇)は、日本にとっても岩波書店にとっても、いよいよ重大緊迫を加えた年であった。その年の紀元節に紀元二千六百年祭が挙行せられ、岩波はその六月十九日に橿原神宮に参拝した。

　この三月、日本政府は汪精衛をして国民政府を名のらしめたが、英米はこれを承認しなかった。けれども、他方フランスの壊滅、イギリスの敗退に眼を眩まされた軍部は、七月にできた近衛内閣の下に、九月に入って遂に日独伊三国同盟を結び、英米の対日経済圧迫によって、日本は準封鎖状態に陥った。十月に大政翼賛会なるものが近衛の統率の下にできたが、一国一党の専制を避けて、「上意下達、下意上達」を喧説する一方、「万民翼賛」「承詔必謹」を強調したけれども、軍部の幕府的存在と軍命必屈の勢はますます強化されて、翌年の太平洋戦争への道を作った。

　この年岩波は元日のメモに、「本年よりは特に健康に注意し、更に心持をゆたかに持ち、重要な事のみに心を用いんことを期す」と書いている。高血圧に対する顧慮は、昭和十年洋行から帰国の頃始まり、去年も前述の如く自分の健康の衰えを告白していたのであるが、この頃から特にこれに留意するようになった。

岩波書店にとって今年中の最も重大な事件は、二月に津田左右吉著『古事記及日本書紀の研究』が発売禁止となり、更に三月八日、同書をはじめ同人の著『神代史の研究』『日本上代史研究』『上代日本の社会及び思想』の出版に関し、「政体ヲ変壊シ国憲ヲ紊乱セントスル文書図画ヲ出版シタルトキハ」著作者発行者を処罰する、という出版法第二十六条違反として、津田と共に起訴されたことである。これより先き一月二十一日、岩波は店員長田幹雄と共に玉沢検事に召喚され、午前から夕方五時半まで、津田の著書について尋問を受けた。これは蓑田胸喜、三井甲之等『原理日本』一派の弾劾に基づくものであるが、この事件は岩波に非常な衝撃を与え、その頃は熱海ホテルに籠もって人にも会わず、自分がこんな厄難に会っているのに、友人達は一向に顧みないと愚痴をこぼし、たまたま慰問した羽仁五郎の厚意を非常に喜んだ。岩波は大事を腹に収めて動じないという英雄ではなく、よく泣きよくしょげて自分を隠し得ない自然児であった。しかし津田に対する奉仕は至れり尽せりであり、津田自身も「連座して同じように、被告になった上に、弁護士を依頼したり、法廷に提出するために合計すると菊判千頁にも余るいろいろの印刷物を作らせたり、その他何から何まで一切を引き受けてくれられた。若い時分から、いろいろな人にいろいろのせわになったけれども、これほどのせわにならなったことはない。感謝とか何とかいうようなありふれたことばでは、いい尽されないこころもちを今ももっている」としるしている。

この裁判は起訴後予審を経て、翌十六年十一月一日に東京地方刑事裁判所法廷で第一回公判が行われ、翌々十七年一月十五日の結審に至るまで、二十一回の公判が開かれたが、安寧秩序を害するという理由で、公開は禁止された。裁判長中西要一、陪席判事山下朝一、荒川正三郎、立会検事神保泰一であり、担任の弁護人は有馬忠三郎を中心に、島田武夫、藤沢一郎の三人であった。そうして第二十回(十六年十二月二十三日)に神保検事は、問題になった四書について、津田には各二月、合せて八月、岩波には各一月、合せて四月の禁錮を求刑したが、判決の言渡しは昭和十七年五月二十一日になされ、津田は禁錮三月、岩波は禁錮二月、二年間執行猶予を宣告された。告訴された四書の中、『古事記及日本書紀の研究』は有罪(判決には「無罪ノ言渡ヲ為サズ」とある)だが、『神代史の研究』『日本上代史研究』『上代日本の社会及び思想』については無罪の言渡しがなされた。公判中津田は裁判長の尋問に対して、娓々《びび》として委曲を尽くしているが簡潔とはいえぬ答弁を重ね、中西は忠実に津田の前述の浩瀚な提出書や著書を熟読しての上と覚しき、鄭重《ていちょう》にして善意ある態度を示した。津田の為には、かつて独逸協会学校で津田の教を受けた天野貞祐が、中学生たる天野等に帝国憲法の講義をしてくれた津田が、決して非国家主義思想の持主でないことを、上申書に於いて弁じ、『日本古代文化』の著者なる和辻哲郎は、岩波の依頼もあり、証人として津田を弁護した。右翼者流の津田に対する攻撃は、大たい津田の実証的科学的な研究態度が、彼等が史実として国民に強要した日本の優秀と尊厳とを破壊するという点と、史実でなき神話的、伝説的記載に対してその意義と価値とを探ろうとする態度を批難し、それを直ちに史実と認めぬことが、日本の国体を傷けるものだとした点にあり、和辻の弁護もこの点に触れている。岩波は前後二回冒頭陳述と最終陳述とをしている。それを速記録のままここに引いて置く。

(冒頭の陳述)

私ハ他ノ事ハ別問題トシテ、皇室ニ対スル尊敬ノ念、サウイフ点ニ於テハ人後ニ落チルコトヲ潔シトシナイ是ハ今ニ始ツタコトデハナイ、其ノ事ハ今日マデ少シモ変ツテハ居ラヌノデアリマス、デスカラ斯ウ云フ問題ガ起ルノハ意外デアル、津田先生ノ人格、学識ト云フモノハ実ニ日本ニ稀ナ、世界ニ誇ルベキ位ノ立派ナ学者デアルト云フコトヲ固ク信ジテ居リマシタノデ、其ノ内容、学説ノコトハ知リマセヌガ、先生ノ本ヲ出スコトハ学界ノ為メニモナリ、日本ノ為メニモナリ、国家社会ノ為メニモナルト云フコトヲ固ク信ジテ居リマスノデ、斯ウ云フ問題ガ起キタコトハ非常ニ意外デアツテ、何ニカノ間違ヒデハナイカ、学説ニ付イテハ私ハ知ラナイガ、甚ダ日本ノ国家全体カラ考ヘテモ困ツタモノダト云フヤウナ感ジヲ強クシテ居ルノデ、私ハ小サイ時カラ何ト申シマスカ、国家社会ヲ思フ気持ヲ幾分カ持ツテ居リマシタ、自分ハ殆ンド尽ス所ガナイノデアリマスカラ、只自分ノ出版ヲ通シテ、此ノ今ノ言葉デ云ヘバ職域奉公ト云フヤウナ言葉ニ於テ実際自分ノ出シタモノガ一冊ト雖モ、雑誌デモ、一ツノ本デモ、学問ノ方デモ、何デモ国家ノ大目的ニ適フヤウニト云フコトヲ考ヘテ出シタト云フコトハ、是ハ天地神明ニ対シテ恥ヅルトコロナク云ヒ得ル私ノ言葉デアル、併シ自分ガ如何ニ此ノ際考ヘマシテモ、自分ガ出シタモノガ国家ヲ害スルトカ、殊ニ日頃尊敬シテ居ル皇室ノ尊厳ト云フコトニ係ハルコトデアレバ、是ハ非常ナ私自身トシテモ大事件デアリ、何トシテモ是ハ糺明シナケレバナラヌ、若シモ私ノヤツタコトガ気持ガ良クテモ、ヤハリ皇室ノ尊厳ヲ冒瀆スルヤウナ事実ニ多少デモ触レタコトガアレバ、私ハ喜ンデ罪ニ服シタイ、進ンデ服シタイ、サウシテ少シデモ罪ヲ軽クシタイト云フヤウナコトハ毛頭考ヘテ居ラヌ、ソレガ私ノ何デアリマスガ、事件ガ起キマシテ、今問題ニナツテ居ル津田先生ノヲ見マシタケレドモ私トシテハドウモ先生ノ平生ノ人格又ハ学的、良心的態度ヲ固ク信ジテ居ルタメカ、今縷々《るる》オ読ミ下サツテモドウモ自分ガ悪イトカ、皇室ノ尊厳ヲ冒瀆シタヤウナ考ヘヲサレルト云フコトハ、私トシテハマダ理解出来ナイ、私トシテ裁判長ニ御願ヒ申上ゲタイコトハ、私ガサウ云フ罪ガアレバ喜ンデ罪ニ服シマスガ、併シ願クバ私ノ教養、私ノ良心ニ於テソレガ十分理解サレテ、成程悪イコトヲシタト云フ上ニ罪ニ服シタイ、是ガ私ノ一般的ノ願ヒデアリマス。

（昭和十六年十一月一日）

（最終陳述）

私ノ出版シタ本ニ依ツテ裁判官ノ皆様、検察当局ノ皆様、其ノ他多クノ方々ニ色々ノ御心配ヲシテ戴イタコトニ付テ甚ダ恐縮千万ニ存ジテ居リマス、私ハ当初ニ於テモ申上ゲタヤウニ、皇室ヲ尊崇スル念ニ於テハ、如何ニ謙遜シテ考ヘテモ、自ラ人並ノ考ヘ方ハ持ツテ居ル積リデアリマス、東京ニ来タ時ニ、勤工場ニ行ツテ天皇陛下ノ御肖像ガアツタ時ニ、勿体ナイコトデアルト痛感シタコトモ思ヒ付キマスシ、又昔ハ二重橋ノ前ヲ歩イテ通リマシタガ、其ノ時ハ何時モ遥拝スルコトヲ怠ラナカツタ、又東京ニ出テ来ル一番ノ動機ガ、杉浦重剛先生ノ御供ヲシタイ、人格ニ浴シタイト云フコトデ、先生ニ長イ手紙ヲ書イテ出テ来タト云フコトモアリマスシ、又一高ニ於テ私ノ作文ノ初メニ「日本ハ神国ナリ」ト云フ書キ始メデ書イタコトヲ覚エテ居リマスガ、是ハ私ノ友人間ノ一ツ話ニナツテ居ルト云フ事実モアリマス、サウ云フ事実カラ言ツテモ、昔カラサウ云フ考ヘヲ人並ニ持ツテ居ツタデハナイカト考ヘテ居リマス、随《したが》ツテ自分ノ出版ニ依ツテ皇室ノ尊厳冒瀆ノ罪ニ問ハレタト云フコトハ、非常ニ意外ノ中ニモ意外デ、自分ノ志ニ反スルコトデアツテ、ソレハ前ニ申上ゲタヤウニ、津田先生ノ人格ト学識ト良心的立派ナ態度ニ全幅ノ信頼ヲ置イテ、先生ノ本ヲ一ツデモ出シタイ、又出スコトハ日本ノ文化ヲ高メ、日本ニ良キ影響ヲ与ヘルト云フコトノミヲ深ク信ジテ出シタノデアリマスガ、実ハ一頁モ見タ訳デハナカツタノデアリマス、固ク日本ノ為ニナル、国体トカ皇室ノ為ニ不為ニナルト云フコトハ夢ニモ考ヘナカツタノデアリマス、随テ此ノ度問題ニナリマシタニ付テハ、若シ自分ノ気持ガ悪イ気持デナクテモ其ノ結果ガ悪イ影響ヲ与ヘタ、出版法ニ問ハレルヤウナ実際ガアルトスレバ、非常ニ困ツタコトダ、恐縮千万、相済マヌコトダト深ク考ヘテ居リマシタガ、其ノ後ニナツテ先生カラ色々内容ヲ教ヘラレ、又自分モ色々納得シ、又此ノ法廷ニ於テノ弁護人ノ弁論ヲ聴クトカ、色々ノコトヲシマシテ、ドウモ検事サンノ論告ナルモノヲ繰返シテ拝見シテモ、自分ガ皇室ノ尊厳冒瀆ト云フヤウナコトハ、私ノ常識カラハドウシテモ考ヘルコトガ出来ナイ、随テ私ハサウ云フ罪ヲ犯シタモノデハナイト云フコトニ付テ確信ヲ深メ、其ノ点ハ安心スルコトガ出来タト云フ訳デアリマス、私ハ罪ニナルトモナラヌトモ、ソレハ別問題トシマシテ、自分ノ気持ダケデハマア好カツタト云フ感ジヲシマシタ。

一言其ノコトダケヲ申上ゲテ、皆サンニ非常ニ御迷惑ヲ掛ケタコトニ対シテハ恐縮スル次第デアリマス。

（昭和十七年一月十五日）

津田と岩波とはこの判決を不服とし、東京控訴院に控訴し、有馬忠三郎、海野普吉に弁護を依頼した。かくて裁判は判事藤井五一郎を裁判長として行われたが、この事件の時効にかかっていること――公判が一年以上に亘って行われなかったという理由で――が発見され、昭和十九年十一月四日に免訴になった。この時であろう、法廷で裁判長から控訴の理由をきかれ、津田は「何であったか説明がましいことをいったけれども」、岩波は「無罪だと思うからだと可なり大きな声でたった一こといったのみであった。なるほどそれでよいのだなと感心した」と津田は書きしるしている。

岩波はちょうど起訴と同じ日の三月八日（昭和十五年）に、熱海市伊豆山東足川に土地を入手して、翌年九月に別荘を建築した。これはいよいよ入牢した時の用意に身体を静養するという意図からであり、後日になっては、休養の場所を与えてくれた蓑田は、おれの恩人だなどと、大きな事をいっていた。しかし出来て見ると、自分の休養はそちのけに、先輩、友人、親知をかわりがわりにつれて来ては、物の乏しい中の饗応に肝胆を砕き、自分は殆ど一人で静処する時もなかった。これは誰のせいでもなく岩波のせいである。

ここに岩波が蓑田に与えた書簡が残っている。これは岩波の思想と態度とをよく示すものであるから、引いて置く。昭和十六年十月のものらしい。

「拝啓

益御清適奉賀候　陳者御雑誌『原理日本』十月号御恵贈下され有難く拝受仕候小生如き一町人を主義に立つ一人前として御取扱い下され帝大新聞に於ける談話を元として論難下され候事寧ろ光栄の至りに存じ候　貴下の固守せらるる日本主義より見て小生の出版方針が無方針の如く断ぜられるはさもあるべしと存じ候え共出版者として小生にはこれでも世に阿らず俗に媚びざる操守の態度を堅持して来たし又将来も其積りに御座候　故に人類思想史上に現われし種々の代表的思想を忠実に紹介することを以て自分の出版者としての義務と心得居り候　過去の日本を忘れざると共に将来の日本を考うる時は徒らに従来の偏狭固陋《ころう》なる国粋主義に立てこもることなく五ヵ条の御誓文の精神を体して知識を世界に求め人類文化の精を集めこれを融合統一することは日本精神の美をなす所以にして輝ける新日本の建設は広大無辺の大真理に立脚せざるべからざる事を確信するものに候。仏教や儒教を取入れて日本精神の内容が光彩をはなてる如く今後といえども世界人類に存在するあらゆる真なる善なる美なるものを取入れてこそ日本精神は生々発展して永久にそのかがやきを失わぬことと存じ候　小生は一冊の雑誌一冊の図書を出版するにも未だ曾て学術の為め、社会の為めを思わざる事なく「吉田松陰全集」を出す心持ちとマルクスの資本論を出すこととに於て出版者としての小生の態度に於ては一貫せる操守のもとに出ずる事に御座候

諸種の学説あり、諸種の思想あり、これを検討論議してこそ、学術も社会も進歩することと存じ候、故に一の主義を奉ずるものも他の反対の主義を持つ者に対して尊敬を以て接し、堂々公明なる心持を以て論議すべきものと存じ候

惟《おも》うに尊台は憂国の純情を持たれ、現時の世相に慊焉《けんえん》たるものなることと察せられ候　小生元より一素町人に過ぎずと云えども家国を憂うるの点に於てはあえて人後に堕するを潔しとせざるものに御座候　尊台と一夕胸襟を開いて談じ思想傾向の相違点を談じ、つまらぬ誤解だけでもとりさることが出来れば双方のためかとも存ぜられ候

御社の三井君は、小生の学生時代の友人に有之、その後久しく御会い致さず候えども思想傾向の異なるとしても、小生の同君に対する友情は往昔と少しも変らざるもの有之久し振りにて一度会談し度しと存じ候　御支障なくば三人一度会談する機を得たきものと存じ候

右御挨拶まで　敬具」

この書簡を蓑田に送った後、岩波は三井と共に蓑田と会食したらしく、その時蓑田が頻に熱論するのに、三井は傍でにたにたと笑っていた、と私に語ったのを覚えている。

本年度の刊行書目は七十に余り、その外に全書六、新書二十四を数えている。全集は前記「藤樹先生全集」、「山鹿素行全集」思想篇の外に、「鏡花全集」(二十八巻、十五年三月―十七年十二月)、「水上滝太郎全集」(十二巻、十五年十一月―十六年十一月)を出しているのだから、忙中の閑日月ともいえよう。書物の売行は一般によかったが、岩波書店発行の際物でない真面目な学問的なものがよく売れたのは、注目に値する。岩波は一月の「国民新聞」紙上で、「回覧書籍の普及を図り紙飢饉に対応せよ」と語り、紙の不足の為に興味本位の出版は差し控えるべきだが、古いものの出版は如何に見込みがあっても打ち止め、出版を新しい書物に止め、その不足を補う為に、出版業者、雑誌業者はあらゆる便宜を回覧業者に与えてやるのがよい。回覧業者の現状は書籍供給者側から強い圧迫を受けていると、極めて公正剴切な議論をしているが、その話の中で、彼は「最近出版界は稀有の好況に恵まれている。出版された書籍は立ちどころに消化され、注文は殺到する。私にはこの好況の原因がどこにあるか、十分に推測できないが、ちょうど同じような好況の現象が震災後にもあった。最近の読書の傾向は極めて堅実であるようだ。古典或は基礎的な学術書、真面目な書物、そうした書籍に読者の眼が鋭く向けられていることは、本当に悦ばしい現象である。戦時下の国民の精神が極めて緊張裏にあることは、この読書の傾向からも十分実証し得られる」といっているのは、読者層の傾向としては事実であったといってよかろう。

今年の出版中出色のものを挙げれば、哲学的なものでは、波多野精一の『宗教哲学序論』が一万三千を出し、田辺元の『歴史的現実』が、時局と田辺自身の人気とによって十一万を越えた。支那研究では加藤常賢の地味な『支那古代家族制度研究』があり、又吉川幸次郎訳の『尚書正義』が出た。天野貞祐の文集『道理への意志』が三万四千の部数を出し、外に島崎藤村の南米紀行『巡礼』が二万、斎藤茂吉の歌集『暁紅』が一万三千、戦歿した太田慶一の『太田伍長の陣中手記』が二万、外に日本学術振興会編の英訳『The Manyōshū』、豊田実著『Shakespeare in Japan』が出た。それから我妻栄の民法ものはいつも世に迎えられているが、今年の『債権総論』(民法講義Ⅳ)がけっきょく三万二千近く出たのは、やはり一種の時代相を語るものであろう。法律では十二年に『法の変動』を出した栗生武夫の『法律史の諸問題』も出た。なおこの五月に能勢朝次の『能楽源流考』は恩賜賞、斎藤茂吉の『柿本人麿』は学士院賞を与えられた。岩波は政治的に弾圧せられて、文化的に推賞されるという皮肉な現象を呈した。なお明治三十年代に於ける林六合館発行、佐村八郎著『国書解題』は尊重すべき業績であったが、岩波はこの書が久しく打ち絶えていた間の進歩せる書誌学の成果を取り入れて、新しく国書解題の事業を始めようとし、七月帝国ホテルに辻善之助、新村出等を招待し、尊敬する先人鼎軒田口卯吉の志を仰いで、紀元二千六百年を迎えるこの四月から、具体的に仕事にかかろうと志している故、切に臨席学者の協力と忠言を望む旨を述べている。しかしこの事業は或る程度進行した後、戦争のために中絶の已むを得ざるに至った。

なお六月に店員百三十名が職員保険に加入し、九月には食糧事情悪化の為、店員の給食を代用食にかえたという事件もあったが、今年中の重要事件は岩波が私財百万円を投じて「風樹会」を設立し、特に理論的基礎的な学問に従事する若い学徒の研究を助ける事業を始めたことである。このことは岩波の「社会生活」のところで別に詳述する。

時局の窘迫はいわゆる出版新体制となったが、岩波は、バスに乗り遅れまいと新体制に食いつく者の作った今までの組合が、自家擁護的であり、自己の特権維持の機関たるを事とする弊を衝いて、「出版は賭博ではない、本当に世の為になるものは、事業的には必ず成り立つ」という信念を、迫害の中にもいよいよ強くした。『文藝春秋』に載せた「出版界の立場から文化統制に対して当局への具体的希望」の最後に於いて、「要するに、東亜新秩序の確立によって、世界新秩序の確立に寄与せんとする、我が高度国防国家に於いては、その新体制の思想的根幹たる文化統制を行うに当っては、人選を厳にすべきはいうまでもなく、あくまでも古今を貫く高邁な理念を目指し、東西に通ずる公明なる態度を持し、世界をして景仰せしめるに足る日本文化の建設を目標としなくてはならない。奉公の精神を欠き文化を冒瀆する如き悪質の徒に、断々乎として痛撃を加えると共に、誠心誠意学芸を愛し、君国を憂うる者に対しては、研究に創作に言論に、進んであらゆる便宜を与うべきである。現在の国策に副わざるを名として、必要以上に言論を抑圧し、偏狭固陋なる政策に堕する如きは、我が民族の優秀性を伸張し、興隆日本の大国民を育成する所以ではあるまい」と痛言している。まさに敵の武器を奪ってこれを敵の胸におしつける概《おもむき》がある。これを中学生的と笑うものに果して岩波のこれだけの意気があろうか。

六　太平洋戦争中及び降服後

昭和十六年(一九四一)初の挨拶に岩波は、「今年は平和が来るのではないかという気がして、色々な仕事が自分を引っぱるが、この仕事に専念したい」といっているが、平和は来らずして日本は太平洋戦争に飛びこんでしまった。その四月から日米交渉が始められたが、松岡外相はヒットラーやスターリンに致され、六月に入り、ドイツが不可侵条約を破ってソ連に侵入し、日本が仏印への進駐を強行するに及んで、米英両国は日本人資産の凍結を敢行し、近衛は内閣を投げ出して東条の純軍部内閣ができ、アメリカは日本との開戦不可避の決意下に、強硬な「ハル覚書」をつきつけた。かくして激発した日米戦争は、緒戦の成功に国民を一時的に眩惑させたのみで、世界から政治的にも軍事的にも孤立して、世界を相手に国民に窮乏と死とを強うる望なき戦争になってしまった。

かかる時勢の中にも、岩波書店の好況は続いたばかりでなく、頂上に達する姿を呈した。出版書目七十を越え、外に文庫を除いて全書七、新書六があった。単行本の中では、秋山謙蔵の『日本の歴史』が後年に亘って二万以上を出し、天野貞祐の『私の人生観』が一万五千を超えた外に、山本有三の小説『路傍の石』が三万を出している。叢書で世に迎えられたのは、今年の末に発刊された「少国民のために」であった。みんな科学的な話であり、有馬宏の『トンネルを掘る話』、宇田道隆の『海と魚』、内田清之助の『渡り鳥』、中谷宇吉郎の『雷の話』、日高孝次の『海流の話』など二万乃至三万を出した。外に数学、自然科学の理論的な地味な著作も十に近いくらい出ている。その中で林桂一の『高等函数表』は出色である(この著者は後に『円及双曲線函数表』等も出している)。日本文化に関係したものでも、沢瀉久孝の『万葉の作品と時代』、池田亀鑑の専門的な

『古典の批判的処置に関する研究』、時枝誠記の『国語学原論』『国語学史』の外に、東北帝国大学哲学教師ドイツ人ヘリゲルの著で、柴田治三郎の訳した『日本の弓術』が、廉価版ではあったが一万以上出たのは、やはり時代の日本文化に対する関心を示すものとはいえよう。その外中国や東洋に関しても、倉石武四郎の『支那語教育の理論と実際』、宇井伯寿の『第二禅宗史研究』、故白鳥庫吉の『西域史研究　上』などが相当に出、桑原武夫訳の『アラン芸術論集』が一万八千も出、九鬼周造、木村素衛の文芸論、美論が多く出たという現象もあった。外に前日本銀行総裁深井英五の自叙伝『回顧七十年』、陸奥宗光の遺稿『蹇蹇録《けんけんろく》』が出た。

岩波はこの年の初、一月七日の日記に「本の定価は安く、印税は高く、品物はよく、職人の払は高くよく、材料はよく。かくて余る浄財を社会の為に使う。何処からも文句の出処はない筈だ」といっている。これはたしかに彼の実行したところである。これでなお出る文句に対して、彼は満腔の不平を感ずると共に、又此上なき誇をも感じたであろう。

来年は開店第三十年を迎えるというので、彼は先輩に書を送って、出版方針、営業方針に関して忠言を求めたが、あまり大した反響はなかった。彼は「電報通信」に問われて、事変下の出版とその理念について答えているが、これは彼の常に口にする所で、今までも度々説き及んだものだけれども、その中新聞広告について語っている所は、いつもながら適切公正である。彼は効果の多い新聞紙の広告料の高いのは当然であり、よい新聞に安く広告しようとするのは、よい品を安く買おうとするのと同じく不当であり、団体の力を借りて不当に広告料を下げようとする広告主は不心得である。しかし新聞社の方でも広告主の弱みにつけこむようなことがあってはならぬ。又化粧品、薬品、機械類などの如き利潤の幅の広いものと、出版の如きそれの狭いものとは、その料金に差があって然るべきかと思う。個人では見られず新聞社の力で始めて見られるようなものを、新聞社が見せてくれるのはよいが、広告政策的の会合や旅行は双方共これを避くべきである。料金値上の時に活字を小にして段数を増すという方法が取られるが、これは眼にもわるいし、もし広告料を上げる必要があれば、断乎として上げたらいいではないか、という趣旨である。これは彼が具体的問題についてはっきりした意見を持って、又それをはっきりと言い得る人間であることを示すと共に、彼の人間として商売人としての生活態度を直截に語るものだから、引いたのである。

一月二十二日のことであるが「食堂のパン少量となれるに驚く、何とかせねばならぬ」と日記にかき、店員への昼食給食に関し感懐を洩らしている。前にもいった如く九月に、熱海市伊豆山東足川に、女中部屋とも三間に浴場を附した別荘ができた。

月日は確かでないが、今年の秋太平洋戦争の勃発に先だって、彼はN・H・Kの希望により、超短波で海外放送を試みた。吉野がそれを英訳し易く直し、又吉野の注意で部分的に潤色したところもあるが、全体は彼のアイディアである。彼が内に向っては日本に厳しい批判をしながら、外に向って日本を宣伝する煩を厭わぬ愛国者であった一面を示す為に、それをここに引いておこう。

「日本の出版事業は長い歴史を有している。既に一千二百年前孝謙天皇の御代に木製活字による仏教聖典の翻訳が行われ、金属の活字すら三百年前有名な将軍家康の時代に既に用いられていた。この最初の金属活字は銅製であったが、とにかくグーテンベルヒの発明から余り遠くない時代に、我々の祖先が同じような方法を考案して智識の普及に努めていたということは、恐らく諸君にとっても興味なきことではないであろう。しかし、相当広い市場を相手とし、工業化された印刷術を以て、活発に且つ大規模に出版事業が営まれるに至ったのは、比較的近年のことである。即ち今から七十年ばかり前に、諸君アメリカ人及びヨーロッパ人の刺激によって我々が封建制度を撤廃し、近代的国家として若々しく蘇って以来のことである。爾来我々は、長い間鎖していた門戸を開き、常に最新の技術を輸入して、この事業を目覚ましく発展させて来た。このことは、既に諸君も知っておられるところの、この半世紀に於ける日本の急速な全般的発達の一例に過ぎないけれども、しかし、もしも諸君が現状を親しく観察されるならば、我々が如何に熱心に諸君の長所を学び、それによって自己を弥が上にも生長させようと努めつつあるか、同時にまた、諸君に学びつつも如何に熱心に自己独自の創意を発揮せんと努めつつあるかが、正にこの一例の中に極めて鮮かに現れているのを見られるであろう。日本の大都市に数多く見出される近代的な印刷工場を訪問されると、最初のうち諸君は些かも外国にある感じを抱かれないに違いない。工場の建築も、諸々の設備も、全くヨーロッパ的もしくはアメリカ的である。複雑精巧な輪転機や各種の印刷機が巨大な動力によって、全然ヨーロッパ風に、もしくはアメリカ風に動き、工場を満している騒音は、諸君がニューヨークの、シカゴの、ワシントンの印刷工場で聞かれるものと少しも異ってはいない。しかし、ひとたび諸君がその機械から吐き出される紙を手に取って御覧になると、諸君は恐らく完全に奇異の感じに捉えられてしまうに違いない。その紙には、我々日本人の祖先が千数百年前に支那から輸入した一種の象形文字と、その後に彼等が発明した日本独特の一種の音標文字との組合せから成る文章が、諸君のやり方とは全く反対に右から読む縦書きで印刷されているのである。それのみではない。もしも諸君がそれらの文字を解し、その文章を読むことができるとすれば、諸君はもっと意外なことを発見されるであろう。或る工場では諸君は、二千年前の支那哲学の古典が、全然それに相応しくないと思われるような近代的方法で、大量的に印刷されているのを見られるであろう。また或る工場では、千年前のわが国の古典的文学が、デューウィ教授の『確実性の探究』(The Quest for Certainty)の翻訳と、互に隣りあわせの機械で目眩しく印刷されているのに出会われるであろう。同時に、近代ヨーロッパ精神の洗礼を受けた後に新たな眼を以て我々自身の伝統を省察し、我々の祖先の遺した美術や文学や道徳説に再び尽きざる生命を見出した学者たちの研究も、同じように忙しく印刷機を廻転させているのである。支那伝来の文学とわが国独特の音標文字、アメリカ風の生産様式と日本の古典文学――かような一見奇異な組合せは、確かに始めてそれに接する人々を驚かすに足るであろう。だが、我々自身にとっては、それはさほど奇異なものとは感じられないのである。何故ならば、あらゆる世界文化を摂取し消化し、常に新たな綜合的文化を創造してゆくことにかけては、我々は常に熱心であったし、今日もなお貪る如く熱心であって、前述の如き組合せや対照も、この情熱の中で溶融し、機能的に調和させられているからである。今次の大戦の勃発する前後から、諸国民を隔てる障壁が次第に高くなり、殊に経済的障壁は各々の立場から計画的にも高められて来た。それに伴って遺憾ながら諸国民の間の感情の阻隔も年と共に甚だしくなってゆくように見える。しかし、私の従事している出版業を通じて私の見た限りでは、世界文化の交流を求める熱心な心は、日本人の間に少しも衰えず生きつづけていると思う。実際海外文化の優れたものを愛し、尊敬し、自己の血肉と化そうとする要求は、盛んな購買力となって日本の出版業者の前に横たわっているのである。従って、各国民をそれぞれ自国の境界内に閉じこもらせようとする今日の国際情勢にも拘らず、我が国の出版界に於いては、あらゆる部面を通じて翻訳書が盛んな売行きを示している。日英の政治的関係が望ましからざる経過を辿っている間にも、シェイクスピアの戯曲の売行きは少しも衰えていないし、ロックやヒュームの如き哲学者の主著が次ぎ次ぎに翻訳され、しかも大衆的な廉価版として普及しつつある。いや、かかる現象は、我々が今日最も遺憾な敵対関係に立っているところの支那に関しても見られるのである。我々の祖先は千数百年に渉って孔子や老子や荘子の原典に親しんで来て、彼等の教説は今日でも私たちの日常生活の中にいろいろな形で溶けこんでいるのであるが、これらの支那の古典的思想家たちに対する愛は、我々が余儀なく蔣介石政府と戦うようになってからも、少しも衰えていないばかりか、否かえって深まりつつあるように見える。私が我が国民一般の教養の水準を高める目的で、東洋並びに西洋の古典的著作を網羅し且つその価格が低廉で何人にも入手し得るような叢書即ち「岩波文庫」の出版を企て、それを継続的に刊行しはじめてから既に十四年になる。今日ではこの叢書は千二百余の書目を擁し、わが国に於いて最も広汎な読者を有する叢書となっていて、従ってわが国の読書家の一般的な需要を忠実に反映するものとなっているが、日本と支那とが戦いの状態に入ってから四年の間に、この叢書に対する需要が全体として激増しつつあるのみでなく、この中に収められた支那の古典は益々読者から歓迎されてゆく傾向を示し、現在では如何に重版を急いでも、生産が需要に応じかねるほどの有様である。殊に私が指摘したいと思うことは、ドイツのレクラム文庫を範とした携帯に便なこの岩波文庫が、戦場に赴く兵士たちの最もよい伴侶となっていることである。支那大陸で戦っている兵士たちのポケットや背嚢の中に、前記の支那哲学者たちの典籍や、更に李白、杜甫の如き唐代の詩人の詩集が納められているという事実は、私たちが蔣介石とその一派を敵として戦っているとはいえ、決して支那の民衆に憎悪を抱くものではないという、我々の声明を裏書きするものではないであろうか。それればかりではない。支那文化に関する学術的研究も日支事変によってかえって刺激され、一層活発に行われるようになった。最近に於ける我が国の出版界に於いて著しく眼につく現象の一つは、この種の支那研究書が毎月続々と出版されつつあるということである。今日ヨーロッパ化された一部の支那人は故意に彼等自身の伝統的文化を無視し、彼等の世界的古典に対する愛と尊敬とを失ってしまっているし、また驚くほど教化の低い支那の大衆は、その祖先の誇るべき事業に関して全く無知の状態に留まっている。今日では、我々日本人の方が支那人自身よりも深く支那の古典的文化を愛し、その価値を理解し、それを保存せんと努め、それと西洋の近代文化との融合という偉大な課題に向って、より熱心に従事しつつあると誇ってもよいようである。同様のことが、仏教との関係に於いて、印度についてもいえるのである。明治天皇が今から七十五年前、日本の有史以来の大革新を断行遊ばされた際に、それ以後の日本の飛躍的発展にとって指導原理となったところの五箇条の御誓文を天下に公布遊ばされたが、その中に「智識を世界に求め大いに皇基を振起すべし」と仰せられてある。我々はここに、古来日本人が他国民の文化と接触しつつ長い歴史を通じて実践して来たものが新たに一つの指導原理として確立されたのを見た。そして、この原理に飽くまでも忠実であろうと努めて来たし、また現にそう努めつつあるのである。

かように打開かれた心を以て海外文化の優れた点を摂取しようとする熱心さと並んで、その摂取を単なる受容や模倣に堕落させないとする努力も、やはりはっきりと出版界に反映している。我々の伝統を再検討し、我々に固有なものを認識し直し、自主独立の精神を奮い起そうとする評論や、かかる傾向の研究が近来著しく出版界を賑わしているのである。これについても語るべきことは少なくないけれども、それはまた他の機会に譲ることにしたい。いずれにせよ、出版界の現状を通して私が見たところでは、私たちの愛国心は偏狭な排外主義とは縁遠いものであると主張できると思う。事実は何よりの証拠である。一千年前に我々の祖先が遺してくれた国民詩集『万葉集』が各種の刊本を通して年々数十万部売れてゆく一方に、ミッチェルの『風と共に去りぬ』(Gone with the Wind) の翻訳が我が国の出版界にも近来にない大きなセンセイションを惹き起したのである。そして、プラトン、アリストテレスからカント、ヘーゲルに至る哲学的古典が戦時中にも拘らず着々と翻訳され、平時と異らず出版されているし、それら古典の翻刻すら企図されて、一部は立派に採算のとれる事業として実現されているのである。

私は海外の諸君が日本のこういう一面にも行届いた注意を向けられんことを切望するものである。我々が諸君を理解しようと努めている程度に諸君が我々を理解しようと試みてくれたならば――というのは、私たちの共通の希望である。」

昭和十七年(一九四二)は、太平洋戦争緒戦に興奮した国民の勝利の夢が、早くもミッドウェイ海戦の敗北その他に醒め、ドイツのソヴィエット電撃と北アフリカ攻略も進まず、戦争はいよいよ長期消耗戦の様相を示すと共に、五月に翼賛選挙によるいわば官選の代議士で議会が充たされた一方に、経済的困難と食糧欠乏とはますます甚しく、海陸の軍力も兵器の補充も衰え、国民は一時ののぼせから再び絶望に引き入れられたが、しかし岩波書店の出版は盛況を続けた。

一月六日に神田区神保町二丁目三番地の小売部が、住宅外一棟と共に類焼の厄に会った。

今年の出版点数は八十に及び、外に新書の十を加えた。最も多かったのは法政経の部門で三十に近く、科学(自然、応用、数学)は二十に近く、その中には岡田武松の名著『理論気象学　上巻』(中、下巻は十八、十九年に出た)や湯川秀樹、坂田昌一合著『原子核及宇宙線の理論』などが出た。思想方面で玖村《くむら》敏雄の『吉田松陰の思想と教育』が結局二万も出、高山岩男の『世界史の哲学』が一万五千を数え、幸田成友の『日欧通交史』が一万近く出たり、又『佐藤信淵武学集』が出たりしたのは、日本中心主義的の考方と共に、太平洋戦争の意義を世界史的に是認しようとした要求をも示すものであろう。しかし和辻の『倫理学　中巻』が多く売れたのは、和辻の人気と共に、やはり時代が国民の倫理感をゆさぶったことを示すともいえよう。思想方面では岩下壮一の遺著『中世哲学思想史研究』も意外に多く出た。中国や東洋に関する書物が割に多く出たのも、時局の影響を語るものであり、篤学にして若く死んだ玉井是博の『支那社会経済史研究』という地味な著述も相当に出ている。外に松本信広の『印度支那の民族と文化』も出た。その外で小宮の「漱石全集」に附した漱石作品の解説を集めた、『漱石の芸術』が二万を越えた。

「少国民のために」の叢書中、『魚の生活』『地図の話』が三万を越え、『音とは何か』『山はどうしてできたか』が二万を越えたのは、やはり戦争が切に科学を要求した事情を反映するものであろうか。

岩波はアングロサクソンの世界制覇が、殊に東洋を併呑し圧迫し搾取したことに対して、昔から強い慷慨の念を抱いていたので、太平洋戦争に対しては支那事変に対する程の反感を示さなかったらしい。しかし年末「読売新聞」に発表した意見の中、「理念の高揚と教養の向上とは戦時といえども忽《ゆるがせ》にすべからざる国家の根本要請」だとし、第一には「戦争目的に対する確乎たる信念を植えつけること」、その為には「時局物に限らず、哲学書を始め古今東西の典籍を閑却すべきでない」という、岩波の持説なる古典尊重の精神を説き、第二には「戦争に克つ為に自然科学の方面に特に意を用いる」べきだという、これも平生の持説を主張して、これを国家の二大要請といい、現時の出版物を見るに、以上の二大要請を果たして遺憾なきか、情報局、文化協会、配給会社、それぞれ当局者の努力にも拘らず、出版物の質は低下したとか、不急の書を濫出するとか、配給は遅滞するとかいう声を、識者の口から聴くに至っては、我々出版者は、この際「自己の職域に対して深き反省をなさなくてはならぬ」と説き、更に具体的に「用紙制限の対策は出版物厳選の一語に尽きる。百発百中の砲一門は百発一中の砲百門に匹敵する、といわれた東郷元帥の言は、この際我々出版者も銘記すべきである」と喝破し、当局に対しては「戦時の出版の理念を強化力説せられると共に、高き実物の標準を示され、一冊の雑誌でも本でも、営利第一主義では出版を不可能ならしむる様にすることを希望する。これ事業整備の自然的解決でもある」と言い切っている。

更に進んで「これには現制度を活用せられるなり、又各方面の識者を集めて委員会を作るなり、何れにても厳選を実行すべきである。先ず道義的に出版者の良心に訴え、効果なき時は総動員法の精神を適用する適当の処置を取るもやむを得ない」といい、「われわれ出版者としては、紙なき時は銃を取り戦場に立つか、鋤鍬を取って田を耕すなり、つるはしを持って石炭を掘るなり、自ら活くる途に覚悟をきめて、この際社会政策に立つ当局の御苦労を煩わすことを寸毫もなき様にして、最後の紙一枚まで国家奉仕のために捧げるようにしなくてはならない」とまで極言している。

岩波が果して戦争目的に対する確乎たる信念を彼自身持ったか、又当局がこの戦争目的の信念を植えつけるという岩波の希望に答え得ると思ったか、それを単純に肯定することはできない。しかし真面目な思想家と考えられた、岩波の尊信していた西田や田辺も、又我々に至るまでもそういうことを希望しなかったとはいえない。軍部や政府の処置に不満を抱きつつも、一面に於いて戦争を肯定した、或は否定し切るに至らなかったことは認めねばならない。政府や軍部のやりかたが無理を極め、国際的不信の連続を行い、その中にも軍部や為政者が自家の利権と威福に傲って、国民を塗炭の苦しみに陥れた現実についての認識は、我々にはまだ十分でなかった。後に説くこの十一月に催した開店三十年の招宴で、岩波が感激の高潮にあった時には、恐らく満堂の来賓と同じく日本の悲惨な降服と敗衄《はいじく》とには考え及ばなかったであろう。しかし私は、岩波が最後は戦場に銃を取り、鍬やハンマーを握る覚悟で、紙一枚になるまで出版に奉仕する、といった詞を、例の中学生的気焔だと一笑する人々には同ずるわけにはゆかない。今引いた詞を見ても、岩波にはむしろ人の意外とする御世辞も技巧もポーズもある。しかしいよいよ事態がどんづまりに達した時、敢然《かんぜん》としてわるびれず、銃を取り鍬を握り得る稀少者の一人は岩波である。その点まさかの時は巧みに口を拭ったり、こっそり姿を隠したりするスタンドプレヤーとは選を異にする。

この年の中、岩波に取っても岩波書店に取っても最大の事件は、岩波が明治大帝の御誕生日なる明治節に行った、前記の創業満三十年の大宴会であろう。この日以後降服まで、恐らくこれだけの量あり質ある公的宴会は、日本になかったであろう。それは岩波書店の三十年をことほぐと共に、六月以来の太平洋戦争の敗運をとむらう前法会として、又更に立ち入っていえば、「岩波新書」以後ようやく出版から離れて社会活動に心を傾けた岩波自身にとって、実に感慨深い催しであった。その顚末は同年十二月の、岩波書店の機関雑誌『図書』の終刊号に委しいが、ここにはその大略を伝えておこう。

先ず左の如き招待状を出した。

「粛啓　天高く気清く涼冷の候と相成り候処益々御清穆の段奉慶賀候　平素は御無沙汰がちにて寔《まこと》に申訳無之候

扨小生半生を顧みて碌々として為す事なかりしは甚だ慚入る儀に候え共幸に健康に恵まれ今日まで大過なく職域に献芹の微衷を捧ぐるを得たるは一に御高庇に依る事と常に感佩罷在る次第に御座候　恰も今年創業三十年に際会するを機として小生が少年時代より今日に至るまで知遇を辱うしたる諸先生並に特別の高誼を賜わりた

る知友各位に感謝の微意を表し度存候　時局多端の折柄御迷惑の段恐縮の至りに候え共御都合御繰合せの上来る十一月三日午後五時大東亜会館へ御光来の栄を賜わり度伏して御願い申上候　敬具

昭和十七年十月十日

岩波茂雄」

この招待状は内地は固より朝鮮満洲まで、凡そ店主岩波の今日まで知遇と友誼とを受けた人々には、専門、職域の如何を問わず、多年の恩顧に対する感謝を披瀝したいという熱い宿願をこめて、広く各方面に亘って発せられたのである。岩波がこの招待会に傾けた苦心努力は、岩波の凝り性、しつこさ、せっかちを遺憾なく発揮した。招待状の送り先、文句、挨拶の推敲、席次の選択その他、一旦きめては又変え、変えては又元に復する等、自分で転手古舞をするばかりでなく、店員を転手古舞させたことも非常なものであった。

岩波が明治節を選んだのも、明治天皇に対する尊崇の念に発することは言うまでもなく、彼がその日五時に起きて、明治神宮に参拝したという一事だけでも、岩波の心境はわかる。岩波のその夜述べた挨拶は、岩波の一代、岩波の性格、理想、行蔵と、その生涯の仕事であった出版業を語って、殆ど余蘊《ようん》なきものであるから、煩冗《はんじょう》と重複とを厭わず、ここに引くことにする。

「本日は、私が小学校時代より今日迄、教えを受けました諸先生、知遇を蒙りました諸先輩、又特別の御高誼を賜わりました友人各位に対し、感謝の意を表したく、今の仕事を創めてから今年三十年になりましたのを機会に、御招き申上げたところ、時局多端の折柄、公私御多用中を御繰合せ御光来下され、一時に皆様に御礼申上げる機会を与えて戴きましたことは、私の最も光栄とし、感激に堪えざるところでございます。

私はこれまで一度も斯かる催しをしたことはございませんでした。創業二十五年を迎えた時には、世間並に何か催しをしようとする議もないではありませんでしたが、支那事変勃発のために差控えて、平和になる暁を待つことに致しました。然るに、事変は大東亜戦争にまで発展し、もはや今日では、私共国民は益々長期戦を覚悟せねばならぬ情勢にあります。随って戦後を期したのでは、私の如き年輩の者は、恩顧を蒙りました皆様に対し終生御礼を申上げる機会を得られないかも知れませぬ。それでは、誠に遺憾千万でございますし、また斯かる感謝の企てならば現時に於ても許されはしまいかと存じ、明治に生まれ明治に育てられた私共にとって思い出の深いこの明治節を選び、御案内申上げた次第でございます。

扨て、皆様の前で自らを語ることは甚だ憚《はばか》り多いことではありますが、御礼を申上げる順序といたしまして、私の生い立ちから、どんな気持ちで此の仕事をするに至ったかを述べさせて戴きます。

私は信州の農家に生まれ、極めて野育ちのまま腕白な少年として成長致しましたが、漸くもの心のついた十六の歳に父を亡い、この時初めて人生の悲みを経験し、半年位は茫然として為すところを知りませんでした。一日、「身を立て、道を行い、名を後世に揚げ、以て父母を顕わすは孝の終なり。」という孝経の句に接し、子供心にも孝養の道の未だ残されていることを知りまして、取返しのつかぬという気持ちからはやっと救われました。そこで大いに発奮したと見えまして、本来ならば学業を罷めて家業に従事すべきものを、特に母の許しを得て、前年入学した郷里の実科中学の通学をそのまま続けさせて貰うことになりました。

当時は、日清戦役の後を受けて、英雄崇拝の風が盛んでありました。私なども、今日から考えるとおかしいほどその影響を受け、西郷南洲翁の肖像を机の側に掲げて勉強したり、また吉田松陰伝に感激して、暗記するほど読み耽ったり、維新の志士を夢中になって追慕したものであります。随って十七歳の時、伊勢参宮に単身初旅を試みました時にも、その帰途、わざわざ京都に郷党の先覚佐久間象山先生の墓を弔ったり、鹿児島に赴き、南洲翁の墓前に額いて平素の崇敬の情を捧げたりいたしました。山国に育った私としては、海を見るも船に乗るもこれが初めてで、汽車に乗るのさえ確か二度目であったと記憶します。

其後、杉浦重剛先生の高風を慕って東京に出て、日本中学を終りました。上京に先立ち、自分は働きながら勉強したいから学僕にして頂きたいと、郷里から先生に御願いした手紙が、四十年後の今日、日本中学図書室から発見されて、唯今私の手許にあります、これを見ると、当時の心境と今日の心境と殆ど変りなく、依然たる旧阿蒙たるに自ら驚くのであります。

私の一高時代は、所謂《いわゆる》人生問題が青年の最大関心事で、俗に煩悶時代とも云われた頃でありまして、畏友藤村操君の死が、私共青年に与えた衝撃は、実に大なるものがありました。私共は君を勝利者の如く考えて讃歎し、自分の如きは美に憧るる純情が足らず、真剣さが足らず、勇気が足らざるが故に死の勝利を贏ち得ず、敗残者として生きているのだとさえ考えたのであります。当時、私は北村透谷などを愛読し、またトルストイに傾倒し、翁と同時代に地上に生きることを仕合せとする位に考えたものであります。殊に『我が懺悔』の如きは、私のために書かれた書物の如くに感じ、「信仰なきところ人生なし」という言葉から受けた感銘は、今なお記憶に新たであります。私はどうやら、ここに一条の光を与えられました。一巻の聖書を携えて房州の海岸に行ったのも、この時であります。名を後世に揚げるというような、それまでの立身出世主義の人生観は全く魅力を失い、寧ろこれを蔑視するようになりましたが、同時に勉学の目的をも見失って、一時私は学業さえ放擲したのでありました。信州野尻湖上の孤島に自然を友とし、飽くことを知らなかったこともあります。この時、母は私の身を案じ、暴風雨を冒して夜半孤島に私を尋ね、懇々として諭されましたので、私は涙を呑んでこの自然に別れ、再び学校に戻り、どうやら大学の課程を終ることが出来ました。この年六月、母は突然に亡くなりました。少年時代父を喪ってより、一方ならぬ苦労をかけた母は、私の一片酬ゆるところなきに、世を去りました。これは私の一生を通じての最大恨事《こんじ》であって、今に至るまで、涙なくして母を思うことは出来ないのであります。

学校を出ますと、私は都下の女学校に奉職いたしました。当初はいささか抱負をもって、女子教育に微力を尽そうと思ったのでありますが、私には、人生に於ける根本信念があるわけでありませんから、人を教える前に教うべきは自らである、人を救う前に救わるべきは自分である、というような悩みを感じ、数年ならずして私は、人の子を賊う苦痛より免れて、心の落着きを他の境涯に求めるような気持ちになったのであります。

もともと私は何の才能もありませんが、自然を愛する心だけは多分に恵まれており、山桜の咲く此の国に生まれたことを常に幸とし、学生時代、海外に移住せんとした時にも、富士山に別れることが何より辛いと感じたほど日本の自然に愛着をもっているのであります。それに元来が百姓で、少年時代より草を刈り田を耕して育ったのでありますから、土に親しむことには、さながら郷里に帰る如き感をもちます、それで教職を去ろうと決心すると共に、私は、東海の辺りに朝な夕な富士に親しみ乍ら、晴耕雨読の生活をしようと思いました。当時、それが私の最も憧れた境涯であったのであります。

しかし、私はこの時、まだ三十を越したばかりの若さでありましたから、田園生活を暫く取っておきにして、一商人としてもう一度都会の生活を試みてみようと考えました。失敗しても老後の思い出になる、商人の生活は士農工商の最下級に位するが、そのやり方によっては、必ずしも自己を卑しくせずとも、やってゆけるに相違ない、即ち人の必要とするものを、なるべく廉価に提供し、扱う品物にも吟味を加え、かくて、人の必要を充たすと共に自分の生活が成立つならば、それでよいではないか、商売は決して本来が屈辱の生活である筈はない、少くともここには人の子を賊う心配はない、「低く暮し高く想う」の生活は、責任が軽く、心が安らかで

ある点に於て、むしろ望ましい独立の境涯ではないか、——こう考えたのでありま
す、然し、掛け引もせず商売が成立つことは、実際には恐らく許されぬであろう、
試みて若し独立と誠実とが守れないならば、敢て惜しむに足らぬ境涯であるから、
即時放擲して田園生活に入ろう、と肚はきまっておりました。新宿中村屋の相馬さ
んは早稲田の学園を出られて、商売を御始めになった方であり、同郷の先輩でもあ
りますので、その御意見を伺ったところ、何商売にせよ、素人でも充分やってゆけ
る、と御自分の体験を話して下さいました。私が商人になることを決心したのは、
唯今も申した通りの気持ちによるのでありますから、商売は何をしてもよかったの
であります。現に、相馬さんに教えられて、新宿に売物に出ていた乾物屋の店を覗
いたことさえもあります。しかし、古本屋ならば資本が少なくて出来る、多少とも
今迄の生活に縁故もある、また一つには、たまたま大正二年二月、神田の大火の焼
跡に、以前奉職していた学校に出入りの書店が新しく建てた貸店がちょうど空いて
おった、という事情もあって、私は古本屋を開くことに決めたのでありました。そ
の店を借り受けて開店いたしましたのが大正二年八月五日、現在の神保町の小売部
がそれであります。開店の挨拶状には、その頃の私の考えがよく出ております故、
それを読ませて頂きます。

粛啓　益々御清祥奉賀候　陳ば野生儀感激なき生活の繋縛を脱し、且つは人の子を賊う不安と苦痛とより免れんため、教職を辞し、兼てより希いし独立自営の境涯を、一市民たる生活に求めて、左記の処に書店開業仕り、新刊図書雑誌及古本の売買を営業と致し候。就ては従来買主として受けし多くの苦き経験に鑑み、飽くまで誠実真摯なる態度を以て、出来る限り大方の御便宜を計り、独立市民として、偽少なき生活をいたしたき希望に候。不敏の身貧弱の資を以て険難の世路を辿り、荊棘を開いて新なる天地に自己の領域を開拓せんとするには、定めて遭逢すべき多くの困難可有之事存候、野生が新生活に於ける微少なる理想を実現する為、御同情御助力願われ候わば、幸之に過ぎず候　敬具

はじめ偽なき生活と書いて、これを「偽少なき生活」と、書き改めたことを記憶しております。

尚此の開店の辞の印刷物の裏に、私が好んだ格言が七つ記してあります。ついでに、これも読ませて戴きます。

桃李云わざるも下自ら蹊をなす。

低く暮し高く想う。

天上辰星の輝くあり、我衷に道念の蟠るあり。

此地尚美し人たること亦一の喜なり。
正しき者に患難多し。
正しかる事は永久に正しからざるべからず。
正義は最後の勝利者なり。

以上のような次第で、私が古本屋を開業しましたが、もとより、独立の生活をするのが私の願いでありましたから、旧来の商売上の習慣を無視して、乱暴なくらい自己の所信に従ってやりました。当時、破天荒の事といわれた古本の正札販売などを実行したのは、その一例であります。その頃、理想に突貫するのは暫く措いて先ず普通のやり方で商売をし、基礎が出来た後に理想に邁進したらよいではないかと、親切に云ってくれた友人もありましたが、私は少しも妥協的態度を採らず、気の済む道を歩みました。「古本を言い値で売るものがあるか。」と、御客様から叱られたことも屢々でしたが、もとより買主の便宜を計ってしたことですから、私の店の態度は終に認められ、堅実な顧客の信頼を得る事ができ、店の運営は漸次順調に向ったのであります。

其頃、台湾総督府図書館創立の任務を帯びて、今は故人となられた太田為三郎先生が突然店を訪問され、図書購入に就いて私の意見を徴せられた結果、一万円の注文をされたことがありました。当時店の一日の売り上げが拾円か二拾円でなかったかと思いますが、全く何の縁故もなかった人が、私に対しこれ程の信頼を寄せられたことに就いては、私も非常に感激して、できる限りの御便宜を計り、先方でも本はこれ程安く買えるかと驚いたようなこともあります。

以上のような次第で、小売の営業も順調にゆきましたが、大正三年夏目先生の『こころ』を処女出版として、出版の方面にも力を致すようになりました。

大正の初期、我が国の思想界の混乱時代に当って、哲学の基礎的知識を普及する必要を痛感し、友人諸君の尽力によって哲学叢書を出しました。また、自然科学の日本文化に於て最も遅れていることを教えられ、諸先生の御指導の下に科学叢書を出しました。哲学の書も、科学の書も、皆同じような見地に立って出版いたしたのでありますが、何れも世に迎えられました。其後、講座、全書、新書、六法全書、教科書、その他各方面の単行本に手を拡げてまいりましたが、私としては、いつも世の中の必要に応じたい、我が国に欠けたものを補いたいという念願から出発したのであります。これらは、皆様既に御存じの如く、幸に総て順調にまいりました。

円本の時代に、学芸の普及の形式はかくありたいものだと、ドイツのレクラム版に倣って岩波文庫を創設した時のことは、特に忘れられません。この時には非常に反響が大きかったのであります。何百通という感謝状、激励文が未知の読者から寄せられ、その中には「我が一生の教養を岩波文庫に託す。」というような言葉さえもあって、私は非常に感動いたしました。「本屋になってよかった。」と、その時初めて思ったのであります。

かように致しまして、諸先生の御指導の下に、私がかくあるべきであると思ってやった仕事は、幸にして、悉く事業としても成り立ったのであります。鼎軒田口卯吉先生は、出版先覚者としても私の尊敬する方でありますが、「世の為になることをすれば、経済的にも必ず成り立つものである。」ということを、言われたそうであります。私の経験から見ましても、確かにそうであると思います。

今日では、私の仕事が日本の文化に多少ともお役に立ったかの如く、予期せざるお褒めの言葉を戴くことも往々ありますが、これは私にとっては過分のお言葉であります。先刻も申上げたように、私が商売を始めたのは、いわば市井に隠れ家を求めてのことであって、責任の軽い、心の苦しみのない、気の済む生活をしたいという、極めて消極的な気持ちから出たのであります。日本の文化に多少でも貢献しようとか、学術の振興に寄与しようなどと云う抱負をもって始めたのではありません。私の青年時代から苦しんで来た人生問題は、畢竟生死の問題であり、この年になっても、まだ私には、人に語るほどの信念はありません。しかし苟くも生を否定せぬ限り、他人の厄介にならずして一日も暮すことはできませんから、なるべく人の迷惑にならぬよう、身辺の小さな義務だけでも出来るだけ忠実に尽すべきだと思い、小売の場合にも、出版の場合にも、私は此の事だけは、忘れぬように心掛けて来たに過ぎないのであります。その生活態度が今日の如き結果を来たしたのであります。何か私の功績らしく見えるものがあるとすれば、それは総て諸先生の研究なり、思想なり、芸術なりの余光でありまして、私自身は、ただ、之を忠実に世に伝達いたした一配達夫に過ぎないのであります。一時のつもりで始めた仕事が、人も我も予期せざる結果をもたらし、最も不適当と思われた町人としての私が商売に衣食し、志を曲げずして今日に至りました上に、多少とも世の為をはかり、風樹の歎を自ら慰むる事のできるように成りましたのは、私にとって勿体ないくらい有難いことでございます。

それにつけましても、私は、実に多くの方々から恩誼を忝うしていることを、今更の如く痛感致します。

第一には、私が直接間接に御指導を受けました諸先生、諸先輩であります。本日御列席の、学界の耆宿《きしゅく》と仰がれる諸先生の御指導なくしては、公私ともに今日の私はあり得なかったと存じます。第二には、四十年来変らざる交誼を賜わった友人諸君であります。これらの友人諸君が、商人に転身した私の心事をよく理解され、著述に、編集に、また経営に、陰に陽に私の仕事を支援されたことが、私の事業の発展にとってどれだけ大きな力となったかは、今更申上げるまでもありません。その他、全国に渉る各方面の方々が、私の出版に対する一片の誠意を御認め下され、或る時は著者として、また或る時は助言者として、何によらず私を激励し、支援し、御指導下さることがなかったなら、到底私は、志を曲げずして事業を今日に至らしめることが出来なかったでありましょう。

また、直接事業とは関係なき方面に於きましても、人間としての私が並々ならぬ御懇情を賜わった方々が沢山ございます。

私の事業に好意を注がれる天下幾百万の読者の方々までも数えるとすれば、知ると知らざるとを問わず、寔に数限りない多くの方々から、私は御芳志を戴いて参りました。わけても本夕御案内申上げました皆様方は、特に得がたい御高誼を賜わった方々でございます。多年の尽きぬ御厚情に対し、茲に謹んで御礼を申上げます。

なお、既に故人となられました夏目漱石先生の知遇と、寺田寅彦先生の御懇情とは、この際特に忘れ難いものに存じます。現存の方々の御芳名を一々挙げることは差し控えますが、ただ学生時代より常に叱正を吝《おし》まれなかった安倍能成君はじめ友人諸君、及び同じく学生時代より知遇を受け、此の仕事を始めてからは特に私の最も不得手とする経営上の御指導を忝うした、明石照男氏の御高誼に対し、茲に厚く御礼申上げます。また、不断に私の身辺にあって献身的努力を尽された堤支配人御夫妻を始めとして、絶えず協力を吝まなかった店員一同に、深く感謝致す次第でございます。

私が不敏の身であり乍らも、高遠なる理想の方向に一歩なりとも近寄りたいと希い、及ばず乍ら自ら駑馬《どば》に鞭《むちう》ち、今日まで一筋の途を歩み続けて来ることができましたことに就いては、至誠一貫道義の尊きを教えて戴いた杉浦重剛先生、人間としての高き境地を御教え下さったケーベル先生、永遠の事業の何ものなるかを御教え下さった内村鑑三先生、独立自尊の町人道を教えられた福沢諭吉先生、また公益の精神を以て全生涯を貫かれた青淵渋沢翁に、負うところ多大であるのでございます。

なお、畏れ多いことでございますが、私が今日まで事業を進めてまいるに当って、国民として常に仰いで指標として来ましたものは、明治大帝の五カ条の御誓文でありました。

思うに、あの五カ条の御誓文は、開国の指針であるばかりでなく、皇国永遠の理念であると、私は堅く信ずるのであります。此の聖旨を奉戴して、学術の進展に、教養の向上に、不断の努力を傾倒することが、曠古《こうこ》の国難を突破するべく、吾々に課せられた職域奉公の道であると信ずるのであります。此の感謝晩餐会を、特に此の明治節の佳き日に選びましたのは、些かなりとも此の志を表わさんがためであります。私は残れる生涯を此の精神に殉じ、此の理念に生き抜き、陛下の赤子として、国民の一人として、遺憾なきようにと念願致します。茲に謹んで在来の御懇情を深く謝すると共に、なお今後の御指導、御鞭撻を願って止まないのでございます。

今夕の御来会に対して、重ねて厚く御礼を申上げます。私の纏りなき話を長々と御清聴戴きましたことは、寔に恐縮に存じます。時局柄とはいえ何の風情もなく、席次その他、万端不行届の点はすべて御許し下さいまして、ゆるゆる御歓談あらむことを切に御願い致します。

寔に、寔に、有難う存じました。」

当夜来賓の数は五百名を越え、学界の主要人物は固より、芸術界、芸能界、政界の諸層の外、親戚故旧の人々にも及び、学者外の名士では牧野伯、原枢密院議長、宇垣陸軍大将、米内《よない》、中村、塩沢三海軍大将など顕栄の人々と並んで、小学時代の旧師ではるばる信州から来た金井富三郎や、中学時代の旧師もあった。食前に於ける岩波の挨拶に対して、デザートコースに入って、三宅雪嶺の祝辞に始まり、牧野伯の乾杯、小泉信三、幸田露伴、明石照男、天野貞祐、安井てつ、藤原咲平に次いで、司会者安倍能成が閉会の辞に添えて所感を陳べた。三宅は、岩波と同郷の佐久間象山は、金を儲けるには片脚を挙げて小便するが宜いといったが、岩波は人間なりで立派に成功できることを証明したといい、小泉は、岩波の友人は別として、店内に堤夫婦を始め、岩波を敬愛する店員の助を得た幸福を羨み、幸田は商人として失敗を憂慮した岩波が、出版業の公益的事業だということを正解して、一にも二にも三にも四にも誠実を貫いて成功したことをほめ、明石は、当時の銀行の定期預金が、金額の大小によって利率を低く又高くしたことに対して、岩波が明石に示した抗議を追懐し、今は風樹会に百万円寄附してもびくともしない店運を祝し、高村光太郎は自作の短い詩「三十年」を朗読したが、その詩と別に高村が岩波の為に作った左の店歌は、来賓挨拶の終った後で、男女十六名から成る合唱団で歌われた。

あめのした　宇《いえ》と為す
かのいにしへの　みことのり
われら文化を　つちかふともがら

はしきやし世に　たけく生きむ

おほきみかど　のりましし
かの五箇条の　ちかひぶみ
われら文化を　つちかふともがら
思ひはるかに　今日もゆかむ

ひんがしに　日はありて
世界のうしほ　いろふかし
われら文化を　つちかふともがら
こゝろさやけく　明日もゆかむ

高村に次いで天野は、岩波の事業の持つ倫理性を顕彰し、何が世の中に欣ばしいといって、正しい人の成功、何が世道人心を益するといって、正しい人の成功に及ぶはないと讃え、安井てつは岩波の隠れたる親切の徳を頌し、同郷の友人気象学者の藤原は、岩波の青年時代を語り、岩波と会えば必のように、家人には喧嘩ときこえる議論をしたと語った。西田幾多郎は病によって当夜不参の為、書を寄せて、「スデニ始アリマタ終ナカルベカラズ」と戒めた。挨拶を述べた人々も、顕要の人、学界の耆宿に拘泥せず、岩波の心の最も多く通い、又仕事と縁の深い人々を大胆に選んだことも気持よく、実に老若男女貴賤都鄙《とひ》を網羅したる、意義深いなごやかな大宴会は、主客の感激と歓喜とを残して四時間を過ぎて閉じられた。

次いで十一月六日にやはり三十周年を記念して、歌舞伎座に、先夜招待し得なかった取引先の人々や店員家族の招待会を催した。

この年の末十二月二十二日に、岩波が多年師事もし亦助力もした前一高校長狩野亨吉が、七十九歳で、病の為に雑司ケ谷の陋居《ろうきょ》に歿した。

昭和十八年(一九四三)に至って、日本の敗色はいよいよ濃く、これに反してアメリカの強化は底力と速度とを加え、南洋諸島の軍事基地は相次いで奪回されると共に、残る基地も本国との交通を断たれて、その意義を空しうし、欧洲では二月にスターリングラードの独軍降服、イタリヤに於けるムッソリーニの失脚と無条件降服があった。更に北にはアッツ島の全滅を見たが、政府及び軍部は真相を国民の前に糊塗し、陸海軍は衝突し、軍需省は設置されたけれども、いわゆる計画経済はその本来の地金を発揮して、いよいよますます無計画性に堕し、軍需工業は飛行機に集中されても、その成果は挙がらず、軍部と少数の財閥、やみ屋の外、正直な大衆は貧乏、衰弱に陥るの状態に瀕した。しかも岩波書店の出版点数は七十余に及んだが、新書は一冊、全書は四冊に過ぎず、後者は今年を以て戦争中の終刊とするの已むなきに至った。刊行書物中では自然科学、応用科学及び数学が最も多く、その数二十種に及んだが、社会科学、人文科学も少なくはなかった。中で笹野堅編『古本能狂言集』は、委託出版ではあったが、翌十九年末に及んで五巻を出し、一巻平均五十円以上という当時としては最上の高価で発売して、わずかに二百ばかりを売ったに過ぎなかった。沢山出た数例を挙げれば、舞出長五郎の『理論経済学概要』が、類書の乏しい教科書的のものであったせいか、結局二万六千、高野長運の『高野長英伝』、青木正児の『支那文学思想史』が一万、高木貞治の『数学小景』が一万四千、波多野精一の『時と永遠』が一万七千を数え、同じく高木の『増訂　解析概論』が竟に一万九千を出し、湯川秀樹の『存在の理法』も一万を越え、又田宮博の『光合成の機作』が出た。外にも日本の芸術、文学に関する矢代幸雄、斎藤茂吉、岡崎義恵等の著述や、東洋文化、東洋思想に関するものが、相当及び相当以上の部数を出していることは、日本人中の真面目な階層に、時代の混乱の裏にも内省の存し、又学問的要求のあったことを示すものであろう。

三月以後店員に対する給食を副食物だけに止めたのは、日本の食糧欠乏を示すものである。昨年三十年記念宴を催した十一月三日を記念して、富本憲吉の作になり、ワーズワースの詩の句から出たという、「低処高思」という彼の生活理想を書した湯呑茶碗を、その時の参会者に送呈し、それに添えた手紙の中に、「其後戦局は日々急迫を告げ、昨秋の催しの如きも、最早今日に於いては到底望み得ざる事柄と相成候。顧みて去歳又なき機会を恵まれたる好運を喜ぶと共に、邦家の前途寔に容易ならざるを改めて痛感仕り候次第に御座候」といったのは、実感がある。

昭和十九年(一九四四)に至って戦局はいよいよ窮まって来た。二月朝鮮に徴兵令を布き、十月昨年十九歳に拡げた兵役編入を更に十八歳に拡げたけれども、米軍は十月レイテ島に上陸し、戦争はますます悲況に陥り、欧洲では英米軍はノルマンディーに上陸し、国民は戦争に協力しようにも協力できぬ窮状を来たした。七月東条内閣は崩壊したが、小磯・米内内閣も為す所を知らず、出版方面でも『中央公論』『改造』の強制廃刊があり、岩波書店の発行し、城戸幡太郎の主宰した雑誌『教育』も、出版会が当局の命令だといって廃刊を強制し、岩波はこれに対する満腔の不満を披陳した文章を草したが、公表は差し控えた。四月、北京で徳光衣城の出していた「東亜新報」に寄せた書中、彼の愛誦した「汝は為さざる可からざるが故に為し能う」の句を冒頭に置いて、利害得失について惑う時、自己の責務に基づいて何を為すべきかを尋ぬれば、存外簡単に決定するといい、「戦局が如何に苛烈となり、形勢が如何に逼迫しようとも、出版事業に対する国家の要請の絶えざる限り、出版者の為すべき責務は残って居るはずである。情勢の変化にどう身を処してゆくかという保身の立場を捨て、この唯ならぬ情勢の下で出版者は責務上何を為すべきかを、ひたすらに追究すれば、道は自ら通ずると私は信じて居る」と言っている。

岩波書店の出版が好況で金がはいり、岩波がこの国家の窮迫中にも衣食住に豊かであったことは事実だが、しかしまさかの時のこの捨身の覚悟も真剣なものであった。そうしてこの覚悟を持った者は、恐らく出版業者中で外にはなかったろうし、又学者インテリにも殆どなかったのではあるまいか。

今年発行の単行本の点数は六十に余り、その中の特異なものとしては、小倉進平の『朝鮮語方言の研究　上下』、科学では芝亀吉編の『物理常数表』、哲学では松本正夫の『「存在の論理学」研究』、それから花山信勝の『勝鬘経義疏の上宮王撰に関する研究』というような専門的研究も出た。

しかし四、五月の頃から、岩波の健康にはひびが入って来た。四月に已にその萌しはあったが、五月二十四、五日頃には、方角を間違えたり、舌がもつれて詞が不明になったり、昼間つけてないのに電灯を消せといったりした。翌秋の発作は既に催していたのである。

なお前にも触れた如く、津田左右吉の著書に関する出版法違反公判が、時効によって免訴を宣したのは、この十一月四日のことであった。

昭和二十年(一九四五)は来るべき結末の竟に来た年であった。二月硫黄島が取られ、サイパン攻略後、昨年十一月からB29機の来襲があったが、本年三月九日夜東京の大空襲以来、日本のあらゆる都会は空襲に晒され、岩波の神保町の建物一棟も強制疎開によって撤去された。四月沖縄本島も敵の手に帰し、日本海軍は全滅し、遂に八月六日、九日と相次いで、出来立ての原子爆弾によって、広島、長崎の全市は文字通り地獄の劫火に焼かれた。これより先き四月に小磯内閣は倒れて、鈴木内閣ができたが、五月にナチス・ドイツは無条件降服をし、ソ連は小磯内閣倒壊の日に、期限の迫った中立条約を延期せずと通告し、八月八日に宣戦を布告した。七月下旬ポツダム宣言が発表されて後も、なお幾多の逡巡や曲折を経過して、八月十五日「朕が身は如何になろうとも、これ以上国民の戦火に倒れるを見るに忍びぬ」という天皇の断によって、無条件降服は決定せられ、東久邇宮内閣の成立と共に、九月二日連合軍最高司令官マッカーサー元帥との間に降服文書が調印され、十月には共産党指導者を解放し、引き続いて婦人の解放、労働組合の助長、学校教育の自由主義化、専制政治からの解放、経済の民主化等の要求を、幣原新首相に提出し、矢継早にいわゆる「民主化」指令が頻発強制された。

岩波は大たいに於いて、アメリカの解放政策を歓迎した。しかし戦争末の疲弊《ひへい》と戦争直後の混乱とによって、今年の出版点数は十種余の少数であり、辞書、全集、雑誌等の刊行は固より跡を断った。しかしその中には、西田幾多郎の『哲学論文集　第六』、金子武蔵の『ヘーゲル精神現象学解題』の如き、また辻善之助の『日本仏教史　上世篇』のような地味なものも出た。岩波はこの年一月八日の日記には、肩の痛みと血圧百八十を訴えているが、二月十一日東京都多額納税者議員補欠選挙に立候補して、三月二十七日当選した。五月二十五日には小石川の住宅は全焼して、岩波はやっと人並みになったといって、むしろ心を安んじたが、一橋の書店本部は終始災を免れた。五月二十日以後数回に亘り、『理化学辞典』の刷本を、世田谷区祖師谷にある労働科学研究所に疎開し、七月二日には鷗友学園や十文字学園やの女子学徒勤労隊に、この辞典の刷本を折る労務を依頼し、その鷗友学園の開所式に当って、学徒が勤労作業に於いて出版事業に従事したのは始めてであり、この業が直接の軍需産業ではなくても、兵力と文化と印刷との関係から、決して関事業でないという持説を陳じている。これより先き、岩波書店が出版印刷能力を郷里長野県下へ疎開しようとした方針を誤伝して、六月二十四日の「読売新聞」で、「岩波文庫」の絶版、岩波書店の解散を伝えたことがあった。

五月九日に店員小林勇は、横浜市東神奈川警察署に拘置された。これは小林を岩波書店の反国家的共産主義的出版の元凶だと誣告《ぶこく》した者もあり、中央公論社、改造社に次いで、岩波書店をつぶそうとの意図から出たもので、五月一ぱいは毎日竹刀でなぐられ、「岩波新書」の反国家的共産主義的企図について書けと迫られたが、それに抵抗して陳弁を続けた。五月二十九日の横浜の火事で取調べは中休みとなり、六月は時々なぐられ、七月には反省せよといわれて放置され、同僚吉野、粟田もひっぱられたと許られて、八月に又なぐられたが、広島原爆以後は休み、その間国賊の岩波が貴族院議員になったとか、「読売」の虚報に基づく岩波書店解散説とかを伝えられた末、八月二十九日の夕方にやっと解放された。岩波は小林の身上について心配し、当時海軍機関中将であり、岩波書店の企画した「航空新書」の顧問だった、花島孝一に尽力を依頼し、花島も自分の関係していた「航空新書」の企画を小林が担当し、この仕事が国家の為に切要だという立場から、小林の赦免を求めるという手紙を岩波がかいて、花島に署名してもらい、花島を介して思想検事に届けた。岩波の言分は、何も罪を軽くしてくれというのではない、調べさえすれば分かる、早く調べて早く出してもらいたい、というので、この事件の自分にもかかわる根深いものだとは思っていなかったのである。又幸田露伴は親しく書を拘置中の小林に送って、ねんごろに彼を慰問した。小林の妻子は小林の郷里信州赤穂に疎開していたので、小林は一人で鎌倉扇ケ谷の家に帰り、小石川の家を焼かれて小林の留守宅に来ていた、岩波夫婦及び雄一郎に会った。病中の雄一郎はその時泣いてやまなかったが、それから五日を経て、九月三日に空しくなった。雄二郎は復員後で富士見の山荘に休養していた。なお序にいえば、九月下旬に妻子の疎開している郷里に帰って、小林は疲憊《ひはい》し尽くした身心を休め、世間と交を絶って草花を描いていた。ついで岩波が長野に病んだ時、小林は十月十五日に、長男堯彦をつれて岩波を見舞ったが、年の暮までは東京に出なかった。小林のこの事件は岩波書店を代表しての受難であるから、一つの挿話として記したわけである。

岩波が尊敬し信用されて、その全著述の出版を託された西田幾多郎が、六月七日に鎌倉で死に、岩波の有力な著者で小林の友人であり、又岩波書店の企画に参加することの多かった三木清が九月二十六日に死んだ。三木は共産主義者に金を与えたというかどで拘引され、警察当局の苛酷な取扱の為に、その有為の生命を奪われたのであった。十一月二十六日には生前に著者としての関係こそなかったが、岩波の若い時から尊敬措かなかった雪嶺三宅雄二郎が死んだ。

九月三日長男雄一郎を失って、葬儀を行った八日の翌日、早朝立って翌十日長野に着き、今年四月、彼が無理やりに、大日本帝国教育会長野県支部の事務局長に起たせた、藤森省吾の葬儀に列して、弔辞を読みつつあった時、軽い脳溢血の発作を起こして倒れ、長野で静養し、十月十七日帰京した。岩波が病後帰京して間もなく、鎌倉で堤と談合して、従来岩波名義の預金その他二百二十万円余を店の流動資金にあて、岩波の亡長男その他の名義のもの百二十万円余を岩波個人の分として、両者を別つと共に、なお店に必要ある時には、後者から都合することにした。これは岩波の社会的活動が病後却て盛んになったこと等の為、店の金と自分の自由に使用し得る金とを別にする、という意図から出たものであろう。十二月十六日の書簡には、病快復、議会にも二、三回出席したとあるが、この長野での発病はついに彼の命取りになった。

本年に入って空襲はいよいよ烈しくなり、岩波書店の一橋の本部こそ被害は免れたが、業務は停止、商売はできなくなり、殊に五月の空襲以後は、店員は婦人と召集もしくは徴用を免れた年長者を合せて三十余人となった。仕事はなく、生命の不安は迫り、店でも安全を保証することはできず、疎開の希望者もあり、退店の申出もあったので、十数人の要員を除いて、店主から退店を求めることになった。当時の店員が十九年夏から戦争の終末にかけて、戦火の中に紙型や用紙を信州諏訪に運んだ苦労は並大抵のものでなかった。最後に残ったのは十数人、これがいわば当時の幹部で、即ち藤原千尋、芹沢孝三郎、長田幹雄、長村忠、松本作雄、布川角左衛門、森静夫、吉野源三郎、粟田賢三、木俣(堀江)鈴子、宮沢勝二で、小林勇は拘置されて不在であった。その中、吉野、長田、粟田、布川、宮沢、長村は、店の存亡を憂慮し、この非常時に処して岩波書店存在の意義を発揮する道を見出そうと、四、五月頃から時々堤夫婦を除いて集会を催し、曽志崎誠二から、店の財政状態から見ての今後の方針を聴取したり、戦禍を凌いであくまでも岩波書店を存続する方途について協議したり、そうしてその人事配当に於いて、甚しくは今の会社組織と違わない、岩波を店主、堤を支配人、小林、長田、吉野を副支配人として、個人的でなく合議的に店を運営してゆく方針を議したりした。これは何といっても、岩波が一方には健康が衰え、他方にはそれに拘らず社会的世間的交渉がむやみに頻繁になって、店務を見なく又見られなくなった為に、彼等自ら進んで時代の困難と激変に対抗して、岩波書店をやってゆこうとの志から出たものであろう。

戦争直後は食糧事情を始め、最も窮乏の甚しかった時期であり、人心は不安を極めた。そうして今まで店員に給与していた副食物さえも廃止されなければならなかった。

昭和二十一年（一九四六）に於いて、岩波はわずかに四ヵ月足らずの命を保ったばかりで、四月二十五日に六十五歳に満たずして死んだ。この三月六日に、日本の軍備を撤廃し戦争を否定する新憲法草案が、日本政府に押しつけられ、爾後同じく連合国としてのソ連とアメリカとの対立がますます烈しくなり、日本に於けるアメリカの政治力の主導的地位が強くなると共に、政府当局者の米国を主とする西欧勢力への依存と、社会党、労働団体の政府に対する反抗及び共産主義圏への偏傾が、いわゆる保守、進歩の対立を促し、日本の軍備を撤廃したアメリカが、逆に再軍備を要請するに至った形勢などは、岩波の知らなかったことである。岩波は健康上店務を直接取ることを減じ、店員との間に通信連絡を計り、店主からの回章第一号を一月十一日に出し、翌日第二号を、一月二十五日に第三号を出してある。その第一号の通信の一部を挙げて見ると、

「小生は諸君と呼吸を一にして事業の協同を計りたいのですが御承知の通り心身を休養せねばならぬ事情にありますから出勤も当分出来ませんが遊離状態にある事は望ましくありませんから出来る丈け書面などにて緊密な関係をつづけたいと存じます。」

といっている。そうして世情の不穏と特に女性店員の通勤の不便とを顧慮して、店員の退出時間を一時間早めて午後四時とした。

第二信では、各自の困難な経済状態に触れての遠慮なき感想をも希望し、又物価騰貴の現状に対して、他店の待遇等についても知る所あらば知らせてくれといっている。店員も二十年末には二十人になり、第三信の一月二十五日には既に四十人を数え、その中には新入店者もあり、旧店員中の帰店希望者を拒絶したものもあった。

この年に於ける岩波生前の出来事としては、先ず雑誌『世界』の発刊を挙ぐべきであろう。戦争の末期頃、戦争をやめねばならぬという考から、当時の外相重光葵や重光側近の加瀬俊一が、山本有三を語らい、志賀直哉、和辻哲郎、田中耕太郎、谷川徹三及び私などが、数回外相官邸や外の場所にひそかに集まって話し合ったことがある。その後山本、加瀬を除いた其等の連中の外に、長与善郎、柳宗悦などを加えて、柳の命名した「同心会」ができ、私が岩波に最も親しい関係を持つ所から、一つの総合雑誌の発刊を求め且勧め、岩波がそれを承諾して、私が一時代表者見たような形になり、岩波の主な編集者である吉野源三郎の手で発行されたのが、雑誌『世界』であり、雑誌の命名者は谷川であった。岩波は前にもいった如く、アメリカによる解放を喜び、今まで軍部と軍部追随者との圧迫によって拘束された言論を、大いに社会に向って伸張しようとの志を持っていた。従来岩波書店では『思潮』や『思想』の如き雑誌もあったが、そういう高踏的なものでなく、日本社会の現実に触れてこれを指導する総合雑誌の発刊は、岩波の宿願であって、岩波は自らその編集を指導しようとする気持さえあった。『世界』の創刊号には私が巻頭論文をかき、田中耕太郎が発刊の辞を草し、岩波自身「『世界』の創刊に際して」という左の如き文章を書いた。

「無条件降伏は開闢《かいびゃく》以来最大の国辱である。しかもこの屈辱は自ら招けるものでもある。空襲の惨禍を免がれた僻陬《へきすう》の地にある人々や、必勝の信念のみを吹き込まれていた人々には、今日の此の結果は全く意想外であったかも知れない。然し乍ら我が国を戦争に引きずり込んだ所謂「指導者」達にとってこの結果は果して予想しなかったところであったろうか。

明治維新以来未だ百載に満たず、此の間の長足の進歩は世界の驚異とされた。これ一に明治維新五箇条の御誓文に従い、先進諸国に比して自らの足らざるを憂いつつ孜々《しし》として努力せる結果に外ならなかった。然れども維新の進歩的諸改革は中道にして、早くもかの御誓文の方針を見失った。

日清日露の戦勝に酔い、国民はいつしか不当なる自負に精神を蝕ばまれ、他に学ぶの謙虚を失った。殊に満洲事変を契機とする軍閥の台頭以来、国内の情勢は全くこの大方針に背馳《はいち》する方向に驀進し、国家の存亡に係わる如き重大なる国策までも、国民より遊離せる軍閥官僚の掌中に帰した。今回の敗戦の如きも、心ある人々には初めより水の低きにつくが如く必然のことであったに拘らず、推進の大勢を如何とも為し得なかった。

年来日華親善を志していた私は、大義名分なき満洲事変にも支那事変にも、もとより絶対反対であった。また三国同盟の締結に際しても、太平洋戦争の勃発に際しても、心中憂憤を禁じ得なかった。その為めに自由主義者と呼ばれ、非戦論者とされ、時には国賊とまで誹謗され、自己の職域をも奪われんとした。それにも拘らず大勢に抗し得ざりしは、結局私に勇気がなかったためである。私と同感の士は恐らく全国に何百万か存していたに相違ない。若しその中の数十人が敢然蹶起し、恰も若き学徒が特攻隊員となって敵機敵艦に体当りを敢行した如く、死を決して主戦論者に反抗したならば、或いは名分なき戦争も未然に喰い止め得たかも知れず、たとえそれが不可能であっても、少くとも祖国を茲に到らしめず時局を収拾し得たかとも思われる。私に義を見て之に赴く気概のなかったことは、顧みて衷心慙愧《ちゅうしんざんき》に堪えない。

然し今となっては、凡ての問題は今後の建設に俟つの外はない。無条件降伏を機会として甦生日本の理想的建設に邁進すべきである。勿論敗戦による疲弊困憊《こんばい》の後を受け、やがて課せらるべき賠償の重荷を負いつつ、此の混沌の中から新しい社会秩序を生み出し、高邁なる文化を育成し、我が日本をして颯爽たる英姿に立ちかえらしむる事業は決して生易しいことではない。我等の前途には尚幾多の艱難《かんなん》の横たわることを覚悟せねばならぬ。だが今日の窮乏と困苦とは、真の平和と正義に基づく高度の文化を以て人類に寄与せよと天の我等に課せる大任に対する試煉に非ざるなきか。

「道義なければ勝利なし」無条件降伏は之を天譴《てんけん》と考えこの苦難を健気に克服すべきである。これによって新日本が甦生せば、如何なる賠償も高価なる束修《そくしゅう》に非ずと私は考える。浦賀一発の砲声によって偸安《とうあん》三百年の夢より醒され、封建の旧制を一擲して開国進取の方向に歩み出したことに対して、ペルリ提督が今なお感謝される如く、軍閥の横暴と官僚の独善より解放されて理想的国家建設に成功せば、マッカーサー元帥も亦永久に我が国民から感謝されるであろう。

天地に大義あり、人間に良心あり、真理に優りて強きものあるなし。我等母国の癌を自ら手術し得ず、武備を捨つるに到りしも、此無条件降伏は驕慢《きょうまん》を粉砕する為に我国人に与えられた昭和の神風となし、謙虚敬虔国家の理想に精進せん。道義を根幹とし文化の栄ゆる社会は人類の理想であらねばならぬ。権力は道義に勝てず。道義を利剣も思想を断つ能わず。ガンヂーを見よ。トルストイを見よ。日本国民は敗戦を確認するも自ら卑しくせず、燃ゆるが如き情熱を以て真理に直進すべきである。私は明治維新の真剣味を追想し、御誓文の精神に生きることが、新日本建設の根本原理であると考える。御誓文は明治維新の指針たるに止まらず、天地の公道に基づくこの大精神は永久に我が国民の示標たるべき理念であると信ずる。

日本の開戦も敗戦も我国道義の文化の社会的水準の低かったことに基因する。今この国難に際会して、新日本の文化建設のために私も亦寸尺の微力を捧げたいと思う。茲に『世界』を創刊するも此の念願の一端に外ならない。幸いにして同志安倍能成氏あり。満幅の信頼を以て『世界』の編集を一任する。尊敬する同心会員諸氏の協力を感謝し、広く天下同憂の士の支持を仰ぐ。」

志賀も相次いで創作を寄せた。しかし時代の烈しい変遷や、編集者吉野との考えかたの相違その他から、二、三年の中に我々と『世界』との関係は次第に疎くなり、我々は主動者でなく寄稿家になり、その関係もだんだん薄れて来て、我々の仲間は武者小路実篤を主とした生成会を作って、『心』を発刊するようになった。

『世界』の刊行以外に、戦争によって中断された出版活動は、岩波の生前徐々に復活して行った。

二月十一日の紀元節に、岩波は文化勲章を授与された。

七　書店後記

以上でほぼ具体的に出版業者としての岩波、及び岩波書店の出版事業について書いたが、それを全体的に見渡して書き添えて見よう。

岩波は学者でもなく学者的でもなかった。しかしともかくも大学で哲学を学んだことが、岩波に日本に於ける出版業者としての新紀元を開く見識を与えたことは争われない。岩波は彼自身も告白せる如く、始は独立市民として表裏なく生きんが為に商売の道を選び、偶然の事情も助けて古本屋から出版者になったのであるが、そうして日本文化への貢献とかいう大それた野心もなかったのであるが、しかし学問を少しでも習い、文化の意味を感じたことが、だんだん事業の拡大充実につれて、当人も出版業者としての意識的、進んでは意欲的、更には理想的となるに従って、出版を以て文化に貢献しようとの念願は、動かすべからざるものとなって来た。彼が大学選科で倫理学を修め、その卒業論文に『プラトーンの倫理説』を書いた機縁は、彼をしてともかく原理の学としての、殊に文化の根底としての哲学を意識せしめると共に、認識、知識の重要性、即ち真理と真相とを追究する精神が何よりも重要だ、ということを自覚せしめた。彼の出版の始は

「哲学叢書」であり、交友に哲学関係のものが多かった為もあり、彼は大正初頭に勃興し来った哲学的気運に乗じて、従来あまりなかった哲学書肆としての出発を取り、読書界に哲学時代を作ったことは、既述の通りであるが、次には哲学と共に日本に最も欠けた科学的知識の探究及び普及の為に、出版を通じて努力を捧げたのも、自然必然的な推移であった。同郷の理学者藤原咲平、「漱石全集」の関係で知った寺田寅彦、それから石原純等の指導によって、自然科学、数学の大家耆宿にも近づきができ、多くの科学者は岩波から本を出すことを名誉とするまでになった。何れにしても岩波が、利益を第一としないで質実に科学界に貢献した功績は、記憶されねばならない。更に昭和年代から社会科学が盛んになるに至って、社会的現象についても、真の認識が第一に重要なことを感じた彼が、一高の同窓嶋山秀夫の大正年間に於けるすぐれた法律書から、次第に経済、政治に関する書物を続刊し、マルクス主義が知識階級の関心を異常に刺激した時勢においても、先ずマルクス主義の認識を大切だとして、左翼出版者以外では最も多くいわゆる左翼的の書物を出し、それが戦時に於ける軍国主義者からの弾圧や排撃を呼んだことも、読者周知の事実である。

原理の学としての哲学を尊重し、民族や世界の文化財の最も重要なものとしての古典を認識し、真実の論理と現象を開示するものとしての、人事については歴史学、社会科学、自然現象については数学、自然科学の探究及び普及に貢献しようとした岩波の基本的見識は、実に正大であり確実であり、この点に於いて彼は、世間のいわゆる学者よりも更にしっかりと、真の学問的精神を把握し、しかもこれを自家の出版に於いて力強く実現し得たといってよい。

岩波はこの精神に基づき、出版を実施するに当って、その書物そのものの価値、その社会に及ぼす効果を第一に置いて、それでどのくらい儲かるかを第二にしたということはうそでない。岩波がいわゆる「汝は為さざる可からざるが故に為し能う」の信念は、感覚的、衝動的夾雑物を含まぬといえなくても、この信念がその夾雑物を圧する力を持っていたことも疑ない。岩波のこの標榜も相当盛んであったから、この点から彼を偽善者呼ばわりする者もあったが、若し彼の言行の矛盾をついて攻撃するならば、いくらでも欠陥は挙げ得られる。この点に於いて彼は実に穴だらけ傷だらけである。しかし彼の信念がそういう渾沌《こんとん》たるものを貫いて、炳として出版事業に実現されていたことを、私は疑うことはできない。

出版開始怱々哲学書を主として出した時代には、高等学校時代からの親友、阿部次郎、上野直昭、安倍能成が、仕事の相談に応じ、これに協力した。上野は初期の美術や音楽の書を出すのにも多く与かった。阿部はその後次第に岩波から離れたが、初期にはその著作の重なものを悉く岩波から出した。小宮豊隆は漱石死後その全集刊行以来岩波と関係し、次第に交誼を結ぶに至った。岩波書店と「漱石全集」との関係は、岩波書店をいわば「漱石全集」の家元にするくらいになり、それがやがて小宮と岩波との関係と交情とを深める原因にもなった。阿部、小宮が仙台に、安倍、上野が京城に去って以後は、茅野儀太郎、高橋穣、藤原咲平などが岩波の相談相手であったが、それから時代が若くなって和辻哲郎、更に下って昭和に至っては、京都から上京した三木清が、店員の小林や吉野と呼応して、出版の企画や事務に参し、三木の不幸な最期にまで及んだ。その間、哲学では西田幾多郎、波多野精一、田辺元、和辻哲郎、歴史では津田左右吉、社会科学では、法学の鳩山についで田中耕太郎、我妻栄、経済学の小泉信三、自然科学、数学の岡田武松、高木貞治などが、概ねその力作を岩波から出し、又色々なことにつけて忠言と勧告と指導とを与えている。

かつて吉野源三郎が、岩波は第一流の人物を嗅ぎ出す直覚力を持っているといったが、それは小宮が岩波の嗅覚は確かだといった評語にも通ずるものであり、これは岩波の一種独特の商才として働いた。岩波はこの直覚を傾倒して旧い友人を確保すると共に、新しい先生知己を獲得して、多くのすぐれた出版物を世に送ったのである。そうしてこの友情関係が著者関係の根幹になって、岩波書店の枝を茂らせ花を咲かせたことは、固より岩波書店の堅実にして旺盛な発展の第一原因を成したのである。しかもこれは必しも岩波の意識的な企画によったものでなく、岩波の人間的持味からおのずから来たことも、重ねて記憶する必要があろう。

店内に於いて岩波を助けたのは、堤常を第一に、次いでは彼の妻久子を挙ぐべきであろう。堤と岩波とは実に対蹠的な性格で、一言にしていえば岩波は陽であり堤は陰である。陰陽相斥け相和して岩波書店は安泰であり、且繁盛したといえようが、岩波の積極性に対して、堤は多く否を主張してそのブレーキとなり、これがよかったことも多いが、又わるかった場合も皆無ではない。岩波が理想に進もうとする時、堤が堅実ではあるけれどもあまりに慎重堅実で機宜を誤るという欠点はあった。しかし著者が岩波にものを頼むと、岩波はそうかそうかといってすぐ手帖に書き留めるが、それを見て我々は、あれですぐ忘れてしまうのだよとからかったものである。そういう時堤に頼んでおけば間違はなかった。そんな点では堤の方が著者にも又取引先にも信用があった。堤は岩波夫婦の入店前からの厚意に深く感動して、一生涯をひたむきに岩波書店に捧げた。この堤の岩波及び岩波書店に対する忠実が、先ず第一に岩波書店を磐石の上に置いたのである。この岩波がこの忠実な番頭――私はこの番頭が岩波書店の柱石になったことを、むしろ意外として喜んだのであった――堤が伎倆才幹も華々しくなく、加うるに身体もそう丈夫でなく、又特別に著者との親昵《しんじつ》をも求めずして、あれだけの貢献を岩波の為に遂げ得たのは、岩波に対する感恩の外に、岩波の絶対的な信頼に答えようとする熱烈な志から来ているると共に、堤の消極的に強い、むしろ頑固な性格が、その寡黙な柔和な物腰の中に包まれていたからでもある。

この堤の妻久子は、もと岩波の神田高等女学校での最初の教え子であるが、真正直で勝気な、頭の好い女であり、堤を大番頭とし、久子を会計主任とした岩波の当時の経理面は、実に堅実であり、特に久子の非譲歩的な態度は、ややもすれば店員の間に反抗と非難を招くくらい忠実を極めていた。堤は正直、誠実、親切に於いて岩波と相通じていたが、岩波の持った規模の大きさ、荒削り、迸出性や理想性とはおよそ反対であった。結局は岩波にとっての陰の人であって、岩波書店の持った積極性、進歩性には参加することが少なかった。ただ多年の忠実な経験によって彼の学び得、蓄積し得た所は存外大きかった。堤の後に入店した店員に対しても、彼は彼の誠意、堅実、没利己の徳によって、十分の信服を得ることができた。しかし固より彼の識見や手腕の不足や消極的態度には、不満を抱いたものもあった。だが岩波は堤夫婦に対しては、常に尊信の態度を見せ、雑誌『実業之世界』の問に対しても、下の如く答えて、「支配人堤常氏と同氏夫人副支配人堤久子氏とは、私の店の宝です。私は店主でありながら、店の事は何も知らないという心細い存在ですが、堤氏ががっちりかまえて店を総理してくれます。同夫人は会計一切を主宰されて、私が小遣が足りないで店の金をちょっと流用しようとしても、それができない程眼が届いて居ます。二人とも誠実がかたまってできたような人間で、軽佻浮薄な当世には珍らしい律義な人です。又単に忠実であり勤勉であるばかりでなく、明敏でありしっかりして居ます。両人は私の店の誇りであるばかりでなく、現代日本の宝であると私は信じます。」(昭和二十一年二月六日)とまでほめちぎっている。大正七年から八年にかけて、岩波が店員として迎えた橋本福松は、信州の中等学校の教師をしていて、年も堤より上であったが、岩波は橋本の出しゃばりを抑えて、常に堤を立てていた。橋本は退店後「古今書院」を堅実に経営していたが、既に故人である。

岩波書店には子飼の小店員から成長した者も数々あり、その中に時期は一年半くらいだったが、岩波の創業を熱心に手伝い、苦労を共にしたのは、房州人鈴木峰吉であった。彼は後に早稲田大学に哲学を学び、教育に従事していたが、不幸にして若死した。又一面にすぐれた才能を持って、岩波から愛せられた者も数人あり、例えば植村道治の如き一種の材幹とセンスとを持っていたが、昭和十八年に退店した。店に残った中で傑出したのは、小林勇と長田幹雄、後から入店した吉野源三郎であろう。長田も小林も信州生まれで、長田の入店は小林の一年前であり、長田は事務的で精力絶倫である所から店の役に立ち、岩波に用いられた。小林は到る所として佳ならざるなき才子であると共に、衷に一片の誠実を蔵して、俠骨と親切とに富み、時勢を察する勘を備え、人に気に入られる技巧と共に、虚偽を見抜き、インチキを慴伏《しょうふく》させる術も心得ている、得がたい遣手だが、若い時の欠点は我がままで自ら恃み、謙譲に欠け、ややもすれば無責任の振舞のあることであった。この堤、長田、小林共に小学出の非インテリであり、又出版や商売のずぶ素人でありながら、岩波の気魄と理想との下に働いて来たことは、岩波書店の特色を発揮する上には、大きなプラスであったろう。岩波の在世中、堤は著者や取引先に対しても所動的で、積極的にこちらから働きかける所は殆どなかったが、小林はその人間としての魅力と才気と手腕と実行力によって、幸田露伴、寺田寅彦、小泉信三等大物の諸先生諸先輩の信頼と愛顧とを受け、岩波書店の出版には多くの貢献を遂げた。しかし血の気の多い彼が、堤の保守消極にあきたらず、岩波の羈束《きそく》下にあるを屑《いさぎよ》しとせず、一時店を出て又復帰したことは既に述べた所であり、この点堤が岩波書店と生死を共にしたのとはだいぶ違う。小林の退店の前ストライキのあった昭和の始頃、高橋穣が小林の堤に対する態度を心配して、岩波に注意した時にも、岩波は堤が引っ込み思案であるから、一層堤を大黒柱として立てる必要があると共に、若い者の成長しゆく芽をつまないで堤の下に統一する上の苦心を語っている。その頃小林の岩波の二女小百合との結婚を岩波がしぶり、岩波は一時小林を嫌厭《けんえん》したように見えもしたが、やはり真底では彼に愛情を持っていたといえるし、岩波の子飼の店員中、最も多く岩波に反発すると同時に最も多く岩波に接近したのも、小林であったろう。

小林が戦争末期昭和二十年五月に横浜東神奈川警察署に拘置されて、降服と共に放免され、疲憊の心身を郷里の上伊那に横たえて、やがて帰店したその年の暮に、店の模様はひどく荒寥《こうりょう》としており、終戦後新たに出版戦に臨む弾丸としての用紙その他について、店には一向積極的な企画のない現状を見て、烈しく不満と憤慨とを感じ、これを岩波に訴えたとは、小林自身の私に語った所であるが、これが事実に於いて堤の無為無策に対する非難になったことは争えない。既に衰弱してもおり、それにも拘らずますます社会活動に引き出されて店務に遠ざかっていた岩波も、これをやらせるには小林の外にないと見たのであろう、又それについて小林に対する掣肘《せいちゅう》をなくする為であろう、今まで万事につけて必ず相談をした堤にも相談をしなくなり、例えば前述した一月の店員への通信なども、従来と違って堤に知らさなかった。堤はそういう岩波の態度に対して不平を禁じ得なかった。そうして結局は堤に病気静養を勧めて、引退を求めることになったのである。これは二十一年の一、二月から三月にかけてのことである。この際岩波が万事を打ち明けて、ざっくばらんに堤の引退を求めた方がよかったのはいうまでもないが、岩波は堤に対する従来の尊敬、信頼その他のゆきがかりから、これを敢てするだけの勇気がなかった。勝ち気で我の強い堤久子は、堤よりも一層じかに烈しく岩波にあたった。これが衰弱していた岩波を煩わしたことも大きかったであろう。それに対して岩波は、堤夫婦に対する信頼の渝らぬことを縷陳する一点張りであった。私も度々岩波に向って真実の岩波の気持、今日に処して堤に全権を委することのできぬ心事をむき出しに話して、堤の了解を求めることを勧めたけれども、岩波のいうことは久子に対するのと同じであった。『実業之世界』に出した前掲の堤夫婦を讃えた文章の如きが、この間にかかれたことも、私に対する陳弁と同じ趣旨に基づいた世間的発表だと見られる。消極的な性格の人の常として、堤の岩波に対する反発は、従来の岩波の信頼への疑惑、店内の中心勢力の変移、小林等の支配に対する憤懣もあり、実に深刻な、片意地なものがあった。恐らく堤は、岩波の間近い死に至るまで、この憤懣を放下《ほうげ》することはできなかったであろう。堤夫婦に対する世にも美しい信頼、堤夫婦のこれに劣らぬ岩波への美わしい絶対的忠実を思う時、これは岩波にとっても堤にとっても絶大の不幸であったが、又誰を咎める由もない悲劇でもあった。ただあの時、岩波の気が弱くて何もかも堤に話せなかったことは、終生の恨事であった。しかしともかくもその年の三月十一日に至って、店員を集めて小林、長田に店をやらせることを布告はした。堤久子がその後諏訪の疎開先から来て、岩波の自分達への態度に対する不平を強く陳べた時、岩波自身も「堤の奥さんから叱られた」といっていた。そうしてその後に諏訪に帰った久子に左の如き手紙を与えている。

「御手紙拝見

小生の貴女に対しては勿論、堤様に対しても、一寸一分でも変った考を持った覚なきに、御両人をして多少でも小生のあなた方に対する信任が変ったと思わしめしは、全く小生の不行届不注意のいたす処にて、御詫のしようのない所に御座候

小生の今日あるは御両人の為めと言う程であり、小生も其恩義を深く感銘し居るつもりなるに不愉快なる感じを一時でももたしめし事は不本意に過ぐるものなり。平に謝するの外なく候

此積極的活躍すべき時に当り、若者を参入せしめて運営をしなければならぬ事は御承知下され難有、若い者が行きすぎをする場合あるも、上にあってしめくくる事を忘れてはならぬと存候

兎に角御両人様共十分に加養、御健康を十二分になさってお帰り被下度、留守中は主として小林長田両人に事務代理致させ可申候……(下略)」

この手紙の日附は四月十八日で、まさに岩波の長逝一週間前である。何故岩波は一と

思いに、戦後は自分も働けぬのだから、二人は引退して一切を若い者に任せてくれ、といわなかったかと返す返す残念に堪えない。岩波は堤夫婦の誠実を信じても、戦後の激動混乱に処する堤の手腕に一任し切ることはできなかったであろう。堤夫婦の方でも、健康な岩波の後楯なしに自分達はこの乱世には処し得ない、となぜ自ら身を引かなかったかと、惜しまれてならない。岩波はああいう衝動的な所もあり、堤に対してさえ時々は人前で非難したり、不用意に悪口を言ったりしたが、内心の敬意と感謝とは渝らなかった。それにああいう混乱の際だから、堤に対しても色々な非難やデマは店中にもあり、又堤ばかりが岩波書店を支えているのではないという反感もあった。しかし堤が衰えた岩波に代って店をやってゆくのに堪えぬことは、私自身も認める所であり、小林ばかりでなく長田も吉野も、又店に長くいた布川たちもそうであり、先ずは店全体の輿論だったと見てよい。そうしてそれは静養とか、上にいてゆき過ぎを制するとかいう一時姑息の方法でなく、堤夫婦の引退と若者の進出とによらなければ、解決し得ない情勢にあったのである。岩波の一方で歯痒いくらいの気の弱さが、病弱の故に一層強められたのか、今から考えて見ると、私ももう少し出しゃばった方がよかったのかも知れない。

　ともかく戦後の混乱は、堤夫婦の忠誠と堅実とだけで捌き得るものではなかった。しかし岩波の旧著者の中には、堤に対する信用から、才気走った小林の一面だけを認めて小林を信用せず、堤の引退を惜しむ声も、方々から聞かれた。だが戦後堤の境遇に同情する人で、堤を自分の会社の重役にしようと申し出たこともあったが、けっきょく堤は「岩波さんあっての自分だ」といって辞退したのは、自分を知るものであった。思うに堤も今は心落ちついて、静に自分のことも岩波のことも、又岩波書店のことをも反省しているであろう。最後に於ける岩波との確執を最も深く悔恨しているのは、恐らく堤自身であろう。ただ岩波の心中を思う時、岩波書店と岩波遺族との堤に対する感謝は、決して多過ぎるといって岩波に叱られることはあるまい。

吉野は昭和十二年入店し、岩波のブレーントラストとして、始は新聞雑誌を読んで岩波に時勢の動きを解明してくれと頼まれ、やがては編集のことに与かり、岩波生前、店の主要員中では、粟田賢三とともに少ないインテリであった。吉野は東大の哲学科を出たが、マルクス主義に関心を持ち、学究的なしっかりした一面と共に、社会の現実に対する見識と観察眼を持ち、戦後の岩波出版の動向と岩波書店の集めた新しい著者群とは、善悪はともあれ彼の力によることが多い。

なお明石照男の談によれば、岩波逝去十日前の四月十五日、岩波は熱海への車中で、偶然明石に会い、岩波書店経営の将来について、前から考えていた株式組織の相談を、安倍も交えてしようということになり、日取まできめたそうだが、この会は遂に実現されなかった。岩波に店を会社組織にする志があり、又店員にもこの希望が次第に強くなったことも事実であるが、他方に岩波に個人経営の自由に対する執着のあったことも事実であり、雄一郎、雄二郎に自分の業を嗣ぐ志のあるのを深く喜んだのも事実であった。だが株式組織は昭和二十四年四月二十五日にでき、岩波の次男雄二郎は社長、堤は取締役会長、小林が専務、長田が常務、吉野が編集長として取締役に就任した。これは恐らく大たい岩波の志に副うものであろう。我々は父の昔と同じくずぶの素人なる雄二郎が、父と同じく謙遜に率直に体中《たいあた》りを恐れず、岩波のはじめた仕事を更に発展させることを願ってやまない。

岩波書店の開店以来の業績を考えて見ると、先ず第一には、古本屋として正価販売を実に精確に徹底的に断行したことである。これが当時の古本屋の因襲を打開する破天荒の壮挙だったことは、ともかくもそれが広く実施されている今日のみを知る者には、理解しにくいであろう。これは岩波の妥協を許さぬ一本気な強い徹底した正義観と、右顧《うこ》左眄《さべん》せぬ実行力とによってのみ実現されたのであって、私は私の知人中この点に於いて彼にまさるものを見ない。出版を始めて後もしばらくは、当時の商習慣に従って、自店刊行書の市販割引をしたが、やがてその定価販売を敢行するに至ったのは、割引して売るくらいなら、始から引いた定価をつければよいという、単純なもっとも至極の理由によるものであった。そうしてこれも後に至って天下の追随を獲得した。地方読者の便利を図るという一念で始めた、面倒で薄利もしくは無利な、時々は持ち出しにもなった通信販売は、出版事務の繁忙によって廃止したし、又総じて古本販売の利益は他店に比べて遥に薄かったけれども、その真面目な努力による信用から、当時としては驚くべく厖大な一万円の注文を台北図書館から得たのは、縁の下の力持の生んだ大成功であった。岩波書店の出版物は意外に世に迎えられたが、或る時期には返品の来たこともあり、また或る時期には殆ど売切と同じ状態を示した。それが戦時中用紙の欠乏、従って出版の困難を機会として、一切の返品を却《しりぞ》ける買切制度の断行となったのである。戦後に至って、委託販売によって販路を拡張しようとする出版者一般の常套手段に煩わされ、岩波書店は一時は小売業者の反対を受けたに拘らず、この方針を堅持しているのは、やはり岩波の主義方針に基づくものといってよかろう。

出版物についていえば、先ず当初に出された「哲学叢書」は、哲学書肆としての岩波の地歩を確めたのみならず、その長年に亘る多大の売行が、岩波書店を潤おし、又一時の窮乏を救ったことは既述の通りである。その内容は必しもすべて優秀とはいえず、概して啓蒙的もしくは翻訳的なものではあったが、これが広く当時の若いインテリに読まれて、出版界、読書界に於ける哲学時代を現出した影響力の大きさは、実にすばらしいものであった。当時中佐くらいだった後の及川海軍大将が、店にそれを買いに来た話も残っている。岩波書店は「哲学叢書」によって興り、「漱石全集」によって大を成したといってよかろう。

岩波が夏目漱石の知遇を得て、漱石との共同出版なる『こころ』を刊行した縁から、日本最大のポピュラーな作家漱石の死後、「漱石全集」を岩波生前五回に亘って刊行したこと、漱石の諸作品を文庫その他で刊行したことが、岩波書店に幸したことはいうまでもなく、幸田露伴、内村鑑三、森鷗外、寺田寅彦、芥川龍之介等の全集が、読書界を益したことも大である。外に予約でない文庫を始め、全集、叢書の類も多いが、これについては前述を繰り返さぬことにする。

此等の叢書中今に続いて世に迎えられたものは、「少国民のために」「岩波全書」「岩波新書」等で、此等は皆岩波生前の企画になるものである。「科学文献抄」や「哲学論叢」等は有益な専門的文献であり、こういうものの出版は岩波でなければできぬことである。しかし此等の叢書の或るものの、尻切れとんぼに終った理由が、拙速を貴ばず、訳者や著者の良心に信頼したせいだともいえるが、これは又岩波の克明な性格と共に、衝動的である半面に暢気な、又前へ前へと進んで後顧しない性格を語るものともいえるであろう。恐らく岩波は、彼が計画した叢書の或るものをば、途中で殆ど忘れてしまったこともあったであろう。

講座、辞書その他については、今ここに繰り返さない。その中には不出来なものも少々あり、又その悉くが今日学界の水準を抜くものとはいえなくても、その時々の学界の力をすぐり、あらゆる方面に於いて、日本の学界を総動員して大学を公開し、当時の学問水準を表現すると共に、学問普及に貢献した功績は認めるべきであろう。岩波書店刊行の書物は、見ない中から世間の信用を得て、概してよく売れたとはいえようが、あまりに専門的、文献的で売高の稀少なものも少なからずあった。売れないむつかしい書物は、岩波に持ち込むという傾向もないではなかった。しかしこれは岩波の不名誉ではない。

因に岩波生前の刊行点数は、単行本一八三二、文庫一四九七、全書一〇七、新書九八、講座二〇種目、三六一冊、全集三七種目、四三九冊、辞典二九、総計四三六三点であった。

「岩波新書」中の『昭和史』の著者達は、「日本の文化が、国民に共通する基盤を欠いている」ということを、「講談社文化」と「岩波文化」との対立という形で問題にしていた。彼等は「「講談社文化」は、講談社出版の娯楽中心の出版物に代表される文化で、国民の圧倒的部分にうけいれられていた。「岩波文化」は、岩波書店刊行の教養書に代表される文化で、国民の小部分の文化人に限定されていた。前者は一般人の思想・生活感情の停滞的な側面をつかみ利用し、卑俗な娯楽・実用と忠君愛国・義理人情思想とをないまぜにしてそそぎこむ内容のものであった。後者は外国の最尖端の思想をとりいれながら、それが生活にむすびつかず、国民にもひろく普及せぬような形でのあり方の文化であった。そしてこの両者の間にはまったく通路をもたぬ断層があった。このことが文化人を国民一般の層から孤立させ、ファシズムにたいする国民的抵抗の武器を生み出すことのできぬ理由であった。」といって、両者の読者数の格段に違うという数字を示している。だがこれはあまりに簡単にかたづけた抽象的見方である。第一に講談社のやり方には、岩波自身も生前反対の意を表していたが、これは読者本位という民衆的な態度というよりは、民衆を相手にして金を儲けようとする露骨な商売主義で、岩波の著者を大事にして読者に媚びず、しかもこれに奉仕することを終始心がけたのとは違う。日本の文化が大体西洋文化を容れて日が浅く、それが生活の現実と遊離しがちだという通弊は、日本の学者学界全般と共に岩波の出版も免れなかったが、同時にそれが日本文化を高め又拡げた功績は認めなければならない。「岩波文庫」の如きは、戦争中もしくは戦争前には、若い女などがそれを電車中で読むのを見えとする程に普及した。それは岩波文化の弊害を口にせられる程までに甚しかったが、何事にも弊を探せばあるので、又これを読者の態度を抜きにして岩波出版だけの責任に帰するわけにはゆかない。私の校長をしていた一高でも、勤労作業に忙しい生徒が、工場でも廊下でも、又寮の消灯後便所の一隅でも、貪るように読んでいたのは「岩波文庫」であった。この文庫や新書が戦中、日本内地でも、大陸の戦地でも、若い者に普《あまね》く読まれていた影響を、『昭和史』の如く暢気に無視するわけにはゆかない。岩波の又岩波書店の渝らぬ方針は、読者の要求に答えるということであったが、中央公論社や改造社がつぶされて、岩波をつぶそうとする軍部一派の意図が結局実現されなかったのを、この内外に於ける読者層に根を張った力に帰した観測は、決して中らぬとはいえない。

今一つ岩波書店に対する非難は、岩波の出版は和漢洋東西に亘り、古典も宗教もマルクシズムも取り入れて、一向どこに重点があるのか分からない。まさに思想、文化のアナーキズムを露呈したものだというのである。これは日本の学問文化がまだ浅くて、専門により傾向によって強く分化していないということにもよるが、岩波が真理、真実を認識することを第一義としたこと、又岩波自身が特定の主義信条の所有者でなくて、広くあらゆる教義、思想、主義にも真理を認め、その存在理由を許すという所から、その良心に従ってやったことであるが、又岩波がかつて、「本を読んでいては本は出せないよ」といった如く、彼が学者でなく、勘に従って大体を大ざっぱにつかんだのにも基づくであろう。これは又西洋先進国に於けるが如く、キリスト教が長い歴史的存在と発展とを持たず、又ソヴィエットの如く頭から共産主義を強制する国柄でなく、過去に固有の習俗と儒教仏教の浸潤はあっても、思想的にも生活的にも、東海の孤島に苦労の少なかった日本に、西洋の思想や文化が圧倒的におっかぶさって来たという、歴史的社会的状況の下にはやむを得ないことであり、その点でも情操の教育を古典に、根本的原理的な思想を哲学に求め、日本で一番歴史の浅い科学知識の普及を計ったことは、まさに当を得ていたといってよい。その単行本、講座、全書などが、いわば大学講義の公開であり、そこに難解と共に不熟もなくはなかったが、この講義の公開もしくは其以上の発展が、日本社会の知識水準を高めると共に、学者自身の知識を確実にし生活を助けた利益のあったことは確であり、又その中には学界の新気運を啓く名著のあったことも、既述の通りである。岩波の事業は読者からと共に学者からも感謝されてよい。ただこのあらゆる方面の知識をよい意味で通俗的に分かり易く普及する仕事には、岩波自身も着眼して、数多《あまた》の叢書、例えば「少国民のために」「岩波新書」などは、その点に於いて或る程度の成功を見、世間からも迎えられたが、これは中々困難な仕事であって、今後学界のこの上の成熟進歩と、出版者のこの上の新たな工夫と努力とに待つべきであろう。

岩波は思いつきに富む才人とは凡そ対蹠的な性格ではあるが、その一旦信じて思いきめたことを、正面から粘り強く押し切ってゆくところから、期せずして人のなし得ない独創を遂げ、「我から古を成す」ということになった。岩波が哲学書を出してから、今まで出なかった哲学書が方々から出た。法律書を出してからつい近頃まで、岩波は法律書の老舗を圧倒した。科学書の出版も世間の科学的出版を呼び出した。文庫は遂に他店の企に勝ったが、今や読者の好みに投ずる文庫の群生を見た。新書、全書の名も亦然りである。

装幀の堅牢、印刷の鮮明と正確、用紙の良質、落丁の皆無など、凡そ読者に対する忠実は、岩波書店の最も力を注いだ所で、これも世間に好影響を与えた。岩波は孤高独往、もし自分の良心に反かねばならぬなら、いつでもやめるという覚悟で出発したが、「徳孤ならず必ず隣あり」で、岩波の良心的な出版が、日本の出版界、従って日本文化の水準を高め、多くの追随者や競争者を出したことは、何よりも大なる岩波の功績というべきであろう。

岩波と店員との間柄について一言しておこう。草創時代は店員も三、四人に過ぎず、堤が入店した大正四年は二十六歳の時であったが、大正八年に長田、九年に小林、堤久子が店に入った。大たい大正年間は十二、三人に過ぎず、それも堤を除いては二十歳以下の少年であった。それが大正十二年震災の年には二十余人に、大正末には三十数人になった。その頃は大たい旧式の丁稚小僧風で、主人一家と店員とは全く一家族のように暮らし、食事も一緒、寝泊りも店又は寄宿舎で、風呂銭や床屋代も支給され、例えば数え年十八の小林は、一ヵ月二円五十銭をもらい、店の人件費は驚くべく安かった。岩波が家族と分かれて住むようになってからは、店員との親しみは一層深くなり、夜になると岩波が引きつれておでん屋や屋台店へ一緒にゆくとか、病気にかかると親身になって世話してくれるとか、店員は報酬なんかは問題にしないで、店は岩波を中心とする一家の生活のようなものであった。しかし昭和三年上半期にストライキのあった時には、店員も小店員を合せて七十名を越え、この旧式の雇傭関係が時勢の浪にゆさぶられてむつかしくなりかけた所であった。それから昭和四、五年は六十名以下であったが、七、八年には仕事が殖え、その後次第に景気が好くなるに従って七十、八十を超え、日支事変の年からは更に九十を超え、十四年には百となり、十七、八年頃には百六十を越したが、その後召集、徴用が次第に増して、十九年の下半期には八十五名になり、二十年の大空襲後は三十余名になり、六月に人員整理を行って、残る所十数名の幹部級に過ぎなくなったことも、前記の通りである。

岩波は人から取るべきを取る前に、先ず人に払うべきものを精確に迅速に払った。この態度は始は幾多の抵抗もあったが、けっきょく岩波の信用を増し、取引を円滑に又確実にした。

岩波は店員をかわいがっただけでなく、出入りの印刷屋、製本屋、用紙店などの人々をかわいがった。そういう生産関係の人たちは、岩波に信頼されかわいがられていると考えることによって、岩波の仕事を一層一所懸命にするようになった。また一度関係のついたそういう業者は、よほどの悪いことでもしない限り、出入りを止めてしまうということはなかった。岩波はそういう人たちの仕事の価値を認めると同時に、まずい仕事に対しては厳しく小言をいった。支払などはもちろん正確で月末に一文残らず払ったが、店員が値切ったりすることを好まなかった。値切るよりも良い仕事をしてもらうことを望んだのである。そのために岩波の出版物は、すべての点で読者に奉仕したといえるだろう。

たとえば、現在でも岩波が創業以来かわいがった印刷所や製本所が、つづいて仕事をしている。或る印刷所の如きは、数十人の小工場の時に、岩波にその人柄を買われて仕事をしはじめ、現在は二百四十人の職工を抱えている。その工場では全生産の六、七十パーセントが岩波書店の仕事である。それは精興社であり、初代社長白井赫太郎は岩波の信頼を博した人である。また岩波は美術を愛したが、岩波書店の出版物には、必しも美術書は多くない。しかしやる以上はよいものを作りたいと思い、それを実行した。その美術書の印刷はすべて半七製版の田中松太郎にまかせた。岩波は田中を尊敬していたし、また自分の父親のような気がするといって、田中の晩年の不遇を慰めるためにいろいろのことをした。

書店関係について、岩波の書店開業の機縁を開いた伊東三郎のことは前に述べたが、今大取次店として活躍している栗田確也のことを一言しておこう。彼は頭が禿げて元気の好い所に、若い岩波といった俤を持っているが、岩波のむくつけき風貌に比してはいささかすっきりしているといってよかろう。栗田は岩波に愛せられ又岩波を尊敬し親愛し、岩波書店に事ある時、例えばストライキの時などには、すぐかけつけて奔走の労を厭わなかった。ところが昭和八年内村達三郎が、岩波に無断で春秋社に『基督のまねび』を移したのみならず、巻末に岩波中傷の文章を載せたといって、岩波が激怒して告訴に及んだ時、栗田が依然その本を取り扱っていると知り、これを咎めたのに対して、栗田は商売だからどこの本でも売るといって、その販売をやめなかった。その為三年ばかり岩波と栗田との交は断たれたが、小林などが心配して、栗田が簡単に「すみませんでした」という風なことをいい、交は旧に復したということがあった。

用紙についても岩波は特別に心を用いた。たとえば「岩波文庫」に使われている紙は、特別口金鵄という名前があるが、それは岩波が製紙会社にやかましく注文を出して、特別に作らせたものである。岩波はこの自分で作らせた紙を非常に愛していたから、殆どすべての出版物にこれを用いた。そうしてこの別金と名附けた紙は、岩波書店以外に売らせなかった。製紙会社の方でもそれを諒として、決して他の出版社に売ることをしなかった。

製本所も古くから自分の意志を尊重してくれるところに限っていた。いい製本をしなければ読者に対してすまないという建前から、製本料は高いのが当り前だとしていた。岩波は新しい本ができると、すぐにそれをわざわざ乱暴にあけて、製本がその乱暴なあけ方に堪えるかどうかをためした。こういう工合で、出入の人たちは岩波に叱られることをこわがると同時に、ほめられることをこの上ない喜びとした。

ついでにいえば岩波は、銀行は第一銀行一つときめて、他のどんな勧誘にも応じなかった。岩波なき後も、幹部たちはその遺志を継いでいる。

第三篇　社会生活

第一章　郷党への奉仕

一　郷土愛

岩波は性来義侠的精神に富み、意気に感ずれば、全く己を忘れて人の為に尽くすたちであった。これが個人的関係ばかりに止まらず、岩波の社会的公的活動ともなって現れた。この性格は岩波が母から受けたものらしく、岩波も「母は一生わが家のために働き通したと同時に、人のためにもよく尽した人であった」といっている。

岩波の公的活動を語るに当って、先ず郷党への奉仕から始めよう。小学、中学の時から村の仲間を集めて胆だめしや講習めいたことをやったりしたことは、既に前にもいったが、岩波は信州人であり、信州人中でも最も特色のある諏訪人であった。岩波は信州人を批判的に見ている所もあったが、彼自身実に代表的な信州人的性格の所有者であり、内心信州人であることを誇としてもいた。従って彼の公的生活、社会的奉仕が、先ず郷土愛から出る郷土への奉仕に現れたのも当然である。

彼の信州人観を彼の書き残したものについて紹介しておこう。彼は明治三十二年に上京して、日本中学に入った時、始めて信州人以外の青年に接し、自分の姿を鏡に映されたように眺め得て、田舎天狗ではだめだという反省を得たといっている。彼によれば信州人は、男は狂人変人と評される程変っており、女子はしとやかさに乏しく、出しゃばりが多い。これがもし本当なら、彼も信州男子として狂人的な所は一ぱし備えていた。彼は又海の如き西郷南洲に対比して、信州の偉人と称せられる佐久間象山をば、信州の高山峻岳を象徴するものと見ている。信州人の長所は、独立心が強く、研究心に富み、進歩的であり、好い加減に甘んぜず、理屈を徹底しようとするにあり、その短所は独善的で雅量に乏しく、議論倒れで実行に欠け、隣の越後人に比べても、より多く理知的に偏して宗教心に乏しい点にあると考え、こういう県人の長短を挙げて、彼は郷里の青年にも切々と忠告を与えていた。

又彼は長野県が教育県の名を得て、県人の教育に熱心なこと、特に小学教育に於いてすぐれていることを認め、昭和八年、小学教員中に思想赤化者を出した事件についても、大いに同情すべき点のあることを説き、県当局が角を矯めて牛を殺すことなきを望み、信州の教育者に破廉恥罪の絶無なることを誇としている。又信州の小学教育の非官僚性を賞揚し、県教育の為に自ら進んで小学教員をやめ、県庁の役人(視学)となった友人——岡村千馬太——が、県庁の役人から煙たがられ、地方の郡長に廻されるようになった時、普通は栄達と考えられるこの任命を拒んで、「小学校長なら」と言い張り、一時職を失ったことをも語っている。

彼は郷里の問題については、よく同郷の藤原咲平と議論した。郷里は家族の延長だから、悪い事があってもかばうべきだという藤原に対して、「たとい親でも兄弟でも悪を許すことはできない。郷党の義は小義であり、善悪邪正は天下の公道であるから、郷党の故を以て悪を許すのは、本末顛倒である」と岩波は主張した。しかしそうはいっても、岩波の郷土愛、郷土自慢は根深いものであって、善悪邪正に於いて郷土と他郷とを分つことはなかったろうが、生活的、社会的、地理的関係から、郷土を思う心と郷土に尽くす行動とは殊に厚かった。しかし郷土の寄宿舎長善館にも始めての出京直後暫くはいたが、大たいはそこを離れて住み、又長善館長や郷友会長が、潔癖で破廉恥に堪えない岩波の、最も唾棄する小川平吉であった所から、郷友会にも入会しなかった。戦争中相沢某に殺された陸軍省軍務局長永田鉄山中将は同郷で、又藤原の友人であり、当時の軍人中では物のわかった方であったが、永田が信武会を起こして、県出身の軍人志望者の養成を志したのに対して、軍人嫌いの岩波はそれに参加しなかったけれども、名取和作の弟名取夏司等と謀って、当時の貴族院書記官長小林次郎を肝煎《きもいり》として、昭和十年二月信州出身の長老、原嘉道、伊沢多喜男を筆頭に、有賀光豊、小坂順造、松島肇、木下信、今井登志喜、小平権一等と共に、信山会を起こし、月一度くらい、丸の内常磐家に会して、時事問題や県の問題を自由に論議し、岩波は小林と共に終始会の斡旋を惜まず、戦争末期にこうした会合の不可能になるまで続けた。その外にも神田の信州人会を作ったり、県のことに関心し、県人の為に尽くすことは多かった。

二　郷村への合力

先ず彼の生まれた部落、諏訪郡中洲村中金子から始めると、昭和三年二月、岩波が私財を投じて、ここに水道を設けたということがある。元来岩波の郷里は湖水の埋まった土地で、飲水に乏しく、門前の小川の流を汲んで雑用にも飲用にも供するという、不衛生極まる実情で、年々伝染病者が続出し、現に昭和三年二月には、親族平林忠作方で、腸チフスで死亡した者があった。しかし村の上の方の豆田という所に清水が涌き出ているから、それを鉄管で引けばよいと知っても、わずか百戸の部落で、その費用の負担に堪えぬという理由で、そのままになっていた。岩波は叔母の法事に帰郷してその事をきき、それなら一つ助力しようという気になり、労力は部落民総出で奉仕し、岩波は材料費二千六百円を受け持った。この時村からその為に上京した旧友矢崎九重が、この金を中金子区に寄附するということを書いてくれといったところ、岩波は寄附願などは出せないといって、それを拒絶したが、こうしてこの水道によって、その後二十年間伝染病患者は出ないという、すばらしい効果を挙げることができた。岩波は「僅かの金でこんなよい事をさせてもらったことはない、有難かった」とよくいい、村に帰ると先ずこの水道の水を飲んだとは、やはり矢崎の話である。四月二十八日に竣工式を行ったが、岩波は出迎えを嫌って、一つ手前の茅野駅に下車して村に直行し、式後の祝宴では、村の青年の盆踊に交って踊りぬいたということである。

村への合力についても、如何にも岩波らしさを示す話がある。昭和十四年に村長伊東一が岩波を東京に訪問した時、岩波は伊東の努力を褒めて、「君の役場在職中はできる限り援助するから、日本一の模範村を造る積りで思い切ってやれ」と激励し、その時伊東は、学校の校庭の拡張、田舎の学校としての農業実習地の必要を語り、校庭の拡張には数戸の家の移転、実習地には土地買収という困難があるので、実現の見通しのついた時には、何分の援助をと懇請したのに対して、岩波は「僕が村へ金を寄附するのではない。僕は君の活動を援助するから、それで君の仕事をし給え。僕の名前を出すのはよくない」といい添えたのを、伊東は後の方を余り心にかけず、費用も岩波が心配してくれるというのに力を得て、村に帰ってそれを説き、東京の岩波さんが心配してくれるなら、村にいる我々が、というようなわけで、移転も土地も順調に話ができて、実現の見通しもついた。その事が地方新聞に出た翌日、岩波が蓼科へ来たので、村長は校長の清水利一と共にその事を報告にいった所が、岩波は以ての外の不機嫌であり、帰るにも帰られずもじもじしている二人に向って、「今新聞を見ると、僕が校庭や実習地の心配をすると出ているが、僕は村へ金を寄附するといった覚えはない、君にやるから、君がそれで仕事をするように、僕の名を出さぬように、はっきりいった覚えだ。とにかく君にやることもやめだ」と剣もほろろの挨拶であった。村長も校長も、今更計画を止めるわけにもゆかないので、村の事業はすべて村会の決議を要すること、この採納願を村長の名で出すことは、自分議を村会ですること、又採納願を出すこと、寄附金には寄附採納の決の気持が許さないこと、村会の決議が何れかから新聞に出たことなどを陳弁して、やっと岩波の機嫌を取り結び、翌日諏訪教育会の連中が附近の晴ケ峰に案内した時には、岩波は諏訪平を一望するここの景色をほめ、ビールを飲んで、「寄附金をするのに願書を出すものかね」と笑って語るようになった。晴ケ峰については、後に或る新聞紙で世間未知の勝地の投票があった時に、岩波は頻に投票を試みたそうである。間もなく村長が出京して、その計画の全部できたことを報告すると、岩波は「君の考え通りよいようにするがよい」といって、碌々聞いていない様子だったが、村の巡査駐在所が大破しているので、移転家屋の一棟を駐在所に当てたいというと、岩波はいきなり、「僕は駐在所は嫌いだ、不賛成だ」と、「君のよいように」では一つもないので、村長も面喰らった。しかしその後も公会所や保健組合の相談をして賛同を得、所要金額の半分の合力を請うた所、両方へ各々一万円を寄附した。公会所は岩波の孝心を酌んで「風樹会館」と名づけたが、落成の後岩波が来て、「あの金でこんなに立派な建物ができるとは思わなかった」と喜んだ。後に伊沢多喜男が村へ来てここへ案内された時、伊沢は「岩波とは時折会うが、一度もこんな立派な建物を寄附した話はしなかった、良いことをした」といった。戦争末期に空襲が激化して来た時、村ではここへ疎開してはと岩波に勧めたが、自分の寄附した公会所を自分の関係で利用しては、といって、それを受けなかった。以上は伊東の話によって書いたのである。この会館には、岩波が生前拒んだ岩波の写真を、死後に掲げたというが、私が戦後にそこを訪うた時、風樹会館は一時的か知らないけれど薪などを積んで物置に用いられ、清掃も行き届いていなかった。これは村人の岩波の厚意に答える道ではあるまい。しかし保健組合は、よその組合が医療費の値上りで経費困難に陥っている中に、立派に経営ができ、村の保健に役立っているそうである。

こういう村への奉仕は、固より岩波の愛郷心から出たものであるが、更に切実な動機は、孝養ができずに早く逝いた父、殊に始終心配のかけ通しだった母への感恩追善の心であった。なお一事書き添えて置きたいのは、昭和七年道路拡張の為に、岩波の旧宅の地面を一尺ばかり削ることになり、岩波はこれを承知したが、幼馴染の桃の木を伐採せねばならなくなることを惜み、その為設計は変更されたということである。この旧宅趾には、死後岩波遺族の志でもない、岩波の頌徳碑《しょうとくひ》が立っている。

彼は又自分の出身学校である中洲村小学校に、三千円(昭和十年)を寄附している。

三　桑原山事件

岩波が骨折った郷里の事件に桑原山の訴訟がある。それは今は諏訪市となっている上諏訪町と、岩波の郷村中洲村の隣村になる四賀村との係争事件で、前者が後者に対して桑原山の入会権(一定地域の住民が地方の慣例や法規により、一定の山林原野などで共同に利益を受ける権利)について訴え、両方とも熱心で執拗な専門委員ができ、訴訟二十余年に亘って、桑原山を幾つも買える程の費用を使いつつ、なお係争を続けるという、信州人の長所か短所かを存分に発揮した事件であった。ちょうどそれは、当時中央気象台長だった岩波の郷友藤原咲平の父光蔵が、上諏訪町長をしていた時に、不本意ながら町会の決議に従って提起した訴訟であり、咲平は自分の仕事にも関係して、霧ヶ峰を含むこの因縁ある山でグライダーを飛ばせる事を企てた為に、両方の承認を要することになり、両方ともその実行は認めたが、訴訟に及ぼす影響を恐れて、形式的には許可しないという困惑に直面して、両村に和解の勧告を試みたのが始りで、岩波は藤原の請によって、同郷の藤森良蔵と共に熱心にそれを助け、費用も負担して両者の和解を図る会合を催したり、勧告書を度々出したりした。即ち昭和九年三月に、両方に向って郷里の先輩友人十五人と共に勧告状を出し、十年二月には『上諏訪商工会議所報』誌上に切々の情を訴え、両者の一方が絶対に正しく、他方が絶対に不正なことはあり得ない。霧ヶ峰が国家的地域――グライダー飛行地となること等を指すのであろう――となり、国際的意義をも持とうとする際、一町一村の利害を離れて、国民的社会的の立場を取り、進んで和解をなすべきを説き、その為には公平無私な第三人者、例えば藤原博士の如きに調停を一任するがよかろうと言っている。更に又同県の伊沢多喜男、原嘉道等の長老と在京諏訪郡出身者二十八人の名を以て、両町村民に勧告を試みたが、この係争は翌十一年三月に至って、地元の有力者の賛同もあり、竟に和解を見るに至った。藤原の伝える所によると、和解の見通しもついて、四賀村の委員十数名が上京した時、岩波は神田の牛肉店「今文」へ一同を招待し、喜びのあまり例の稀代の調子外れで、みんなと

「何をくよくよ川端柳水の流れを見て暮らす」

「諏訪の平に葮なら二本思い切るよし切らぬよし」

の盆歌を歌ったそうである。

昭和十五年にはこの和解を喜んで、両町村に各々一千円を寄贈している。

四　県教育に対する協力

次に伝うべきは、岩波が郷土信州の教育、殊に小学教育、県教育会に寄せた協力と熱情とである。岩波が強い郷土愛を持っていたことは上述の如く、殊に前述の如く、県の教育中でも小学教育の優秀に誇を持っていたことが、岩波にこの実行を促したのは勿論である。

長野県の小学教員も、長野県人の性格にもれず、理屈と議論とを好み、又講演を、殊にはしりの思想家や学者を東京から招いて聴くことを誇としていた。岩波は県教育界の希望に応じて熱心にその推薦をしたが、それも固より岩波の推服する人物でなければな

らなかった。岩波の斡旋によって、地方へは殆ど出講しなかった人物が、長野県へは出向いたということが多く、それが岩波の尊敬する先輩であると、岩波自身同行して案内し、その旅費を負担するという程の親切振りであった。例えば三宅雪嶺、佐藤尚武《なおたけ》、中村(良三)海軍大将の如きはそれで、基督教神学者の柏井園《えん》、真宗の近角常観、それから岩波の友人である田辺元、阿部次郎、石原謙、高橋穣、和辻哲郎その他、岩波の仲介で信州へ講演にいった人は多く、現に私自身もはしりにはついになったことはないが、若い頃始めて講演に出たのは、岩波の口利きによる諏訪地方であり、久しい間長野県以外へはいったことはなかった。しまいにはあまり度々ゆくので岩波に非難されさえした。

昭和四年に信濃教育会館の建築はできたが、内部の設備ができないというので、県の教育界の長老守屋喜七が上京して協力を求めたところ、岩波は書店として教育会と関係の深い光風館が出すなら、それと同額を出すといって、結局二千円を寄附したというようなことは、外にも数多かった。

岩波の信州教育界や郷土青年に対する心遣は、前述昭和八年の小学教員の教育思想犯問題事件、それから、十二年初に記事解禁になった黒色事件(これは昭和十年十月から翌十一年一月にかけて、長野県を中心とする無政府主義秘密結社「農村青年社」(黒色パルチザンといわれた)三百五十数名の検挙事件で、連隊襲撃を計画したと伝えられている)についても、それを大げさに騒いで、一概に赤だといって圧迫し、彼等の理想主義的な、現実の社会に不満な改革的進歩的な精神をいじけさせないことを願い、前者については文部省社会教育局に招かれ、その対策を訊かれた時に意見を陳じ、又信濃教育会にも意見を寄せ、後者については十二年一月「東京朝日新聞」長野版に寄稿している。

なお顕著なことは、彼が戦時中（昭和十七年から）、長野県国民学校訓導内地留学生に対する援助である。県では現職のまま上京させることを恩典として、其以上に出なかった。しかし物価の急騰する東京生活では、いくら節約しても到底留学の目的を達することができなかった。そこで岩波等六人の顧問が相談の席で、俸給の外に五十円は必要だが、半額くらいは県と地元との教育会で支給する見込があり、結局二十五円程不足するときいて、岩波は毎月十人か十一人かの留学生の補助金額、一人について二十五円を引き受けた。それが知事の耳に入って、そんな心配をかけてはと、県で支給することになったに拘らず、昭和十八年七月に、三崎町の今まで店員の寄宿所としていた建物が、店員の徴用や応召であいていたのを、彼等留学生の為の寄宿舎として無料提供した上に、水道、電気、ガス代をも負担した。此等の留学生は理科、文科等彼等の興味を持つ学科に従って、東大、文理科大学その他の教室で指導を受けていた。私なども時々岩波と共に、彼等と夕食を共にしつつ話し合ったこともあった。又此等の留学生を鎌倉の西田幾多郎宅へ同道し、講話を聴かせたり(その一例は昭和二十年三月)、親切到らざるなき有様であった。この宿舎には、もと岩波の所に出入りしていた大工棟梁の未亡人北島のおばさんというのが、岩波の崇拝者で、親身のように彼等の世話をし、岩波は便所を水洗にしたり、部屋に柱時計や額をかけてくれたり、又その一人の西沢福美の死に対して懇切を極めたりしたことなどを、留学生は心から感謝している。信濃教育会との繋りは、伊藤長七、岡村千馬太、矢島音次、久保田俊彦(島木赤彦)等長野師範の旧い卒業生で、かつて信州の教育界を指導した人物や、その当時信州教育界の長老であり人格者であった、守屋喜七等との親交によって一層深められた。

信濃教育会は政府の無批判な劃一政策によって、昭和十九年七月解散し、大日本教育会長野県支部になったが、岩波の信州教育界に対する掉尾《とうび》の心尽しは、その支部の事務局長に藤森省吾を推薦したというよりは、強引に押しつけたということである。岩波は自分の長男雄一郎の死の直後、藤森の葬儀に列してその最中に倒れ、命取りの病を得たのであるが、藤森を無理に起たせたいきさつは、岩波という人間をいかにも躍如とさせているから、煩を厭わずここにしるしておく。前述の如く教育会の長野支部ができて、支部長になるべき大坪知事に、岩波を始め長野県在京有志(岩波、藤原咲平、務台理作、今井登志喜、西尾実五人)の意向を伝えるため、岩波は西尾(現、国語研究所長)を拉して、昭和十九年七月大坪知事に長野で会い、よき事務局長を得てそれに一任すべきだという趣意を伝え、けっきょく藤森省吾が適任ということになり、岩波は大坪から藤森への内交渉を頼まれ――もっとも大坪を動かすまでには、岩波が伊沢多喜男を動かし、伊沢が大坪に説いたという過程があると、伊沢は語っている――、諏訪と長野とを往復したり、度々長距離電話をかけたり、例の熱意の限りを発揮したが、その交渉の頂点は、藤森が診察を受けに、山村の泉野から上諏訪に出る日を利用して、その年の十月三十日、藤森、岩波、西尾の三人で懇談する手筈になっていた前日に、岩波が突如単身で泉野に藤森を訪うたことであった。当の藤森も、その時岩波の顔を見て度胆を抜かれ、これは出なくてはならぬと直感したと、後で語ったそうである。上諏訪では岩波のすきな牡丹屋で、岩波、西尾の二人が藤森を待っている間に、岩波の泉野奇襲報告が出、岩波は藤森に先ず、「どうして長野へ出られないのか」といったところ、「理由は四つある」といった。「そりゃ何だ」といったら、「第一、僕は事務局長なんていう柄ではない」といったから、「そういうことは自分だけできめるわけにはいかんよ。みんなが君を適任だといっているではないか」といってやった。「第二には、この健康ではだめさ」というから、「いったい君はいつまで生きているつもりなんだ」といってやった。そういって岩波は愉快そうに哄笑した。「第三には、僕は一村民として泉野の土になるつもりでいる」というから、「一時長野へ出るだけでいいさ」といった。「第四には、そういう仕事には興味がない」というから、「そんな興味なんかをいっている場合ではないんだよ」といってやった。と語って、岩波は藤森を論破し得た興奮を、その時もなお燃やし続けていた。かくて藤森の主治医も絶対不可能だと言い切る理由はないといい、最後の牙城と頼んだ夫人も、今度はしかたがあるまいと陥落したので、藤森もとうとう降参出馬して、二十年四月には局長に就任した。岩波はこれを喜ぶ詞を『信濃教育』に寄せたが、それから半年もたたずに藤森は仆《たお》れて又起たなかった。――以上は殆ど全部西尾実の手記によってかいた。――岩波が愛する長男の死もそこそこに、藤森の葬式にかけつけた心事には、この背景があったのである。

藤森省吾は、神田の岩波書店の近隣で「考え方研究社」を始めた、故藤森良蔵の弟で、良蔵はああいう事業家肌であり、郷里のことで岩波と事を共にすることもあったが、いがみ合う方が多かったそうである。省吾は兄のがむしゃらとは違い内面的で、健康の問題もあってか、長野県の教育界の人望を集めていたに拘らず、生地の上諏訪の高島小学校教頭を去って、泉野の山村に隠れ、農村子弟の教育に専念して、泉野の二宮尊徳と呼ばれていた。私も時々会ったことがある。静かではあるが頑強な骨節のあるらしい人物であった。

又昭和十四年二月、長野市で高等工業学校設置計画の運動が猛烈に起り、県知事、長野市長、商工会議所会頭が、時の文部大臣荒木貞夫に陳情書を出した際にも、岩波は側面からこの運動を助けた。

第二章　政治的行動

一　議会及び選挙に対する関心

岩波は前にいった如く自由の市民を看板にし、官僚嫌いを公言していた。しかし政治への関心は随分強く、政界の腐敗不正に対する憤激は熾烈であり、政界に打って出ようというむずかゆい気持にも度々なったが、親友の中には、そんなことに浮身をやつすよりは、今の出版事業を拡充する方が、どれだけ世の為人の為になるかといって、不賛成を唱える者が多かった。岩波自身も自分はリベラリストでソーシァリストではないといい、勿論コミュニストではなかったが、既成政党に対する不満や絶望から、無産階級や青年層から起こる此等の運動に同情を持ち、かつ本業の出版方面に於いて、社会主義、共産主義に対しても、先ず認識を与うべしとの主張から、盛んにこの種の書物を出版して、当局の忌諱《きい》に触れたことは、前に説いた如くである。田中政友会内閣によって普通選挙の始めて行われたのは、昭和三年(一九二八)であるが、これよりも先き大正九年四月に、佐々木惣一の『普通選挙』という小冊子を発刊して、店頭に大看板を掲げたことも既述の通りで、岩波は民衆の権利を拡大するこの運動には大賛成であった。しかし上述の無産党に対する同情も、結局は政友会の小川平吉排撃の意図に基づき、既に大正末期(十三年だろう)に、民政が岩波の一高時代の同窓丸茂藤平、政友が小川平吉を出した時にも、岩波は藤森良蔵等と共に、理想選挙の立場から太田耕作という無名人を推薦応援したが、これは始から見込はなかった。だが選挙に対する関心は、更に遡れば年は確でないが、大正年間の総選挙に於いて、当時犬養毅の懐刀などといわれ、後在野政客の長老となった、国民党の古島一雄に対する応援から始まるのではないかと思われる。その時杉浦重剛が店を尋ねて来て、古島の選挙について依頼したという話もある。その頃古島はその女将の俠気によって、神田錦町の松本楼を根城として選挙戦に臨んだ。岩波はその後も引き続いて古島と交り、古島の信州富士見の別荘を譲り受けたりもした。

昭和の始には、無産党が大分問題になって来たが、昭和三年二月最初の普通選挙には、岩波も藤森良蔵、今井登志喜と共に、文学者の藤森成吉を応援し、岩波、藤森(良蔵)が二百円、今井が持合せの十円を出して、運動資金としたが、この時も無産党への同感よりは小川排撃が主だったと、当の藤森(成吉)自身はいっていた。しかし当選こそしなかったけれども、藤森が意外の票を得たことが、小川派の心胆を寒からしめた効果は十分にあった。だが郷里では、「免れて恥ずるなきの徒を議政壇上に送るは、虎を野に放つが如し」という警告を選挙民に発して郷党出身の大物を排する岩波を、変人、狂人、大馬鹿者と罵《ののし》ったということである。

その岩波が昭和五年の国会議員選挙に際して、在京県人有志から立候補を勧められ、又社会民衆党南信支部長の野溝勝や諏訪無産党飯田実治から推挙を受けたのである。しかし岩波は、政治については元来「下地はすきなり」の所もあり、時には政界に馬を進めて、旧勢力に蟠踞《ばんきょ》する巨頭と一戦を試みたい気もしたが、まだその決心には到らず、又立候補の誤伝もあったので、「所信を明かにす」との一文を草して、出馬の意志なきことを表明した。それは、政治問題の根本的解決は、畢竟民衆の教養的水準を高めて破邪顕正の精神を振興するにあり、自分のやっている出版事業は、単なる営利事業でなくて、一面文化事業であり教育事業である関係上、この方面に於いて従来の精神を一層緊張を以て持続することが、時弊《じへい》を憂うる一国民として、また実に一日も疎かにすべからざるものだと信ずる立場から、これを辞退すると共に、自分は今度主として無産派から推薦されたけれども、今遽《にわ》かに無産党員たるを欲する者でない、と明言し、又彼の当時の政局に対する意見をも陳じている。即ち政友会原敬の「政治は力なり」「力は正義なり」の考に反対し、原の後継者田中義一に代った、彼のかつて崇敬した犬養毅からも、政友会更生の望なしとし、特に長野県選出の代議士で度々閣僚に列した小川平吉に対しては、実に執拗強烈なる排撃を試みた。民政党に対してはその無気力を遺憾としつつも、彼が政界稀に見る人格として尊信せる、浜口雄幸の内閣出現を喜び、――この信頼は後に或る理由で大分減退したが――その金解禁や綱紀粛正に賛成し、政友会内閣の放漫に対して、不人気な緊縮政策を取らねばならぬのに同情し、無産政党の新興勢力としての意義を認めつつも、その各派が、現在の微弱なる実情に拘らず、尚且四分五裂の私闘を蝸牛角上に試みるのをやめて、無産党将来の興隆の為にも、むしろ民政党を助けて政友会打倒に協力すべきだ、とまで極言している。

昭和七年には同郷の同志を語らい、郷党に檄を飛ばして、「国家を腐敗させるものは賄賂である。国民を毒するものは賄賂である。賄賂を行使するものは必ず賄賂を取る。賄賂を取るものは必ず賄賂を行使する。……賄賂を行使する候補者は、政党政派を問わず断乎として悉くこれを排撃せよ。賄賂に依って私腹を肥す選挙ブローカーをこの際絶滅せよ。……これ革新の第一歩であり、かくて議会政治はその崩壊の危機より救われるであろう。……」と切言している。これも結局小川打倒の運動であることは勿論である。

昭和八年に居住地神田で民政党の赤塚五郎を推薦したのも、同じ政友打倒の志からであり、昭和九年民政党が総選挙に勝利を得た時、民政系の友人丸山鶴吉にあてた書の中に、「鈴木倒れ、小川倒る。愉快愉快。小生は民政の勝利を喜ぶ者であるが、政友の敗北は正義の為に更に喜ぶ者である」といい、更に詞をついで、「無産党の進出には最上級の慶びを感ずる。日本の社会にも必しも絶望を要せざることを始めて感ずる事を得たり。世は朗かになりつつあり」とまで歓呼している。

岩波はかくして政治に対する強い関心を、政治を好まぬぐるりの親友の諫止《かんし》や、自分の事業についての顧慮から抑えられていたが、同時に、議会に対する不信任の感も亦、彼の政界参加を制するブレーキの一つになっていたであろう。昭和九年、「京都大学新聞」から第六十五議会に対する期待を問われた時、「私は必しも議会制度を否定しないが、現在の政党そのものに対しては、速かにその消滅することを望む以外、何物をも期待しない。恰も貴大学法学部を否定しないが、態度の明徹を欠いて強権の暴圧に屈従した残留組に、何物も期待しないのと同様である」と喝破し、又昭和十二年初同じく議会に対する、雑誌『女性と家庭』の問に答えては、「何物も期待せず、何の注文もなし、但し私は議会を尊重せんとする国民の一員として、新殿堂が憲政の墳墓とならざらんため、議員の素質の向上を静かに祈ってやまない」ともいっている。

しかし議会に対する失望断念にも拘らず、真面目な議員を得て憲政を向上させるという岩波の志は、常に熱烈を続けていた。ただ岩波は、阿諛《あゆ》のきく人間であり、岩波が信頼するといって推薦した人間の中にも、気が利いて岩波の誇に媚びる者、図々しくて思い切った御世辞のいえるうそつき、自由と率直とを装って岩波を利用しようとする者や、それ程の人物でもない者のあったことは、無視しがたい。これは一面岩波の大ざっぱで清濁併せ呑む長所を作って、他面の神経質な潔癖を補うことにもなり、或は欺くに道を以てされた君子でもあったことを証するものかも知れない。

彼は郷県の選挙には、昭和十一年に宮沢胤勇、一高で同窓の木下信を推薦し、戦後知事に公選された社会大衆党の林虎雄は、昭和五年の初対面以来信用すべき人物だと見て、その年以後の県会議員及び国会議員選挙に度々推薦した。昭和十年林が県会議員に始めて当選した時は、岩波は外遊中であったが、帰国後林を電報で呼んで、つぶさに選挙の模様を訊き、その当選を喜んだという。又諏訪市会議員に彼の信服せる久保田力蔵（昭和十六年二月）を推薦した。

県外では安部磯雄、三輪寿壮《じゅそう》及び一高時代の友人玉井潤次等、無産者の味方を推薦しているが、彼の選挙についての考は、「人よりも党」ではなくて「党よりも人」であった。社会党より立った友人玉井潤次を推薦する時にも、「人よりも党」は賛成だが、それには議会人が悉く所信に忠実な公共的人物であることを前提とするのに、悲しい哉、我が日本の立憲政治は、未だ党派別政党の綱領だけによって決定してよい程度に達していない、といっており、別の場合、前記の林虎雄についても、社会大衆党はきらいだが林はよい、社会大衆党は林によって重きを成す、といっている。しかし、昭和二十一年逝去前には、「東京朝日新聞」の問に答えて、「政党を選べとの声には無論賛成である。が、何れの政党でも確かな人物を選ぶが先決問題である。……私が投票するとしたら、文句はあるが社会党でも選ぶであろう」ともいっている。

彼は国会に対して何等の期待を持たぬことを宣言しつつも、一人でも誠実な同志を国会に送るという志を棄てなかったことは、上来述べる所によって明かであるが、昭和十二年に於ける三輪寿壮や安部磯雄の推薦文には、更に進んで積極的に、「各種の新勢力の中には、党弊に失望する余り、議会政治を否定せんとする者あれど、この点に関して私は青年将校一派と根本的に所見を異にする。特殊国の非常時に已むを得ず選ばれしファッショ政治の如きは、我国に於いて断乎として排撃せねばならぬ」と極言している。

郷村や郷県に対する関心の深いと共に、自分の住む東京の市政、及び自分の店のある神田の区政にも関心が深く、昭和十一年初、一高の同窓丸山鶴吉の勧告によって、市政革新同盟に参加したが、彼等の心事と相容れぬものがあった為か、入会と殆ど同時に脱退した。政党嫌いで入会せぬという相馬愛蔵は、岩波に無理やり薦められて入会し、発会式にも出たのに、肝腎の岩波は不在で戸惑ったと語っている。岩波にはこういう意外な早業もある。いやとなったら居ても立ってもたまらず、その為には何もかも放擲して顧みないといった傍若無人のところがある。しかし彼は脱退はしても市政の刷新には努力するという意向を発表し、市政が腐敗し市会が伏魔殿化する現状が、真面目な市民の市政に対する無関心に負うことを説いて、同郷の老医学博士近藤次繁等と共に、昭和十二年始に天心会を作り、神田区内に於ける正義の同志を少数たりとも糾合して、不良の徒の結束に対抗しようとはかった。市政の革新に対しては、都長の官選は自治の本義に悖《もと》るけれども、市民に自治能力がなくて、現状打破の絶対的に必要なる以上、それも已むなしとし、都長にいわゆる大臣級を望む者があるが、大臣級などに革新を期待するは困難であり、三、四十位の年代に、熱烈なる正義心を有し、都に殉死する覚悟ある人材を求めよといい、又都会議員の数を減じて、都会の権限を縮小し、都長の権限を拡大し、十分に手腕経綸を振わしむべし、との主張を発表している。彼は昭和十二年三月の市会議員選挙についても、少壮議員の出馬を要望し、又一区に一人くらいは推薦候補を出すという主張から、少壮ではないが信頼すべき人物として、市政革新同盟の推薦にかかる神田の近藤次繁、中野の近藤乾郎両医学博士の為に熱心な推挙を試み、自ら進んで推薦状を有権者に送った。又助役の選考に対しては、小橋市長を選んだ以上その選択に任すべし、という穏当な意見を述べている。

岩波の政治ずきが竟に岩波を貴族院議員にしたことは後に述べるが、当選後昭和二十一年三月の総選挙の時にも、岩波は二月末には、特に婦人参政権の賛成者として加藤静枝の推薦文をかき、やがて死ぬる命を前にして、なお旧友玉井潤次の為に二度も熱烈懇切な推薦状をかき、又林虎雄や親しくもない船田享二の為にも推薦状を書き、又三月二十七日にも、貴族院議員になった友人の種田虎雄に同成会入りを勧告する手紙を書いたりしている。林が当選してそれを報告に上京した時には、岩波は熱海で既に意識不明になっていたが、その前に当選の報をきいた時には、「よかった、よかった」と繰り返し喜んだそうである。

二　貴族院議員

政治及び選挙に対する彼の熱意の最後は、竟に彼自身の貴族院議員立候補となった。彼は、市民として独立した表裏なき生活をしようと志して始めた本屋及び出版業が、意外にも日本の文化にも貢献したと世間からいわれたことを述べ、自分は今なお信仰なき者だが、正直を志してその実行のできることを体験して、「汝は為さざる可からざるが故に為し能う」という格言の我を欺かざるを信じ、議員に立つのも、岩波書店の事業の木に竹をついだものでなく、その延長として思い立ったといっている。昭和五年郷里信州より衆議院議員の立候補を勧められた時は、議会の陣笠たるより、文化の向上という根本的な今の事業に専心したいといって断わったが、当時は彼が店の経営の主体となるを要したけれども、今は彼が半年不在でも店の経営に差支えないという事情の変化もあり、又戦局窘迫の結果たる紙不足が増刷も新企画も許さぬこと、今の時勢は、自己の趣味に泥《なず》み、自然の裏に優游自適を願うの時でない、年来懐抱せし日華親善、文化向上の理想の徹底、官尊民卑の打破、真の認識に基づく左右の無用なる衝突の排斥等を志して立ったといい、又武内義雄への書翰に、日本の政治の欠陥が、学者と政治家との隔離にあるとし、両者の手を握らせて、この欠陥を矯正したいといっている。そうして又彼がこの度の立候補は、「諸先輩の御誘いに基づくけれども、一面また藤森君出馬の心境に負う所が大である」といっているのは、藤森だけに無理はさせぬという彼の偽らざる心事であろう。それと同時に或はそれ以上に、すきな下地の彼を起たせたことも、否定するわけにはゆくまい。

もっともこれには偶然的な事情もある。彼が現に東京市の多額納税者であったこと

──彼は既に大正十三年に多額納税者であり、昭和十一年にも或る新聞によってそれを伝えられた。これは彼の収入の増大にもよるが、正直な納税による方が一層大であろう──、多額納税議員だった小坂梅吉が、前年の十二月に死んだので、岩波をその補欠選挙に推す議が、貴族院の同成会の連中にあったことである。そうしてその話を彼は、その十二月五日小野塚喜平次の葬儀の時に、始めて聞いたのである。その黒幕は伊沢多喜男で、事務を主として取り運んだのは次田大三郎である。私は岩波に頼まれて推薦文を書いたが、推薦者は石黒忠篤、岩田宙造、穂積重遠、大河内正敏、緒方竹虎、筧克彦、加藤完治、米山梅吉、高村光太郎、相馬愛蔵、中村吉右衛門、葛生能久、松本烝治、藤原咲平、古野伊之助、小泉信三、郷古潔、幸田露伴、古島一雄、後藤文夫、青木一男、三宅雪嶺、渋沢敬三、関屋貞三郎の二十四人、遍《あまね》く各界に亘っている。岩波の親友は藤原くらいなもので、外の連中はあまり熱意がないとも見たし、又策戦上名を列するのを必しも有利と見なかったのであろう。伊沢、次田も名を出していない。その中葛生は右翼陣営中の長老で、店員に縁者があったが、葛生自身は推薦者となることを欲しなかったのを、策戦上岩波が特に請うて名を列してもらったのである。岩波は理想選挙を標榜してこれを実行し、法律で許された個別訪問をも試みたけれども、一つも哀願的態度などは示さなかった。しかし岩波が理想的だといって、現実の利害得失をいつも忘れてばかりはいなかったという証拠には、葛生の名を列した一事も役立つであろう。多額納税議員というのは、彼がたまたま多額納税者で資格を持ったこと、欠員の生じたことによるであろうが、選挙資格者が二百人くらいで、運動が大袈裟にならずにすむということも、彼を立ち易くしたであろう。

立候補者は彼の外に鏑木忠正があり、一時この人の優勢が伝えられたので、岩波は自分の落選の場合をも予測し、落選の挨拶の用意までもした。所が意外の多数で彼は三月二十七日に当選し、貴族院の席は伊沢の牛耳を執っていた同成会においた。彼が議員パスをもらった時、始めてこれを使用したのは、房州岩井の旅館橋場屋訪問であった。岩波は高等学校生の時からよくこの旅館にゆき、その主婦忍足せきとは一家のような附合をしていた。パスで先ずそこを訪うた岩波の心事には掬すべきものがある。彼が五月八日に鰆《さわら》一尾その他を携えて、群馬県勢多郡の疎開先に、半七翁田中松太郎夫婦を驚かしたのも、同じ心持であろう。これより先き四月十六日に、小石川小日向水道町の宅で当選祝賀会を催した。推薦者の一部分は欠席したが、伊沢、次田等も出席した。私もその数日前家を焼かれて、伊沢と共に岩波の家に宿を借りており、この宴に列したが、五月には岩波のこの家も焼けてしまった。岩波当選の翌年、かつて岩波書店発行の『教育』を編集していた留岡清男が彼を訪い、「先生は本屋さんです。先生は立派な本を出すことに於いて未曽有の事業を達成されましたが、先生の事業は、それに引き続いて、立派な出版物を適正に配給する出版物配給事業の建て直しに晩年を捧げらるべきであります。先生、どうぞ、先生の事業を尻切れ蜻蛉にしないで下さい」といって、貴族院議員などには不賛成だという心持を直言した。岩波は「君がそういう仕事をやるなら、どんな応援でもしてあげよう」といった。留岡は喜び勇んで、岩波のこの言葉を伝えに、ひとまず北海道に引き返した途中、米沢で岩波逝去の訃報に接したと嘆いている。

岩波の貴族院議員としての最初の登院は、二十年九月四日で、前日長男雄一郎が死んで、その日火葬にしたが、岩波は終日議場にいた。五日も出院、六日に閉院式に列して、九月八日に雄一郎の葬儀を営んだ。

なお彼が貴族院の質問事項として書き残したものがあるが、彼は竟に院内でこの質問を試みる機会を得なかった。しかし彼の平生の考を示すものとして、珍しくないが、ここにこれを掲げておこう。

一、外交といえば、従来天地の公道と世界の正義とに基づく存在でない如く、一般に考えられて居たが、天地に大義あり、人間に良心あり、個人もこれに従うべき如く、国家も是に従う事を原則とし目標とせねばならぬと思うが、この外交の根本精神に於いて政府の所信如何。

一、日本民族は歴史的に見て好戦国といわるべきでもなく、只満洲事変、軍閥の台頭より軍国主義盛んとなり、その結果満洲事変、支那事変、三国同盟、大東亜戦争、此等は大義名分はないが、興隆日本の若気の過と思うが如何。

一、中華民国は四、五千年の古き歴史ある大国であり、我が日本は文化に負う所少なからぬ恩義を被って居る。維新以来近代文化を輸入するに於いて一日の長あり、兄貴分たる位置にありしが、これを以て旧恩を忘るべきではない。日本政府の中華民国に対する態度に於いて一定の方針を持たず、特に満洲事変以来中華民国に対する処置は、隣邦の恩義に酬ゆるにあらざりしと思うが如何。今度の敗戦も大いに考うべき事柄であって、日本は民国の排日を非難するが、民国人として考うれば当然であり、私が若し民国人であったとしたならば、一兵卒としても排日の急先鋒に起ったであろうと思う。何としても満洲事変も支那事変も、民国に対して私は済まない事をしたと考えるが、政府の所信如何。

一、弱肉強食は禽獣間の実情であり、人間社会に於いては、正邪善悪を個人としても国家としても、規範とし目的とせねばならぬと思うが、如何。富国強兵ということをこれまでいって来たが、「自ら反みて縮《なお》くんば千万人たりとも我れゆかん」というような言葉もあるが、道義の昂揚を国民に教える事が必要と思うが、如何。

一、貴衆両院議員が戦争責任を糾明しているのは甚だよいが、戦争に於ける議員の責任は如何。咢堂先生は、総辞職でも敢行すべきだという御意見であったと聞くが、政府の所信如何。

何れの質問も正々堂々とはしているが、いつになく生まぬるくだらけている。恐らく政府当局からは、一々御尤の次第で、大いに努力して御趣意を実現しましょう、とくらいの答しか得られまい。しかし最後の質問は議員の心魂にこたえるべきはずの質問ではあるが、総辞職の首唱者だという尾崎自身が、果してどれだけ責任を感ずる人間であるかが問題なのでは、これもおぼつかなかったろう。

三　岩波と政界人

社会や政治に対する彼の関心は、本来の人間好きと相俟って、政界その他の名士、人物に対する彼の関心として現われた。緒方竹虎は岩波の「人物道楽」を口にしていたが、学者であると文人であると政治家であるとを問わず、彼の関心を持ち、敬仰を捧げる人物に接近し、又はこれを饗応することは、全く彼の道楽といってよく、熱海伊豆山の別荘の如きも、戦時物資欠乏の最中に、入り代り立ち代りそういう連中をつれて来ては饗応する場となって、彼の期した彼自身の休養所とはならなかったことも前述の通りである。現に彼の物故以前にも、尾崎行雄の如きは、秘書をつれて昭和二十年の十二月初からやって来、大層気に入り、一ヵ月の予定が延びてそれから正月、二月、三月、四月と彼の歿前まで、惜櫟荘の和室を領し、岩波は自分で勿論それを光栄として喜んではいたが、その為に絶えず病軀を労する結果になった。当時尾崎は敗戦後異常の人気を博し、帰国した共産党の野坂参三が彼を訪問したのも、この別荘であった。岩波が再度の脳溢血の発作で倒れた時にも、尾崎はまだ滞在中で、それを見てあわただしく引き上げたという始末であった。ちょっと断わっておきたいのは、岩波はこれと思いこんだ人物には、忽ち隔てなく親しくなり、殊に相手が長老であったり身分の高い人であったりすると、満腔の敬意を捧げ最善の奉仕を志すのである。この点ここで触れる政界人と、「私生活」の篇で説く交友とを区別する必要もないが、前者の方は皆世間的に知名の士で、岩波が敬意を払い交際を求めた人達であり、大たい戦争時代以後岩波も世間的名士になってからの交渉が多い。私達と岩波との違う所は、私達ならば、政界や財界の名士中に好ましい人物がいたとしても、よくよくの用事でもなくば、往いて訪おうとは思い立たないのに、岩波はこの人に会いたい、この人に意見を述べたりきいたりしたいと思うと、即刻これを実行に移すことと、又そういう年長者や身分ある人々に、我々のできない敬意と奉仕との実を惜しまなかったことである。これは岩波が御馳走能力の所有者たるせいばかりではない。現に尾崎に対しても、尾崎を知ってから、毎年彼の十一月二十日の誕生日には贈物をし、昭和二十年の病後にも毛皮のチョッキを贈っている。岩波は尾崎を清節の士として崇敬し、戦争中尾崎が舌禍に会って以来、特に同情を傾けて彼に親しんだ。私は尾崎の政治的節操に乏しく、平気で度々その所説を変じ、例えば明治中期の支那分割論は措いても、大隈内閣に入閣して二師団増設に賛成しながら、すぐ又軍備縮小論者になったり、東京市長としてはボスの言いなりになって、何一つ仕事のできなかったことを挙げ、要するに口舌の雄に過ぎないと貶《けな》しても、彼はそんなことにはてんで耳を藉さず、ただ憤激を以て答えるのみであった。

しかし岩波はこの尾崎への奉仕を光栄とし生きがいとして、自分の生命の尽きるのも忘れていたのだから、その頃の岩波の心持を伝えておくことは無意味でなかろう。前掲二十年十一月二十日の尾崎の誕生日にも、

　御齢なほ永かれと祈るなり生きてかひある世となりたれば

の歌を捧げ、尾崎から

　生きがひもあらぬ身なれど長らへむ世に逆ひて世を救ふべく

と尾崎らしい元気を発露した歌を返されている。

昭和二十一年元旦には、

「尾崎先生ノ所謂新日本紀元二年也、晴天ニ日出ノ美ヲ見ル。尾崎先生ト生キ甲斐ノアル春ヲ共ニシ、櫟廬《れきろ》〔惜櫟荘の別称〕ニ迎フルハウレシ、

生き甲斐のある日を迎へ憲政の神に事ふる我うれしかり

櫟廬にて海の旭日をながめつゝ憲政の神と春を寿《ことほ》ぐ

櫟廬にて生き甲斐のある日を迎へ共に語らふ国の行末

国々の分ちはきえて四方《よも》の海はらからたるは何時にかあらむ

人の云ふ憲政の神にこと問はん国の分ちは何時消ゆるかと」

歌は拙くても、彼の尾崎に捧げた素朴な青年のような崇拝の情は十分に覗われる。

更に彼は歿前一ヵ月頃の三月に、尾崎に向ってこんな書を呈している。

「先生は「補相天地義」「天地義」というようなものがあるかとの御話があったが、これは神がかりの思想という風に御考えでしょうか。所謂神がかりを排撃する点では私も同様ですが、これは自分は神がかりとは思わない。カントの有名なる言葉

Starry sky above me,

and moral law within me.

と同様に、私は「補相天地義」〔天地の義を補相す〕ということは、易経にある荘厳な

言葉として無限の感激を持っていますから、先生の御意見を御尋ねします。この言葉が一笑に附せらるべきものとすれば、僕も考えて見なければなりません。」

これは恐らく尾崎の耳が遠いので、書いて教を乞うたのであろう。

この中の英訳はカントの『実践理性批判』の最後にある岩波の愛誦句で、岩波は岩波流に「天上辰星の輝くあり、我衷に道念の蟠るあり」と訳している。岩波は又前からこの「補相天地義」という詞を愛し、小林を遣って幸田露伴にこの詞を確めている。始は「補相天地大道」かと思ったのが、露伴が易の本文を見て示したのはこの語であった。これは「天地の化育に参する」という如き詞と共に、儒教殊に易の教が、人間のみでなく宇宙にかかわり、人道と天道との相関を説いた詞として、私も銘記する所であったが、岩波にも十分この心持はあった。岩波は人格的な神を特に信ずることはなかったが、宇宙と人生とを貫通する義と道とを信ずる点では宗教的だったといえよう。それについて今更尾崎に教を乞う岩波の態度は、文字通り神様に伺いを立てる積りかも知れない。

岩波の崇拝した人間に頭山《とうやま》満がある。これは我々には得体の知れぬ人で、政界人といってよいかどうかは知らぬが、政界を動かす陰然たる勢力の中心だったとはきいている。岩波は会合の席などで頭山をこれまで見たことはあったが、親炙の機会を得ることを願い、河野与一夫人多麻がかねて頭山を知っていたので、その斡旋で昭和十六年二月に頭山を訪うて、ますます崇拝の情を新たにした。多麻はその時の模様を、頭山と岩波とに対する敬愛の情をこめて細々と書いている。岩波はその時中学時代に書いた「杉浦重剛先生に奉る書」を頭山に見せて、「中々ええ」とほめられて、もじもじとはにかみつつ喜んだが、日支事変については、蔣介石とも親しい頭山に、なぜ平生の持論を更につっこんで力説し、頭山の努力を求めなかったかと思われる。一たい岩波は頭山がこの事変に対して何を志し何を為したか、を知っていたのであろうか。頭山の態度と、岩波の支那に対する態度とに、矛盾はないと思っていたのであろうか、頭山の前には岩波の平生の持説も何だかぼやけてしまって、この点で遺憾を禁じ得ない。その後間もなく岩波は頭山に例の感謝金千円を献じ、頭山も喜んでこれを受けたということである。

岩波は友人の渡辺得男にこの会見のことを語り、医師の面会十分の制限が二時間近くに及んだことを誇り、頭山の人物の大をたたえている。翌十七年の初夏頭山の米寿の祝宴には、頭山が大井憲太郎や中江篤介(兆民)の如き自由主義者と親善だったことを、恰も岩波の左右相会して円卓会議をやれ、という主張にかなうものであるかの如くに速断して、頭山を「左右両翼を超越して天地の大義に生きる国宝的存在」とまで讃美しているのは首肯しがたい。しかし岩波の頭山の人間的魅力に対する傾倒は深く、その後頭山一家を招待し、岩波の妻や娘等もその席に列する程の心入れであった。

郷党の先輩としては、岩波は原嘉道、伊沢多喜男に近づき、郷党の事件について協力を求めていた。その中伊沢とは晩年殊に親しかった。田辺元は岩波が官僚の親玉であり政界の黒幕である伊沢に接近したことを嫌っており、緒方竹虎の如きも、伊沢はその時代の何れの実権者にも近づく男だと評し、伊沢も亦緒方をモーニングでも着ていれば立派だと嘲っていた、と岩波から聞いたことがある。しかし、伊沢にいわせれば、自分はフリーランサーとしてどの内閣にもいい事をさせ、わるい事をさすまい、として近づくのだとの弁解はあったろうし、ともかくも己れの政治的貢献を自任はしていた。田辺は新聞などを通じて伊沢を嫌ったのであろうが、岩波は伊沢が治安維持法に反対したことを力説し、伊沢が世評の如く頑冥《がんめい》なおやじではなく、信州人風に論議を好み、知識欲に富んで、学者の説を聞きたがっていることを説き、又実際に自分の尊敬する学者を紹介して、伊沢と語る機会を作りもした。晩年伊沢はガンヂーに私淑して、痩せた身体と顔の外は一向ふさわしくもないけれども、自ら頑爺《ガンヂー》と称したりしていた。知謀に富み陰険な策士のように世間から考えられていたが、接して見ると稚気に富み率直で親しむべき老翁であった。岩波は戦争末期から戦後にかけて、伊豆山の別荘に来ると、必のように伊東にいた伊沢に電話をかけて起居を問うたり、度々その居をおとずれ、又伊沢を伊豆山に請じ、足腰の衰えた伊沢をその度毎に送迎し、坂道をかかえるように助けたりした。それが晩年身辺の寂寥を感じていた伊沢には実に嬉しかったらしい。殊に戦後伊沢が官僚の黒幕だというので追放にかかりそうになった時、岩波はその為にも奔走を惜しまなかった。伊沢はこれを感謝して、岩波はその為に命をちぢめた、といっているが、これは恐らく伊沢の自己中心的な誇張であって、岩波の命を縮めたのは、伊沢の為ばかりでなく、尾崎への奉仕を始め、ひびの入ったからだを酷使して、社会の為、人の為にせかせかと奔走した為であった。

岩波は近衛文麿が、首相として蔣介石に直接面会して、日支事変を収拾しなかったことを、色々な機会に責めているが、近衛に直接それを話したかどうかは確かでない。昭和十九年五月初夏の頃であったが、私は岩波、小泉信三、和辻哲郎と共に、当時は野に在った近衛に、荻窪の荻外荘へ招かれ、近衛から宮崎龍介を蔣介石に会わせて和議の端を開こうとの企が、宮崎出発の途中神戸で軍部に阻止された話を聞いたが、私がわずかの酒に睡気を催した為、岩波が果して平素の意見を近衛に向って直言したかどうかを詳《つまびら》かにしない。同席者の話ではその事はなかったらしい。岩波がそれより外の日に、この意見を近衛に陳じたかどうかは確かめていない。

頭山の如き巨頭、近衛の如き門地が高くて首相となったような人に、岩波が特別の敬意を払ったということを示す一例がある。それは同郷人で、岩波のすきな諏訪の旅宿牡丹屋未亡人の弟である有賀精の所へ来て、岩波の親しくしており、三十年記念宴の時にも唯一の西洋人として招いたドイツ人ブラッシュが、強制疎開の為に家を奪われて、頻に住居を捜していたので、有賀の家を貸してやってくれと頼んだので、有賀は「そんなに御懇意の方なら御自身の熱海の御宅を提供すればよいではないですか」というと、岩波は「いや君の家とは違う〔普請の事らしいとは有賀の解釈である〕、僕の熱海の別荘は頭山満とか近衛文麿とかなら貸せるが、一ドイツ人なんかには貸せない」と答えた。有賀は岩波の言に不服ではあったが、縁もゆかりもないブラッシュを気の毒に思い、二年間真鶴の家を貸したそうである。こういう所が岩波の若い者から旧いといわれる所であろう。旧い新しいは問わず、私なども岩波のこの気持には同じ得ない。私なら恐らくどちらにも貸さないであろう。岩波は前にもいった如く、政友会嫌いであり、従って原敬をも好まず、その東京駅に於ける横死に対しても、これを天譴と見てむしろ刺客中岡艮一に同情したが、次の総裁高橋是清の恬淡な人柄を好み、誰を介してか、高橋の「天下一日も嬉笑なかるべからず」という意味の幅を入手して、室に掲げていたことがあった。

　忠誠な軍人として彼の尊敬していた米内海軍大将（光政）が、鈴木内閣の海相であった時、彼は友人の郷古潔（米内と同郷）と共に、米内を訪問し、自分から草莽《そうもう》布衣の意見を聴いてもらいたいとて、訥々たる熱弁を以て、二、三十分間憂国の至情を吐露し、海相も動かされる所頗る大であったが、確たる返答を米内から得なかったけれども、或るヒントを得ていささか意を安んじた、と郷古のいっているのは、或は和議のことではないかと思われる。多分それより前のことだったろうと思うが、私は小泉信三、田島道治、金井清等と共に、二度ばかり岩波に招かれて夕食を米内と共にしたことがある。その一度の星ケ岡茶寮で、米内は流れに逆らって漕いでいる積りで、大分流されていた、という感慨を洩らした。「浜作」の時には色紙に「東西南北人自老」と書して私にくれた。共に感じ深い詞である。岩波が「回顧三十年感謝晩餐会」に招いた政界の顕官名士は、友人同郷の外には、概ね自由主義的な或は当時軍部から排斥されたものばかりで、頭山、近衛、尾崎を除く上掲の人々の外に、牧野伸顕、宇垣一成、中村良三(海軍大将)、古島一雄、緒方竹虎等であり、恰もこの宴会そのものが、当時の軍国主義者に対する自由主義者の抵抗運動であるかの如き観を呈した。その外に佐藤尚武の如きも、その平和主義的外交の故に、幣原喜重郎はその対支外交方針に賛成するが故に、好意を寄せ、昭和二十年十月、幣原が大命を受けて内閣を組織した時には、祝辞と共に自分の日本の将来に対する抱懐を陳じている。

なお序に、これは政界人というのではないが、昭和十年八月に軍部派閥争いの犠牲になった軍務局長永田鉄山を、中学時代に永田と同窓だった藤原咲平の肝煎で、岩波が寺田寅彦と一緒に星ケ岡に招待したことがある。それは寺田が陸軍の兵器なども、外国の模倣を事としてばかりいるが、本当に勝敗を決する切札のような兵器は、外国から盗んで来たものではできない、といい、結局優秀な武器を作るにも基礎的研究が必要だといったことを、永田も納得して、当時の陸軍次官だった小磯国昭(後に首相になった)は理学界の重立った人々を招いて、この基礎的研究の企画にかかろうとしたのに、その後僅か二、三週間で永田は殺害され、折角の企画も中絶した。しかし仮に永田が厄に遭わなかったとしても、この企画は当時の情勢下に成立を見る望はなかったであろう。

第三章　時局に対する態度

一　国内の問題

瀧川事件

軍部の専横と政治家、国会、学者、文化人の無気力、もしくは軽薄な追随、民衆の無自覚によって、昭和十二年(一九三七)の日支事変が起こる前、岩波が非常に公憤を発したのは、京都帝国大学の瀧川教授事件と美濃部達吉の天皇機関説問題であった。瀧川幸辰が問題とされたのは、その著『刑法読本』であり、その刑法理論中、社会は犯人に対して復讐的態度で臨むに先だって、犯罪の原因を十分に検討しなければならぬといい、又姦通罪で妻のみ罰せられるのは不当だと主張したのに対して、右翼の熱狂的論客蓑田胸喜は、これを赤化思想なりと攻撃した。これは昭和八年五月のことである。当時斎藤内閣の文相だった鳩山一郎はこれを取り上げ、京都帝国大学法学部教授会の反対をおしきって、五月下旬瀧川を休職処分に附したのが、所謂瀧川教授事件である。京都大学法学部の教授、助教授、講師等全員三十九名は連袂辞職を以てこれに反抗し、京都大学法経文学生連合大会は、反対の決議を発表したが、その功なく、七月に至り、辞職七教授は転向留任し、佐々木惣一、末川博等強硬派六教授は罷免され、恒藤恭教授等は依願免職になった。岩波は憤激の余り、先憂子の名で「東京朝日新聞」の鉄箒欄に投書し、先ず所信に生き、大学の為に玉砕した法学部辞職教授を讃美し、瀧川の学説が文部当局のいう如く国家に有害なものならば、京都大学法学部の閉鎖はおろか、それに和するすべての大学を閉鎖してもよい。又もし京都大学法学部の主張が是ならば、文相の即時辞職は勿論、内閣数次の更迭も避くべきでない。先ずこの問題を究明すべきであるのに、本家本元の京都大学にすら、この批判を聞かないのはどうしたのだ。自分は『刑法読本』を一読し、常識人として社会人として、何故にかほどの問題を惹起したかを怪しむ。瀧川の説が内乱激成、姦通奨励だという如きは全く間違であり、現にこの書の発行当時、牧野大審院長が「東京朝日新聞」の読書欄でこれを推奨していたのを挙げ、「今日社会の通弊とする所は、真理を慕い、正義を愛する思念の足らざるところにある。正邪善悪の判明せざるという事よりも、判明しながら正邪善悪によって去就を決せず、長きものには巻かれよと態度を曖昧にすることである」と極言したが、新聞では「インフォーメーションが乏しい」という口実の下にこれを載せなかった。瀧川の態度が平生京都大学教授の尊敬を得なかった為か、岩波は彼の尊信する西田幾多郎、又彼の友人田辺元、和辻哲郎にも説いたが、同意を得ず、西田は一瀧川の為に大学をつぶすわけにはゆかぬといったのを、私もきいた。しかし岩波はこれに不服であり、この事件を以て学者、思想家が、その後兇暴な軍部や右翼に屈する侗をなしたものだという感慨を、私にも洩らしていた。

彼はこうした所信から、『刑法読本』は教育上何等差支なしと、法学部の主張を支持しながら、瀧川を休職とする前に我を首切れと、文部省に迫る気力もなく、文部当局に慰撫されて、実は文部当局自身の責任なる学生慰撫の重荷まで背負わされて、辞表をそのままおめおめと持ち帰ったと彼の認めた、小西重直前総長を烈しく非難した。そうしてその後を受けたる、松井元興新総長に対しても追及の手を収めず、当の京都大学評議員会が、問題の核心たる、文部瀧川両者の主張何れが正しきかを決定して公表する所なく、新総長がこの問題を決定せずして、瀧川の復職を主張しなかったことを攻撃した。恐らくこの問題について、日本中で最も多く熱を上げたのは岩波であったろう。そうして彼の主張の根本は、この問題でも又後の美濃部問題でも、これを政治問題と見ず、それよりも深い真偽の問題、即ち学問の問題と考えた点にある。

美濃部の天皇機関説

美濃部達吉の天皇機関説が、在郷軍人を代表する貴族院議員菊池武夫中将によって、国体に反する学説を説く「学匪《がくひ》」であり「謀叛人」であると、議場で弾劾されたのに対して、昭和十年(一九三五)二月二十六日貴族院の議場に於いて、美濃部の明快なる弁明があり、陸海両相も内閣もこれを一応了としたに拘らず、内閣も議会も軍部やそれを囲む右翼の暴論の波に抗し得ず、殊に政友会がこれを倒閣の手段に用いて、議員自ら国会を葬る「国体明徴」の決議をなすに至り、美濃部は貴族院議員をやめることによって、漸く起訴猶予に与かったという事件である。この事件については、美濃部が岩波書店の著者であり、且岩波が学者としての美濃部を尊敬もしていたので、彼は不満禁ずる能わず、「危険思想」と題して、「東京朝日新聞」の鉄箒欄に投書し、美濃部の人物を称揚し、学者の君国への忠誠は、真理の忠僕として所信に生くるにありとし、学説の多種は肇国《ちょうこく》の大精神を生かす所以であり、国体の根本義はこれによってゆるがず、偉大なる皇国精神の中には、見解を異にする幾多の愛国者を容れて余りあり、忠君愛国は一部人士の専有物でなく、全日本国民の光栄ある特権であり、偏狭なる忠義観、固陋なる国体観を以て他を非国民扱いにするが如きこそ、最も恐るべき危険思想であると論じている。この中にも岩波の忠君愛国的な主張を認めると共に、敵の武器を利用する機略をも認め得る。しかし当時はかかる考えかたと表現すら、岩波と書店とに禍する危険は十分にあったので、岩波の店員堤常、小林勇は、朝日新聞社に頼んで特にこの投書を返してもらった。恐らく新聞社にもこれを載せる冒険心はなかったのであろう。しかし岩波は後まで店員の心遣を知らず、朝日の弱腰を罵っていたそうである。この排斥はやはり、かつて岩波と一高で同級だった三井甲之及びその一味蓑田胸喜等、『原理日本』一派の策動によったもので、その後も岩波書店は度々彼等の厄を免れることができなかった。なおその四月九日に、美濃部の著『現代憲政評論』は改訂処分を受けた。しかしその後、当時城戸幡太郎、留岡清男が編集していた岩波書店発行の雑誌『教育』で、この機関説問題を取り上げ、岩波も賛成し、関口泰に特に依頼して、腰を据えて執筆してもらったが、堤支配人から「あの原稿は掲載を見合わせてほしい。店全体の方針として決定した」とあったので、城戸、留岡等編集員一同は岩波に抗議した所、岩波は「編集のことは、一切城戸、留岡両君に一任している。……唯時節柄、天皇機関説排撃の反駁文を雑誌に掲載して頂かない方がよいということを、編集者の人々にお願いするだけである」といったが、留岡はこれに承服せず、岩波は雑誌の所有者で、自分達は編集者である。岩波自身がこの原稿の掲載を禁止し、その代り自分でこの原稿を持っていって、関口にことわるがよかろうとの旨を述べた所、岩波は極めて率直に、「近頃暴漢が私のところに幾人も来る。私は実はこわいのだ。あんな連中の側杖を食ってはつまらないからなあ」といった。

岩波は時々「街に狂犬が荒れている時、これを撲殺し得る者は撲殺すべきだが、撲殺の実力のない者は、家の中に引っこんで狂犬の去るのを待つ外はない」といった。岩波もどんな条件の下にも勇気を振おうとしたわけではなかった。当時城戸等は岩波も焼きがまわったと軽蔑していたが、岩波も周囲の状況を思えば、朝日の無気力を笑ってばかりはいられなかったのであろう。

瀧川の方は関係はないが、美濃部といい津田といい、蓑田胸喜は随分岩波書店には祟ったものである。しかし敗戦後蓑田の自殺を聞いた岩波は、やっぱり本物だったといって、香奠を贈った。

五箇条の御誓文

岩波の文化政策従って政治の根本は、一言にしていえば、明治維新の五箇条の御誓文にあった。岩波はこの御誓文を、軍部及び右翼の攻撃に対する楯として用いたことも争われないが、彼等がこの趣旨に反していたことも、岩波が衷心この御誓文に同感していたことも事実である。岩波書店の彼の部屋には、戦争中この御誓文を大書して掲げていた。彼が病んで長野に臥した昭和二十年の九、十月頃にも、彼の病室にはこの五箇条を座辺に掲げていた。彼が世界にも誇るべく、非常時と常時とを問わず、日本の文化、政治の一切に通用するものとして、事毎にそれを顕彰しようとした五箇条の御誓文についても、既に忘れた者も知らない者も多かろうから、ここに掲げておこう。

一　広く会議を興し万機公論に決すべし
一　上下心を一にして盛に経綸を行うべし
一　官武一途庶民に至るまで各其志を遂げ人心をして倦まざらしめんことを要す
一　旧来の陋習を破り天地の公道に基づくべし
一　知識を世界に求め大に皇基を振起すべし

彼はこの御誓文を以て「ただ維新開国の指針たるのみならず、万世に亘る国是」だとも考え、又戦争中(年月不詳)放送した「一町人の所感」中にも、この御誓文を掲げて、「この荘厳偉大なる大遺訓に接して誰か襟を正さざる者がありましょうか。誰か精神の高揚を感じない者がありましょうか。私は机辺之を掲げて御誓訓の実現に微力を尽さんとしている者であります。一億の同胞が朝夕之を誦して反省する事を希望して止まないのであります」と結んでいる。そうしてこの趣旨は「殊に武人に徹底を要し、海軍よりも陸軍に一層必要がある」と、他の場合にいっている。

彼が昭和十四年三月「国民精神総動員」(これは前年の九月から開始された)の強化に関する意見を、内閣情報部から徴せられたのに答えた文章を見ても、そこには五箇条御誓文の精神は十分に発揮されている。これは詞に遠慮深い所はあるが、当時としては相当思い切った、時務に剴切な正論だと信ずるから、その一部を挙げる。

「在来の国民精神総動員は一般に気乗薄で、国民の心の底から滲み出た運動になっていないように思われる。これには次のような理由が考えられはしないかと思う。

一、これ程の大事変が今なおその理由が国民に十分に知られて居ない。

二、戦〔日支事変は前々年昭和十二年に起った〕は結局やむを得なかった事としても、初めに当っての平和的解決に対する熱意と努力とが分って居ない。

三、本事変に対する国家の大方針がわかって居ない。

四、国民精神総動員というが、国民を始め中小商工の大多数は、終日働いて漸く衣食するだけで、この上緊張の余地はないのではないか。

五、また学徒や文芸の士にとって、国家に忠誠を尽くす所以の道はその研究と言論の発表にあるが、現時の統制の為、此等の人々にとっては、総動員に対して奉仕の道が少なからず阻まれて居る。

六、また現時平穏に見えるようでも、暴力が隠然として社会を支配し、これがため国民忠誠の発露を妨げている向も少なくないと思う。」

更に彼はそれに附して、第一には前にいった如く、五箇条の御誓文の徹底を説き、第二には知らしめて依らしむる方針を取るべしとし、日本人は皆忠誠だから、物資欠乏の状態や、学術水準の低きことや、又日本に対する世界の輿論等、この事変の動向の重大性と危機に立つ実情につき警告すべく、第三に官尊民卑の日本で総動員の効果を挙げるには、官吏が自ら減俸を申し出で、執務時間を増すとか厳守するとかすべく、第四に暴力の排除、言論の自由によって国民に忠誠を尽す道を解放すべく、第五に偏狭なる思想を以て一切を律するをやめ、苟も皇国の発展に資するものは謙虚にこれを学ぶべく、例えば青少年の訓練を独伊に、労働尊重をソ連に、言論自由を英米に学ぶべく、第六に国民精神総動員は国民の犠牲的奉仕に待ち、その為特別に国費を一銭も用いぬを望み、第七にポスターについて用紙欠乏、必要な出版物も制限を受け、国民教育の教科書も粗悪な紙でがまんする際、官辺の豪華版ポスターをやめ、古新聞紙に墨痕淋漓《ぼっこんりんり》と書けば、費用はかからず、効果百倍だろうと勧告している。

この趣旨が五箇条の御誓文の精神に通ずることは、誰人も承認するであろう。岩波は、昭和十二年から『近きより』という個人雑誌を出して、盛んに自由な論議をしていた正木昊《ひろし》に共鳴して、用紙等についても便宜を与えていたというが、正木の伝える所によると、岩波が居室の御誓文を指して、何処にもわるい所はないではないか、と言ったのに対して、「最後の「大に皇基を振起すべし」との文句は、日本の皇室の利己主義を示すもので、天地の公道とか、万機公論とか、知識を世界に求めるとかいっても、これは皇基を振起する限度に於いてやるので、一度皇基に影響を及ぼす時には、前文は反古にしてしまうのが日本の皇道です。その為に戦争を始め、それを長びかせ、損害を多くしたので、日本の罪悪の根源はここにあるのです」といった所、岩波は「ウーン」といって考えていたという。それに昭和二十一年二月頃正木が、『近きより』再刊第一号を皇室廃止論にあてた時にも、岩波は紙を供給し、三百冊ばかりその号を買って人にも頒かったといい、正木はこれによって岩波の主張に影響を与え、岩波は自説に同じだと信じているらしい。岩波は又終戦後鎌倉の家の居室には、

「明治維新を想起し、天地の公道に基づく御誓文の精神に生きよ。これ新生日本の根本原理なり。無条件降伏により真に日本が甦生せば、如何なる賠償も高価なる束修にあらず」

と改めて掲げていたことは事実である。しかし私は正木が「皇基を振起すべし」と特筆

した維新当時の歴史的条件を無視して、これを偏に皇室の利己主義だとする僻説《へきせつ》にも服さないし、戦争中戦争を讃える歌を盛んに詠じながら、一切の責任と罪悪とを皇室に帰して、自分は職に安んじて景気の好い議論をする者にも感服しないし、皇道が皇室の造ったものでなく、軍閥や一派の論客の、皇室を利用して自家の権勢の具に供した事実を認識せず、又皇室の地位が戦中と戦後とに於いて著しく相違している事実を無視する、天皇制論にも反対であるが、岩波の御誓文論が、軍部が掲げる錦の御旗に対するに錦の御旗を以てしたという戦略を認めると共に、この御誓文が、如何なる歴史的事情によって生じたに拘ることなく、その精神に於いて公明正大、長く日本国の根本方針となるべきを、岩波と共に信じ、又岩波の感情の中に日本を新たに興こした明治天皇に対する尊崇と、今上天皇の人間に対する愛、その境遇に対する同情の裏づけの熱いものがあったことを思うのである。彼は元来議論下手でもあり、かりに正木の言う如くウーンとつまったとしても、正木の説に参ったかどうかは分からない。私は正木をよく知らぬが、岩波に気に入られ、岩波が非常に肩を入れていた事実は知っており、又彼が才人でやり手であることは聞いていた。

なお序にいえば、岩波が非常に正木に肩を入れた事件があった。それは首無事件と呼ばれ、昭和十九年二月茨城県大宮警察署内で怪死を遂げた炭鉱夫の生首を、正木が仮埋葬した墓地から切って来て、東大の法医学教室で他殺だとの鑑定を得、正木によって告発された事件であり、岩波が正木と知ったのも、この事件が機因であった。彼はこの事を正木から聞いて伊沢多喜男を正木に会わせ、この事件が四月に起訴になった時には、それを祝して大鯛二尾に蝦を添えて贈り、新聞紙に掲載禁止になっていたこの記事を、『近きより』に大々的に発表し得るために紙を分けてやったと正木はいっている。これなども岩波の社会の不正を許さぬ熱情を示す一つの証拠であろう。

二　中国及び中国人に対する同情

日支事変に彼が反対であったことは勿論であり、これを戦争にしない為に、近衛首相が大陸に渡って、親しく蔣介石と話し合うべきだということは、前にもいった如く彼の絶えず主張した所であり、近衛が「蔣介石を相手にせず」とか、「現地解決」とか唱えながら、軍部に引きずられて事件をますます拡大し、底知らずの泥沼に引っこんだ無責任を痛撃したことも度々である。「事変を聖戦とし、又支那の為の戦とまでも称しながら、民国人には恨まれ、欧米よりは侵略国と見做されている」のは残念至極で、今更声明などは無用であり、事実に於いて行為に於いて聖戦の意義を発揮し、真に東洋平和の為の戦なる事を民国人に納得せしむると共に、日本の正義を世界に徹底させなくてはならぬ。国運を賭しても道義を守る一国が存在する事を世界に知らすのが、迂遠なる如くにして、実は根本的永久的に賢明な態度で、又事変解決の捷径《しょうけい》でもある、といって、昭和十四年十月の雑誌『大陸』で、阿部新内閣にそれを望んでいた。

前述の如きは多少世間的な斟酌もあったが、個人的な話になると遠慮も会釈もなく、大分後(昭和十九年)になってではあるが、長野県の内地留学生の剣持(和雄)に向って、「しなくてもよい戦争をした。我に正義の信念あらば、千万人といえども我ゆかんだ。世界人類の為に一億玉砕しても正義を主張すべきだ。もし間違っていることが分かったら、潔く改むべきだ、男らしく出直して行くべきだ。その為に百年かかってもいいよ。不義の戦を起して、陛下を詐り、国民は犬死だ!」と極言している。当時の軍部のやることが、正義の反対であり、日支事変を戦いつつ世界の平和を来し、正義を世界に布くことの不可能、従って千万人といえども我往くことはできず、間違っていることは確かだが、潔くあやまる気のないことも、極めて明瞭である。岩波の理想と日支事変の現実との間には、月と鼈《すっぽん》との距離がある。それを知りつつも岩波はこう書いたり、又言ったりせずにはいられなかったのである。

岩波は人に会う毎に、日支事変の暴挙を攻撃し、支那は昔からの日本の恩人であり恩師であるというのに、これを討つとは実に忘恩の振舞だといい、この戦争には始から反対だったのである。日支事変の前、昭和十一年(一九三六)十二月、蔣介石が張学良に拉致されて幽閉された、西安事件が何とか解決して、蔣介石が無事だった時に、斎藤茂吉に会って、「本当に好かったね、無事だと聞いて僕は安心だ」と、我が事のように何遍も繰返したので、斎藤は、「なぜ岩波さんが蔣介石にそんなに力瘤を入れるのかわからなかった」といい、又昭和十八年に宋美齢がアメリカへいって演説し、アメリカ人から同情され歓迎されたので、斎藤はそれを憤慨し、その頃岩波と共に在伊東の露伴を訪うた席上で、「宋美齢が英語などペラペラしゃべって」といったところ、岩波は「英語でペラペラしゃべってはいけないのかい」と報い、けっきょく露伴の大笑を招いたという話もある。又私が岩波に紹介して学資を出してもらった、関西生まれの華僑出の王鳳鳴という、一高から東大へいった青年が、初めて岩波に会った時、岩波は室に掲げられた孫文の肖像の額に向いてでも向かぬでもなく、つぶやく如くに「日本は誤っている。蔣さんは日本とこうなることは決して望んでいないよ。日本自身で蔣さんが米国と手を結ばなくてはならないように追い込んで了ったのだ。蔣さんは本当に気の毒だ」としみじみ語った。王は中国人留学生として、よく日本人から日支事変をどう思うと聞かれ、いつもつらい思いをしていたのに、この詞をきいて、「私達中国学生の聞きたかった言葉は、これ以外の何ものでもありませんでした」と心から喜んでいた。岩波は今からでも遅くない、わるいことは手をついて中国にあやまり、共々にアジャの平和と興隆に尽すべきだと考えていた。上海に長くいて魯迅の為に尽くした内山完造に向っても、共に中国を談じての後はいつも、「内山君、僕の最後の切札は中国にあるのだから、君が決心してやる事なら、なんでも僕にいうてくれ、僕は全面的に支持する、一つ二人でやろう」と語ったそうである。

長野県の満洲開拓協会についての寄附をどうしたと、同県の有賀精から聞かれた時にも、「自分はああいう問題には一向興味がない。こんなことにチョコチョコ金は出したくない。これが排日抗日侮日に凝ってる重慶政権の首領達と膝をつき合せて、日本とか支那とかいうことでなく、つまらぬ戦争はやめて、東亜の為に否世界の平和の為に手を握ろうではないか、という風のことなら、おれは少し纏まって寄附する積りだ。しかし開拓協会は友人の藤原や小平が関係しているので一万円出したよ」と語ったそうである。

彼の尊敬する学者であり友人であった田辺元は、彼の政治的立場を批評して、「自由主義者に通ずる弱点として、君にも理想と実際との矛盾、理想の抽象性に由来する現実への妥協、という痛所があったことは否定できない。特に君の経済的資力の増大、社会的地位の向上に伴い、政治上の自由主義の理想が、実際には反動的掣肘を受けざるを得ないことが漸く多くなり、君自身内心相当苦慮される所が多かったのではないか」と観念的又抽象的に彼を批評すると同時に、「私が君の意見で実に及びがたいという感を抱かしめられたものの随一」は、とかく一般から軽視されがちの日華両国の親善提携について、岩波が非常な理想主義的情熱を持ち、極めて純粋にその必然性を強調した点であるとし、これを田辺は、岩波の高邁な識見、或はむしろ意外ともいうべき独創なる着眼として、永く後世に伝えたいと思う点だとしているが、後の点は全く同感である。今日日中親善の気運とそれを妨げる困難な政情とを思う時、岩波を生かしておきたかったと思うのは、私一人ではあるまい。実に彼の日中親善の情熱、その強い確信、その純粋な人道愛は、他人の企て及ばざる岩波の貴さであった。

日華親善はその正反対を実行している軍部もこれを口にし、自分が無知無謀に軍閥の独裁を企てながら、中国の軍閥を討って民衆を救うことを口にする厚顔無恥を敢てしたのである。岩波は一方に日華親善が、中国古来の文化を理解し、それに敬意を持たねば結ばれない、又この敬意こそ平和に導く道であることを信じ、この事を度々口にしたし、又その出版によってそれを実現しようとした。そうして中国の文化、中国人の文雅にして余裕ある性格を尊敬した。岩波の日華親善は口頭禅でなくて、その奪う可からざる理想と共に、熱烈にして質実な実践にあった。彼は、日本は国家として数々の罪過を中国と中国人とに対して犯しているから、自分は個人的な力の及ぶ限り、その埋め合せをする積りである、個人として幾分でも国の罪滅しをやる積りだと衷心から考えて、それを実行したのである。中国の学生で岩波が助力したのは、前述の王の外に、広東生れの胡朝生があり、一高の三谷隆正教授の口利きで、日支事変中一高から京都大学卒業まで学資を供した。彼は工学部の機械科にいたが、事変中支那人だというので実習にもゆけないという訴に対して、同郷の青木大東亜相に電話をかけて頼んでやったということもある。――この願は恐らく実現されなかったろうが――人の知らぬこういう例は外にもあったであろう。今中共で科学院長をやっている郭沫若は、日支事変が始まると、直ちに日本を脱出したが、岩波はそれを知って、市川に住んでいた家族を尋ねて、その後の生活を援助した。――これは本郷文求堂の主人だった郭の知人、故田中慶太郎の依頼によるという説もある――その長男和夫が京都大学を卒業して、御礼心にネクタイを岩波に呈した時には、彼は非常に喜んだ。郭の二男博は京都大学建築科を出て中国に渡ったが、市川の家には、岩波の二男雄二郎の世話で、岩波と私との共通の友人久保勉が今住んでいる。

岩波と中国人との個人的関係をいえば、慶應義塾出身で、日支事変中北京大学文学部長になり、万葉の歌を翻訳したりした銭稲孫とも、以前より書物の注文を受けた関係から交を結び、大正五、六年頃(?)には、北京図書館長になった銭あてに書物を送ったりしていた。そういうわけから銭も来日の度毎に店を訪い、しまいには家庭的にも親しくなり、長男端仁——大塚の高等師範学校に学び、後東北大学理学部を卒業した——を家に預かるまでになった。端仁は後に岩波夫人の姪時子と結婚——岩波は姪がそれに価せぬという理由で反対したけれども——するに至った。端仁は結婚後北京大学の物理学の助教授になったが、昭和二十年の秋、北京に妻子を残して単身中共に走った。その後妻子の許に帰り住み、今は一家揃って健在である。端仁の長男紹誠から岩波雄二郎へ寄せられた近信によれば、今十九歳の彼は中共の青年共産同盟に入って、「祖国再建に邁進し」ているとの事である。父稲孫は日本に協力したかどで、戦犯として刑に処せられたが、後に保釈せられて、これも一家健在、稲孫は余生を『源氏物語』の中国訳に捧げているという。岩波が中国人と隔意なく交わった一つの例である。

蔡培火は中国を追われて、台湾で新聞記者をやっている頃、昭和二年に台湾旅行をした矢内原忠雄と知り、矢内原の紹介で、蔡の自費出版にかかる『日本本国民に与う』(殖民地問題解決の基調)という本を、岩波書店発売とした。岩波と蔡とは日華親善論で意気投合し、後に蔡が岩波書店から出した『東亜の子かく思う』が問題になって、杉並警察署に留置され、処置を受けた時には、岩波は親しく彼を見舞い、又その釈放に尽力した。

又蔡が新宿で「味仙」という台湾料理店を始めた時にも、岩波は快くその保証人になった。その外にも岩波は蔡に例の感謝金一千円を呈した。私は昨年蔡の訪問を受けて始めて蔡に会ったが、彼は今台湾政府の仕事をしている。彼の人物については私は知る所はない。ともかくも、岩波はあらゆる機会に中国人と親しみ、中国人の為にできることがあらば、何でもしたいと思い、且これを実行したのである。北京の城外貧民窟に崇貞学園を経営し、中国人の中にはいって娘たちに手芸などを教え、キリスト教的教育をしていた清水安三に、彼が感謝金千円を送ったのも、その志す所は上述以外には出ていない。

彼が新中国の先達として孫文を尊崇したことは、書店の彼の居室に孫文の大きな肖像を掲げたことでも分かる。魯迅(本名周樹人)については、岩波は昭和十年西遊の途上上海に寄港の時、前記内山の紹介によって一夜を語り、帰朝後えらい人だといっていたという。昭和十二年八月、恰も日支事変の勃発当時に、内山を通じて、魯迅文学奨金として一千円を寄贈した。

蔣介石の顧問で、日本人を夫人としていた蔣方震(本名百里)とも、吉野作造の紹介によって交を結んだ。この人は日本陸軍士官学校出身の日本通で、対日政略方面に働いた人であり、介石の西安事件についても心配し、画策する所があったという。王大楨は民国大使館参事官であったが、岩波の為に「坐擁書城称南面」と書し、岩波はこれを居室に掲げていた。彼は又努めて中国に於ける同志との会談を熱望し、金田鬼一の紹介で事変前に、孫文の弟子の陳延烱と会談したりもしている。昭和二十年終戦の年の春、小磯内閣の招いた繆斌を廻る和平工作が失敗に帰した時、嘉治隆一等が、その帰国前に日本の文化人との会合を催したのに、差支の為に出席できなかったことを深く遺憾としていた。

彼は又同窓の関世男の関係していた、日華学会の中国留学生の寄宿寮の粗雑なのを気にし、又進んで中国留学生が快適に日本に学び得る寮舎、設備を作ろうという企画をも抱いていた。外にも彼は、真の日支親善は民間の同志が本当に文化によって結ぶにあると思って、当時支那の抗日学生の若干に日本へ来てもらう計画を立て、その費用の全部を負担する積りで、それを着々実現しようと思っていたが、事変が勃発して、このよき計画もあたら画餅に帰した。

「岩波新書」の初に矢内原忠雄訳のクリスティー『奉天三十年』を選んだのも、当時の情勢からいうと、中々激しい抵抗の現われであったが、岩波はこれを敢行した。日支事変に対して、岩波は軍部の為に遂に一度の献金もしなかった。のみならず、会う人毎に、この事変を起こした日本政府及び軍部を痛撃して、自分は絶対に協力しない、鐚《びた》一文でも出すもんか、と力んで話した。朝日新聞社が軍用機献納の寄附を頼みに来た時にも、それを拒絶した。それが世間に伝わって、或る検事から平野義太郎を通じて、口を慎しむようにとの注意があり、それを又得意がって吹聴した。こういう所には岩波の子供らしさもある。こんなことが戦争中岩波書店に累を及ぼしたことも争われない。日米戦争についてはいくらか心持が違い、陸海に向って飛行機各々一機を献納した。

米国といえば、彼は日支事変に対する米国の態度について、かつて斎藤博駐米大使が、米国人は何事によらず条理を正しさえすればよくわかる国民だ、といった言を信じ、一般的にいって、平和と正義とを愛する快活明朗な国民だと考え、日支事変に対する米国の態度は公明であり、自国の軍艦や商船が不慮の災を受けても、国民はそれほど騒がず、大統領も現地の適当な処理にまかせているのは、大国民的風貌を具えたものと見、米国が日支両国に武器の輸出を禁止したり、南京空爆に米大使館が軍艦ルソン号に避難したりしたのに対して、蔣介石が不満を洩らすのももっともだが、最善の手段を講じて、外国の戦争にまきこまれまいとする努力は当然であり、日本人としてのみならず、国際的立場からも米国の態度を支持するといっている。そうして昭和十二年十二月、我が海軍が誤って米国軍艦パネー号を撃沈した時には、早速慰問金一千円を「東京日日新聞」に寄託した。しかし米国は一般的にこういう寄附金を受けなかったということである。

岩波が関東大震災の時、朝鮮人の来襲を断乎として否定したことは、前に述べたが、これも結局は岩波の国際的感情、東洋人に対する人道的愛情に基づくものである。岩波は高基鉉という朝鮮学生を庇護して、その研究の志を助けた。高は提供された自分の部屋の卓上に、始終岩波の写真を掲げていた。

この他、朝鮮人の為に岩波のしたことはいくつかあるが、学生では任文桓並びに日本名で新井といった兄弟などがある。任文桓はたしか東大の法科を出た人であるが、朝鮮へ帰ってから役人となり、現在は南鮮の大臣をしているそうである。この人が学校を卒業して、いよいよ朝鮮へ帰るというときには、岩波は立派な背広を作って与え、岩波自身の最もすきな料理屋「浜作」へ請じて送別会をした。

また、太平洋戦争の最中に、朝鮮人を本国へ送還するという事件があった。そのときに、神田の或る商店に長く勤めていた、たいへん良い朝鮮の青年があり、この人も本人の意志に拘らず送還されるということになった。岩波はその話をきくと同時に激怒して、たちまちその商店へいって事情をきき、外務省、内務省と歴訪して、送還をくいとめるために行動した。そのあげく、もし日本人の養子になったら帰らなくてすむという道を教わって、とうとう養子口をみつけてやったという話もある。

昭和十二年日支事変勃発の直前に、岩波が中国の代表的大学に岩波書店出版の書籍を送ろうとして、惜しくも間に合わなかったことは、出版の所で述べたが、岩波歿後昭和二十二年(一九四七)三月に、中国代表部の張鳳挙、謝南光の二人を通じて、北京の北京大学、武昌の武漢大学、広東の中山大学、上海の曁《き》南《なん》大学、南京の中央大学の五校に、岩波書店新刊重刊の書籍全部二百五種、一千二十五冊を寄贈し、人民共和国になってからも、便ある毎に贈っている。これは岩波生前の切なる宿志を実現したものであるから、下にそれに添えた二通の書を掲げておく。

海を越えて遥かに貴大学の盛名を瞻望《せんぼう》し、茲に謹んで弊書店出版図書の一部を献呈いたします。是れ専ら、中国と日本との永遠の親善を祈念して生涯渝らなかった故岩波茂雄の遺志に基くものであって、幸にして貴大学がこれを嘉納せらるるならば、故人の遺業を継承せる小輩の欣喜これに過ぐるものはありません。

故岩波茂雄は、夙《つと》に文化の興隆、民意の暢達、華日の親善を以て自ら標榜し、今を去る三十五年前弊書店を開業して以来、終始権勢に阿諛することなく一民間人として出版事業に献身し、聊か弊国学芸の勃興に寄与してまいりましたが、其間、留日中国学生諸君並に学者諸先生の後援その他、一私人として能う限り微力を傾けて中日両国相互の理解と融和とに努めてまいりました。

随って、一九三一年弊国軍閥による東三省侵略以来、我が対華政策が一段と強圧的となり、華日の関係年を逐って悪化し来った際には、故人の憂慮と慨歎《がいたん》とは譬《たと》うるものなく、機会あるごとに、敢えて時流に抗して弊国軍閥の非道と要路政治家の無能を糾弾して止まなかったのであります。然しながら、市井の一出版者に当時の狂瀾を覆すことは固より望むべくもなく、依って故人は、少くとも弊国人民の間に猶《なお》依然として貴国民に対して敬愛の情を懐抱する者の存在することを貴国に伝えんと庶幾《しょき》し、兼ねて両国文化の交流に資せんが為め、弊書店出版図書の全部を貴国著名の諸大学に献呈せんと発意いたしました。この計画は熟して既にその実行方法を議するに至りましたが、時に一九三七年六月、華北の風雲暗澹たる時機にあたり、僅かに二旬を経ずしてかの盧溝橋の不祥事を勃発し、終にこれが実現の機を逸したのでありました。

爾来八星霜の長きに亘り、中国は挙げて戦場と化し、弊国軍隊の赴くところ、都市は廃墟と変じ田園は荒廃し、四億民衆の痛苦筆舌に尽し難き状態を続くるに至りましたことは、誠に愧死《きし》に値するところでありますが、此間、故岩波茂雄は一貫して弊国の行動の道義に悖れることを主張し、即時撤兵、罪を中国に謝すべき旨を説き、事これに関する限り、平素尊崇せる先輩碩学に対しても敢えて譲らず、時には激論を交うることすら辞さなかったのであります。随って、軍部並に検察当局の忌諱に触れ、直接間接の弾圧は絶ゆる時なく、屢々身辺の危険すら惧れられましたが、それにも拘らず身を全うすることを得ました所以は、全く天下読書人の信望が彼に帰し、暴吏もこれを犯すことが出来なかったからであります。

一九四五年八月、弊国を駆って史上空前の暴挙に赴かせた軍部財閥は、弊国の惨敗と共に瓦解、弊国人民は始めて新たなる自由を享受するに至りました。此の新しき歴史の出発を故人は歓喜して平素標榜せる三主義、即ち文化の興隆と民意の暢達と華日の親善の為め、更に一層の活動を期したのでありますが、不幸病痾《びょうあ》の冒すところとなり、一九四六年四月、中道にして不帰の客となりました。特に中日の文化的提携が今や一切の政治的野心を離れ、これに汚染さるることなく遂行し得る時機に到達し、その希望の赫々たるを前途に望みつつ志成らずして斃れましたことは、故人千秋の恨事たるのみならず、また吾等の痛歎して措かないところであります。

依って吾等は、故人の遺志を継承して弊書店を経営するにあたり、先ず故人が計画して果さなかった貴国諸大学に対する図書献呈の挙を実行せんことを期し、貴国代表団の渡日を待ってその斡旋を懇願いたしました。幸にして同団の特志による仲介を辱うし、茲に数年来の宿願を達する機会を恵まれ、戦争後発兌《はつだ》にかかる弊書店出版書籍の全部を貴覧に供することとなったのであります。今日弊国は戦後の疲弊その極に達し、印刷出版の事業も未だ旧に復せず、用紙装釘の粗悪、寔に高覧に堪えざるを惧れますが、願わくは故人の微衷に諒察を垂れ、この献芹を快く嘉納せられんことを。

猶この献本は今後も継続し、逐時新刊の図書を献呈してまいりたいと考えております。

一九四七年三月　日

謹んで中国人民対外文化協会会長楚図南先生に申しあげます。中日両国の間に揺ぎなき友好をうちたてることは、いまや両国人民の衷心からの希望であり、その気運は最近潮のように盛りあがってまいりました。この時にあたり、岩波書店は一九五三年三月以降、小店出版の新刊の図書全部五揃を、中国学界へ献呈いたしたいと存じます。右は中国と日本との親善を念願して不幸な戦時中といえども渝らなかった故岩波茂雄の遺志にもとづくものであります。日本の敗戦によって国交回復の希望が見えはじめた一九四六年、私たちは故人の遺志を奉じ当時の貴国代表団を通じてこの図書献呈の議を申し出でました。そして同代表団の斡旋によって、一九四七年一月より四八年三月にわたり四回にわけて、北京大学、武漢大学、中山大学、曁南大学、中央大学の五大学へ小店出版の図書各一揃、合計四百三十点二千二百冊を贈呈いたしましたが、その後貴国の政変によってこれが中絶されて今日に至り、私たちは深く遺憾に存じておりました。今回の図書献呈は、この企てを再び継続せんとするものであります。幸に嘉納せられますならば、欣喜の至りでございます。なにとぞ前記五大学と御連絡の上、これらの図書を既にお贈りしたものと一括して収容せられ、中日友好の文化交流に少しでも役立たせていただきたく存じます。

一九五四年十一月三日

岩波書店社長

岩波雄二郎

三　太平洋戦争と岩波の欧米観

岩波は昭和十年欧米の旅行を七カ月くらい試みた。岩波に敬服することは、世界の形勢についても、直覚的に大綱を把む洞察力を持ったことである。彼は英国を見ては、英は下り坂にあるといっても、日本のいわゆる上り坂と英の下り坂とが会するは何日のことかといって、日本人の英国侮蔑を戒め、英国恐るべしといっている。ドイツに対しては、当時日本ではヒットラーの成功に眩惑せられて、彼の欧洲制覇を信ずる者が多かったのに対し、先ず彼の独裁主義的な自由の圧迫、ユデヤ人に対する非人道的虐待を憎み、その無理の長く続かないことを直観した。しかし第一次敗戦後為す所を知らなかったドイツに対して、又同じく弛緩して収拾のできなかったイタリヤに対して、ヒットラー、ムッソリーニの強行手段の時代的意義を認めると共に、その「止まる限界を知らなかった」ことが、誤だと見ている。ソ連に対しては、強力な独裁政治を以て、イデオロギイに頓着なく資本主義の方法をも遠慮なく採用して、盛んに事功を挙げてゆくスターリンの政策に驚嘆し、モスコーの地下鉄道の規模雄大を讃美し、ソ連がアメリカ合衆国と共に、将来の世界を支配するという見通しをつけていた。満洲軍の参謀長として日支事変を促進し、対英米戦争を挑発して、日本を取り返しのつかぬ泥沼につっこんだ、東条英機に対する彼の憎悪は激しかったが、松岡洋右外相が昭和十六年春、ベルリンへいってヒットラーに懐柔され、その帰途ソ連に寄って日ソ中立条約を結び、スターリンと直談したといって、得々として帰国し、世間も亦これをもてはやしていた頃、彼は「松岡のオッチョコチョイには困ったものだよ。遠からず行き詰まりが来るぜ」と人(原田和三郎)に語っている。

アングロサクソンの世界制覇といっても、特に英国のアジヤに対する飽くなき劫掠《ごうりゃく》、搾取、非人道的圧抑を憎み、非暴力を以て英国の支配に抵抗するガンヂーを崇拝讃美して、あの痩せた半裸の肖像を、孫文の肖像と共にその居室に掲げていた。昭和十四年に強引な日英会談が、中国から英国を閉め出す目的を以て行われた時にも、彼が「中国の国土と民衆とに対する熱意を以て会談に臨め、東洋平和の為の戦なることを民国人に納得させるべきだ」といっているのは、英国の在来の利己主義を排して、本当に民国の国土と人民とに平和を与えよという言い前であるが、英国のやった侵略を、アジヤ諸国特に中国に民族意識が高まり、過去の横暴が通らなくなった頃に、英国に劣らぬ、否其以上の横暴と無謀とを以て中国に行い、しかも英国の如き図々しく強い意識もなく、気まぐれにやってのけようとする軍部の遺口を、彼は熟知しており、又こういう彼の主張のかいなきことを知りながら、岩波は敢てそれを言っている。しかし九月ドイツがポーランドに侵入した時、英仏は当然立ってヒットラーの非道を懲らすべきだが、「人道の名を以て植民地を虐げる度胸と、豊沃な土地を耕さず放置して、勤勉なる国民の入国を拒み、平気で世界正義を唱える強靱なる心臓の所有者」なる英国は、利害を打算して起つまい、と嫌味をいっている。だがさすがの英仏も竟に参戦の余儀なきに立ち到りはしたけれども、ここに我々は岩波の、世界は或る強国によって独占されてはならない、世界の各民族、アジヤ人も日本人も、人類として共通の利益と幸福とに与かる可きだ、という世界正義の理想を見ることができる。

彼は、軍部が、国民の抗敵感情を挑発する為に、米軍を鬼畜呼ばわりし、若し敗北の暁には日本人はどんな目にあわされるかも知れぬ、と宣伝したのに対して、「米国は文化国家だ、そんな馬鹿な事はない、絶対にない、今の中に降参するのが日本の為になる」と人に語り、緒戦の奇勝にも眩惑されることなく、対英米戦争の勝算のないことを始から認識していたが、しかし彼は他面に於いては、昭和十年の欧米旅行中、日本人として一つも肩身の狭さを感じなかった理由が、武力日本のお蔭であることを率直に認めると共に、軍部の威張っている世の中に対しては、武力日本はえらいが、科学や文化の水準が遥かに欧米に遅れていること、日本人が謙遜にこの事を意識して、昔の如く欧米に学び、科学の水準を高めるのでなければ、武力日本の維持も不可能だと説き、ラショナリズムの外に八紘一宇は望めないと主張し、大政翼賛会が帝劇や東京会館に籠城して、昭和維新を揚言し、やむにやまれぬ大和魂の発露も、十字架を負う革新の意気もないのを憤慨している。日支事変以来、対米英戦争に至るまで、彼が繰り返して説いた所は、国民を納得させて戦争に赴かしめる道徳的意義の欠無を指摘せんが為に、無名無謀の戦争に対して、世界の正義と平和とに立脚す可きだという不可能な注文を掲げ、武力日本に対抗する、否これを裏づける文化日本、科学日本の劣弱を説き、国民をして志を遂げしめる為に言論の自由を許して、偏狭なる日本精神、国体観念を以てする思想統制が、折角の国民の忠義を圧殺することなきを望み、特に言論機関たる新聞紙が、無気力にこの統制に盲従すると共に、虚偽を伝えて封建時代の切捨御免と同じことを犯して憚らざる態度に対して、深い不満を持っていた。これは岩波からいわせれば、五箇条の御誓文の真精神を発揮することによって、排撃さるべきものであった。

しかし戦争がいよいよ急迫を告げ、米軍飛行機が頻々《しくしく》として東京を始め全国の都市の殆ど総てを爆撃し、非戦闘員なる無辜《むこ》の良民を殺戮《さつりく》するに及んで、さすがの岩波も大分英米の態度に憤激し、日本の立場について弁ずる所があった。未発表ではあるが、昭和二十年五月にしたためた「米英に寄す」という文章には、そういう傾向が見える。これには、平和と幸福と繁栄は人類国家の理念であるに拘らず、戦争の現にあるのは、この理念に到達するための已むを得ざる過程かと疑いつつも、「今次の大東亜戦争は、平和裡の話し合いがつかず、自存自衛のため、指導者として東亜民族解放のため、已むを得ずして我等が起ったことは、御詔勅に示されたるが如くである」といい、米英の諸君も亦、人道の為、正義の為、自由の為に戦うといいながら、地上より日本民族を根絶し、日本国を抹殺しようとする魂胆だとのことであるが、しかし英国が印度三億の民に対して、米国がアメリカ印度人に対して何をしたか、ウィルソン大統領が平和確保の為に世界に提供した国際連盟を蹴ったのは、当の米国であり、阿波丸撃沈（シンガポール、サイゴンなど東南アジヤに残っていた日本人中、帰国を希望するものを載せ、米国も了承の下に、白十字の印をつけて、航行中撃沈された事件である。但し、その船に戦略物資を多く積んでいたともいわれている。）の如き鬼畜の行為ともいうべき非行を犯すに至っては、正義、人道、自由を唱える資格はなく、果して日本国民を滅ぼしてやるというだけの確信を持ち得るかと責め、自分は中学生時代から、東亜民族はアングロサクソンの繋縛より脱し、印度の独立を始め、諸君と共に共存共栄、自由平等をかち得ねばならぬと主張しては来たが、未だかつて諸君を絶滅するなどと考えたことはないといい、日本人は諸君の如く強靱な執着を以てその非を遂げようとはしないといい、諸君が已にガダルカナルを取り、サイパンを屠り、レイテを破り、硫黄島を陥れ、沖縄にまで上陸し、帝都を毎日のように爆撃し、更にケルンのドームも名古屋城も灰にし、伊勢大廟を破壊し、宮城を焼失させるなどは、実に非人道の暴挙であるばかりでなく、二千有余年万世一系の皇室を頂いて、山水秀麗、醇風美俗、覇道よりも王道を選ぶ、我が大和民族の闘魂を激化するばかりだといい、軍部に対して彼が常に口にする武力日本に比べての文化日本の劣弱や警告とは趣を変えて、日本の文化は未だ渾然《こんぜん》たるものではないが、諸君のいう如き非文化的好戦国ではない。そうして日本人は諸君の如き老獪《ろうかい》はなく、「朝に道を聞かば夕に死すとも可なり」という道義日本が、我等存在の第一義なることを諸君は知らない。諸君の爆弾が一日一千人を殺しても、一億殲滅《せんめつ》には三百年を要する。否それは人命を殺しても、日本人の良心、道義心、気魄までも亡ぼすことはできない。そうして諸君のためには日本人は最後の一人まで戦う決意あることを覚悟せよ、といっている。これは平素の彼の言とは大分違っているけれども、日本の敗徴がいよいよ顕著になって、国民に起つ元気のなくなった時であり、彼の愛国心が、そうしてアングロサクソンの執拗、残忍、非人道が、殊にアジャ人としての立場から彼を刺激して、この言を為さしめたものであろう。それとヒットラーについていった如く、彼は英米の仕打は余りに甚しきに過ぎる、今は手を引くべき時だと考えたということもあろう。しかし彼の冷静なる判断は、一日も早く日本の米国への降参を切望していたと見てよかろう。彼が更に別の場合に、奈良、京都の古都を守れと絶叫していることも、序にいっておこう。彼が陛下の赤子といい、日本の国土を愛して「山水洵美《じゅんび》」といい、特に富士山に対する深い嘆美の念を持ち、且それを表現したのは、彼が軍部及びその追随者に対して、自分こそ真の愛国者たることを示すという意図もあり、又軍部の攻撃に対する楯としたという機略もないことはないが、彼が信州人の欠点を認めつつも信州人たるを誇とし、信州を愛し、信州の為に協力を惜しまなかったことは、日本についても同じく言い得られるのであり、まあ彼くらい熾烈な愛国者は我々の友人連中にも稀だったといってよい。しかし斎藤茂吉や藤原咲平などの素朴な愛国心に比べて、彼の愛国心は世界的、国際的の光に照らされていたといってよかろう。

彼のこの世界心、国際心は、彼が昭和十六年の始に、雑誌『近きより』の問に答えて、日本人の欠点を「宇宙の真理を愛する情熱と世界正義に殉ずる気魄乏し」きにあるとしているのにも見られる。宇宙の真理とは彼の言う「天地の公道」であり、「朝に道を聞かば夕に死すとも可なり」というその道である。日支事変や大東亜戦争に対する彼の言説には、理想主義者の抽象性から来る、現実との距離の余りに大なるを認めぬわけにはゆかないけれども、この宇宙の真理、世界の正義に対する彼の信念と情熱とは、むしろ意外といってよい程、日本人中に於いて珍とすべきものであった。その上これは例えば、彼の中国に対する敬愛、中国人に対する同情、親切に於いて、抽象的な観念でなくて具体的な行実となって現われていたことは、今まで説いた所で読者の既に承認する所であろう。アングロサクソンの優秀を認めつつ、それを憎んだ心持の中にもそれはあった。第一次世界戦争が終った時、この戦争に困苦の限を極めたフランス、ベルギー両国民の為に歓を表して、両国国旗を店頭に掲げたのも、この世界心の現れである。今次の戦争に於けるフィンランド国民の立場に、深い同情を持ったのも亦そうである。殊に中国人に対する同情に至っては、日本人ばなれのした、実に直截、直往的な感情の迸出があった。ことばもよくできず、エティケットにもならわず、西洋人との交は殆どなかったけれども、もしその機会とよい紹介者とを得たならば、彼は日本人的顧慮を脱して、彼等と深い交を結ぶことができたであろう。敗戦後国際的対抗の激化、拡大化と共に、国際的交流の前代無比に盛んになって来た時勢を見ると、特にこの感を深くするのである。

第四章　日本降服後の活動

一　感謝と注文

昭和二十年八月十五日、日本は連合国に降服して、この戦争は漸く終結を告げたが、岩波は九月三日長男雄一郎を失い、その翌四日、彼が強引に大日本教育会長野支部事務局長に推薦した藤森省吾の訃報に接し、九月十日その葬式中に脳溢血の発作を起して、長野に臥床、十月半ば帰京して翌二十一年の四月二十五日に永眠するまで、店務の復興は大体小林、吉野、長田等に任せたけれども、彼の健康が彼の活動を禁じたに拘らず、彼の愛国心、社会的関心の已むに已まれぬ発露は、彼を十分に静養させず、頻繁に鎌倉、熱海と東京との間を往来して、人の為、世の為に奔走せしめた。これは壮者にも過ぎる程の労働であった。彼が終戦を喜んだことはいうまでもなく、三十一年俄に物故した緒

方竹虎も書を寄せて、

「私が最後に岩波君に会ったのは、一昨年（昭和二十年）の十一月二十九日、三宅雪嶺翁の告別式が代々木に焼け残った翁の書庫で行われた時であった。十一月末にしては非常に寒い日で、岩波君は古島一雄君及び私と一緒に棺前に立って、会葬者に挨拶をしていたが、会葬者の杜絶える間を見ては、岩波君は「敗戦は神風だよ」ということを、繰り返し繰り返し語った。敗戦は勿論残念であり苦痛であるが、今度の太平洋戦争が語るように、日本は到底自力では軍部の跳梁を抑えることができないのだ。その意味から今度の敗戦は、正に神意が人に代って、抑制すべき所以を日本に教えたのだ。若し逆に日本が勝っていたら、それこそ日本は真の滅亡であったであろう。この敗戦によって日本は始めて良くなる。自分は敗戦は神風だったと信じて居るんだよと、ほんとうに黎明を迎えたという顔付で、あたり構わず大声で語っていた。」

といい、緒方はその話に、「語りながら頻に両の手を揉んでいた」ことを言い添えている。この敗戦神風説は、彼が殆ど会う誰人に向っても語った所で、私も全然同感である。ただそれを神風にするのは、日本人の心がけ一つだが、彼はこれからは面白くなるぞと、「生きてかいある世」（尾崎行雄に呈した歌にも詠じた）の前途に明るい希望を認めつつ、この前途を見届けることもなく死んだ。

彼は又昭和二十年の秋長野静養中、県の内地留学生として岩波の世話になった内山信政の見舞を受けて、下の如く語っている。「この戦争は負けるべくして負けたのだ。ちょうど水の高きより低きに流れるが如く、自然の勢であったよ。軍の派閥がいけなかったのだ。……彼等には世界的立場が少しも理解されていなかったのだ。」

そうして西田学派に対する圧迫に説き及び、三木清の横死(九月二十六日)を哀しみ、ちょうど婦人参政問題が司令部から発表された直後だったが、「至極結構なことだ。日本の婦人は今まで勉強が足りなかった。一部では時期尚早だなどといっているが、早く与えた方がよい。早く与えればそれだけ早く女性が目覚める事になる。これからは女性はもっと勉強し自覚せねばいけない」と語った。更に詞をついで、

「陛下の御心をそのまま庶民に伝えねばいけない。宮城の御写真を飾って礼拝しているというが、その為にその写真に子供がまりを投げつけたというような場合には、教師は叱るだろう。子供の心持を損うものだ。そういうのは御心でないのだ。又奉安殿に対して不敬事件がおきたといって、一々校長が首になってしまうことは気の毒だ。この頃某地に某宮様が疎開なさっていたが、その自動車に子供が模型飛行機を飛ばせたといって、村長、校長などが青くなって進退伺を出したというが、

受持教師は、模型飛行機を子供に作れ作れと奨励しておいて、そんなことになったといって騒ぐには及ばぬ、といっていたという話があるが、僕はその一訓導は見識があると思う。……教育もすべて新しく出直すのだね。大いにやり給え。それから日本人はみんなアメリカ、ソ連、支那の国情を理解するんだね。」

と説き出したので、客は病に障ることを恐れて辞し去った。こういう説は、戦争中は不敬の言として許されなかったものだが、戦後いわゆる民主主義に急転回して、皇室を軽《けい》侮《ぶ》するのがえらいという風潮が、ジャーナリズムを靡《なび》かした時には、これさえ保守反動の説として軽侮を招いたであろう。しかし我々は戦時中軍部に追随した連中が、俄に民主主義或は共産主義を標榜して、時代の指導者を気取った態度と比べて、何れを信用すべきであろうか。

降服後数カ月と文中にあるから、昭和二十年末か二十一年初に書いたと覚しい原稿の要略によって、彼が降服後の日本及び連合軍当局に望んだ所を示したい。

日本の無条件降服は開闢以来の国辱であるが、この屈辱は自ら招けるものであり、これによって世界に約束したことはあくまでもこれを遵奉すべきである。この約束実行の為に数十万の連合国兵が日本に駐留しているが、理想をいえば、一兵を必要とせずして約束を実行するだけの信義を世界に与うべきだと信ずる。過は恥ずるに及ばず、過って改めないのは恥ずべきである。戦に負けるのは必しも恥ずるに及ばない。負けたことを確認しないでごまかす心根は恥ずべきである。

敗戦数カ月の今日国民が卑屈になったのを憂える。敗戦を確認し約束の義務を果たすは必要だけれども、勝敗以外に真理の世界に向って、裸一貫、積極的、自主的に精進することを忘れてはならない。

日本人の優秀な素質を阻み、日本文化の将来の発展を妨害する如き量見が、少しでも連合国にあるとせば、これは断乎として排撃せねばならぬ。仁科博士のサイクロトロンを取り去って、ウラニウムの研究を止め、航空の研究まで全廃する如きは、即ちこれであり、恐らく日本の軍国主義の再台頭を杜絶する意図に出たろうが、文化日本の開発を妨げること大である。我々日本人はその心配をなくするだけの信義を彼等に与え、文化国民として研究の自由を得、学問に精進し、我々に与えられた性能を極度に発揮し、我々が文化的に人類の社会に貢献する道を開かれることを希望する。

権力は正義に勝たず、利剣は思想を断ち得ない。日本人は世界的見識に乏しい。国粋や伝統の美を誇るのはよいが、これで世界を支配しようとするのは困る。今度の敗戦もこの独りよがりに基づく所少なくない。五箇条御誓文の精神を体し、――これが日本の驚異的進歩の根源であり、永久日本の理念たるものと考える。ナチス・ドイツがローマ教会の上にその国旗を掲げたのに対して、英皇帝が跪拝《きはい》して王冠を大僧正から受けたことを思え――国家権力を増強して世界を支配しようと考えず、天地の公道を踏んで、燃ゆる情熱を以て真理を追究し、八紘一宇を実現することを望む。

我々自らの力によらず、連合国によって我が国の癌なる軍閥を取り去り、又官僚に大打撃を与え、言論結社の自由を得たことは、マッカーサー元帥に衷心より感謝するが、その代りにアメリカ軍国主義を以てすることあらば許しがたい。連合国の要求は日本をよい国にするにあり、その為に日本の軍隊を奪ったのである故に、文化的日本の開発を妨げる如きは、その素志ではあるまい。

岩波の意見に理想主義的の甘さのあることは否めないが、しかしここにもその背後にある道義的情熱を認めることができる。殊に彼がこの一文を病中多忙の中にしたためた所に、彼の切々たる愛国心を看取することができる。

二　病中の斡旋奔走

終戦と共に岩波は方々から引っ張り凧になった。既に二十年十月長野に病臥中にも、社会民主党の発起委員になってくれと頼まれてことわった。又新出版団体設立準備委負会から、留岡清男を事務局長に交渉中だという岩波の喜びそうな条件を添えての、満場一致で出版会長に推薦したとの電報を受け取った。しかし彼は健康が任に堪えないとて、鈴木文史朗を推薦したが、鈴木自身よりの岩波の承諾を求める電報に接して、重ねてこれを固辞した。先方からはその後更に鈴木の理事長就任を快諾した旨を伝え、病体を煩わさぬという条件で、再三再四枉《ま》げて会長就任の承諾を求められ、帰京後にも準備委員長奈良静馬や日本評論社の鈴木利貞が、電報に重ねて来訪、枉げて就任を乞うたが、竟にこれに応じなかった。

二十一年に入って最も多く彼の心身を労したのは、恐らく放送協会会長の選考であったろう。この話は一月九日に、当時の逓信院総裁松前重義から、放送協会会長選考委員に択ばれた十五名の中にも、この四日に出たマッカーサー司令部の指令に触れて失格する者が既に八名もある、馬場恒吾にもなってもらったが、馬場は君を是非にと勧めるから、それに司令部も岩波を認めている、といわれて、外の事は皆ことわるが、重大事だからとてこれを承諾した。実際彼はその十九日に、東京都教育会長に就任を請われた時にも、固辞して受けず、又候補相談中に岩波放送協会会長案が出た時にも、選考委員だけは引き受けたが、会長をするつもりはない、と断わったと、委員中の有力者だった瓜生《うりゅう》忠夫は語っている。

初会合と覚しきものが一月二十二日にあり、その時には、岩波や瓜生の外に、馬場恒吾、加藤静枝、宮本百合子、土方与志、荒畑寒村等合せて十八名が委員になった。色々ないきさつを経て委員会は三月二十八日に高野岩三郎を会長に決定した。その間四、五回も相談会の為に、鎌倉又は熱海から出京し、電話をかけたり訪問したりして、奔走例によって到らざるはなかった。始は高野を推そうとしたが、反対があったので、結局小倉金之助第一、田島道治第二、高野第三となり、三月半ば病臥中の小倉に懇願したが、小倉は岩波の紹介した医師武見太郎の診断によって、これを辞した。そこで田島の順序だが、田島より高野に賛成者が多く、高野ときめたのを、岩波は一度決定したことを覆したといって非常に憤慨したが、しかし大勢が高野ときまると、元来高野案には賛成だったので、その翌日すぐに単独で高野を訪うてそれを薦めた、岩波の行動力には全く驚いたと、瓜生が語っていたそうである。そうして老体の高野の補佐役として、高野から適当な人をと頼まれたので、英語の達者な古垣鉄郎を理事に推薦したのである。

これは岩波在世中の事であったが、放送委員会のきめた会長に、理事会から反対が出て、理事会と委員会との話し合いがあったが、その時には岩波はもういなかったかと思うと、瓜生は語っている。岩波の死後は、委員会の推薦で小林勇が委員に選ばれた。

なお、司令部の一部に働いていた麻野幹夫という、京都帝国大学卒業の二世があり、久野収や青山秀夫などと京都で親しく、小林や吉野ともその縁で交があったが、彼は自分の一家がアメリカで小さな放送局を経営している経験から、日本でもこういうのを作ったらよかろうというので、色々研究をし、愛宕山の旧放送局を使うとか、九段上の焼ビルを接収するとかして、ここにアンテナを立て、機械は日本の工場でも五十万円も出せばできるというようなことまで調べ上げた。一月の終り頃その企画を持って、一夜鎌倉小町の岩波をたずねて勧めたところ、岩波は大いに気乗りして、やろうではないかとまで言ったが、その後司令部では、民間放送をやらさない政策を決定したので、そのままになってしまった。しかしこの事が岩波の放送事業に対する関心を強めていたところへ、ちょうど選考委員会の話があったのである。

岩波は信州人的性格を代表して、知って言わざるなしであったが、信州人を越えて、「言って行わざるなし」の概があったから、よいと思ったことは奔走し、よいと思った人は、関係者に薦め、当人に説得するという周旋奔走を随分やったことは、上の例でも分かるが、文教方面についても色々勧説したり斡旋したりすることは、戦争中関口鯉吉が荒木文相の下に専門学務局長をしていた時からやっていた。終戦後前田多門が文部大臣になり、田中耕太郎が専門学務局長になった時、田中は一時音楽学校長事務取扱に任ぜられ、専門家に適任者を得られぬ所から、広く芸術に理解ある人物を求め、当時まだ東北帝国大学教授だった小宮豊隆を第一候補者に挙げ、私にも相談があったので、適任だろうとは答えた。ところが岩波は、鎌倉の住人で、岩波の所に出入していた音楽学校出の高橋均から、小宮を示唆されて、それとは知らず別に田中に小宮を勧めたので、田中は岩波に小宮への勧誘を依頼した。私が偶然前田の後に文部大臣になったので、世間では小宮の就任を安倍人事といったが、発令が私の時にあっただけで、内定は前田の時にできていたのが事実である。

私が二十一年の一月に文部大臣になった時にも、それを喜んでよい文部次官を推薦したいといい、大分みんなに相談してくれたが、岩波の推薦してくれた一人は、私が気が進まず、今一人は私も希望したが、当人はそれを諾してくれなかった。その時私の一友人が、岩波からだと世間がうるさかろうと、交際費を提供してくれた。やめて後私はそれを返したが、岩波からは別に申出もなく、私もそれを期待はしなかった。

第五章　文化的奉仕

一　感謝金

岩波書店の事業が盛んになって来て、岩波にとって出版の文化的意義が強く自覚されるに至ったことは、固より言を要しないが、岩波は自分を文化の創造者などと自惚れることはなく、文化の配達夫又は撒水夫を以て任じ、学者、文士、芸術家、芸能家に対して、真実に尊敬と謙譲の心を捧げたことは、私どもも何より敬服する所であったが、特に学問、芸術に専念献身する人、身を忘れて社会に奉仕する人に対する、尊崇と感謝の念の真剣なことは、深く我々の心を動かすものがあった。岩波には金をやって恩を施したという気持は毛頭なく、自分がいくらかでも相手の役に立つことを光栄とし有難く思う、という気持の純粋であることは、他に類を見ない所であり、私なども常に及ばざるを歎ぜざるを得なかった。固よりその厚意が感謝を以て心から受け容れられることを願う心も、実に強かった。

昭和八年(一九三三)八月五日は、開店二十周年に当り、この年末に記念出版として「岩波全書」を発刊したが、更に一つの記念の実現として、学問、文学、芸術、芸能、社会的行動に亘って、岩波自身の感謝の意を表する献金を思い立った。これはヒントを他人から得たのもあるが、そこには全く岩波自身の選択があり感激があった。学問、文学や芸術については、一身の快楽や利益を忘れて精進する真面目な態度や、権力者に反抗する勇気が一番岩波の感激を促したようである。これは全く岩波の個人的な志になるものであるが、それを受けたことはその人の不名誉ではないと信ずるから、岩波の隠れた行跡として発表しておく。

第一回は昭和九年五月であって、農村青年の育成に情熱を傾けた国民高等学校の加藤完治、日本のローマ字社(田丸卓郎等の)、篤学にして『日本資本主義分析』の著をなした山田盛太郎、岩下壮一の尽瘁した癩患者の神山復生病院、学問に一身を打ち込む真剣な哲学者田辺元の五者に、各々一千円を献じた。田辺自身の語る所によると、既に大正年間田辺の西洋に留学した時にも、岩波は田辺に金を献じたそうである。

第二回以下は年代が正確に分からぬが、昭和十年から十一年に亘ったらしい。高橋ふみ子は西田幾多郎の姪で、東京女子大学から東北帝国大学に入学して哲学を学んだが、そのドイツ留学に当って一千円、在パリの高田博厚に六百円、昭和十一年四月武者小路実篤の洋行に際して、同七月病苦と貧乏とを凌いで新築地劇場で奮闘していた山本安英に、その診療に対して敬意を持った東京帝国大学物理診療所の真鍋嘉一郎に、各々一千円を呈し、前述の加藤完治には更に五百円を贈った。この中高橋と真鍋とは既に故人になった。

第三回は十二年から十三年にかけての事らしく、歌舞伎俳優の中村吉右衛門、西洋画家の安井曽太郎、北京崇貞学園で貧民の少女を教育した清水安三、浜松で私塾教育をやっていた斎藤謙三、非軍国主義的な忌憚なき論議の為に、東京帝国大学を退いた矢内原忠雄に、各々一千円を贈った。この時岩波発行の矢内原の著書は発売禁止になり、その上司法処分に附せられた。中村や安井の温和謙譲で芸道に精進する態度は、岩波の心を引き着けたろうと思われるし、清水への感謝は支那人への献身に対する感謝であろう。矢内原の学者として官権や軍閥に屈しない毅然たる態度が、岩波の共鳴を促したことは言うまでもなく、それは昭和十三年三月免官の直後二、三日のことであり、岩波がちょうど矢内原不在の宅を訪うて、もじもじと恥かしそうにその金を置いていった態度に、矢内原夫人は深く感激したということである。

第四回以下は年月が一層精確でないが、安井哲子、高村光太郎、アイヌ教化事業の英人バチェラー博士、救癩事業の光田健輔、北海道土木技師の山口武治、それから救世軍の山室軍平の遺族に献金している。山口武治は北海道の技師であったが、上官からダムについて虚偽の工事報告を強いられたのを、敢然としてこれに応ぜず、職を放ったのを壮としてのことである。この人の『粮莠記』という著を岩波が紹介していたが、私はこの人についてもその著についても其以上を知らない。その外安部磯雄には、その清純な人格と多年の無産運動に感激してであろう、又年月は確かでないが、植村正久の女《むすめ》で熱心なキリスト教の宣教師なる植村環《たまき》にも、献金している。蔡培火のことは前に述べた。又長野県教育界の長老で岩波の尊敬する守屋喜七は、申出を固辞して受けなかったという。外に太田正雄(木下杢太郎)の癩研究に対して三千円を献じ、昭和十八年には、上海で書肆を営み、支那の文人志士と交って彼等を世話したといわれる内山完造に、又岩波の崇拝した尾崎行雄の外に、十六年に頭山満に献金したことは既述の通りである。バチェラーの外に外国人では、アイヌ研究者のニール・ゴルドン・マンロー(Dr. N. Gordon Munro)にも献金している。マンローのことは北海道帝国大学教授で、岩波書店から橋梁建築に関する著述を数種出している、鷹部屋福平からきいたのである。この人については、世に知る人も少ないだろうから、鷹部屋の文章によって略記しておく。マンローはアイヌ教化者のバチェラーが宣教師であったのと違い科学者であり、かつては軽井沢のサナトリウムの院長であり、明治三十八年には已に日本に帰化していた。"Prehistoric Japan"(史前の日本)と"Coins of Japan"(日本の貨幣)の著があり、前著は北海道から鹿児島附近まで先住民の遺跡を発掘して、豊富な材料を提供した大著だそうである。この『史前の日本』の研究から、アイヌ民族研究の必要を感じて、軽井沢の病院を処分し、アイヌ族のメッカと称せられる日高国ビラトリ部落に永住して、アイヌ研究に没頭した人である。昭和十五年熱海、東京間の車中で、鷹部屋が岩波に邂逅してこの事を話したところ、それから間もなく札幌の鷹部屋にあてて、マンローへの感謝金一千円を送って来たので、鷹部屋は一日かかって交通不便なビラトリのマンローに届けた。当時不如意だったマンローは非常に喜んだそうである。間もなく彼は八十歳で歿した。告別式の前夜にお通夜をしたアイヌの人々は、マンローが患者を診察した後、貧しい人には薬に米一升宛を添えて与えたという、親切を語ったそうである。マンローの名も世間に知られていないが、岩波がそういう助力をしたことを知っているのも、恐らく自分だけだろうと、鷹部屋はかいている。

こういう岩波の陰徳は、私の小耳に残ったものばかりでも、まだ沢山ある。そうしてこの志は更に発展して、風樹会の設立になった。

二　風樹会

風樹会は昭和十五年十一月二日に設立された。その趣旨、動機共に下に掲げる岩波自身の簡明直截な二文に尽きると信ずるから、岩波の考として度々繰り返されたことではあるが、彼の志がほんとうに真剣な、已むを得ざるに出でてこの会となったという経過を語るものとして、ここに掲げる。ただ、「回顧三十年感謝晩餐会」の時に、この会の監事の明石照男がいった如くに、当時の岩波は百万円をほうり出してもびくともせぬ境涯になってはいたが、世間の育英会の如く零細な利子をちびちびと出すという如きけちなものでなく、必要ならば基金を使い尽くすのも辞さなかったこと、殊に早く効果の現れぬ基本的理論的研究を助けようとしたこと、そのほうり出し方のきれいなことも、出版者としての実に謙遜な態度を持して、会の事業には関与せず、ただ事務と事務費とを負担したことも、この二文によく出ている。

敗戦の結果、風樹会の財産の一部は無に帰し、残余の部分もインフレーションのために著しく減価した。けれども岩波の存命中に八十名前後の哲学、数学、物理学などの研究者に合計約十七万円の援助を行うことができた。一人について月額五十円から百五十円ぐらいに当る。当時としては若い学者の生活を扶けて研究に専念させるに足りた額である。風樹会の補助を受けた学者の大部分は、今日学界の第一線に活躍している。岩波の期待した成果はある程度まで実現されたということができよう。

風樹会設立の趣旨

岩波茂雄

今や我国運は世界的に躍進を遂げ武威四海に輝くものあるも文運の隆昌は尚将来に期待すべきもの少くはない。世界的水準に立って我国に於ける学術進歩の現状を見れば尚謙虚なる態度をもって大に欧米に学ぶべきもののあるを痛感せざるを得ない。洵《まこと》に学術の進展と教養の向上とは我国現時の緊急にして根本的なる要請であらねばならぬ。今日高度国防国家の建設が強調せらるると雖も其の根幹の理念は之を哲学に求むるの外なく又最新最鋭の武器弾薬も悉く之れ深奥なる科学の所産なるは言う迄もない。学術の振興を外にして興隆日本の颯爽たる英姿を想望する事は絶対不可能である。私は文化戦線に立つ一兵卒として常に念願して止まざるは知識を求むる明治維新御誓文の御遺訓を体して学術の進展に寸尺の寄与をなし君国に報い奉らんとする唯一事である。

近時学術の尊重すべきを知り其の応用的実際的方面の研究に援助を与うる気運漸

く興れりと雖も尚基本的理論的研究に助力を与うる施設は甚少い。思うに単なる応用的研究のみを以てしてはその効果も覚束なく根幹的学理の研究を俟ってこそ初めて実用的目的の達成を期し得るのである。私が微力を顧みず財団を設け、哲学・数学・物理学等の如き学術の基礎的研究に力を致さんとするのも此の欠陥を補うに資する為である。

少年時代父を亡い青年時代母を亡い海岳の慈恩に一片報ゆる処なかりしは終生に亘る私の最大恨事である。今に到るも尚父を懐《おも》い母を懐うて黯然《あんぜん》たるものがある。私が多少とも世に奉仕せんとするは此の風樹の歎を自ら慰めんとするに過ぎない。本寄附行為の名称は之に基づく。ありがたき国に生をうけ記念すべき皇紀二千六百年に際会し、日ならずして慕いまつる明治天皇の佳節を迎えんとする。今此の献芹の微衷を父母の霊に告ぐるを得たるを欣び茲に多年に亘り私の志業を扶けられし江湖の諸君子に深き感謝を棒ぐ。

昭和十五年十月三十日　教育勅語渙発五十年記念日

風樹会の設立について　岩波生

私が何故に風樹会を設立するに至ったか、会の目的とするところは何か、また何故に風樹会と名づけたか等は、前掲の趣意書に述べたとおりである。私がこの趣意書を添えて財団法人設立の願書を提出したのは教育勅語渙発五十年記念日の十月三十日であったが、幸いにして文部省本田学芸課長、内山秘書官、岩見史朗氏の御尽力をはじめ橋田文部大臣、岡田東京府知事までも煩わし僅々《きんきん》二日にして許可せられ、私の如く明治に育ちし者にとっては特に思い出深き明治節の直前、即ち十一月二日を以て、風樹会は正式にその設立を見た。年来の素志の一端を果し終って本年のこの佳節を迎えまつることを得たのは、私として寔に感慨浅からぬことであった。

思えば、私が人の子を賊うを恐れて教職を去り斯業に暫しの隠れ家を求めたのは約三十年前の事に属する。予期した失敗も来らず従って憧れし晴耕雨読の田園生活にも入る機会もなく事業が進展して今日に到り風樹会の設立を見た事は自分にとっても意外な事であった。これ一つには、創業以来多年に亘って指導鞭撻の労を吝まれなかった諸先生並びに知友諸君の高助によるものであり、また一つには、文化を愛する大方の知識人の絶大なる支援に基くものである。私は先ず何よりもこの方々に向って衷心より感謝を献ぐる者である。

会の運用に関しては、理事として西田幾多郎博士〔理事長〕、高木貞治博士、岡田武松博士、田辺元博士、小泉信三博士の御就任を辱うし、且つ監事として第一銀行頭取明石照男氏を迎うることを得、一切を挙げてこの方々に御一任することとした。これ迄も編集に於ては理事の諸博士に、事業運営に於ては監事明石氏に負うところ少からざるものがあるが、更に今回の企てに対し、かくの如き御協力を仰ぎ得たということは、何ものにも優る私の喜びである。かかる諸権威を迎えて会に磐石の重きを加えた以上、会の運用については、私に於いて毛頭の不安もない。況《いわ》んや、学界のこと、固より一出版者の容喙《ようかい》すべき限りではない。世上往々にして、この種の事業にあたり、単に設立者たるの故を以て無縁の者が枢要の位置に座する弊あるに鑑み、私は風樹会の設立にあたっては自ら理事に就任せざるのみならず、資金の使途に関しても、万事を前記理事会に一任することとした。ただ事務上の雑事に関して諸先生を煩わすことは余りに恐懼であるから、これに就いては、一事務員として私が犬馬の労に服するつもりである。

なお、出資百万円及び其の利子は純粋に学徒の生活の給費そのものに支出して厘毛と雖も他の使用を許さず、会の事業経営に要する総ての費用は私自身の負担とし、今後永久に別途これを会に寄附することと規定したのである。且つ又、在来この種の財団は専ら利子のみを以て事業を営み、その存続を期するのが習いであるが、私は、かかる事業に於いて自己の記念を思うべきではないと信ずるので、利子のみによる経営法を採用せざることとした。従って、理事会に於いて有効適切なる使途と認めらるる場合には、その全額を即時支出することをも敢えて厭わない方針である。私の偏えに念願するところは、わが学術の逞しき生長と、わが国民の教養の向上にあり、特に風樹会にかかわる限りでは、基礎的研究の輝かしき進歩である。この目的のためには、風樹会は一日も早くその財産全額を使い果すことを希望する。私の今回の財団設立の仕方及び事業実行の方法が、今後公益財団設立者にとって些かなりとも参考となるならば、私の望みは以て足る。

風樹会の設立以来、知友諸君及び未知の諸君子より夥しき激励の辞を賜わり、私は意外の感激を受けた。一々御返事申しあげ得ぬ向きもあるので、茲に簡単な御報告を兼ねて深甚の謝意を表する次第である。

三　文化勲章

岩波は昭和二十一年紀元節の二月十一日に文化勲章を頂いた。これより先き昭和十五年十月、度々公益の為に多額の私財を寄与したかどで、紺綬褒章を授けられたが、この勲章はやはり岩波の事業の最後を飾る光栄であり、又岩波にとって大きな喜びでもあった。岩波はかつて前にも触れた如く、「私は学問や識見芸術を日本の社会に散布普及させる配達夫であり、撒水夫であります」(昭和十五年十二月帝大新聞社招待の席上挨拶の中)と自分でいっており、自分の如き一町人であり、文化の配達夫たるに過ぎぬ者が、自分達の著者たるべき学界や芸術界で一世に卓絶した人々に伍して、これを戴くことが、余りに光栄に過ぎて恐縮だと感じて、これを固辞しようとしたことも真実だし、もう既に決定だときいて、とうとうこれを受け、又世間がこの受章を喜び祝してくれたことを知って、非常に喜んだことも本当である。聞く所によるとその決定の際、当時の枢密顧問官南弘は、岩波も認めた文化の創造者でなくて配達夫だという理由で、強く反対したということである。この勲章授与も私の文部大臣時代であったので、私のはからいだったような世説であるが、これも前任者前田の時に内定して、私の時代に発表されたのが事実である。伊沢多喜男は自分が斡旋者だといっているが間違はあるまい。私は近頃こういうことには関心が薄く、ただあんな奴がと思うのがもらったりすると、癪にさわるくらいで、岩波を別に推薦しようとも思わなかったが、岩波がもらったのは当然又は其以上だと考えている。後に百方運動して同じ勲章をもらった大谷竹次郎と五十歩百歩などとは断じて思わない。岩波が利害を無視するような言説をすると、偽善者だと軽々しく評する者もあるが、前にもいう如く、私は岩波の理想に対する情熱、利害を無視する公的精神については、天下の学者、文学者、いわゆる文化人中、彼に匹儔《ひっちゅう》する者の殆ど無いことを断言して憚らない。

岩波のその時に出した挨拶は、岩波自身のおもはゆい気持と、それをもらってから世間が意外に歓んでくれた有難さを縷々述べたものであるが、もし岩波の母が生きていたらば、ほんとうに歓び極まって涙に伏したことであろう。二月十一日午前十一時半文部省で拝受の式があり、受勲者は参内記帳して、又文部省に還り、私も彼等と一緒に杯を挙げて午餐を共にした。受勲の仲間は法学博士中田薫、理学博士宮部金吾、同仁科芳雄、工学博士俵国一、能楽師梅若万三郎で、仁科の外は皆岩波より高齢で、その中、宮部は八十五歳の高齢の為であろう、北海道から上京しなかった。まだ物の乏しい頃で、御馳走はすし一皿に過ぎなかったが、特に頼んで取ったその鯛の握りずしが、中々旨かった記憶がある。一時間そこそこの午餐であったが、一座は極めてなごやかであった。

第四篇　私生活

第一章　趣味好尚

一　登山、旅行

岩波はじっとしていられぬ男であったから、旅行は昔から実によくした。少年時代の伊勢詣りが鹿児島までのした話は、前述の通りであるが、中でも山国に生まれて日頃高山峻岳を仰ぎ、登山には慣れていたし、富士山は彼にとって真実に日本を象徴するあこがれの山であった。後に説く昭和十年(一九三五)の欧米旅行も、何の為に行ったかと聞かれると、彼はアルプスの山々と名画とを見る為だと、答えたくらいであった。今記録に残っている彼の登山を跡づけて、年次を追って略記することは、彼を伝える者の義務であろう。

私は彼を知ってから間もなく、乗鞍岳に登った話をきいたが、これは恐らく彼の一高時代のことであろう。彼が登山についてしるしたのは、恐らく東駒ケ岳の登攀《とうはん》だけだろうが、これは彼の一高在学当時で、二十世紀初の明治三十四、五年頃ではないかと想像せられ、同行のYというのは、ボート仲間で親しかった一年上の山本唯次であったろう。この文章は実況見るが如く、彼の文才の侮《あなど》る可からざるを示しているが、汽車の中から東駒の雄姿を仰いで、急に思いつき、小淵沢に下り、食糧の用意もなく登攀を企てたところなど、始から岩波式であり、山頂から伊那をめがけて下りる途中で大雨に会い、やっと見つけた沢の水が大きな岩に激する傍で、寒さにおののきつつ、一高制帽の麦藁帽子の中に金剛杖を鰹節のように削って燃やし、やっと手先のかじかみだけを防ぎ、翌朝遠く遡って沢を渡り、一条の煙を望んで炭焼小屋にたどりつき、危い一命をとりとめたのであった。これも例の直線登降から来た遭難である。その癖彼は山に遭難者のある度に、彼等の山を恐れぬ不敬虔を難じ、周到細心の用意の足らぬことを攻撃しては、残念がっていたから、自分の山登は特別だと自信していたのであろう。彼はこの遭難にさえ性懲もなく、伊那町に二日休養して後――そこで牛乳を二合飲み、こんな旨いものはないと思ったという――、今度は西駒ケ岳(木曽駒)に登り、暴風雨に会って、頂上の小屋に陸地測量部の連中と共に二昼夜も閉じこめられた末、Yと別かれて更に御岳にまで登っているのだから、驚き入らざるを得ない。

明治四十四年の夏に、信州越中境のアルプス連峰に登った後、私と二人で酒田、秋田、角館まで行った旅のことは、已に書いたが、その時の我々は山登の素人で、発頭人の田部重治が、赤牛岳、黒岳登攀のレコードを作る為、引っぱってゆかれたようなものである。天幕など携え、人夫も四人傭ったけれども、一行の装備の簡単な中にも、岩波は飛白の単衣に風呂敷包を首にかけるという無雑作であった。その頃でも玄人の山登は日に三、四里くらいに止めて、ゆっくり歩くものらしかったのを、我々が歩けるだけ歩こうとする素人ぶりには、骨を惜しむ人夫達は大不服だったらしい。中にも岩波の如き健脚者は、田部もかつて知らぬと舌を捲いていた。

今一つ岩波が大正に代った元年秋十月半ば過ぎに、田部と試みた山旅は、田部の想い出にしるされていて面白いから、その大略をしるそう。先ず岩波が当時大久保の近くに住んでいた田部の家へ突然やって来て、日光の奥へ行かないかといったのだそうである。地図は持っているというので、山の手線で上野駅へ出かけた。その車中で、岩波が青森からもらった林檎の包を、脚半をはいている間に盗まれたという事件があり、夜の二時に西那須野駅に下り、夜行して一浴を試みる積りだった塩原温泉は、いつの間にかつきぬけてしまった。ふと路傍に雑貨屋を見つけたが、岩波が座敷に上りこんで、ことわりもなしに一時間もねこんだのを、――この辺田部の誇張がいくらかあるかも知れぬ――

田部が気にして陳弁すると、人相のわるい主人は、朝から熱燗で炉辺に酒を飲みつつ、「頼みもしないで這入りこむ奴があるか」という。しかし岩波は田部が気を揉んでいるのもかまわず、眼がさめると、さあ出かけようといって、それから峠を越えて湯西川温泉に一泊し、翌日は近道で川俣へいったのはよいが、川俣温泉への途中で道を間違え、夜十時に又川俣へ引き返し、翌日十一里の道を、岩波もさすがにくたびれ切って今市に着いたというのである。後で旅中の出来事を岩波と話しても、岩波は殆ど覚えていず、ただ川俣温泉への道を間違えた責任を自分におしつけたのには困ったと、田部は語っている。

大正に入ってから、既に書店主となった四年の八月末、藤原咲平と共に、日光湯元にいた上野直昭を訪うて、一週間ばかり滞在し、白根に登り、それから金精峠を越えて、笈沼、丸沼の畔を通って会津街道に出で、伊香保に一泊した。

又七年八月には上野と高橋穣とを誘い、燕岳から槍ケ岳に登り、槍からの徳本峠《とくごう》の道では、下痢で弱った上野のルックザックまで背負って、どんどん先へ急いだ。

大正十一年には、上伊那郡教育会主催の南アルプス縦走に参加して、七月下旬から八月初旬にかけて、高遠を出発点として、仙丈ケ岳から塩見岳までの峻嶺を踏破した。

同じ年の十月二十八日の夜立って、速水滉、上野直昭、中勘助、和辻哲郎、津田青楓、安倍能成等に、当時まだ若かった篠田英雄、高橋健二をも加えて、翌日は信州飯田に一泊、翌々日の三十日の一日かけて、天竜峡から遠州浜松在鹿島に夕六時に着いた。これについては同年十二月号の『思想』に「蝸牛の角」と題して、和辻の紀行文がある。この旅は珍しく安倍の斡旋であった。

大正十二年晩秋に、小林勇と三ツ峠に登った。これはその年の「東京朝日新聞」に「捜しているもの」の募集があった時、富士山を見る場所を捜している、それも成るべく近く全容を見、できれば水を隔てて、という注文に答えた投書中に、この峠があったためである。御殿場に下りて、吉田を経て小沼にとまり、翌朝峠にかかったが、途中霧にまかれた。岩波は二時間程路傍に座って、山登に霧の恐るべきことを小林に説いた。その夜三ツ峠の山小屋にとまり、翌朝細かい金がなくて二円の払いに十円をやったのを、ひどく残念がったが、この小屋の老翁が後から自分で削った石楠《しゃくなげ》の杖を贈ってくれたので、すっかり喜んだ話、小屋の便所はあったのに、折角山に来たのだからと、戸外でわざわざ野糞を垂れたという話がある。その時雨の為に妨げられた愛鷹山登攀を、二、三年後にやはり小林と試みたが、折角案内者を傭っておきながら、岩波が独走するので、同行者は困らされたそうである。

大正十四年の七月二十四日には、又槍ヶ岳の登攀を志して出発し、その八月初旬には、山形高等学校山岳部によって、始めてその偉容と大観とを世に紹介された朝日連峰に登った。山形高等学校教授安斎徹は、大朝日岳の山腹で、ちょうど東大山岳部の豊川武衛門に案内されて、酒井由郎と一緒に登って来る岩波に会い、当時の印象を語っている。頂上に着いた岩波が、流汗を拭って腰をおろし、直ちに草鞋を解き足袋を脱いで足を冷した手配りに、安斎は先ず感心し、次にやおら立ち上ってズボンをおろし、手早に白い褌をはずして、遥かに見える越後の海岸を指して、打ち振るように両手でそれを煽った岩波の振舞に、度胆を抜かれた。そうして愉快そうな顔をして、「ありゃ信濃川の川口じゃないかな」と図星を指した岩波の、登山家としての敏感に又感心した。それから帰途に向って、「熊越」の鞍部から小朝日岳の頂上まで、直斜二百五十メートルの高さを、急坂の灌木を次から次へと手攫《てづか》みにして、全く一気呵成に絶頂まで登ってしまった岩波の如きは、外に類はあるまいといっている。

翌十五年の七月二十日から一週間、小林勇、長田幹雄と共に赤石岳に登った。伊那電車の片桐で下りて、久原の材木会社のトロッコを特に頼んで、大鹿までの谿道《けいどう》一日行程を節約し、翌朝二時に来る約束の人夫三人を、岩波は待たずに出発したが、小林の弁当を三人で分けて食い、空腹をかかえてやっと山小屋についたのは、嵐の寸前であった。その小屋にいた伊那の青年からわずかの残飯を分けてもらい、翌朝百メートルを距てた近くの矮松の中に避難していた人夫から飯を得て、やっと腹を充たすことができ、その日赤石の頂上を極めた。たまたまそこへ登って来た青年たちに、岩波が「雷鳥をいじめてはいけないよ」と叱るようにいったので、青年はびっくりした。翌朝は午前二時に小屋を出発、予定の荒川岳、東岳は登山をやめ、三伏峠を越えて、大鹿村の大河原まで一気に下った。荷物を持った三人の人夫と小林とが遅れて宿についた時には、岩波と長田とは浴衣を着てビールを飲んでいたそうである。雷鳥のことは、前記の田部重治が、岩波の本屋を始めて間もない頃、店に立ち寄った所が、岩波はぷんぷん怒っている。或る高等学校の生徒が山で雷鳥を殺して食った、という記事に憤慨しているのであった。ちょうど雷鳥が禁鳥になった当座なので、岩波は田部と連名でその学校長に抗議したいからといって、その文案を無理に田部に書かせたそうである。

昭和になって、その二年七月下旬には、先輩で信州登山者のヴェテランなる松本女子師範学校長矢沢米三郎と、一週間仙丈北岳、間《あい》の岳、農鳥《のうとり》岳に歴登した。その山にかかる前、戸台という村で宿泊した家が、東駒から九死を逃れて世話になった家であった。又この行に出で立つ前、彼は芥川龍之介の死を伝える電報を受け取った。

四年正月四日には、長田幹雄と共に雪踏み分けて、箱根の二子山に登った。それから昭和の初から数年中のことで、年月ははっきりしないが、加賀に遊び、白山に一人で登ったことがあった。

五年八月下旬には又西駒ヶ岳に登山し、九年七月には尾瀬沼から法師温泉、三国峠を越えて、湯沢へ出ているが、恐らく彼の最後に試みた登山は、昭和十七年七月中旬に、小泉丹、酒井由郎及び長男雄一郎と登った越後の苗場山であったろう。

少しくだくだしいくらい、彼の登山について書いたのは、ここに彼の面目が最も多く活躍しているからである。それは先ず岩波の山に登る体力と情熱の旺盛にも、山に慣れた健脚と技術にも、山登の直往、独往にも、人夫の来るのを待ちかねるせっかちにも、その住宅にすぐ水洗便所を作るのに対して、大自然の中にわざわざ野糞を垂れたがる好みにも、一方に細かい心遣を持ちながら、人に迷惑をかけたり世話になったりして平気でいるところにも。山登ばかりではないが、多忙の中に火のつくように思い立つ実行力にも。

その外にも捜せばまだ山登の数々があろうが、強いて捜し出すことはやめよう。

その他の旅行については一々挙げるのは煩わしい。店の用件の為にも実にまめに旅行をしている。先輩友人の慶弔や訪問の為の旅行も多い。観光や美術鑑賞の為、湯治や休養の為にも、或はスキーその他の運動の為にも、そうして、相手は先輩、友人、家族、店員の各方面に及んでおり、店員とは毎年多くは春秋二回、一泊旅行を共にしている。

彼は人を待合に招くことは殆どなかったが、食事と旅行とには実によく招待した。その中で比較的大きな旅行は、昭和二年の暮から三木清と共に試みた二十日に余る満支の旅行、昭和八年六月、幸田露伴、小林勇夫婦と一緒にした十和田湖行き、昭和十一年十月十一日から約二週間、野上豊一郎と三女美登利を伴った朝鮮旅行、これは京城で上野、安倍等の諸友に会し、更に金剛山の探勝を試みた。昭和十四年夏には、四女末子を伴って十河信二とした北海道旅行があり、その最も長かったのはやはり、昭和十年の四月から十二月の半ばに及んだ欧米旅行であった。

外に私が岩波と共にした旅行で思い出すのは、昭和十六年九月六日から九日にかけて、一高で同窓だった一日会の連中十数名と、同級の白勢量作を新潟市に訪い、その所蔵にかかる長井雲坪《うんぺい》の絵を見、それから安倍、藤沼庄平、荻原井泉水も一緒に、出雲崎の木村家所蔵の良寛の書を見にいったことである。多分その翌十七年だったろう、やはり新潟からだったと思うが、岩波、十河信二、これも同窓の佐藤政太郎と共に、山形県の温海《あつみ》温泉に浴し、それから鶴岡の高山樗牛の旧宅に住む十河の知人石原莞爾を訪うた。石原はその頃東条英機に満洲軍を逐われて郷里に帰り、農作改良の事を策していたらしかった。物資の乏しい頃で、岩波が温海温泉で小豆を買ったことを覚えている。ともかくも、彼のひとところに落ち着き得ぬ烈しさは、機会ある毎に彼を旅行に駆り立てたという風であり、気分がわるい、山へ行こう、用事がある、札幌、仙台、京都へゆこう、親近が死んだ、誰某が結婚する、すぐ汽車に乗ってゆくという有様であった。

彼の旅行は平日の多忙を静養するという如きことは殆どなく、一番長く一所にじっと落着いていたのは、一高時代の野尻湖の四十日で、こんなことは珍しい。それも泳いで村に渡ったり、舟を漕いで湖を廻ったり、揚句の果ては房州に走って、三里の遠泳を強行するという有様で、静養とか閑居とかは、殆ど彼にはできなかったようであり、山登でも道のない峻坂《しゅんぱん》を猪突猛進する所に、彼はエレメントにいたようである。まああり余る烈しい精力と情熱とを迸出させる為に、山に登ったり旅をしたりしたという趣がある。

二　欧米旅行

岩波の欧米旅行は、恰も彼が五十四歳の年で、官庁からでも会社からでもなく、全く自分の金でいったことはいうまでもない。五万円の金を携えたというから当時としては豪儀なものである。その期間は短かかったが、例によってまめにかけずり廻ったために、多くを見、又見るべきものを見落さず、肝腎な灸所は感じ取っている所がある。岩波の意見や主張に根本的に新しさを加えた点は殆どないが、具体的な見識を与え、又従来の主張を強めるという効果はあった。

彼の旅行は、昭和十年(一九三五)五月五日靖国丸での門司出帆に始まり、ヨーロッパ、アメリカを廻って、同じ年の十二月十三日浅間丸での横浜入港に結ばれている。日は二百二十三日約七カ月半である。

その行程を彼の談話(『日本古書通信』昭和十一年二月十五日誌)によってたどれば、門司から上海に先ず着き、香港、シンガポール、ペナン、コロムボ。インド洋を渡ってアデン、紅海、スエズ。それからカイロに行き、上古のスフィンクス、ピラミッドを観て、ポートサイドから地中海を渡り、イタリヤのナポリに立ち寄って、六月五日マルセーユに上陸して欧洲の旅を始めた。

先ず第一にパリに落ちつき、田舎(古城等)を少し見、ベルギー、オランダに行き、イギリスを訪うてパリに還り、イタリヤ、スイスを旅行して再びパリに還り、スウェーデン、ノルウェイに行き、ストックホルムより海を渡って、ベルリンに腰を据え、ライプチヒ、ドレスデンあたりを旅行し、更に進んでポーランドのワルソーに寄って、それからソ連のモスコー、レニングラードを経て、フィンランドのヘルシングフォルスを見物し、バルティック海を渡って、ラトヴィア、リスアニアの小国を見、ケーニヒスベルヒの方を廻って再びベルリンに戻り、ライン旅行をやり、三度ベルリンに還り、それからチェッコ・スロヴァキヤのプラーグ、ハンガリアのブダペスト、オーストリアのウィーン。三度ドイツに入ってニュルンベルクを見物し、又四度ベルリンに戻った。その間僅の時間を利用して、パリからスペインに入り、マドリッド、トレドーに行って又パリに還り、フランスのシェーブルからイギリス船に乗って、ニューヨークに上陸し、ワシントンを訪うてワシントンの墓に詣で、又ニューヨークに還り、更にボストンを訪うて美術館を見、ナイヤガラ、シカゴ、グランドキャニオン、ロスアンジェルス、ヨセミテー国立公園を訪い、サンフランシスコ、ハワイを経て帰国した。欧米を股にかけて二十余国を七カ月で駈足旅行をしたわけで、今のように飛行機が発達していたらば、一層欲ばったことであろう。

岩波の往の乗船靖国丸の船長大矢新次の語る所によると、岩波はすぐ一等船客中の人気者になり、期せずして「靖国丸五月会」ができ、帰国後の歓会を約したが、それが昭和十一年十二月に初会を催したきり、その後戦争の為に行われず、戦後には中心人物の岩波の逝去の為に、そのままになっている。船中でよく催す仮装会の時には、岩波は鳶色の厚手のカーテンを見つけて来て、裸体にぐるぐる巻きにし、どこからか払子《ほっす》紛いのものを探し出して、右手にものものしく持ち、毛脛あらわにノッシノッシと押し出して、大喝采の中に二等賞に入賞した。これには岩波が大得意だったこと勿論だが、岩波自身はガンヂーと名のりたいがガンヂーの弟子にしようといった。何れにしても本物よりも脂気と肉気が多かったことは事実であったろう。同船の船客中、前に記した宮内省の林野技師長谷川孝三とは殊に親しく、ベルリン滞在中、共に入ソを思い立ち、中々査証が下らないので、岩波は日本駐在のユレネフ大使に打電して、早速許可を得たということもあった。——岩波はこう書いているけれども、当時同盟通信社社長だった友人岩永裕吉と、出発前からソ連入国について打合せをしてあり、岩永の斡旋によるものだという説もある。——この入ソは岩波に強烈な印象を与えたが、途中ポーランドのワルソーの街上で、当時小平夫人だった娘の百合にばったり会ったが、それっきりでゆっくり話すこともせず、ソ連に向った。同行の長谷川がそれに驚いたので、岩波は「僕はこん度の旅行については一切誰にも知らさずに来たよ。旅行はこんな方が気楽でいいね」といった。

初着のパリは第一に彼の気に入った。これは珍しい印象ではないが、パリの予期に反して花やかでなく、渋くくすんでいるのに驚き且感嘆した。ルーブル美術館の絵画は彼の主目的であり、ゆく時には「若葉薫る大和島根を後にしてルーブルの里を訪れんとぞ思ふ」とよみ、パリとの別れを惜しんでは、「ルーブルの里を尋ねて心たれり芸術《たくみ》の極み見れど飽かぬかも」と詠じた。「ルーブルの里」はちょっと変で、ソ連のことかとからかった人もあるそうだが、当人は得意らしかった。

彼はパリ人の趣味好尚に感服し、黒と白との色物以外を使わぬ衣服店は、パリ以外にはない、パリ婦人の服装色合から持物まで調和を得て、それが女中にまで及んでいるなどといい、ロンドン、ベルリンなどの野暮な低い趣味を見下げていた。パリの料理、葡萄酒、パンの美味を説いて、ロンドン、ベルリンをけなしていることは、多くの日本旅客と変らない。彼は又誰も気づく、黒人と白色美人とが、何の気がねもなく街頭を歩いている、パリの超人種的空気を讃美した。

彼の旅の今一つの目的が、山にあったことは前にもいった。彼は本元のアルプスを見ようと、スイスのインターラーケンにいって、峰の頂に近いユングフラウヨッホまで電車で登り、ユングフラウを眺め、更にマッターホーン、モンブランをも近くで眺めたが、スイスの山は彼の期待に反かず、十分の満足を与えてくれた。ただ欲をいえば、樹木の種類の乏しいこと、麓、裾野の美しさを持たぬこと、水の清冽でないことが欠点だとしている。だがスイスを見てフランスに帰ると、フランスが汚く見えて困ったともいっている。スカンディナヴィア半島のフョールドには、彼は失望したと語っている。スイスに裾野美のないのは、火山でないからかと考え、スカンディナヴィアの景色は、老いて過ぎているというのが、彼の観察であった。

彼はスエズに至るまでに、イギリスの植民地的勢力の強盛《きょうせい》とその搾取の烈しさ、アジヤ人の奴隷的状態、インド人の独立に対する渇望を見、イギリス人のえらさを認めつつも、その徹底的に現実的で、正義も何も利益の為には平然として顧みぬことに対して、好感を持たなかった。しかし同時にイギリスの恐るべきを見落とさなかったことも、前述の通りである。イギリスの博物館にある珍宝は、皆外国から掠奪したものばかりである。しかしイギリス人は、こういう世界の宝が今も見られるのは誰のお蔭だ、「おれの方に感謝しろ」と平気でいっている、とまで彼はいうのである。だがイギリス人には美の感じはない。ドイツ人もイギリス人に音楽は分からぬといっているとは、彼の言である。

ヒットラー治下のナチス政治に対しても、彼は正鵠の識見を持っていたことは、前にも述べた。ドイツは今元気がよいように見えるが、経済的にも相当ゆきづまっているのは事実だ、と指摘している。

ソ連については、その新興の気運の鬱勃として、第一次五カ年計画などによって、国家的経営が着々と行われているのを見て、ソ連実に恐るべしの感を強めたこと、前述の通りである。その具体的実例として、バルティック海と北海との間に、国事犯人一万人を動員して作らせたときいた運河や、八十メートルの大理石製のエスカレーターを持つモスコーの地下鉄道のすばらしさなどを挙げている。モスコーは震災後の東京の如く、火事場の後の如き乱雑混乱だが、十年二十年の後を考えねばならぬといい、スターリンの考はイズムにお構いなく、直ちに法律となって着々と実行され、物資は豊富になり、生活はよくなり、右へ右へと傾きつつある。日本の左翼にも右翼にも、ソヴィエットを実際に見せる必要がある。現にドイツでは、ソ連に行けば酒も果物もないといわれたのが、行って見ると実に豊富だ、聞と見との著しい相違である。しかし彼はワルソーからロシヤの地にはいって、ロシヤが実に広大な国土であって、沿道に村の見えないのに気づき、汽車で走りながら何時間目かに見る農家が、スウェーデンなどで見た小ぢんまりとしっかりした農家と違い、国の広大に似ずまるで豚小屋のようにみじめなのは、実に不思議であり、長い帝政の搾取の結果なのか、これでは暴力革命もロシヤでは自然必然的だと思わせられる、と観察している。

彼は国立出版所、書物小売店、労働者の家、醜業婦に職を与える家などを見たが、一番感心したのはオペラである。イタリヤ・ミラノのスカラ座は、季節外れで見ず、ウィーンのオペラには感心したが、ロシヤのオペラは、その規模の大きさ、背景の立派さ、技術の旨さも、世界第一だろうとの印象を得た。そうしてこれはイデオロギイの芸術でなく、民衆が宣伝劇には飽きて本当の芸術を求めた現象だろうと観て、観衆の異常なまでの熱心な喝采を語っている。

彼のソ連観を見ると、彼の左右のイデオロギイの差異に対する薄い関心、真理と正義とは一つであるという中道的な考えかたと同時に、スターリンの力量の強さ、そのよいと思うことはまっしぐらに実行する独裁力に対しての、彼の英雄崇拝的讃嘆が感取せられる。

同じアングロサクソンでも、彼はアメリカびいきである。彼はワシントンの墓にも態々詣でたが、先ずピューリタンが自由を求めて新天地に国を建てたアメリカ精神の讃仰者であり、それから第一次大戦後、国際連盟を首唱したウィルソンも、かつて彼の讃美の対象であった。彼は大西洋を一週間航行した後、ニューヨークの摩天楼群を見て、「物質の塊」を感ずると共に、その底に動く若々しい生命の精神的発展に希望を持った。アメリカ国民は快活で表裏なく、平和を愛する国民のように思えるといい、当時盛んに論議せられた日米開戦の如きは、常識として殆ど考えられぬ所だと思った、といっている。

彼は世界を歴遊して、祖国の有難さを感じた。第一、位置に於いて恵まれ、草木繁茂、百花繚乱の姿であり、又自然の山水が勝れているのを讃え、多くのハイカラ者流に反して、彼は依然として富士山の礼讃者であり、又皇室を中心として比較的平和に恵まれた幸福を喜び、世界の驚異たる近代に於ける日本の急速の進歩に見ても、日本人の資質の優秀を疑わず、ただ島国根性ともいうべき気宇の狭小、余裕なくせっかちでこせこせする弊を戒め、極左極右の思想の如きも、この心の狭さ小ささから出るとし、広く知識を世界に求め、遠く遡って歴史的に社会の発展を知れば、独りよがりに他を不合理と考える誤は、免れ得ると主張している。ソ連、ドイツ、イタリヤの如きは、革命によって独裁政治を行っているが、日本は国民性から考えて、漸進的に国家の革新を促し、残忍極まる外国の暴力革命の如きは、断じて排斥すべきだと熱論している。

私は彼の世界歴遊の感銘と所見とを、多くのインテリの、腹から出ていぬ抽象的議論以上に値ぶみするものである。彼はたしかに見るべきものを見て来ている。勿論七ヵ月の旅行で世界を丸呑みにするわけにはゆかないが、世界のその後の予想だも及ばぬ激変と擾乱とに拘らず、帰趨の本筋を大体は見て取っていることを思って、更《あらた》めて彼に敬意を表するのである。

序に彼の本業だから、出版に関する所見を附記しておこう。一九三五年八月一日のフランスのN・D(これがどういう新聞か分からない)に、彼が記者に会見した記事が出ているが、彼は向うの問に答えて、日本の読者のまじめであることを語っている。彼はライプチヒでフォック、ローレンス、レクラム等の書肆を見た。殊にレクラムは「岩波文庫」の手本であるが、今は校正掛も二、三人で、重に旧版を出しているという実状で、あまり彼の感激を呼ばなかった。彼の感心したのは、ロンドン・タイムス社のブック・クラブで、会員から月々いくらか取って、その金額に応じて幾冊かの本を回読させる組織である。彼は後に戦争中紙の統制によって日本の出版部数が乏しくなった時、出版業者や書籍販売業者が眼孔を大にして、貸本屋を嫌うことなく、このクラブの方法に倣うべきを説いていたことも、前に述べた。彼の興味を最も引いたのは、ソ連の出版事業であって、彼によれば、ソ連、ドイツ、イタリヤ共に国家社会主義的であるが、ソ連は個人の資本企業を認めない点が、他の二国との根本的相違である。国立出版所長は、労働者出の七十の婆さんで、ここの委員会で一年中の出版方針を定める。この頃は紙も豊富になり、出す本がすばらしい勢ですぐ出てしまい、日本大使館などで小説を買おうと思っても中々買えず、残本処理の心配などはなく、再版を出す暇もないというような話をきき、又地下鉄道に関する立派な本を十万刷ったら、すぐ売れてしまったときいた時に、あなたの方で十円でできた本は、我々資本主義国では半額でできますよ、と気焔を吐いてやったと語っている。国家でやっているからといって、必しも安いというわけではないのであろう。

なお欧行中のエピソードとして附記したいのは、当時ブダペストにいた夏目漱石の長男純一を尋ねたことである。駅へ着くと純一が見えぬので、彼は憤慨してすぐホテルへいった。純一の方はプラットホームに迎えたが、姿は見えず、その内灯火が消されたので、下宿へ帰ろうと思ったが、念の為とホテルによると、純一に従えば、「あいつ〔岩波〕はもうねてやあがる」ので、それを起こすと「何をしていたんだ」とおこる。翌日方々を歩いて、家の人に見せるからといって、買って来た八ミリとかの撮影機で純一を撮ったのはいいが、それは結局フィルムがはいっていなかったことを後で気づいた、という話もある。東京からの送金も絶えていたので、岩波は郵船会社に話し、乗船賃先払で純一を日本に返したということもある。序だが、度々いう如く、岩波が漱石によって大を成したことは争われないけれども、岩波の夏目家に捧げた真情と協力とには、一々の実例は挙げないが、感服すべきものがある。それにも拘らず、夏目一類の或る者や、正義を標榜しながら金はちゃんと儲けていると岩波を非難したがる門弟達が、岩波の好意を無視した行動をしたり、機会ある毎に岩波を誹謗したりするのは、事実を知っている私から見れば、不快でもあり情なくもある。

なお今一つ加えたいことが最後にある。岩波はアメリカから横浜に着港したが、船中の人気はこの浅間丸でも大したものだったそうである。堤、小林が雄一郎、雄二郎の二息と共に、艀舟《はしけぶね》で迎えにいった姿を、船上から認めた岩波は、二人の子供に向って、

「学校はどうした」と怒鳴ったから、「休みだ」と答えさせた。岩波の歓迎を三木清等の発意で、幸田露伴、長谷川如是閑、岡田武松、寺田寅彦、小泉丹、和辻哲郎の名でするという企があったが、翌日岩波は幸田、岡田、寺田、和辻を訪うて挨拶をし――寺田は病床にあった――、その翌日「幸楽」に店員を招いて帰朝の挨拶をして、長い演説を試みた。その以前に岡田、小泉(丹)の懇請があったに拘らず、遂に招待を謝絶して、招待者の方を偕楽園に招待した。これは出発を誰にも知らさぬという好みに通ずる岩波の好みであろうが、この好みは余りに多く執拗で頑固でもあった。

三　乗馬

岩波のスポーツといえば、登山もその中に入るだろうが、高等学校時代のボート、水泳、それから一時それに凝った乗馬がある。外に時々スキーに出かけ、例えば大正九年の正月に、東大スキー部の赤倉温泉の宿所に、又その翌年正月にも、二人の娘百合、小百合もつれていっているが、それは熟達までには至らなかった。しかし室内でする碁、将棋、マージャン、カルタの如きは、彼は全く一顧だもしなかったといってよい。ここでは前に述べなかった乗馬について少し述べよう。

馬友宮内省侍医小田正暁の語る所によると、彼の乗馬は大正八年前から昭和十年に及ぶという。彼は自分で馬を持ち、それは宮内省から払い下げを受けた名馬であり、先生は山内保次という人であった。私が小日向水道町の岩波の借家にいた頃は、私の家の後に馬小屋があって、それを世話する若者も三人くらい代った。小田の話によると、岩波は馬場馬術よりも野外騎乗を好んだ。もと海軍将校で哲学教授になった鹿子木《かのこぎ》員信《かずのぶ》は、岩波の乗馬を「かたい」と評していた。自分も乗馬をやった巌本善治は、その豪胆乱暴な乗りかたに驚いていたという。又後に一緒に遠乗もした馬友の佐藤達次郎(元順天堂病院長)は、岩波の馬はまずいといっていた。しかし姿勢はよく石仏流と評した人もあった。水泳と同じく技術は旨くなかったらしい。だが一時の熱中は例によって甚しく、ある時馬に乗って縦横無尽に大空をかけめぐる夢を見たことがあり、前後の事情はすべて忘れたが、その愉快だったことは忘れられない、と語っている。大正十一年八月十四日、代々木練兵場で騎乗中落馬負傷し、先ず附近代々木山谷の『アララギ』発行所に運ばれ、それから馬友なる築地の片山(国幸)外科病院に入院した事件がある。子供の一隊が前にいたのを避けるため馬を止めようとしてだともいい、馬が蜂の巣を踏んだので蜂の返討にあい、馬が狂ったためだともいう。夫人が見舞いに行った時、馬に乗って退院すると力んで見せたということだが、それでも当分は乗馬はやめていた。前記佐藤や中村是公と共に伊豆に遠乗をし、伊東から御殿場の方へ出たのは、多分その前々年の大正九年の秋か又は十年の春かであろう。その後大正十三年晩秋に、小林をつれて富士の裾野を歩いた時、精進湖のホテルに泊り、翌日本栖から大宮に出る途中を馬に乗り、自分は老馬に乗って馬子に轡《くつわ》を取らせ、小林には若い馯馬《かんば》をあてがった。

昭和になってから、又華族会館の馬場に出かけたことがある。多分十年の洋行前だったろうがはっきりしない。この時は馬は持たなかった。その愛馬を望によって当時石本恵吉夫人だった加藤静枝に譲ったのは、多分落馬の後の大正十二、三年のことであったろう。ところがその馬が東中野の乗馬クラブに売られたことを、誰かから聞いて、人参を持って小林と一緒に見舞に行った。しかし、可哀相ではあるが飼い殺しにするのも大変だと思って、そのままにして買い戻しはしなかった。大正十四年一月の『文藝春秋』に、菅忠雄が書いた「馬を売る夫人」という小説は、岩波の憤慨を聞いて、自分の想像で書いたものらしく、小山田書房主人とか岩本夫人とか似寄った名はつけているが、事実とは合っていない。

四　食味

食事については昔から大食を誇っていたが、小林勇の説では、昭和の始か大正の終頃、市ケ谷見附近くの温灸に通って以来、急に腹が大きくなり、大食になったという。しかしその前にも決して小食ではなく、本屋開店以前にも、古本屋時代にも、よく友達や店員をつれては、焼鳥や支那そばなどの屋台店にはいったものであり、又「漱石全集」の出た大正六、七年頃のことだが、石切橋際の「橋本」で鰻三人前を平げたという実例もある。ともかく食い気は盛んであった。それに食べかたが早く、中華料理などでは人の分まで平げることが多かった。

小食を志したのは六十歳に近い頃であり、昭和十四年(五十八歳)の三月(十一日)に歿した同郷の友人名取夏司(名取和作の弟)の、郷里での葬儀に会葬する為、二十三日朝新宿を立った列車内で、名取の親戚なる朝吹常吉と同車し、左の如き断片を残している。

「朝吹氏と語る。

氏曰く

心平なれば眠深し。

食は細く色はうすきは長寿の要諦なり。

朝食　リンゴ

　牛乳

　せんべい二枚

ひる　パン一片

　スープ

夜　酒

　さしみ(白み)

あんこよろしからず。名取氏はこれにて胃を害し命をとらる。

米食よろしからず

自分(朝吹)はそば一つ(十五銭)にて食事を間に合わす。

三B主義より　　美食　暴飲　暴食

三S主義へ　　　粗食　少食　咀嚼」

というのである。

これは今の話の恐らく直後のことであろうが、小林の話に、鎌倉の名越に住んでいた時、この三Sの戒律を巻紙に書いたのをボール紙に張って、食卓の前に立てておいた。

然るに或る時人から鯛の浜焼をもらったところ、それを手でむしゃむしゃと食い始め、「今日はこいつは遠慮してもらおう」といって、目の前の制札を卓の下に隠し、一尾完全に食い尽したそうである。

これは又堤の話で、夏、富士見の別荘での話だから、それよりも後昭和十九年以後のことだろう。やはり小食を心がけて、飯は軽く三杯ときめていたが、その二杯を夢中でたべてしまって、後の一杯が惜しくなり、食事の間に立って、手紙など一、二本書いてから、又食事に戻って来たそうである。

しかし大食は昔からのことだが、美食は産を成してからのことである。それでも家では夫人と別にいることが多く、世話していたのは、池田なつという婆さんだったから、別に注文を出すこともなく、黙って何でも食べていた。元来彼の生まれた中洲及び諏訪地方は、彼の育った頃には、大きな金持もないかわりに甚しい貧農もなく、みんな倹素で額に汗して働く方で、かつての岩波の話によると、村では七年に一度ある諏訪神社の御柱《おんばしら》の祭——八ケ岳から切り出した巨材の柱を七年毎に神社の前後四隅に立て替える祭——に、諏訪湖の鯉や鮒を食うくらいが御馳走とされていたということだが、土地固有の田舎料理も一種の味がないではなく、諏訪平の野菜は実にうまい、と岩波のいっているのも真実だろうし、赤彦が「黄に透る」と詠じている固い漬菜《つけな》は、諏訪だけのものではないが、信州独特の味がある。葱や大根や里芋、人参、牛蒡、蒟蒻などを、大きな鉄鍋にたっぷりと水でしかけっ放しで、ことことと煮つづけたのへ、醬油だけで味をつけた「ごった汁」にも、岩波は固有の郷土味を愛していた。お祭などにはそれに鮭を入れるが、「東京の人が米のなる木をまだ知らぬと同じで、我々は鮭といえば、塩のまま海にいるものだと思っていた。その塩鮭が少しでも入れば、大した御馳走だった子供の日を憶い出す」と書いている。都会に育った者に比べて、味の修練の乏しかったことも事実だが、また旨いものを今まで食わなかっただけ、旨いものへの傾倒が大きかったともいえよう。そういえば信州には、「よその牛蒡で法事をする」という諺がある。これは「人の褌で角力を取る」と同じ意味だが、これも「ごった汁」と同じく地方色のある表現である。

岩波のひいきにした料理屋は、「浜作」、鶏料理では「末はつ」、それから雷門の「金田」である。「末はつ」は、女主人の上品で心がけのよいことをほめていたが、「浜作」に対する肩入れは大変なものであった。昭和三年開店早々の頃であったが、その時は土間だけだったのを、岩波が勧めて二階を建て増し、その披露の時には、それを借り切って客をよんだ。そうして掛軸を貸してやったり、色々部屋の見立てなどもしたりしてやった。「浜作」では真面目な先生として、みんなに尊敬されていたが、これ程肩を入れてやった「浜作」の態度に気に入らぬことがあって、半年ばかりゆかなかったひと頃もあり、それが直った時には、「浜作」の夫婦とも大喜びであった。彼は「浜作」の土間で食べるのが一番旨いといい、複雑であっさりした丸吸(すっぽん汁)の調子、持味そのままの野菜の煮方などをほめ、二階で見繕わせる時、順序分量などに欠くる所のあるを指摘する程の、食通振りを披瀝しているが、これには多少後入斎《こうにゅうさい》的な所もあり、又人の言うことを素直に受けて真相を穿《うが》っている所もあり、又日に昼夜二度ゆくことも珍しくないという程の勉強で、本当に修得した点もあり、あながち都会育ちの食通の軽蔑に価するものではない。だがこれも小林の話に、小林が一緒に「浜作」にいって、しまあじの刺身を実に旨いとほめたところ、俺のにはそんなのはなかったと、小林の分を食らって、なるほど旨いやといった。自分の分は何魚とも意識せず夢中に食ってしまったのである。又酒が出て来ると、ちょっと飲んで、小林の飲むのを待っていて、この酒はどうだと聞くので、いいとか、少しわるいとかいうと、俺もそう思っていた、といったそうである。又鼻が全くきかないので、焦げた飯でも平気で食う。或る時小林が、香がわからなくて料理を云々するのは滑稽だと冷かしたら、いやな顔をしたという。

これは食味の話ではないが、客を招くため「浜作」へゆくと、客の来る前はそわそわして、きっとどこかへ電話をかけさせる。それをうるさがって、小林が先手を打ち、電話をどこへかけましょうというと、苦笑してその時はかけなかった。勘を誇る小林とはこういうやり取りはよくあったらしい。

震災後一橋の商科大学で出した「復興叢書」のことから、岩波と接触した浦松佐美太郎の話だが、天ぷらの話が出て、岩波が下谷御徒町の「天民」を、東京中で一番旨いと激賞していたので、自分のゆく「天一」も、「天民」と味は違うが中々旨いといった所、そんな話は忘れて別用で岩波に会った時、「天一」へいったがだめだ、やっぱり「天民」に限ると、浦松の味覚まで一緒にだめにしたような口吻であった。浦松は岩波の天ぷらに対する味覚よりも、うまい物を探してあるく、そのまめまめしさに感心したというが、それはたしかにそうであろう。

最後に話が落ちるが、岩波自身「俺は馬のようだ」といっていた如く、食事の後すぐ下へおろす癖があり、便所にはいって三度もウンウンといって、すぐおしまいだったそうである。又大食後に必ずビオフェルミンなど消化薬を取る習わしであった。

五　読書、芸術

岩波は本屋の主人ではあったが、或はあった為か、あまり読書家ではなかった。友人の上野がそれをいった時、岩波は前にもいう如く「本を読んじゃ本は作れないよ」といったそうである。しかし年少の頃から自分独特の選択は持っており、例えば羽仁もと子が『婦人之友』の前に出していた、うすい褐色の表紙の『家庭之友』を、世間の認めぬ頃から愛読し、又巌本善治の『女学雑誌』を愛読していた。此等は何れも編集者の個性の出ていたものである。内村鑑三の『聖書之研究』を終始愛読していたことは前にもいった。新聞紙では、「東京朝日新聞」が昔からひいきで愛読していたが、戦争時代にはこれに対して大きな不満も注文も持っていた。当時花柳新聞としてインテリの顧みなかった「都新聞」——今の「東京新聞」——の質実で民衆に親切な態度を認め、特に「相談の相談」を愛読していた。書物では、明治三十五年頃に出た加藤直士訳のトルストイの著書、殊に『我が懺悔』からは多大な感激を与えられたこと前述の如く、又岩波書店の「哲学叢書」中に出た、阿部次郎祖述のテオドール・リップスの『倫理学の根本問題』は、人格主義の倫理学として、日本国民の総てに読ませたいといった程、彼の感激し又推奨しておかなかった書物である。なお中学時代に徳富蘇峰の『吉田松陰』を読んで、強烈な感激を受け、第二の吉田松陰を任じて、鬱勃たる理想と野心とを燃やした。後年書店から出した松陰の全集その他の書物にも、この感激と好尚とを跡づけ得るものがある。三宅雪嶺を崇拝していたが、岩波書店からは、その著『同時代史』一つが、岩波と三宅との死後に出たのみであった。

彼は音楽については全く音痴で、甚しい調子外れであった。高等学校を出された後、音楽学校にはいろうとして、阿部次郎に止められたというのは、第三者から見ればむしろ滑稽といってよい。しかし彼が我々とほぼ同程度に、わからぬながら音楽が好きだったことは事実で、大正十一年頃インテリの間に音楽熱が起こった時分、板垣鷹穂の家で、ローマの聖ペトロ本山のシクストゥス礼拝堂のコーラスのレコードを聴かされて感激し、それを注文し、落馬で入院中に届いたのを、病院の許しを得てかけて楽しんだという話もある。しかし彼はよく我々の前で漢詩や和歌の吟詠を、一種の独特の調子でやったものである。これは内心得意だったらしい。

彼は又時々和歌を作り、晩年に至るまで折にふれて詠じたが、中には真情流露して調子の出たものもある。彼が『アララギ』に力を入れたのは、主として同郷の島木赤彦の熱心に動かされた為であるが、又自分が和歌を愛した為でもあった。雑誌『日本短歌』(昭和十一年四月号)が、窪田空穂、斎藤茂吉、石原純、前田夕暮、北原白秋、与謝野晶子の自選歌一首ずつを掲げて、彼の意見を聞いた時には、石原、前田の歌は、内容的には面白いが、旧式の調子に固まっている自分にはしっくりしないといい、斎藤の「街上に轢かれし猫はぼろ切れか何かの如く平たくなりぬ」を、街の鋪装道路の真中から自然に涌き出たように感じられて、実にうまいと思うが、自分の趣味に一番ぴったりと合うものは、何といっても白秋の「山川は今もとゞろと岩むらと言問ひにけり鳴りしづみつゝ」だといっている。彼は又学生時代与謝野晶子の処女歌集『みだれ髪』の歌や、鉄幹の詩集『天地玄黄』中の詩を愛読した想い出を語っている。

彼は書画骨董に対しては、人に答えて「蒐集欲をなくしようと努力しています」と語っているくらいで、後年財力を持ってからも、特にそれを戒めていたようである。これは下地は好きな書画の道楽に惑溺《わくでき》するを恐れてのことであろう。真偽不明な肉筆よりは、光筆版の方がいいといい、例えば彼の別荘惜櫟荘に掲げたのも、彼の尊敬する今人の書少しの外は、皆それであった。ただその除外例としては、ロダンの彫刻と岸田劉生の麗子像、及び夏目家から譲り受けた漱石の書画や漱石愛蔵の少数に止まった。麗子像は、武者小路実篤が或る青年から金を乞われて、その男に添書してこの画を持参させた時に、手に入ったもので、その男は金を受け取って逃げたそうである。ロダンの作については、彼の独自の鑑識と芸術に対する情熱を見るべきもので、彼はそれを手に入れた時の心持を、『文藝春秋』(昭和七年四月)に「心境の変化」と題して発表している。文章を書いたより一昔程前とあり、関東大地震の時、店からこの彫刻だけを持って逃れたのだから、その前であることは確かだろう。上野の「仏蘭西美術展覧会」にいって、始めて有名なロダンの数々の作品に接する機会を得たが、特に心を惹いたのは、奥の室の隅にあった、かつて写真で見たこともない男のトルソーであった。「私は前に立ってじっと見つめて飽くことを知らなかった。又側面から背面から見れば見る程感心するばかりであった。これは私には力の塊のように思えた。又人間の作ったものでなく、宇宙の一角が飛んで来てここに固まったようにさえ感ぜられた」という程の感動を覚えて、それを手に入れたいと思ったが、価格を考え身分不相応と感じ、煩悶の末早く買手がついてくれればと願った。たまたま高村光太郎を尋ねた時、その悩みを告白した所、高村にその大きさを聞かれて、人間の胴体くらいだと答えたが、高村は両手を一尺くらい開いてそんなに大きくはない、これくらいだろう、といった。そうして君は玄人だね、あれは素人向きのしない為に買手がなく、フランスへ持ち帰ることになるかも知れない、何とかして日本に留めて置きたいと聞かされ、岩波は心境頓《とみ》に変化し、自分の好き不好きを超えて、芸術の問題、国家の問題だと興奮して、例のヒロイックな気持になり、今までの煩悶が消えると共に、新たにそれが売れていたらどうしようとの烈しい焦躁に引き入れられ、即刻車を上野に飛ばした途中にも、トルソーに赤札がついている幻に逐われつつ、急いで会場に入ると、果して高村のいった如く小さいものであったが、赤札はなかった。すぐにそれを買い求める話をきめ、家に持ち帰り、始めて生まれた子供を見るように、朝な夕なこれを眺めずにはいられなかったというのである。東駒の登攀記といい、この文章といい、彼が自分の直感と経験とを書いたものは、面目と情景とが躍動し、中々の名文である。ともかく鑑賞家や批評家が何と批評しても、彼が自分のすきなものをすいたことは事実で、鎌倉の鷹部屋福平を不在中に尋ねて、その海の絵(ドイツで買った百号の大きなもの)を激賞したのなども、その例である。絵では平福百穂を尊敬し、又長井雲坪の山水画を愛して、長野や新潟で雲坪の所蔵者を訪うてその画を鑑賞したことがあった。彼は着物の柄や手まわりの持物その他についても、選択に自信があり、従って好んでデパートなどへ買物に出かけた。これは夫人がそういう点で彼と連繋がなく、又彼女がそういう趣味に乏しかったという事情もあった。しかし彼が一時和服を着、紺足袋をはいて、酒席などに出かけても、それが似合うとはいいかねた。

六　建築――惜櫟荘

建築についても、今の岩波書店は、もと東京商科大学の三井ホールだったもので、その飾の少ない堅実な建築が気に入ったのであり、小日向水道町の住宅は買った時から相当古い家だったが、そこの土蔵やそのぐるりの塀を、鉄筋コンクリートに改造したのも、この好みを示している。この蔵は戦災にも堪えて焼け残った。

岩波が自分で建てた家としては、熱海の伊豆山東足川の別荘だけである。この別荘は随分心血を注いだ念入りのものであるが、岩波の富を以てしてはそう贅沢という程のものでなく、且それを死ぬる直前まで、殆ど毎日の如く先輩友人知己の招待に用いたことを思えば、これもむしろ岩波の友への奉仕の道具だったといってよかろう。この別荘の建築を思い立った直接の動機は、前にもいった如く、岩波書店出版の津田左右吉の諸著が、出版法に触れて著者、発行者共に訴えられたことに在り、岩波は投獄されるのを覚悟して身体を養う為と、元来温泉国の信州人で温泉が好きであり、東京から三時間以内の地に温泉を持ちたいというかねての願いも助けて、こうなったのである。彼が起訴された昭和十五年(一九四〇)三月八日という同じ日に、彼はこの宅地と温泉とを入手している。土地は熱海ホテルの側の海岸に臨み、岩波は従来よくこのホテルに来、特にこの事件のあった頃には、一時このホテルに籠もっていたこともあったので、附近の地を相してここに選定したのであろう。そうして家のできたのは翌十六年の秋であった。

この家は当時の建築制限の為に、建坪は三十坪に過ぎず、部屋数も洋室広間十六畳くらい、八畳と三畳と続きの和室と女中部屋と湯殿だけである。当時として特に贅沢な凝った建築であるが、坪千五百円(その頃普通は五百円ばかり)くらいで、建築費約五万円、総費用八万五千円くらいだったそうである。

岩波の当初の考では食事は熱海ホテルから取る積りで、女中部屋の必要をさえ認めなかったのだが、そうはゆかなかった。始は清水建設に頼んだが、築地の料理屋「錦水」で、総ての戸障子が戸袋に収まって、室を全面的に開放できる装置を見たため、すぐ様清水組にかけあい、その快諾を得て、「錦水」の設計者吉田五十八《いそや》にこの建築を頼んだ。この装置は吉田の創意であった。洋室和室とも雨戸、網戸、硝子戸、障子と各三条の敷居があり、私はそれを十二単衣と呼んだりもした。洋室には重い一枚板の大きな硝子戸(六尺―八尺)を三つ戸袋に送りこむと、海風はじかに室に吹き満つるという爽かさである。この洋和の二つの部屋、浴室、便所共に窓を開けば海を望み得るといって、幸田露伴に自慢した時、露伴は「山国の人だなあ」と感嘆したそうである。しかし朝起きて浴室の窓を開放し、温泉に暖まりつつ、老松の間から海上の日の出を望み、太平洋を渡って来た風に吹かれる気持は、夏は固より冬でもこの上なく、私は今でも風呂に浴しつつ、死んだ岩波に思わず「有難う」ということがある。この浴室の浴槽と床とは黒花崗岩、壁はイタリヤ産の薄黄色の大理石で張ってある。玄関に敷き並べた薄緑色の大理石もイタリヤ産で、湯殿のと共に当時日本に残った最後のイタリヤ産であり、今に同種のものは日本にないとは吉田の詞である。当時戦争中で運送が困難を極め、やむなく岐阜県の問屋は大理石の大板を二つに切って送ろうとしたが、岩波はそれを肯ぜず、無理にそのままで送らせた。又この浴槽の大きさについては、六尺に余る長男の身長を考えたり、又深さについては巻尺を持って箱根その他の温泉宿を随分見分してまわったそうで、或る宿ではタイルをこわして弁償をしたことさえある。私も根岸の「塩原」で一緒に入浴した時、岩波が巻尺で頻に湯殿を測定しているのを見た。この湯殿にはシャワーは固より、湯を流して冷えた石床を暖める装置などもある。又温泉を通しての暖房装置も各室にあるが、それは今用いられていない。彼ははじめ雨を凌ぐ装置のある野天風呂を作りたいなどといっていたそうだが、こうした建築の中にそれができなかったのは、当然のことであろう。岩波は素木が好きで、外側及び室内の装飾的な柱は杉の良材の丸柱、その外は同じ杉の角柱、各室の戸や天井は皆杉の柾を用い、外の部屋の音声に妨げられぬように用意してある。洋室の床板はチークだが、これも蠟を引いたばかりで、和室には床の間を設けず、ただ松の板の間を一隅にしつらえ、洋室の方は腰を掛けることを考えて、二枚の板戸で蔽った地袋の上に床の間を高く取ってある。天井は洋室に限って、壁と同じ薄い茶褐色の京風に塗り、それに渡した化粧張りの角材の間に、小さい線の角材をつけるかどうかを問題にしたが、結局そうすることにした。玄関からの廊下は禅寺の仏殿などに見る、四角の瓦を敷いた。屋根瓦は京都から最上品を取り寄せ、東京で名人の瓦葺屋に置かせたが、軒端の線が実に美しくできたので、樋がその美を妨げるのを惜しみ、これを設けず、その下に溝を作り、コンクリートの格子の上を石ころで蔽って、雨水を軒から受けるようにしたのも、岩波の心遣だということは、吉田から聞いて私も始めて知った。樋に落葉などがたまってうるさいのを嫌ってのことかと、私は考えていたのである。実際この軒端の瓦の線は美しい。

室内の什器はできるだけ簡素に、又数を少なくしてある。洋室にある低い置棚と和室にある一枚松板の小机とは、建具と共に名人南斉の作だと聞くが、殊に机は簡素で立派である。椅子はその頃時局柄鞣皮は禁制品だったのを、大きながっしりした椅子にそれを張った。それも禁をくぐって、現場まで皮を持って来て張らせるという強引を敢てした。これは戦後進駐軍に、隣の樋口旅館と共に徴用された時、アメリカ人の子供が靴のままで上ったり、犬がかじったりして散々の体になった。

この地を選んだことにも、岩波の好みと凝りとが覗われる。故人関口泰は夢窓国師の泊船庵の詩句を引いて、この別荘を「山を籬落とし、海を庭とす」といっているが、まさにそうである。この海荘は、中腹にバスの往復する街道を通ずる山の斜面が、海に傾く所にあり、背後には樋口旅館があるが、洋室の後の硝子戸と障子を閉ざせば、前には伊豆の海の大島と初島を望み、右の方に野村別荘の一廓が見えるばかりで、山は浅いけれども隣を断ち、左即ち東北の方は十数株の大きい黒松の間に孟宗竹を後から植え、木影をすかせて真鶴の岬端の「三つ石」に激する白波も見える。入口からの路は南側から上下の小さな崖の間に通じ、狭いながらに一乾坤《けんこん》を形作る絶好の隠棲《いんせい》である。洋室のすぐ正面に大きな櫟があったのを、吉田が建築の為に伐ろうといったところ、岩波はそれを伐るなら俺の腕を斬れと見えを切って、断然反対し、この別荘をも「惜櫟荘」と命名したが、露伴はそんなに力まずともというのであろう、「櫟廬」がよかろうといったそうである。この木の側に長い一の字形の石(貴船石)が置いてあるばかり、小さい庭は芝生で、石垣に臨んでは小松を植え、左の和室の側の山茶花の散る松陰から、入口の小径に下るようになっている。樹木といえば、岩波は松を愛し、赤彦死後未亡人久保田不二子を訪うた時にも、別れ際に態々引き返して、「奥さん松を大切にしなければいけませんよ」といったそうである。上州北軽井沢の山荘は、松樹の多いところを買い求め、雑木を伐って「十八公荘」と名づけた。山の白樺の如きはやくざな木だと軽蔑していた。

岩波の凝りかたは例によって甚しいもので、木材、石材、瓦についても、当時として最上の贅沢を極めたとはいえようし、第一流の品を選び、自分の好みを強行し、建築中には大した用でもないのに、当時大森に住んでいた吉田を、日に二、三度も尋ねたことがあったそうである。一つの事に凝ると、じっとしてはいられない人間である。何れにしてもこの別荘は、かなり岩波の理想を具現して、簡素、堅固、清潔な一つの作品といってよく、設計者吉田もこの作に愛着を持っている。ただ例によって多少の固さがあり、部屋の趣がしっくりしない所はある。これも岩波の好みだろうが、この家には額がなく、明本の書、牧谿の雀と柳、柿栗の光筆版の外に、殆ど書画の掲ぐべきものがない。岩波はこの別荘の地所に隣った上の方に、二階屋を建てようとした。これはこの家に比べれば大分粗末なものであるが、岩波の歿した昭和二十一年に、請負の大工が、その材料を途中で売ったというのを大いに憤慨して、神経をいらだたせて病気を昂進させた。病気のせいもあるが、こういう興奮についても亦、彼は人に越えたものがあった。

第二章　交　友

岩波の社会生活に於ける交友については、大体既に述べたから、それを厳密に分けるわけにもゆかぬが、大たい私生活方面に於ける交友について述べよう。

前にもいった如く緒方竹虎は、岩波の「人間道楽」を口にしたが、もし彼から交友をなくしたら、岩波は到底その寂寞《じゃくばく》に堪えなかったであろう。誰人にも親切だった、そうしてその親切が並大抵でなかったというのが、岩波の対人関係であった。岩波の店員が岩波のことを冠婚葬祭掛といったそうだが、実際吉凶を慶弔してその儀式に列し、贈物や供物をしたり墓参をしたりすることも実にまめであった。昭和十年の正月元日に何をするかときかれて、年賀廻礼五十八軒、ケーベル、夏目両先生の墓参と答えた如きは、その一例である。そうしてそれが表面的交際の為とか利益の為とかいうのではなく、その数が我々と較べられぬほど多かったというのは、固より事業の上から交渉が広かったのにもよるが、その一々を取っても、我々のする少数よりも岩波の多数の方が、はるかに心がこもっていたのだから、驚かざるを得ない。例えば私の兄が阪神地方に住んでいた時、岩波はあちらへいった序ではあったが、さほど懇意とも思われぬ兄を尋ねてくれた。私などから言えば思いも及ばぬことだが、岩波という人は親友の兄だからというので、それだけ心を致し、玄関をおとずれるという行動に出るのであって、それが風の如くに来り風の如くに去るのであっても、それをせずにいられぬまめまめしい親切があったのである。固より旧知に対して厚いということはあったが、それは決して旧知に止まらない。例えば欧行の靖国丸で同船した連中なども、岩波は自ら招待して会合を催したりした。一年在学しただけの日本中学同窓会などの周旋もまめにやり、高等学校での同室会、同級会でも、よく級友を招待したり、会を発起したりし、そうしていつも欠席の友人への寄せ書きを発議するのは彼であった。昭和二十年八月諏訪の牡丹屋に止宿中、急に思い立って郷里中洲村の小学時代の友達を電話で招き、御馳走をして一夜の歓を尽くしたということもあった。三十年記念の宴会のところで述べたように、あの時の招待客は、岩波が近づきを得ていた天下の名士、学者、著者、学友の外に、名も知られぬ郷党の旧知、出入の人々にも及んだのであった。この人間ずきというか、会合ずきというか、或は御馳走道楽というかは、岩波の富にもより、周囲にその面倒を見る人がいたからだというかも知れぬが、決してそうではない。これは岩波の天性に出たものである。

岩波は人を見れば「飯を食おう」といったとは、岩波の想い出を語る人の口を揃えていう所であるが、多くは「浜作」、少し四角張った時は「錦水」くらいが多かった。彼は酒はあまり飲まなかったが、人と共にする日頃の美食が、或は彼の血圧を高めて最後を早くする原因となったかも知れない。しかし彼の目的が食以上に客にあったことは争われない。静養の場の積りだった惜櫟荘が、ひっきりなしの接客の場となったことは已に述べたが、こうなれば又客がいないと落ちつけず、客の絶えた時に、別荘出入りの小僧を夕食に請じたという話まである。

彼が到る所に知己を見出すことは、これも前に述べた。房州岩井の橋場屋のおばさん忍足せきと親類附合になり、岩波の紹介で天野貞祐や私なども度々そこへいった。彼が大分昔の明治三十九年か四十年頃にそこへいった時、そこで病を養っていた大森忠三、小池元武と交を結んだことは前にいったが、信州上伊那郡朝日村で、早く死んだ大森の記念碑除幕式(大正十三年七月)のあった時には、態々列席し、小池の為にもその後、渋沢栄一の主宰し、岩波の友人渡辺得男の世話していた、東京牛込の埼玉県学生誘掖《ゆうえき》会の寄宿舎舎監の職を斡旋した。岩波の友情は、先輩、友人は固より弟子、店員、出入の者にまで及び、その数が多きに拘らず、その心尽しが厚かったのは、普通人の及ぶ所ではない。岩波の店員であった一人の若い男は、或る忠実な校正掛が病んで入院した時の費用が、岩波に注意したに拘らず、店の貸しになっていたと非難し、その頃山本安英の病に岩波が厚意を寄せたのと比べて、岩波の厚意も有名人に限られるのか、といっていたが、店員の入院料を貸しにしたといって非難するのは、余りに自己中心的な、人に向って徒らに多きを求める無反省な態度であろう。

概して岩波の親切を受けた人達は、何か自分だけがそうされたような感激を受けるのを常とするが、これは岩波の技巧によるのでなく、その誠実によるのである。

岩波は友を天下に求めたけれども、郷土の信州人特に教育者の中に親知の多かったことは、前に述べたが、その一人なる東京府立第五中学校校長伊藤長七の病に臥した時(昭和五年)、岩波は率先して見舞の金を集めた。又岡村千馬太は多年信州教育界に尽くした独立不羈《ふき》の人物であったが、その不幸で病弱だった晩年には、岩波は随分厚情を寄せた。矢島音次は教育界を去って官界に出たが、十分に志を遂げたとはいえなかった。しかし岩波の晩年まで相談相手として推重されていた。久保田俊彦(島木赤彦)とは、彼の『アララギ』に対する真剣な志を助け、その縁故で平福百穂、斎藤茂吉などとも交を深めた。太田水穂には傾倒していたとはいえぬが、その助力を受けたこともあり、終生交を続けていた。晩年諏訪の市会議員をしていた久保田力蔵を尊敬し、同じく尾崎行雄の崇拝者として深い交を結んだ。又同郷の学者では、先輩として哲学者の北沢定吉を尊敬して、北沢が肺を病んだ明治四十二年頃、平塚の杏雲堂病院をねんごろに見舞って、病人夫婦を慰めた。又二、三年の後輩である気象学の藤原咲平とは、著者関係からも親しくしたことは前に述べた。

同郷といえば、旧知小松武平に対しても、岩波の懇情はその子息摂郎、醇郎及びその女《むすめ》細谷澪子にまでも及んだ。その他私の知っている、又知らない同郷の知人に対する懇情は一々枚挙に遑《いとま》がない。かつて岩波の店員だった故人橋本福松、昭和十六年末から十九年まで岩波の秘書役を務め、その後富士見の別荘を預かった小尾喜作(及び妻)も、もとは信州の教員であった。

彼は元来英雄崇拝の情の強い男であったが、「回顧三十年感謝晩餐会」の席上でも、「私が不敏の身であり乍らも、高遠なる理想の方向に一歩なりとも近寄りたいと希い、及ばず乍ら自ら駑馬に鞭ち、今日まで一筋の途を歩み続けて来ることができましたことに就いては、至誠一貫道義の尊きを教えて戴いた杉浦重剛先生、人間としての高き境地を御教え下さったケーベル先生、永遠の事業の何ものなるかを御教え下さった内村鑑三先生、独立自尊の町人道を教えられた福沢諭吉先生、また公益の精神を以て全生涯を貫かれた青淵渋沢翁に、負うところ多大であるのでございます」と述べている。この五人はその時故人になっていたが、生きてこの会に出席していた三宅雪嶺にも多大の尊敬を抱き、文化勲章の制度のできた時には、それを受くべき人物として第一に三宅を挙げていた。この三宅の後を追って彼自身も亦この勲章を頂いたことは、彼の殊更光栄として恐縮する所であったろう。夏目漱石は尊敬の外に又上に、岩波書店の大を成さしめた著者として深い関係があり、漱石の敬愛した弟子寺田寅彦は、漱石歿後著者として又出版方面の賢い指導者として、彼の尊敬を吸収した。寺田は或る時学友高嶺俊夫に、「岩波君は中々旨い事をいう。僕の全人格を発動させてもらいたいそうです」と語ったという。漱石の畏敬した友人で、第一高等学校の校長や京都帝国大学の文学部長だった、彼の尊敬した狩野亨吉(昭和十七年十二月二十二日歿)が、晩年柄になく知人の鑢製造業などに出資したりしたのには、彼は不賛成であったが、それでも出版書の背文字を書いてもらうなどの方法その他で、ひそかに狩野の窮乏を助けた。幸田露伴に対する傾倒は、店員の小林勇にお株を取られた形であったが、露伴の生活その他については常に心を用い、小林を通じてこれを後援し、晩年渋沢栄一の伝記を露伴に託したのも、彼の尊敬した渋沢の一代を、露伴の筆によって伝えたいという彼の熱望にも出たが、又露伴の晩年を安くしようとの彼の親切からも来ている。

彼の尊敬した諸先輩中、彼の学生時代に於ける内村鑑三との関係は前に述べたが、書店を開いて後にも、内村の出した著述、雑誌の販売に力を注ぎ、内村が講演の承諾をしないのに、神田の青年会館でさように宣伝したと語るのを聞き、岩波はすぐ当事者に談判し、立札にある内村の名を塗りつぶさせ、なお店前の立札の下に「小生今夕青年会館に於て演説すべしとの約束を為さず、内村鑑三」と、内村の書いた紙片を貼って出した。内村は弟子の藤井武に、岩波は勇敢な男だと語って喜んだそうである。

内村との関係に因んで、岩波の内村観を彼の追懐の文章中から引こう。

「私は先生の力瘤を入れられた基督の再臨を始めとして、純福音なるものを遂に体得する事が出来ず、トルストイの所謂「信仰なき処人生なし」の境地は僅に想望するに止まり、遂に信仰生活には入ることが出来なかった。先生にとって私は救われざる徒輩《とはい》である。先生を悲しましめし者の一人であったであろう。信仰なき私に先生の偉大性が分る筈がない。だが私は先生の常に忌み嫌ってやまなかった先生の人間的感化を受けたことは事実である。神の国の福いは遂に分らなかったとしても此の世の栄の詰らない事はしみじみ教えられた。永遠なるものと泡沫の如く消えゆくものとの区別も教えられた。真理や正義や真実は何物にもまして尊重すべきものたる事を教えられた。民衆を眩惑する外面的の事柄よりも密室に於ける一人の祈りが遥かに大事業である事を力強く教えられた。社交のつまらなくて自然を友とする事と典籍に親しむ事の楽しさとを教えられた。今日私が宴会などに余り出席せず交際を極度に縮小しようと心掛けているのも先生の影響であろう。先生にとって私は憐れむべき迷児に過ぎなかったであろうが、私にとって先生は非常なる感化を及ぼして下さった恩師であった……

国歩艱難の現時に於て私は、国賊と言われ、非国民と罵られ、偽善者と侮られた先生を想うの情特に切なるものがある。先生に人間的弱点がなかったとは思わない。誤解される素質を多分に有って居られたかのようにも思われる。されど鹿の渓水を慕う如く真理を愛慕すること先生の如き人が何処にかある。正義を尊重し家国日本を熱愛し真実に生きたる先生の如き人が何処にかある。あの怖ろしい風貌の中に先生は極めて正直な心と限りなき情愛とを包蔵せられた。信仰人としての先生は暴風怒濤の如く強烈無比の戦士であると共に、日常人としての先生は臆病と思われるほど弱く、一片の花片を手にしても涙ぐむほど優しい人であった。先生は衆と共に平和協調の世界に安住するを楽しむというより、迫害の裡に孤高の戦を続けて益々その本質を発揮する闘士であった。敬虔なるもの、荘厳なるもの、高貴なるもの、謙虚なるもの、熱切なるものとして、先生の祈りの如きを私は外に知らない。砕けたる魂、悔いたる心を以て、跪いて神の前に先生が祈られる時、懐疑不信の私の如き者にすら、宇宙には万古に亘りて滅びざる或ものの厳存を感得せしむるものがあった。思うに今日の日本程正義や真実から懸け離れて居る社会はまたとあるまい。忠君愛国を唱うる者はざらにある。思想善導の学者も何処にも転がっている。だが、先憂後楽、真に国を憂い義を慕う者はない。これが現代日本の憂患である。私は先生の如き種類の国賊、非国民、偽善者が出て、価値の顚倒をなし、真理の何者たるかを示して一世を指導し、日本の現状を救って呉れることを祈って止まない。」（昭和九年五月「内村鑑三先生」）

これは内村を借りて、岩波の理想と又岩波自身を語ったものとも見られるから、煩を厭わずここに引くことにした。もっとも人の顔を見れば飯を食おうという岩波が、社交を制限しているというのはおかしいという人もあろうが、彼は同業者の集りなどには殆ど出なかった。社交というのはこういう会合なのであろう。

岩波の尊敬する人物に対する傾倒は、内村の青年会館講演についての行動に於いて特に甚しいが、その今一つの例を語るならば、岩波は婦人の中で、かつて東京女子大学学長をしていた安井てつ子を尊敬し、彼女を心情の美しい、頭脳の明晰な、識見は深く、態度は豁達《かったつ》で、稀に見る円満な人格者、敬虔なるキリスト教信者であると共に、日本婦人の貞淑の美徳を備えている人物と讃え、四女末子をそこに入学させ、又この大学の基金募集（昭和十五年）にも率先尽力したが、更にこういうことがあった。それは岩波がなくなった長男の配偶候補者の推薦を安井に頼み、安井はその女子大学の学生なる某家の某女を挙げた。先方はそれを望んだけれども、雄一郎の姉妹は不賛成で、母も当人も気は進まなかった。然るに岩波は尊崇する安井の推薦する候補者をみんなが顧みない、それも何一つ調べもしないで顧みないのは、けしからぬと私に訴えて、はては憤慨して涙を流すという始末であった。ちょうど先方は私の方でもいくらか知っていたので、それなら両家の家族が会見したらよかろうということになり、私の口ききで岩波と先方との一家が夕食を共にすることになったが、この話は竟に纏まらず、後でできた別の話は、当人は気が進んだけれども、間もなく病を得て世を去ることになった。岩波のこの話などは少し異常に過ぎると思うが、もう一つ滑稽だったのは、岩波の強い主張に従って成り立ったこの両家の会合を、岩波が途中から尻込みし出して、中止しようとしたのを、娘達の反撃に会って又思い直したことである。こうなると岩波もかわいい、子供のような所がある。

著者の中で岩波が尊崇して、その為に犬馬の労を取ることを光栄とした先輩には、西田幾多郎がある。西田の著述は、かつて他店から出た『思索と体験』を岩波書店で重刊して以来、そのすべてを刊行している。岩波は西田が哲学者としてすぐれていたばかりでなく、人格が高潔であり、常に国事に深い関心を持ったことに、敬意を表していた。鎌倉に於ける西田の住居、西田の後添いの夫人などについても、彼は奔走して厭う所がなかった。一高で時を同じうしたけれども、著者としての関係から親しくなった一人は田辺元であり、阿部、安倍などの関係から岩波と親しんだのに、一高の後輩の和辻があり、又別に天野があった。岩波が打ちこむ人物は何か岩波に感激を与える人間であり、学者ならばその攷学精神の熾烈にして貧苦を厭わぬとか、道徳的に毅然としているとか、学才の優秀であるとか、ともかくその人にほれこむ必要があった。田辺の如きはその一例で、西洋留学の時にも餞別の金を送り、又例の感謝金を贈ったばかりでなく、誠意を以て彼の研究を助けようとした。田辺は潔癖で正直であったが、アブノーマルなまで疳《かん》癖《ぺき》が強く、例えば岩波の北軽井沢の別荘に泊まって、部屋にカーテンがなく、朝から早く目がさめるといっては、怒鳴り散らすという風であったが、岩波は驚くべく唯々諾々としてその不満をきいた。又田辺が店員の失言からか、岩波書店で自著をすべて出版するということを取り消した時には、岩波は取るものも取り敢えず京都へかけつけて、百方田辺に陳謝した(大正十四年)ということもあった。同年田辺の病気が重かった時にも、すぐに親しく病床を見舞った。天野はその誠実にして道徳的な性格によって彼の尊信を得た。阿部次郎は彼と同級で、その頭脳の明晰犀利は彼の非常に尊崇する所であり、彼は深く阿部に兄事し、出版についても常にそのアドヴァイスを求めていたが、阿部の我がままな性格の故に、晩年は疎遠になった。

一高時代のボートなどによって結ばれた仲間、吉田圭、上野直昭、林久男、渡辺得男等も、終生美しい友情を続けた。殊に上野は後に法学部から文学部に移った関係などから、岩波の出版についても相談相手であり、その淡々としてしかも親切な交からは、恐らく互に一度も不愉快な感情を持つことなく、終始岩波の好い友であった。大正十三年の秋、上野が欧洲留学の途に上った時、上野の話によると、「多額の餞別をくれた」。又昭和五年ちょうど書店不景気の際、上野が再度の欧洲出張をした時には、「今は君に餞別をやれないから、これを持って行ってくれ」と腕時計を外して贈った。今も上野はその時計を持っているそうである。林は同県の出ということもあり、その欠陥を認めつつも終生の親しみを渝えなかった。岩波が隔てなく交わった親友としては、学校卒業後間もなく自殺した(大正二年)大阪の人山田又吉があった。山田は頭の好い、正直な、同情と理解の細やかな人物であった。

寮で同室だったり同級生だったりした仲間には、外に郷古潔、工藤壮平、玉井潤次、荻原藤吉(井泉水)、大久保(旧姓関場)偵次などがあり、大久保が大蔵省の局長として、いわゆる帝人事件に連座した時(昭和九年)には、大久保の人間の清廉と正直とを信ずる所見を裁判所に提出し、又郷古が戦後戦犯に問われようとした時にも、弁護の一文を草した。大久保など特に親しいという間柄ではなかったが、彼はこれだけの好意を寄せたのである。又旧友ではなかったが、旧同盟通信(現共同通信)を主宰していた古野伊之助の戦犯についても、弁護の筆を取った。その外に玉井潤次は旧友として、木下信は同郷人として選挙を応援し、種田虎雄、十河信二とは晩年親しく交っていた。岩下壮一の如きは、その学識と癩患者に捧げた奉仕から尊敬を寄せ、真鍋嘉一郎は漱石の関係から知合になり、医師として深く信頼していた。真鍋死後には武見太郎が彼の大いなる信頼を受けた。

彼の親切は友人や店員の結婚、家庭のことにも及び、比較的晩婚であった上野直昭の結婚について心配したり、又ケーベルに仕えて長く未婚であった久保勉の結婚について奔走したり、一々挙げるわけにはゆかない。これは彼がよいと思ったことは必ず実行するという性格に基づいたものであるが、時々はその親切が過ぎて相手に強制の感を与えたり、又事務の如くに取り運ぶという不満を与えたこともあったらしい。

波多野精一の口利きによって、彼と性格が合ったというのではないが、三木清に一九二四、五年頃留学の資を供したり、又矢崎美盛の留学費を助けたり、河野与一を愛してその生活を助けたり、その他多くの学者特に若い学者を尊重して、彼等を助けた陰徳は、風樹会や感謝金の外にも多かったであろう。

彼は一面に潔癖で神経質で愛憎が烈しいという所もあるが、私達とは違って広い包容力を持ち、或る場合には清濁併せ呑むという一面のあるのが、彼の事業の大を成すに与かって力があったであろう。しかし前にもいった如く、いわゆる文士気質は彼の性に合わなかった。だが白樺派の文士には敬意を持ち、武者小路実篤、長与善郎等の作をも出版したが、そう親しくはならなかった。森田草平、鈴木三重吉の如きは、「漱石全集」の関係はありながら、岩波にはむしろ反感を持っていた。金銭関係については、自分の進んで出したものには、大金も惜しむ所なく、実に金離れがよかったが、親しい者に対しても計算はやかましく、又金を借りて借り倒そうというような度胸の相手を許すことがなかった。生田長江に対して借金を厳しく督促したり、又やり手の或る女文士に、つい巨額の金を貸して後、その態度にあき足らず、とうとうそれをすっかり返却させたりしたということもあった。又贅沢の為の借金を許さず、小宮豊隆が借金の申込をした時、彼は小宮の日頃の生活を贅沢と思いこんでいたので、そのよこした手紙の贅沢な用箋の裏に拒絶の返事をかいて出したこともある。『アララギ』の高田浪吉は、結婚の時に祝の品をもらったが、借金は印税から差し引かれたと語っている。

前に店員について心を用いることの厚かったことをいったが、その最も著しい一例として、彼の秘書を務めていて今も店員である、堀江(旧姓木俣)鈴子のことを挙げておこう。彼女は東京女子大学の出身で、昭和七年春高橋穣の世話で書店に入り、その後一度検挙されたのに、翌年四月岩波の秘書になったが、書店に累を及ぼすを恐れ、九月には店を退いて非合法活動に入り、翌九年の一月には、再度検挙されて遂に起訴されたのを、岩波はスッポンのスープを差し入れて見舞ったり、弁護士を心配して三輪寿壮に頼んでやったりした。彼女の母は彼女の獄中に在る時、再度の腸捻転で昭和十一年五月に死んだが、岩波は京都でその新聞を見てこの事を知り、夜中に彼女の郷里浜松に下りて弔問し、暁の列車ですぐ帰京した。彼は自分の母に対する風樹の嘆きから、いつも浜松を通過する時には、鈴子の為に心を労する彼女の母のことを思ったと語っていたそうである。鈴子が釈放されると、彼は鈴子に静養を勧めてその健康の回復をまち、ちょうど彼の思い立った昭和十七年十一月三日の「回顧三十年感謝晩餐会」の準備の為に、彼女を招いて演説の口授筆記等の手伝をさせ、十八年の初に至って更に秘書を命じた。彼が世間の思わくをもかまわず、ひた向きに彼女に寄せた厚意と行動とは、純情な彼女を感激させ、その後健康の衰えて来た彼の為に、最後まで献身的な奉仕を以て報いた。こういう彼の態度は世にも稀なものだといわねばなるまい。

私自身と岩波との友情は、ちょっと外の友人と違う所があった。私は一高での遭逢以来すぐに岩波と親しくなり、岩波が家庭を持つに及んで親しい家庭の友となり、一時岩波と同じ家に住んだこともあり、私の従弟の堤は岩波の支配人として、影の如くに岩波に仕えたという因縁もある。岩波開店当時は岩波の相談相手として、殊に出版を始めた当座は、岩波の出版書籍の広告は殆ど皆私が書いてやった。岩波の第一の出版なる「哲学叢書」刊行の辞、それから「漱石全集」「寺田寅彦全集」刊行の辞なども、私の書いたものであった。しかし私は著者として、岩波書店を重からしめる名著や力作を寄与したことはない。岩波を感激させる学問的態度もなかった。かつて私は岩波書店の『倫理学講座』に載せた「西洋道徳思想史」の出版を頼んだところ、岩波はイエスと言わなかった。これは誰かの評価に従ったものであろうが、私自身もそれは西洋学者の著述の焼き直しで、ちょっと便利な書物ではあるが、別に岩波書店の重きを成すものだという自信もなかったので、その拒絶を甘受した。岩波との関係から私を介して出版を依頼する者もあったが、私はその勧告にはあまり熱心でなく、私の勧めで出版された書も殆どなかった。私の中勘助から借りた家が、本宅と共に岩波に買われた時、私はその家に落ちつけるものと思って、その心積りをいったところ、岩波はいやいつ出てもらわねばならぬかも判らぬ、という意外の無愛想な挨拶だったので、私は多少の憤懣を覚え、それならと自分で家を作る気になり、間もなく目白の文化村の分譲地を買って家を建てようとした。岩波はそれを喜び、第一銀行の六千円の株券を貸し、それを抵当にして金を借りることを勧めた。前後の関係は忘れたが、私が急に京城帝国大学へ行くことになった時、岩波は朝鮮へ行くならば、「骨を韓山に埋める」覚悟でなくては、と家を建てるのに反対したが、私はこれに従わなかった。ともかく私は岩波の貸してくれた株券を抵当にして銀行から金を借りると共に、外からも色々工夫し、後に戦災で焼けた家を建て得た。昭和の初年頃、岩波書店の不景気だった時、岩波から請求され、他の友人から借金してその株券を返した。私は時々融通はしてはもらったが、岩波に対して借金を遺しはしなかった。勿論岩波の御馳走になったり、旅行につれられたりしたことは、数え切れない程ある。阿部や小宮の洋行する時にも、後に私の洋行する時にも、岩波は我々の為に、箱根熱海に二、三泊の送別旅行をしてくれた。そういう類の旅行には、彼は外の親友の数多くをも招待している。

こういう御馳走の一つだが、一度寺田、小宮と日本橋の「春日」かで御馳走になりつつ、小宮と私とで店のやりかたについて、散々岩波の悪口を言い、岩波は答弁に窮してしまいに泣き出した。後で寺田から君達は実に不愉快なことをすると、こっぴどくたしなめられたことがあった。今は何を言ったかも忘れてしまい、別に良心の苦痛も感じないが、これはむしろ岩波の素直さを示す話であって、固より私等の自慢にはならない。私が昭和の始から京城に赴任して後にも、休毎に帰京すると、呼び出されたり食事に招かれたりしたが、早朝のねこみを襲われるのには閉口した。又こういうことがあった。岩波の死んだ長男の嫁に私の娘をほしいという議が、岩波を除いての一家で行われた。岩波は恐らく私が岩波の有力な親類になるのを嫌ったのであろうが、その気持は私にわかるし、別に不愉快にも思わなかった。しかし私は岩波に向って、こちらは何とも思っていないのに、恰も僕が押しつけようとするかの如くに君がいうのはけしからん、と詰ったところ、岩波は率直にあやまり、その後娘が北海道に嫁した時、お祝にピアノを贈ってくれたことがあった。これなども岩波の最も気持のよい性格の一面を示すものである。しかし岩波には一面子供らしい虚栄心もあって、落第を隠したり、その外にも例えば、私が岩波の来客と応接している席へはいると、私を手軽く紹介することによって、自分の威厳を保ち、相手への礼儀と心得るかの如き、微苦笑に価する振舞もあった。

　明治の末年一緒に旅行して越後の高田に近づいた時、岩波が師団が大きいのか旅団が大きいのかときいたから、私は君はそんなことを知らんのがえらいと思っているのかといったところ、岩波は憤慨して、君は人のわるい所ばかり見つけようとする、といったことがある。そういう次第で岩波との会合は、いつも愉快だったというわけではなく、例の岩波の部屋にはいっても、岩波が苦り切ってにこりともしないようなこともあった。――その時の私自身の顔がどうであったかもわからぬが――。冗談には私のことを「こわいおじさん」などとからかったりもした。しかしこうして終生の交を続け、最後に株式会社改組のことについても、明石、曽志崎、堤等店務を知るものの外では、多くの友人の中で私にのみ相談しようという心持はあったらしい。この相談は岩波の早い死によって遂げられなかったが、岩波はやはり私を信頼してはくれていたのだろう。

私のことを長々というのも変だが、今一つ面白い話がある。昭和三年岩波書店にストライキの起こった時、相手の抗議の中に、自分達店員を虐待しながら、和辻哲郎の洋行には高価な餞別の品を贈ったというのがあったときいて、僕の時には何もくれなかったようだな、といったところ、岩波は怫然《ふつぜん》色を作《な》して、君には百何十円もする翡翠のカフスボタンをやったよ、君が認めぬのはいいが、奥さんが認めぬというのはけしからんといきまいた。私はそんなことは忘れていて失言したのだが、その後時々、あなたの翡翠は実に珍しくいい色だと、ほめる婦人が二、三人もあったので、爾来大事にして、戦争中家を焼いて後外出する時には、その焼け残ったボタンをズックのカバンに入れて歩いた。然るに東京最後の空襲の時に、置いてもらっていた家が焼けて、そのカフスボタンも一時行方不明になったが、灰が風に散って焼跡から出て来た。しかしもとの美しい翠の色はもう消えてしまっていた。

岩波と私との友情に於ける一種の苦渋を思う時、それは岩波と私との性格の相違にも共通にも基づくと思うが、私の方が無遠慮に過ぎたということもある。岩波の得意や興奮には、時々どうしても同調のできなかったということもある。又我々二人があまりに接近し過ぎたということもある。それに岩波の夫婦関係がある。私はこの夫婦関係を同情もしていたが、悲しくも又不快にも思っていた。和辻や田辺の如く離れて同情するというばかりではなかった。これが岩波に私を憚らせたということもある。又細君の同情者であっても、すべて控え目な上野などと大分違った所以であろう。それに折角心のこもった贈物を忘れてしまって礼もいわなかったり、いやなことをつけつけいったりしていては、岩波が進んで色々物をくれる気にならぬのももっともである。

第三章　家庭生活

岩波が大正二年八月に本屋を始めるまでには、内職をしたり先生をしたりして、家庭生活と職業とが相分かれることもなかった。本屋を始めての当座も、神保町の家に夫人と二人の娘の家族が同居して、夫人も店番などをやり、神田高等女学校の卒業生等も手伝に来たりした。

ところが翌大正三年九月に、漱石の『こころ』を出版した頃、その春の四月二十七日には、三女の美登利が生まれ、子供が漱石肉筆の表紙を鋏で切ったということがあり、やはり家族と店とは別にすべきだと思い、翌々年の大正五年四月に、かつて私と同居していた富士見町二丁目の家を再び借りて、家族を住まわせることになった。そうしてその十月四日に長男雄一郎はそこで生まれたのだが、翌六年六月にはこの子の肺炎の病後養生の為に、医師の勧告により、鎌倉坂之下に家を借りて、妻子はそこに別居した。店と家庭とを分かつことも必要であり、殊に子供を愛し、物事を姑息的にせず、徹底的に解決しようとする岩波にとっては、転地も当然の処置であったが、岩波の如く情熱的で体力の旺盛な人間にとって、それが次第に家庭内の疎隔を促す一因となり始めたのも、是非ないことであった。大正七、八年頃岩波の秘書として店に泊まるようになった元の教え子との間に、岩波も家族と離れて店に泊まる時が多いという事情から、つい愛欲の関係を生じたことは、今まで多少の不和はあっても、そういう点で夫を信じた夫人ヨシにとっては、非常なショックであったことは言うまでもなく、夫婦の不和はこの頃から甚しくなり、岩波の生活も次第に荒み、ヨシの苦悶は深刻になった。だがその中にも、大正八年六月十五日に、次男雄二郎が鎌倉坂之下の借家で生まれた。翌九年二月には、店の近くの神田今川小路に家蔵を買い、やがて妻子も鎌倉の転地先から帰ってそこに住みはしたが、家庭生活は面白くゆかなかったと見え、岩波は麹町下六番町に借間をしたり、又その八月にはもとの旧巣の千駄ケ谷那須方に寝泊りしたりした。同じ年の十一月には、前記の小石川小日向水道町九十二番地の中勘助の兄の持家を買い取った。当時岩波は「漱石全集」その他で収入も多く、売価六万円に五千円の志を添えた。これで家族と一緒に住む家はできたわけで、四女の末子は、大正十年十月二十二日にここで生まれた。しかし岩波はやはり夫人のいるここに落ち着けず、今川小路の家に泊まることが多かった。加うるに三女の美登利の病弱ということがあり、翌十一年九月には、上の二人を除いて美登利以下の子供は、母と共に再び鎌倉坂之下の前の借家に転地させ、更に十二年の震災前には、その前年平和博覧会の出品を鎌倉名越に持って来て建てた家を買って、そこに家族を移した。その頃上の百合、小百合は、東京の学校におり、岩波と共に東京で、外の家族は皆上記の鎌倉の家で大震災に遇った。しかし翌大正十三年三月には、夫人は家族みんなと共に暮らしたいという願から、東京小石川に帰ったけれども、美登利が間もなく発病して、今度は美登利に家庭教師をつけ、岩波が美登利と一緒に名越に移った。その翌大正十四年四月には、岩波と夫人とは又入り代って、夫人は鎌倉に移り、上二人の外の子供は又美登利と一緒に鎌倉に住むことになった。一方岩波は新聞に広告して傭った家政婦と、昭和の始から六年まで小石川に一緒に暮らして、子女たちの悲しみと周囲の反感の種となったが、彼女の去った後、昭和六、七年に夫人は又子供をつれて上京、小石川の家に住んだけれども、岩波は夫人を避けて又鎌倉に帰り、昭和八年の後半からは鎌倉に情人ができ、それが死ぬる前まで続いた。昭和十三年頃には、一時稲村ケ崎に家を借りて一人住んだこともあり、十四年二月には小町に家を買って、岩波はそこに住むことになった。

岩波がいわゆる結婚の倦怠期に、かつて熱愛した妻との性格の乖離と生活の不協和とを感じ始めた頃、仕事の為と子供の病気との為に別居を余儀なくされ、人よりもどちらかといえば激しいその精神的肉体的要求の為に、外の異性との関係を生じ、この関係が一層夫婦間の不和を来し、同居を殊に岩波にとって苦痛で不快なものにし、孤住のさびしさに堪えずして生活を共にしたいという夫人を避けては、遂に別居を常態とするに至らしめつつも、岩波は離婚を希望し、夫人も心中では時々それを思ったろうが、岩波に対する消し難い愛情からも、子供の幸福に対する考慮からも、又岩波の友人の勧告もあって、これを受けなかった或は受け得なかった期間は随分長く、その間夫人は友人の同情はあっても、岩波の愛に離れる寂しさがあり、岩波は情人を得たけれども、親しい友にも認められぬ後めたさと、友を隔てる秘密とがあり、互に寂しい生活を送ったことは、是非もないがしかし哀しい事実であった。

昭和十六年九月に熱海伊豆山に海に臨んで建てた別荘が、家族よりは岩波の友人知人の為に用いられたことも前述の通りである。昭和十九年六月に信州富士見の古島一雄の山荘を、古島の希望によって買い、三傾園と名づけ、家族の疎開その他に用いた。岩波は古島の多年のファンであったので、この時も古島の金の入用の為に三万円で買ってやったが、実価はその十分の一くらいであり、岩波も「百両のかた編笠一介」と戯れていたという。三傾園とは家のある地面だけが平地で、それから三方に傾いていたからの命名である。

けっきょく岩波夫婦の間には二男と四女とが設けられた。その命名の由来について、岩波はかつて長男、次男の名は尊敬する雪嶺三宅雄二郎にあやかる意、長女百合は百合の花を絶愛した為、次女小百合はその妹なる為、三女は今度は鉄砲百合かと友人にからかわれたが、一葉の『たけくらべ』の美登利に因み、四女末子は打切の意味だと語っていた。小百合の誕生前には男女十ばかりの名を用意したそうである。長男の雄一郎は東大の物理学科を出て、東京芝浦電気製作所の電子工業研究所で、電子管研究室の主任を務め、テレヴィジョン研究に従事していたが、不幸にして昭和十九年六月に胸を病み、岩波に先だつこと八カ月、二十年九月三日三十歳にして死去した。この年の元旦の岩波の日記に、熱海で来宮《きのみや》、伊豆山《いずさん》両神社に参詣、雄一郎、美登利の快癒を祈る、とかいている親心もかなしいものである。雄一郎は頭もわるくなく、素直で正しい若人であったのに、惜しいことをした。この息子は死ぬる前には家業を嗣ぐ心持になっていたので、岩波は深くこれを喜んだが、長男の死後、次男の雄二郎の家業を嗣ぐ志を知った時にも、彼はやはり喜んだそうである。彼はかつて事業は一代だ、僕が死んだら堤さんにでもやってもらおう、などといっていたこともあるが、自分の遺業を子に嗣がせたいというのは、自然の人情であろう。

長女百合は、昭和五年四月藤原咲平の媒酌で中央気象台技師小平吉男と結婚し、次女小百合は、昭和七年九月野上豊一郎夫婦の媒酌で小林勇に嫁し、三女美登利は、大河内正敏夫婦の媒酌で昭和十三年四月物理学者山崎文男に嫁した。美登利は虚弱で殊に父の寵愛と配慮とを受けたが、夫の庇護の下に幸福に暮らしている。四女末子は昭和十八年四月、明石照男夫婦の媒酌で友人種田虎雄の甥種田孝一に嫁した。なお長女百合は、不幸にして戦後夫と分かれて旧姓に復した。

この四人は皆岩波の存命中に結婚したが、次男雄二郎は岩波の死後昭和二十二年十二月、安倍能成夫婦の媒酌で高野与作の長女淳子《あつこ》と結婚した。この中小林の結婚は、当人同志相愛の結果であったが、小林が争議のあった昭和三年に退店したこと、又小林の才気煥発機略に富み、往々にして岩波と気の合わぬ所もあり、又岩波に相手の家の社会的地位を欲するという気持もないといえず、一時はこの結婚に不服と不安を感じており、岩波の友人にも不賛成があったけれども、当の娘の決意も固く、夫人も賛成、幸田露伴、小泉信三、野上夫婦などの後援もあって、この縁談は竟に成立した。その披露の宴で、露伴は縁の不可思議について娓々として語った。

岩波の家庭殊に夫婦関係に触れて書くことは、私にとって心苦しいことであり、どういう風に書いたらよかろうかには随分迷った。世間普通の伝記ならば、それには触れないか、或は表面的なきれいごとでごまかすかであるが、それは岩波という人間を伝える意味で、私には望ましくない。さればとて徒らに親友の陰事を許いて「自ら直となす」ことも好まない。しかしこういうことは、不完全な人間としては已むを得ない、同情すべき点も多く、長所と共に欠点も多い岩波の独特な人柄を伝える為には、これにも触れないではいられない。この苦しい疎隔の間を凌いで竟に家庭の破壊に到らなかったことには、殊に夫人の忍耐に待つ所が多かった。岩波は社会に向っては常に正義を説き、「汝は為す可きが故に為し能う」を振り廻していたところから、岩波を好まぬ者は、岩波を正義を売物にしては得をしている偽善者と誣い、又岩波が一見ああした木強漢《ぼっきょうかん》である所から、そうした情事を岩波の柄にないことのように嘲笑する者もあったが、それは共に当らない。

岩波の振り廻しているカントは、道徳を純理性的なるものと見、それに感性の交ることを極力排斥したが、岩波という人間を見ると、岩波の道徳的主張は常に強い感性即ち感情的本能と結びついている。そうしてこれは岩波がカントの如く道徳の理論家でなく、又カントの如き独身の君子でなく、他面に於いてよく道徳の強い大きい実行者たり得た所以だともいえる。私の考では道徳は自然と離れてあるものでなく、人間は自然的感性的たると共に理性的道徳的であり、否自然的感性的なるが故に理性的道徳的たるを要するのであり、この事は最も自然的なる男女の関係に於いて、最も多く道徳が要求されることによって明かである。この点に於いて岩波の「汝は為す可きが故に為し能う」の信念は、岩波の道徳的理性的正義と情熱との合致によって、例えば古本の正価販売という如き難事業を成就したが、理性に先走りした恋愛については、この格言の消極的方面、即ち「汝は為す可きでない故になし得ない」とは中々ゆきかねた。何れにしても岩波が野尻湖時代に抱いた、無造作でむしろ乱暴ともいうべき、唯霊的なプラトニック・ラヴの夢はもろくも破れた。それは固より当然のことである。

岩波の父義質は身体虚弱で温厚方正の人だったけれども、祖父伝吉は大伝と呼ばれて、村でも有名な身体の大きい元気の好い人物であり、「金子の大伝浮いた浮いた」という唄まで村ではやったそうである。母うたも甚だ情熱的な性格であった。要するに岩波は血の気の溢れた遺伝を受けて生まれたのである。開店当座、ちょっと顔形の目立つ教え子が店を手伝いに来ていて、岩波はよくその女と散歩などに出たので、家庭争議の種になり、私は夫人から岩波への注意を頼まれたが、岩波は昂然として、一緒に散歩するのが何がわるい、といった。まことにごもっともで私は返す詞を知らなかった。ただ岩波は妻子ある身で、二人だけでする散歩から来る誘惑について顧慮する所は少なかった。それに岩波は往年の理想主義の名残を止めて、いつまでも青々しい恋愛至上主義者であった。震災の前有島武郎が波多野秋子と情死したことに感激して、一口五十銭を越さぬという制限で世間から金を集め、記念碑を作る企画の発起人にもなった。これより先石原純が大正十年の七月に、妻子と東北帝国大学教授の職とを棄てて、原阿佐緒に迷った時にも、石原の為に計り、その後石原は岩波書店の仕事によって生活の資を得た。万事を放擲して自分の情熱に殉ずるような行動は、いつも岩波の同情と感激とを博し得たのである。他人のそういう行動に感激すると共に、自分のそうした衝動についても、無造作なところのあったことも争われなかったのかと思うが、これはむしろ誰にも共通な「思案の外」なる体質や本能の致すところであったろう。ただ自分のそうして関係した女を、単なる性交や遊戯の手段として、後は野となれと顧みぬ不人情はなく、それに対して為すべきを為そうとする志は厚かった。何れにしても享楽的な気分で、うきうきと花園の逍遥を楽しんだり、ひそかに手生けの花をかこったりする遊戯的趣味的態度は、彼のエレメントになかった。彼が骨董趣味と共に茶屋遊びを極力避けようとしたのは、生まぬるい趣味に止まるを得ず、夢中になって行くところまで行かねばやまぬ自分の熱情を恐れたからだともいえよう。「人格を手段にするな」という人格主義は、岩波の信条であったが、それに矛盾した行動は、岩波も多くの人格主義者と同じく共有してはいた。それにも拘らずそういう願は矛盾の裏にも常にあった。むしろ職業婦人を妾に持つ方が、色々な煩いがなくていいという或る人の勧告に応じなかったのも、この点に拘泥したからであろう。しかし岩波が人格主義を無視し得ずして、しかも自分の情熱と情欲とを制し切れなかったことは、岩波の恋愛もしくは愛欲の生活、従って家庭生活を苦渋の色に染めたことは争われない。これにはその点に於いて過のなかった夫人の堅苦しさも助けていたであろう。

岩波の家庭との疎隔は、大正五年の別居、もしくは其以前に胚胎して、大正七、八年頃には夫人との疎隔は段々深くなり、恐らく大正末頃には幾度か離婚の決心をしたろうが、夫人の不同意によってそれに至らなかったものであろう。晩年になってやや緩和を見たが、その一々の経過をたどり、一々の人間や行動をしるすことは略する。しかし色々忖度を加えるよりも、岩波の夫婦関係が最も疎隔した大正の末と覚しい頃、和辻哲郎に送った手紙を、夫婦関係についての岩波の心事を彼自身の筆で伝えるものとして、ここに引いておく。

「拝復、小生の一私事に関し色々御心配下され、御好意を深謝いたします。私は自分の此一私事は人に語るに価いせずと考え、又語ってもどうなるものにもあらず、又本当の心持を語り得る事は可能の事にあらずという考より、自ら進んで誰人にも語りませんでした。好意的に尋ねて下さる御親切は感謝して、何事でも御答えしたいと思うのです。貴兄は痛い処へ障らぬ心持で居られるか知れませんが、私には寧ろ痛い処へ障られざる恨とも云いたかったのです。

私が決心したとは何事か明白でありませんが、〔これは恐らく離婚の決心と伝えられたものであろう〕私は形式上の事、手続上の事等は、あまり重きを置いて考えたくありません。

此問題に対して最後的的確なる事実は、私が夫たる資格を欠くと云うことです。而して今後どう考えても、現在の私の考うる所によれば、此資格を養成し得る見込ないと云う事です。故に私の希望する事は、相手の者に私の此の心持を完全に理解して、私をして夫たる地位より辞退することを許容して貰う事です。

次に私は人の親たる資格の所有者でないと自ら信じて居りますが、多少なり子供の為めに計らんとする心持だけは失わないのですから、三女一人〔美登利、病弱でもあり、岩波は特に愛して居た〕だけでも、其養育を任せて貰いたきものと思う。親たる資格なきを信じつつ子供の世話をしたいとは、甚だ矛盾した事ですが、至深の願いなれば何処かに取る処があるかとも思う。併之も許されなくても致方ありますまい。尚又私が店の仕事を引続きして行かなければならぬのでしたら、私はどんな小さな処でも、店以外に自分一個の自由になる他人に侵されざる住居を必要とするのです。

小石川より追出され又鎌倉の家より追出され、全く落つきのない様な事では、仕事をする上には都合よくないのです。それで追出されるにしても、予め警告位は与えた後にして貰いたいのです。小石川の家、鎌倉の家共に多少の考もあるが、欲しければやるから、其意志を発表して明かにして貰いたい。相手を不幸にする事は自分の本懐でない。又義務責任上から云うても、始め自ら現在の関係を求めたる事もあり、又今日までには色々の恩義があるのですから、之は忘れたくない。自分の力で出来る事なら何でも御役に立ちたいのです。ただ前云うた通り夫たる資格が自分にないから、之を佯《いつわ》る事は互に幸福たる所以でないと考えるのです。故に此点に了解を持って貰う事が出来れば、あらゆる便宜を計りたいと思うのですが、なかなかそう云う事は望まれないらしいのです。

以上の私の希望がどんなものでしょうか。若し許されるとしたら、此目的を達するためにどう云う風にしたらよいか。

只今は御互の幸の為めに直接交渉をさけております。さればと云うて人にたのむ気にもなりません。成るままに成れと云う風にしておく次第です。

御意見あらば喜んで御きいたします。

八月十五日　岩波茂雄

和辻哲郎様

世間と交渉をたち、自分の趣味に生きる生活に入りたい考もないではありませんが、出来るだけ奮闘して見たい考もあります。後の生活を考えると、現在の様の生活では活動は出来ないのです。能率の大半は駄目です。仕事をするなら、出来るだけのきまりをつけ、心置きなく働きたい念が起ります。

グズグズして居る年でもなし、意味のある仕事が見つからなければ、差《ママ》むき現在の仕事〔出版〕も少しは勉強したいと思うのです。一私事だが自分の心の奥の問題は、自分だけに取りては重大で、自分の行動を支配することが多いので、根本の問題の了解だけでも早く得たいと考えて居ります。

田辺君は自ら小生の為めに小生の意志を相手方に伝えてくれると云い、又交渉を貴兄に依頼してはとの話も以前ありましたが、何れも御気毒と思い其儘になって居たのです。」

この手紙の中で岩波のいっている、自分は夫たる資格がない、さればといって努力して資格ができるとも思わない、このところを理解して別かれてもらいたい、という心情や願望には詐はないといってよかろう。実際岩波は夫人に対して、手をつかんばかりにこれを懇願したこともあったときいている。しかしこういう殊勝な心持も、相手に接触すると、忽ち烈しい口喧嘩となり、怒罵《どば》となって、相手の出鼻を挫き、相手もむっとして、抗論や皮肉を口にすることになり、結果はいよいよ疎隔を深く烈しくしたらしく、岩波が妨げられざる別居を望む心持も、一応同情される。だがこの殊勝な或は殊勝らしい、夫たる資格がないという反省はしても、岩波の愛が冷却していたことは、この手紙にも見えている。自分の夫たる資格のないことが、妻を孤独の悲しみに陥れている点に遡る程の思いやりの余裕はなかった。ちょうどその頃は妻に対する愛情の最も冷却して、しかも別かれるわけにもゆかず、いくらかやけになっていた時期であったろう。一方夫人は女性の身として、何といっても消極的であるから、孤棲のさびしさに堪えぬ心持は、彼女に同棲を求めさせ、岩波をおい廻すはめになったのも、是非ないことである。しかしそうした間にも既に六人の子を成しており、夫婦の心持は両者の性的生活の不調和や、肉体的精神的な色々な理由、岩波の衝動的、情熱的な性格、夫人の意識的な冷静な意地わるい所もある性格による、当初に似ざる彼女の軽蔑と憎悪、又それにも拘らず両者の間の、殊に夫人の方からいっての、両者の間に介在する女から来る不満と嫉妬などから、事柄は簡単に道徳的に解決され得るものではなかった。開店前明治四十二年秋、西大久保に住まった頃、夫人が一晩家出したことは前に述べたが、既にこの頃から両方の性格及び性生活の違和から来る裂目は、できかけていたのかも知れない。しかし直接の原因は、岩波の書店経営が繁栄と多忙とを激増した上に、子供の健康の問題等の為に、夫婦の別居を促したのに基づくのであって、岩波は夫人と接触すまいとして、店の隅や借間などに索寞《さくばく》たるおちつきのない生活を送った為に、肉体的精神的に女を求めずにいられなかったことも、全然同情に価しなくはない。前にもいった如く、大正八、九年頃になって夫婦生活の破綻はいよいよ顕著になり、夫人は岩波書店の繁栄と夫の栄達よりも、夫婦共稼ぎの昔のつましい生活に対する痛切な郷愁を覚えたのも無理ない。彼女はしばしば岩波の親友たちにも相談したが、岩波の親友の一人なる上野直昭などは、大正十三年頃に夫婦の不和も慢性になって離婚話さえ出た頃、その秋洋行することになっていたので、できるならそんなことにならぬようにと、夫人には子供の為にも断じて離婚を承知せぬことを要求し、更にその十月には、岩波を仙台行に誘い出し、夜汽車の中で語りふかしたが、岩波の離婚の心持を思いとまらせるわけにゆかなかった。その後上野が昭和五年二度目に西洋にゆく前にも、決して別かれてはいかぬ、と夫人に言い残したというし、私も始は岩波にも忠告したが、夫婦喧嘩は犬も喰わぬということを実感して、それは思いとまった。岩波の親友は両者の何れをも一方的に非難する気持にはなれず、直接にこの夫婦関係に立ち入ることをできるだけ避けたけれども、岩波を全面的に是認する者は、特に岩波の家庭を知る者には殆どなく、岩波はこの問題について、これが自分だけの問題で人に語るべきことではない、と思おうとする外に、親友達の否定的な考えかたを感じて、それを打ち明けることができず、独り自分の心中だけで悩むという苦しみをも経験したのである。田辺や和辻の如く京都に離れていて、岩波の家庭とそれ程親しまぬ友達の方が、岩波の心事に対して観念的により多く同情を持ったのも、自然のように思われる。しかも夫人の岩波に対する愛は消失したというわけでなく、「岩波がすきだ」という気持が岩波に離れる寂しさと共に続いた。和辻宛の手紙に予告なく家を追い出されるのは御免だとあるが、岩波が前にいった如く細君を避けていたちごっこの如く逃げ合ったのは、冷かに見れば滑稽のようであるが、逃げる者逃げられる者共に苦《にが》いさびしさを感じたことであろう。子供のこと、家庭のこと、その他の原因もあるけれども、二人の間に絶え切れぬものの存続したことが、やはり岩波夫婦の関係を形式的にも最後のキャタストローフに運ばなかった理由であったろう。かくて岩波は「夫たる資格を欠く」行動を続けつつも、けっきょく対世間的には夫婦生活を持続して、家庭の破滅を促すことなく、子女の教育をこの困難な関係の間にも甚しく傷けることもなく、正しく素直に彼等を成長させて、前述の如く世に送ることができたのは、全体から見れば、岩波の願った如く、夫婦の感情に任せて家庭の破滅を来たしたのに比べて、やはり人々を、殊に子供を不幸にすることの少なかった意味で、よりよい事であったと思われる。

これには岩波の夫人及び子女に対する道徳的責任の感じ、又色々の不服不満に拘らず夫人の人間に対する尊信、岩波が子供を悲しませたに拘らず、子供への愛を信じさせたのにもよるが、やはり主としては夫人が切ない苦しい思いに堪え、自分の苦しみを子供に訴えることによって、子供を自分の味方にして父の敵に回すという、世間の母親に倣わず、よく家庭の中に子供を守り得た功績に帰しなければなるまい。娘たちの言う所によっても、母の口から父の悪口をきかされたことはなかったという。これはできぬ事である。岩波が表向の儀式に夫婦して出席したのなども、別にほめたことでもないが、期せずして家庭の破壊を防ぐ制約にはなったであろう。晩年夫婦仲は寛和して一緒にいることも多くなり、例えば前にもいう如く、岩波の崇拝した頭山夫婦一家を招待した時に、岩波も夫人や娘たちを引きつれて、頭山一家を饗応したりした。岩波が昭和二十年の秋に、長野で倒れた時にも、夫人は恐らく岩波の神経を刺激するのを恐れ、又前の落馬負傷の時、病院で岩波の恋人に会った気まずさなどから、その他の支障の生ずるのを恐れてであろう、見舞にはゆかなかったけれども、岩波は内心それを気にして見舞を期待していたそうである。又夫人が大正十五年春乳癌を病んだ時には、神速に真鍋嘉一郎の来診を乞い、真鍋の勧告による塩田博士の施術に立ち合い、二十日ばかりの入院の後に転地させ、きわどい所で事無きを得たということもあり、又昭和二十一年の一月(二十日頃)、自分の健康もだんだんわるくなった頃にも、夫人に丹毒の疑があったのを、武見太郎と専門医との診断によって大事を防いだということもあり、夫人に限らず、家族の病気に対する注意には、我を忘れて奔走するのが常であった。娘の美登利のいう如く、岩波は非常時に大へんたのもしく、力になり、あたたかく、よい相談相手であった。

夫婦生活の破綻については、勿論岩波に最初の責任があったとはいえるだろうが、岩波が烈しく直線的で肉体的にも性欲の弱い方でなかった上に、夫人の方は意識過剰で冷静で、まじめ臭くぎごちなく、それで皮肉な批判的なところもあり、お互に自然に気軽く無視したり、むすぼれを解いたりすることができなかった為に、一旦不和を生ずるとちょっと収拾のつきにくい破目になったということもあるが、又お互に好い加減なごまかしをしたり偽を言ったりし得なかったことが、一方が情欲に負け、他方が憎悪や嫉妬に燃えつつも、道徳的責任から脱出し得なかったところに、この夫婦関係が幾多の危機を孕みつつも決潰せず、曲りなりにも寛和の方向を取ったという理由があると思う。又他方からいえば、一方の性格が烈しく、他方の性格が強かった為に、破綻を強めたということもあろう。要するに岩波の熱烈で短兵急な恋愛によって結ばれたこの一対は、性格や体力の相違に直面して、かなり悲劇的な過程をたどらざるを得なかった。これは人間の多くが犯す過であって、ただ二人共堅くるしく執拗に過ぎたとはいえるかも知れない。だといって今更その何れを責めたらよいのかはわからない。岩波夫人がもう少しおろかで無意識で無邪気で自然で、岩波を今少し楽に受け容れ、或る場合には又感情を露骨に現わして岩波に体当りするようだったらば、結果は却てよかったのかも知れない。例えば岩波が家に帰って、夫人の仏頂面が気に入らなくて、洋服を脱いで上衣だとかズボンだとかワイシャツだとかを、部屋の隅々に投げ飛ばして鬱憤を晴らすと、夫人は腹の虫を抑えて、すましこんでその洋服をかたづけたりする結果が、却て岩波を辱かしめたり、怒らしたりして、もう帰って来ないぞという気にすることもあったであろう。

岩波は子供に別に隔てはなかったが、病弱の故に美登利を特に愛したということは、前掲和辻宛の手紙にも明かである。それは彼女の率直にして聡明な、思いやりのある性格にもよることである。私が小百合をほめたところ岩波は、「小百合さんをほめるのはいいが、美登利さんをほめぬことはない」と抗議した。知人に向って自分の娘をさんづけで呼ぶことも、ちょっと我々の耳に残っている。

男の子の中でも長男は気が弱い所もあり、やさしかったが、雄二郎は少時は腕白で父に強く当った所もあったけれども、晩年、殊に死後になっては、彼も父のいい所がだんだん分かって来た。岩波は正月休や夏休冬休など、暇のある時には、家庭の波瀾の収まらなかった時分にも、よく一家を挙げた湯治や避暑に出かけたり、又子供と一緒に旅行をしたり、家族にはよくサーヴィスをする親であり夫であったといえる。

岩波には二妹があった。下の妹世志野(明治二十三年生)は前述の如く若死にした。彼の長妹美都江(明治十七年生)は岩波の従弟井上勝衛に嫁したが、井上は妻に先だって死し(昭和九年一月)、彼女も亦、昭和十年岩波の洋行中に夫の後を追ったこと、前述の如くである。岩波は彼女の遺孤美枝子に対しては、随分懇切に世話をした。人に対する親切は彼の天性に出ずるものであり、それは彼の肉親に対しても除外例でなかった。

夫婦の不和の因を深うした別居も、子供の病を心配した余りではあった。こうして岩波の子女は、家庭のさびしさの中に楽しさをも享受した。又年を重ねるに従って、父母の長所短所、性格の相違や扞格《かんかく》をも理解し、何れに対しても批判と共に同情をも持つようになった。子女たちは父親からはやはり社会に対する正義感を受けた。女の子なども、社会の不正邪悪に対してはいたたまれぬ程の憤慨を感じた。父と母との性格を受けつぃで、比較的に冷静と熱烈との差はあっても、父の正義感や母の強さは、程度を異にして子女たちに受け嗣がれたといってよかろう。或る時期には子供と疎遠になったこともあるが、岩波はすぐれたものを子供に見せたり聴かせたりすることには、常に心を用い、自分の誕生日はいつも逃げて祝わせないようにしたが、子供に向っては、「誕生日に自分の使命を考えたことがあるか」と諭したりもした。又手紙などに対して、その文字を正すというような心遣もあった。百合の自由学園時代には、自分が文章をかく時に、よく部屋を歩きながら口授して書かせたことがあった。そうして岩波書店が富み栄えて後も、家庭の子女の生活は常に質素であった。

三女の美登利を岩波が特に愛したということは、上述の通りであるが、さすがに美登利は父母の性格をもよく見ていた。左に掲げる一文章は誰が語るよりも、父母の性格と、その相合わない父母の間にあった家庭の好さを語るものと思うから、煩を厭わずここに引くことにした。美登利の私によこした手紙の一節である。

「父が私を気に入ったと皆さんが仰有るについては、こういうことが一つあるかと思います。父は人にもよくサービスしましたが、人にも非常にサービスを要求しました。短気の父は、身近いことで次々にサービスを要求し、それが直ぐ叶えられないといらいらしました。私はわりに父の気持がわかるので、それを次々と敏速に実行したかも知れません。母はよく「めんどうくさい」と申しました。疲れた母にとっては無理なかったのでしょうが、私はそのことばが嫌いでした。ちょっとのことで人が満足するなら、若い私にとっては父を満足させる位何でもありませんでした。

「寂しさの窮みにたえて天地によする命をつくづくと思う」父はこの歌が好きでよく口ずさんでおりました。父の寂しい気持は私にもわかりましたので、父がかあいそうで、父にやさしくしたいとは思っていました。ところが実際はさっぱりやさしくなかったのですけれど、又父がさびしいので父におつき合いしたことはよくあります。こちらが気分がわるいとき、どこかに行こうと誘われ、はじめは断わっても、何とか私をつれてゆきたいという父の気持を感じると、無げに断われなくなって、とうとうイエスといい、あとでやっぱりあの時は止めればよかった、と思ったこともよくあります。

父の晩年、私がゆきたくないところへ父のお供をしたのは、一つはなんだか父がかわいそうなのと、もう一つは私がそばにいれば、少しはブレーキの役目をするという思いもあったようです。

父のそばに長くいて、私は父を一人の男性としても眺め、恋人としてはとてももたのもしい人だけれども、この熱情、この性質は、夫としては好もしくないという結論に達しました。父母の性格の相違とはいい乍ら、愛して結婚した妻をこんな風に遇する父をみては、ただたのもしい好きな男性に夢中になる、などということは警戒されました。

夫としてはかわらない人がいい、一緒にいてくつろぎを覚える人がいいと思いました。父といることは絶えざる緊張でした。いやではありませんが、たえず父に気を配り、サービスし、疲れました。時々あう人ならいいけれど、一生一緒にやってゆくには、こういう人でない方がいいと思いました。

小父さまはもし母がもっとやさしい人だったら、もっといい家庭ができたのではないか、とお思いのようですが、私はむしろ父は家庭には適さない人で、仕事をしたり恋をしたり熱情をもって行動する人だと思います。父のような特別な夫を持たなかったら、賢夫人としてきちんとした家庭が営まれたのではないかと思われますが、併し私は女ですから、男性からみて母が非常に欠けたところがあるかどうか、よくわかりません。併しやさしい申分ない妻を持っていなかったことは、むしろ父の行動を弁護できていいなどとも思われます。

子供としても、父は非常時に大へんたのもしく、力になり、あたたかく、よい相談相手でした。併し毎日を共に過すには、いい父とは思えませんでした。けれど一方からみれば、そのために、私みたいなあまりいい性質でもない人間を、父も母も心配し、愛し、姉弟たちもいつも私のことを案じていて、その点でみんな心が一つだったと思われます、姉妹の中で嫉妬とかみにくい争いがないのも、一つはそれがあるからかとも思われます。私は姉弟たちからいじわるされた覚えが一つもありません。そのことで私は母に大へん感謝していることがあります。病気の娘を淋しく思わせまいと、母は私を中心にしてくれました。忘れられ勝ちな筈の私は、病身故女王のようにいばっていました。弟たちは学校からかえると、おやつをもって私のねているところへ来ました。それは母のはからいです。私はみんなの外の話をきき批評をし、少しも淋しい思いをしませんでした。母は立ち働き、私が中心になって弟妹たちの話をきき、母に伝えました。又弟たちも、母より年の近い姉に話しやすかったということもあると思います。母はやさしいことばをかけるというようなことはしない人でしたが、併しそういう風に実行してくれました。母は本当に損な人ですね。やさしい気持は感じても、それをそのまま自然に表現出来ないのですから、表現するとやさしくなくなってしまうのですから。」

美登利はこんな手紙を載せたことを気に病むだろうが、岩波も彼の妻も、生きていてこれを読んだら、娘の中にこれほどの知己のあったことを喜んだであろう。

長々と岩波夫婦の葛藤を書いたが、岩波も死にヨシも死んだ今となっては、誰を責めるよしもない。ただ人間の悲しさ、はかなさを感ずるばかりである。夫人ヨシは岩波の死後十年を児孫に囲まれて平和に生きたが、死ぬる二、三年前から健康が衰え、殊に一年半前には卒中にかかって、性来の鋭さ強さも跡を断ち、何をいってもにこにこと笑う好々婆となって、昭和三十一年二月十五日に逝いた。今となっては何もかも過ぎた。私はどこかで二人が遇って、「おい、お互にりきみ過ぎたな」とでもいって、握手をしている光景をさえ心に画くのである。

第四章　人間と終焉

一　岩波の人間

岩波の人間、岩波の性格は、以上色々具体的な事件や問題に即して、くだくだしいまでも説いたが、更に少し蛇足を加えておこう。彼は一高時代にも、島崎藤村の「寂寥」の歌を愛読して、よく彼一流の朗誦を試みたものだが、一たい彼は「寂寥」とか「孤独」とかを口にすることが好きだったけれども、それはその半面に彼の人なつこい性格、いわば孤独に堪え得ざる性格を露呈すると共に、人間に対する関心があまりに痛切熱烈で、いわばあまりに人間臭過ぎる為に、彼自身の要求が中々充たされないという不満を示したものとも見られる。孤独を愛するといっても、彼は孤独に長く沈潜することはできなかった。人を訪うたり人を招いたり、手紙をかいたり、特に晩年には病気もあって、いつもいらいらじたばたと人を求めた。しかし彼が陳子昂《ちんすごう》の詩と伝えられる「前に古人を見ず、後に来者を見ず、天地の悠々を念い、独り愴然《そうぜん》として涕下《なんだ》る」という句、又伊藤左千夫の「さびしさの」の歌をいつも愛誦したのは、やはり彼の真情の表現ではあった。

岩波は一見して容貌魁偉、火山岩の塊のような頭部を持ち、豪傑らしい所があるが、他面に人の愛を求めて已まぬ、弱々しいめめしい所も持っていた。彼が出版法第二十六条によって津田左右吉と共に起訴された時の弱りかたは既に伝えたが、その以後右翼の策動が盛んになり、色々な威嚇の投書も舞いこんで来たりした時、彼はこうしたおしかけの客に会見することを、恐れ又警戒した。こういう点で彼は何事に対しても不敵な度胸の所有者でなく、豪傑というよりはむしろ小心な一平凡人であった。もっともこれには、彼が狂犬の如き徒に対して、使命を感ずる自分のいのちを惜しむ気持もあった。しかしこういう小胆な神経質が彼の一面であると共に、彼はそれを隠そうとも衒《てら》おうともせず、そのままを露呈せずにいられぬという天真もあり、彼のいわゆる真理と正義に立って覚悟ができた時には、利害得失を顧みず、勇往直進する気力に於いて、余人の企て及ばざるものがあった。人間の軽蔑より来るずうずうしさは彼にないが、弱きに徹して強く起ち上る力はあった。この点に於いて彼はキリストの説いた「砕けた心」の所有者でもあった。喜怒色に現わさず、心とポーズとをうらはらに、いわゆる腹芸を試みる如きは、彼のエレメントにはなく、正直に自分を打ち出して、或はおずおずと落ち着かなかったり、或は敢然と所信を改めなかったり、勇往邁進したりするのが、彼の許らぬ姿だったのであろう。

人間性の中には対立があると共に連関があり、調和がある。これは肉体的にも精神的にもだが、性格の烈しい強い人ほど、この対立は動もすれば矛盾となって、その人をいらだたせたり苦しめたりする。岩波は勝れた人間であると共に欠陥も多く、この矛盾は実に烈しかった。殊に著しいのは道徳的意志と自然的衝動的情欲、もしくは情熱との矛盾であったことは、上来縷説した通りである。

昭和十年の初めに、雑誌『真理』から座右銘を問われて

「何物にもまさりて真理を恐るる人となれ。
真理を思慕する心を永久に失わざれ。
我執を克服して真理の光を仰ぐべく終生努力せよ。
悠久なる宇宙の間、生を人間に享く。希くは煩悩具足の境地より脱して瞬時たりとも
天地の大道に参せん。

朝聞道、夕死可矣。

友よ、漫りに世を慨し世を厭う勿れ。人間たることも亦一つの悦びにあらずや。」

最後の詞は、彼のよく口にした「此地尚美し、人たることも亦一つの喜なり」の句と同じ意味である。「朝に道を聞かば、夕に死すとも可なり」という詞は、殊に彼の愛した格言である。彼のこれに傾けた感激はほんとうに強くて、如何にも岩波らしいものであった。人は何というか知らぬが、岩波の真理や正義に殉ずる心は強かった。この詞はぴったりとこの岩波の感情に合ったものである。彼は終戦前英米の狂暴を攻撃する一文を草した時にも、この詞を引いて東洋人の高い境地を力説していた。彼の心持では、この境地こそ東洋的理想主義の極致であった。こうした感激は、彼の性格の核心を成すものであって、この信念に立つ時は、日頃の動揺と躊躇と怯懦《きょうだ》とを超えて、「千万人といえども我れ往かん」の概を示した。彼が好んで真理を言い、正義を口にするのを見て、彼を中学生的空疎の言を弄して喜ぶとする向きもあるが、しかし彼にとって真理と正義とが彼の勇気と実行とを促す原動力となったことを思えば、それをあながち抽象的な空疎の概念とけなすわけにはゆかない。けれども個々の具体的事件に直面して、彼が常に「我執を克服して」、真理の検証を仰ぎ正義の指示に従ったと、いうわけにゆかなかったことは、人間として勿論のことである。

彼は積極的であって消極的でなく、又全体として厭世的でなく楽天的であった。厭世的たるには余りに人間を愛し人間に執し過ぎた。彼は口癖の如く、「死ぬるのはいやだね、死なねばならぬと思うといやになる」といっていた。この心持は死ぬる間際まで続いた。彼が本質に於いて楽天的であり、消極的でなくて積極的だったことは、彼をして「為す可きが故に為し能」わしめた。しかしヘーゲルのいった如く、歴史上の如何なる大事件も、情熱なしには遂げられなかった。彼の情熱、彼の生きんとする意志、本能が、道義と真理とに合致した故に、彼は多くの善き事業を成すことができた。だが前にもいった如く、彼の情熱、情欲を否定して理性の命令に服させるには、彼の情熱は感性は本能は情欲は余りに強く、その理性はいささか粗放であって、その情熱、感性、本能、情欲の氾濫を制御することがむずかしい時もあった。しかし岩波が他方にはがゆいくらい気が弱くて言うべきをも言い得ぬことは、堤夫婦に対する態度にも現れており、又その恋愛関係がいつも気の強い積極的な異性に動かされてできたところからも覗われる。岩波が物に動ぜぬ不敵のずぶとさを持たなかったこと、一旦こうと思うと強くなり執拗になり、辛抱強くなったことも、上来既に述べたところである。

昭和十一年五月号の雑誌『真理』に、彼は「私の安住処」を問われて、「鈍根にして安心立命の境地など思いもよらず。今なお人生の迷児たるを恥ず。自然の美と人間の愛によって、唯僅かに慰むるあるのみ」と答えているが、これも亦彼の若い時から常に洩らして渝らざる感慨であって、詐らざる告白といってよい。

今一つ言い添えたいことは、岩波にとって「俺は小さい時に百姓をしたぞというのは、子女の前での自慢話ばかりでなく、他の人に対しても気強く思われる」ことであり、それは又「私が労働を高貴なるものと考え、労働者の姿に神聖なるものを感ずるのも、又人並に頑張る力を持っているのも、幼時百姓の手伝いなどしたおかげではないかと思っています」ということになる。彼の社会人として知人友人に対するまめな奉仕も、彼の精神力と共にこの体力を抜きにしては考えることはできない。同時にこの奉仕が、特に晩年には、彼の部下に対する強行的命令になって、周囲を煩わすことも多かったらしい。彼は老来なおこの労働力のあることを誇示し、例えば北軽井沢の別荘で木を伐ったり草を刈ったり、縦横に活動するのはいいが、その木を根元からでなく上の方で伐ったり、又伐り倒しっぱなしにして片づけないので、ぐるりの者には随分迷惑をかけた。店員の一人が彼に「独善院他力本願居士」の尊号を奉ったそうだが、彼の熱心な凝り方、先輩や友人に対する奉仕が、結果から見て、店員やぐるりの者に委譲した他力本願にならなかったとはいえない。彼は思いやりがあるようで、否思いやりがあると共に、傍若無人の暴君でもあった。一面に己を棄てて人に仕え、又人の気持をいたわり、時には気が弱くて無用の遠慮まですると共に、又あきれるくらい人のことは一向構わず、我がまま勝手を振舞うという所もあり、それは彼の道徳的確信に従うという場合には限らなかった。物の乏しい時に一人でむしゃむしゃ貪り食うこともあり、又物の乏しくて闇の禁ぜられた時にも、金にまかせて平気で随分買い占め――といっても利益の為ではなく生活の必要や人の御馳走の為ではあったが――もやった。これには軍部の勝手にやった戦争の為に、生命を縮める法はないという理屈もあったのであろう。

彼の凝り性といえば、彼の身体そのものが、凝の塊のようなところがあった。信州小学校の先生で東京留学生の一人なる渡辺三次が、一夜熱海で彼の揉療治《もみりょうじ》をして、つぶさに岩波の肉体を描写しているのは、珍しくて面白いからここに引いておく。「岩の様な肩の筋肉、松の根のような頸部、諸筋、山中に突き出た岩の様な腰部、梅の幹を思わせる上膊、サツマ芋を縦に二つならべたような下肢筋……湯によってあたためられた先生の筋肉が全く岩の様なところや幹のような所もあって驚いてしまいました。……この肩、この腰、この臂と手指に来る偉大な感覚を思出している時、どこかで一度きりだがこの筋肉そっくりの筋肉を見たことがあると考えつつ、此の筋肉もあの筋肉もと暗い中で又々圧し続け、全身を廻って頸部に来た時、アッ奈良だ――天童鬼だ！　鎌倉文化の持つ迫力的な力強さを表現したと言われる運慶作の二つの仏像のあれだと、私はみんな寝静まった暗い中で失くしたものを拾ったような気持になってむさぼるように揉むと言うよりも調べ始めた」という一節である。この渡辺のいう天童鬼とは、興福寺にある運慶の三男康弁の作と伝えられる天灯鬼及び竜灯鬼の誤だろうと思うが、しかし彼の直感はたしかに中っているし、岩波の頭部の大きい肩幅の広くない岩乗な肉体も、十分にこの彫刻を連想させるものがある。肉体ばかりでなく、岩波には前述の如く運動にも固さがあって、自在や柔かさの少なかったことは事実らしく、これは彼のあらゆる行動にも彼の事業にも、又彼の遺した唯一の建築である惜櫟荘にも現れている。しかし彼が一旦志して凝り出した仕事は、ともかくも彼の全力を尽した一流品たるを期していた。出版についてもそれはいえるが、前に述べた三十年記念の宴会に捧げた凝り方なども、その著しい一例である。彼の粗硬がこの凝り性によって錬り上げられたことも多いが、その挙句になお固さを残したことも争われないだろう。

岩波が自分の顔について言ったことを伝えておこう。

「トルストイは自分の顔を見てひどく悲観したそうですが、私の顔は彫刻のモデルとして希望する向きは多いが(例えば高村光太郎氏とか高田博厚氏の如き)、あまり楽観できる方ではないらしい。自分はそれ程と思いませんが、人からは随分怖がられます。それで一高時代に「獰猛」(ドウモウでなくネイモウ)と呼ばれました。……自分として有難くない綽名だが、どうも適切であったらしい。今でも家の子供からブルドッグなどとからかわれることを見ると、顔の怖いという説は否定できないようだ。だが顔に似合わずなかなか優しい心を持ち合せています。顔の方は人のいうことだが、心は自分がそう思うのですから間違いはありません。若い時には自分の面相につき苦情も出たが、今では怖い顔と優しい心とあべこべでなかった事を、造物主に感謝できるようになった。良いことのみ一身に兼ねることは許されないと諦めるようになったのも、年のせいかと思えば情なくもある。」（雑誌『話』所載）

岩波の肉体で、岩波も自慢し、人もほめたものに耳がある。これは実に著大な福耳で、その耳朶がふっくらと平かで、米粒を載せるに足り、それを見ると、如何にも寿福のじいさんらしい感じがした。

岩波が金銭を惜しまず、喜んで自分の敬愛する人に捧げると共に、借金をしながら平気でいる相手を仮借しなかったこと、好んでよく人を御馳走したが、遊蕩生活を畏れて警戒したこと、骨董道楽を抑制したことを前に伝えたが、百姓の家に生まれたせいもあるか、土地に対する愛着は深かった。これは殊に激しい都会生活の中で、自分の事業と生活との安固な基地を求めるという趣旨もあったのであろう。大正二年始めて古本屋を開いたのは借家であったが、大正六年にはそれを買い、土地も賃借であったのを後には買い取り、事業の拡大と共にそのぐるりの土地家屋を買収して、商科大学の旧建物に及び、又今川小路、三崎町を始め、倉庫用、店員寄宿用等に購求した家屋は多く、小石川小日向水道町の自宅の周囲及び附近をも買い取るに至った。その外に房州、信州、上州、伊豆、東京都の郊外等に求めた土地は多く、産を成すに従って勧める人も多かったのだろうが、土地が好きであり、それが所有として確実だということが、これを助けたのであろう。土地の価格の少々高いことに頓着せず、常に勇敢に果断に買い取ったが、境界は中々やかましかったということである。これも万事好い加減にすまされぬ彼の性格の表現であろう。

最後に多少の重複を厭わず言いたいことは、岩波と時代との関係である。共産主義的歴史観から一律的に何事をも律しようとする者から見れば、社会主義者でも共産主義者でもない彼は、過去の人間だと言ってのけたいかも知らぬが、私などから見れば、「正しかる事は永久に正しからざるべからず」と信じた彼に同感を惜しむ所はない。彼は前にも述べた如く、自分自身で、社会主義者でも共産主義者でもなく、自由主義者だといい、そうして真理と正義の信者であった。彼が共産主義的書籍を多く発刊したのは、現代の資本家の甚しい自己利益の追究と民衆の利益幸福の迫害が、彼の正義感に副わなかったからであろう。彼は資本主義についても共産主義についても、明確なる学的認識を持ったわけではなかった。ただ共産主義の労働者尊重の考と虐げられた民衆の幸福利益獲得の主張――事実は寡頭政治による多大の圧制を結果しても――に、多大の共感を覚えたことは事実であり、そうして共産主義を批判しもしくは攻撃する為にも、先ず共産主義を認識しなければならない、というのが彼の信念であり、彼の出版に於いて、それが他の色々の主張や思潮の紹介との間に権衡《けんこう》を得ていたかについて、論議の余地は十分にあるとは思うが、かくすることが彼の正義感を傷けるものでなかったことは明かである。彼が「本を読んじゃ本は作れないよ」といったこともうそではなく、彼が学者でなかったことが、彼をして日本と世界と、古典と現代と様々の著述を抱容させた所以であると共に、彼の時勢に対する感激と直覚的な勘とが、彼をして大ざっぱに左右の両立を肯定せしめるに過ぎたと共に、又大いなる誤を免れしめたことも、大体認めてよい。彼の「正しかる事は永久に正しからざるべからず」との信念が、激動してやまざる時勢の波に翻弄されてどれだけ維持され得るかは、今直ちにこれを断言するわけにはゆかないが、それはその正しかることがどれだけ根本的に把持《はじ》されたか、転変する時代的社会的条件の下にあって、それがどれだけ流動的に生き動き得たかにかかるのであって、私はこの彼の信念を誤だとは断じて思わないのである。

二　病状及び終焉

岩波は健康を誇り、側近の迷惑を無視して無理を通し、食い意地が張って、大食も間食も盛んにやったが、高等学校時代に微熱で胸に故障があると言われたと洩らしたことがあり、その後私がそれをきいた時、彼はそんな事はないと否定したけれども、これは彼の強がりで、少なくとも医者に一度そう言われたことのあったのは事実だと、私は信じている。しかしあれだけの無理をしても故障のなかったのを見れば、恐らく医師の誤診だったのであろう。脳溢血のことは、母親もそれで倒れたのだし、彼自身も多血ののぼせ性であることは自覚して、少壮時から多少警戒してはいたらしい。大正十?年六月二十四日和辻宛の手紙にも、「体の調子面白からず、先手を打って三日許り上州の山に遊びに行きました。万座温泉といって六千五百尺の所にある日本一高地の温泉だということです。電灯など勿論なく、今尚雪があります。展望では先ず小生の見た中一番よいと申して差支ありません。一泊金一円七十銭でした。三日許りでしたが静養になりました」とあるが、これは震災以後あまりに緊張した後のかりそめの疲れかも知れない。昭和十四年(五十八歳)の頃、前述の如く三B主義を廃して三S主義に就こうとしたのは、明かに健康を顧慮しての事である。既に日支事変の勃発した年の頃から、次第に健康に留意するようになった消息は、出版事業の所でその時々に述べておいたが、高血圧を顧慮するようになったのは、その前昭和十年末洋行から帰って後のことである。戦争も末期の十九年五月下旬に、方角を違えたり、舌がもつれたりしたことは、前に述べたが、それも岩波が人の為にする無理から来たものであった。その少し前の五月六日に、知人の関係から岩波も役員をしていた黒田挟範会社の専務取締に、第一銀行をやめて就任した曽志崎誠二の披露があって、岩波は日向に長く立っていた。その帰途の横浜から熱海の車中で、嘔気を催したのをやっとこらえ、下車の時も足が地に附かぬ有様で、附き添っていった小尾喜作夫人よね等の肩につかまった。熱海で無理に来診してもらった医者は、血圧一七〇、軽い脳貧血と診断したが、十八日に小石川に帰宅した後、武見太郎の診察では、あまりいらいらして脳溢血の恐れもあるから、注意せよとのことであった。

この六月に長男雄一郎発病、岩波は翌年一月には肩が凝り痛み、血圧一八〇だったが、九月に雄一郎の死、その前後に貴族院に出席したり、藤森省吾の葬儀に会したりする等、例によって強行を懲りず重ねた結果が、藤森葬儀中命取りの脳溢血第一発作を促したのであった。現場にいた西尾実の文章によって、その時の様子をしるしておこう。

岩波は長男の葬式の翌暁三時まで藤森の弔辞を書き、翌九日鎌倉を立って八時の上野発列車に乗り、長野に一泊の上、その翌朝会場にかけつけたのである。岩波が壇上に登って、モーニングの内隠しから弔詞を出し、包紙を開くとその包紙が落ちたのを、体を屈めて拾い取った。やがて弔詞を捧げ読もうとしたが、左手が上らぬので、右手だけでさし上げて読み始めたけれども、言葉の意味がよく分からない。そこで右手の弔詞を左手に預けて、その右手で眼鏡をポケットから出してかけたところ、今度は語調も整い意味も分かった。ただ心配はいつ倒れるか知れぬということだったが、この時神主の一人が段を上って、岩波の左側にそっと附き添い、読み終ると弔詞を受け取って霊前に供えた。かくて岩波は卒倒せずに席に帰れたが、「どうもさっきから少し変だ」といった。式に列した人でこの異状を怪しむ者は殆どなかったという。そうして長野の岩波分室となっていた、もと岩波書店にいた寺島寺治の妻科町の家に岩波を引きとって、東京から秘書の木俣(今の堀江)鈴子を呼び、武見太郎の来診を求め、静養の末、十月十七日武見に附き添ってもらって帰京した。病床では多く歌を読み、又少し病が怠ると、客を引いて時事を痛論した。帰京後も十一月二十四日に始めて上京した後は、言語不明瞭、血圧一八〇、結滞があったりしたに拘らず、崇敬した三宅雪嶺の葬儀に会葬したり、議会に出席したり、年があけては、二月十六日に帰京後始めて指先のしびれがあったけれども、日本放送協会一新の為の委員に選ばれて、会長の選定に奔走したり、二月には自分が文化勲章をもらったり、小宮豊隆の音楽学校長の人事を心配したり、知人の選挙を推薦したり、熱海に静養するよりも、鎌倉にいて東京に出ることが多く、その静居であるべき熱海にも、むやみに人をひっぱって来て、その為に心身を労する有様で、長野に得たひびは、直るどころでなく再発せざるを得ぬようにしむけられ、重病の患者としては全く落第であった。こういう風に自分で自分の命を縮めながら、少しでも生きたいとの願は捨てず、死ぬる前二カ月の二月二十四日に、ふと山北にいた一高時代の旧友関世男を訪うて閑談した時にも、関が脳溢血には桑茶がいいといったので、「ぜひ飲用したい。やはり長生きしたいからね」といい、関が桑根桑葉を買い求め、家にあった桑椀を添えて送ったのを、発病まで愛用したということである。序に発病の四月二十日発の関宛のはがきは、最後の筆になり、それが歿日の二十五日に着き、その中に三十日に上京すると認めてあったが、この日は東京での葬儀の日になった。

特に再度の発病前には、日頃崇拝する尾崎行雄とその侍者が長く惜櫟荘に滞在して、その和室におり、また二月初に列車から顚落して大怪我をした同郷の旧友矢崎揔治が、病後に温泉療養を医師に勧められたときいて、是非にとつれて来て、二人で洋室に起臥した。矢崎は岩波のいらいらと出京したり、手紙の返事に忙しがったりする状態を見て、三度まで忠告を試みた。最後の時はあまり素直に受け入れたので、拍子抜けがしたくらいであったが、その日の午食後散歩から帰ると、アメリカ人三人と中年の日本婦人が来ていた。その婦人は尾崎の娘の相馬夫人で、知人のアメリカ人に日本食を馳走する為に、岩波別荘へ案内して来たのであり、食後の雑談をしている処であった。するとその一人が、惜櫟荘の建物をアメリカの雑誌に載せたいからといって、外の一人も加わり、岩波も喜んでその写真にはいったのはいいが、写真がすむと同時に長時間の緊張で、岩波は両手で頭を抑えたまま横に倒れ、やがて右半身不随になったのは、昭和二十一年四月二十日午後三時頃であった――その前日には出京して枢密顧問官南弘の葬儀に列した――。早速外人には引き取ってもらい、夜八時頃東京から武見医師を迎えたが、時折左手で蒲団をつきのけてあばれもがいた。言語障礙でものは言わなかったが、意識の少しあることはその動作で察知された。その後昏睡状態を続け、時々興奮してあばれ、熱も九度を越え、脈搏も不整、呼吸も苦しく、肺炎の発病を恐れて、ペニシリンの注射、鎮静剤、リンゲル液、強心剤等も注射した。武見は翌二十一日も滞在してくれ、夜になって看護婦が来て看護に当った。その日の午後三時で一昼夜という一段階になったが、意識は恢復しなかった。二十二日朝には武見帰京、不在中熱三九・二に昇り、脈搏一二〇、呼吸が苦しかった。看護婦は更に一人加わり、夜になって武見は慶應大学病院の平井文雄博士を同伴して来、九時から三時間毎にペニシリンを注射して肺炎を防いだ。翌二十三日朝に平井は帰り、武見は終日止まった。意識は相当あるらしいが、自己表現は僅かの動作によってのみわかった。武見は今夜が峠だというので、夫人及び子女は皆つめ切った。夜半一時二時頃「脈の緊張が弱かったら起こせ」と武見から注意されたが、その事なく、ただその頃ひどくあばれた。翌二十四日の早朝から、熱も三七・九となり、瞳孔も緊まって来て、脳溢血も次第によく、全体の容態順調との武見の診断で、一同愁眉を開いた。朝になって熱三八、呼吸も少し楽になった。その日の夕方高塚医師がリンゲル液注射二本、夜平井博士が来た。熱再び上り三九台になる。平井と高塚と夜半まで病人を見守った。病人は殆ど夜を通して昂奮、あばれた。

四月二十五日、平井、武見の診察で左の肺炎を見出したが、病体を動かし得ぬ為、背後からの診察ができなかった。朝から病人は大たい静かに眠った。朝平井は所用、武見は注射薬等を整える為帰京した。午後五時、熱三九・五、平井の弟子矢崎来着、高塚と共に診察、六時、ペニシリンを注射した。七時半平井着、脈搏に異状、強心剤注射、八時、二度目のペニシリン注射をしたが、既に静脈に入らなかった。この時平井より、心臓が衰弱して十二時まで保ち得るか否か保証しがたい、と宣言されたが、十時四十分竟に永眠した。夫人及び雄二郎、百合、小百合、美登利の子女は何れも最後の床に侍した。しかし四女末子はこの頃まだ満洲から帰れなかった。

病軀をもわきまえずやたらに奔走したり、むやみに客をひっぱって来た岩波自身にも、重病とも察せずのこのこと次ぎ次ぎにおしかけて来た客にも、腹が立つのは私の許らざる感情だが、これもかいなき愚痴に過ぎなくなった。しかし最後まで名医の懇切を極めた診察と看病とを受け得たことに、心残りはなかった。

越えて四月二十八日、鎌倉で荼毘に附し、四月三十日東京築地西本願寺で葬儀、法名は文猷院剛堂宗茂居士、北鎌倉東慶寺の西田幾多郎の墓地の隣に埋葬した。これは岩波の生前西田の墓をきめる時に、私の一家の墓地と共にきめたもので、私もやがては岩波の近くに葬られることになろう。五月十八日郷里信州諏訪郡中洲村中金子にて葬儀、分骨埋葬した。

岩波茂雄年譜

明治十四年（一八八一年―当歳）

八月二十七日　長野県諏訪郡中洲村中金子に生る。父義質、母うた。

明治二十年（一八八七年―六歳）

四月　中洲村下金子所在尋常小学校に入学。

明治二十四年（一八九一年―十歳）

四月　中洲村神宮寺所在高等小学校に入学。

明治二十八年（一八九五年―十四歳）

四月　諏訪実科中学校に入学。

明治二十九年（一八九六年―十五歳）

一月五日　父義質を喪う。

一月二十三日　相続して戸主となる。

明治三十年（一八九七年―十六歳）

十二月三十日　村の伊勢講総代となり、単身伊勢詣りに出発。

明治三十一年（一八九八年―十七歳）

一月二日　伊勢神宮参拝の使命を果し、のち京都に寄り、郷里の先輩佐久間象山の墓を弔い、遠く鹿児島まで足を伸して西郷南洲の墓に詣す。

春　　東京遊学の念止み難く、日本中学校長杉浦重剛に学僕志望の書を呈す。

明治三十二年（一八九九年―十八歳）

三月二十六日　諏訪実科中学校を卒え、東京遊学に対する親戚の反対を慮り、母のひそかなる了解の下に、未明出奔上京す。

四月四日　日本中学校五年への編入受験。特例の仮入学を許され、一学期の中に本入学となる。

明治三十三年（一九〇〇年―十九歳）

三月　日本中学校卒業。（同期卒業者、入来重彦、小坂順造、小村欣一、塩谷不二雄、長谷川久一等）

七月　第一高等学校入学試験受験、不合格。

夏　長野県上田で内村鑑三の講演をきく。

十月　神経衰弱を感じ、伊豆の伊東に転地する。

年末　伊東に静養中、内村鑑三の供をして熱海まで歩く。その後内村の日曜講演をきくメンバアに加えらる。

明治三十四年（一九〇一年―二十歳）

一月一日　二十世紀の元旦を東京で迎えん為、前日伊東から帰り、本郷の下宿で新年を迎える。

七月　再び第一高等学校を受験して九月入学。（同級生、阿部次郎、石原謙、上野直昭、

九月十三日　荻原藤吉(井泉水)、工藤壮平、白根竹介、鈴木宗奕、鳩山秀夫、林久男等)

東寮十五番室入寮。(同室者、入谷鉾之助、工藤壮平、郷古潔、島村虎猪、玉井潤次、広部一等)

秋　一高ボート部に入り、のち一部の第三選手のトップとなる。

十月　足尾銅山鉱毒事件に関心を持ち、鉱毒地見学。

明治三十五年(一九〇二年—二十一歳)

九月　一高二年に進級。西寮六番室入寮。(同室者、阿部次郎、荻原藤吉(井泉水)、工藤壮平、渡辺得男等)

十月　西寮の中堅会の委員として、一高生の名誉を傷ける談話を新聞に発表した日本女学校長、女子美術学校長を訪問、謝罪させた。所謂女学校長面責事件なり。

十月十日　かつて煩悶を訴えて教えられる所のあった近角常観の勧めに従い、トルストイの『我が懺悔』を求めて読み、大いに感動す。

暮　このころから頻りに聖書に親しむ。

明治三十六年(一九〇三年—二十二歳)

五月二十二日　藤村操「巌頭之感」を残して、華厳滝に投じ、十六年十ヵ月の命を断つ。このころ大いに「煩悶」し、雑司ケ谷の林久男の寓居を渡辺得男と共に訪れ、一緒に籠って泣いているので、人よんで悲鳴窟という。

七月十三日　信州野尻湖の孤島弁天島(琵琶島)に孤り籠る。

七月二十三日　母うた、茂雄の学業放棄を憂えて島を訪れる。
八月二十三日　野尻湖を去り、すぐその足で、当時房州北条に宿営中の一高水泳部を訪れ大遠泳(沖之島、鷹之島三里)に参加し、遂に泳ぎ切る。
九月　房州から帰京し、当時皆寄宿制であった一高の寮の喧噪を避けて田端の閑寂な下宿に暮す。
九月十九日　一高二年を、試験放棄の為落第して安倍能成と同級となる。
秋　一高水泳部員として隅田川に泳ぎ、大懇親会に列して先日の遠泳完泳の賞を受く。藤村操の跡を偲び、華厳滝を訪れ、五郎兵衛茶屋の板に、シルレルの「この地なおうるわし、人たること亦歓びなり」と認む。
このころ、三十六年秋から翌三十七年夏頃まで殆ど学校に出ず、試験を放棄がちであった。

明治三十七年(一九〇四年—二十三歳)

九月十二日　一高を、二年続けて落第したため除名となる。

明治三十八年(一九〇五年—二十四歳)

七月　神田区北神保町十六赤石ヨシ方に下宿す。
このころ、日曜毎に内村鑑三の聖書講義に出席す。小山内薫、志賀直哉、黒木三次等が来ていた。
九月　東京帝国大学哲学科選科に入学す。

明治三十九年（一九〇六年―二十五歳）

春　赤石ヨシと婚約す。

明治四十年（一九〇七年―二十六歳）

三月二十五日　叔父井上善次郎宅（神田区佐久間町）にて赤石ヨシと婚儀を挙ぐ。

十月　本郷弥生町に初めて新家庭を営む。郷里からの助力を仰がずに独立生計を立てようとして、ヨシは仕立物の内職をし、茂雄は木山熊次郎の『内外教育評論』の編集手伝いをして月七円を受く。

明治四十一年（一九〇八年―二十七歳）

四月　大久保百人町に移転。

六月　徴兵検査、丙種合格。

六月二十五日　母うたを喪う。

七月　東京帝国大学哲学科選科卒業。

八月十四日　長女百合出生。（大久保百人町）

明治四十二年（一九〇九年―二十八歳）

三月　神田高等女学校に奉職。

明治四十四年（一九一一年―三十歳）

七月―八月　烏帽子岳、野口五郎岳、赤牛岳、黒岳から立山踏破の一週間の登山旅行をする。同行、安倍能成、市河三喜、田部重治、藤村蓋。

八月十一日　　次女小百合出生。（大久保百人町）

大正二年（一九一三年―三十二歳）

七月二十二日　大久保百人町から、神田区南神保町へ移転。

七月二十九日　書店開業のため神田高等女学校退職。（当時東京女子体操音楽学校の講師もしていたがそれもやめる。）

神田高等女学校の告別式をすませてすぐ、自分で荷車を引いて古本市場から本を仕入れる。

八月五日　　神田区南神保町十六番地に古本屋を開業。「古本正札販売」を励行する。

大正三年（一九一四年―三十三歳）

一月　　『哲学雑誌』発売所となる。

四月二十七日　三女美登利出生。（神田区南神保町）

九月二十日　処女出版夏目漱石『こころ』刊行。

（以下刊行物については、煩瑣を避け、特別事由のあるもの、継続刊行物などのほか、一々の記載は省略する。）

暮　　年末から翌年にかけて台湾総督府図書館から、一万円の図書納入を一手に託されて感激す。

大正四年（一九一五年―三十四歳）

二月一日　　堤常入店。

三月　『アララギ』発売所となる。
十月　「哲学叢書」創刊。第一篇『認識論』刊行。
　発行図書の奥附に、「本店の出版物は凡て定価販売御実行被下度候」と掲げて定価販売を励行。

大正五年(一九一六年―三十五歳)
一月　「音楽叢書」刊行。
四月　店舗と住居を別にし、家族は麹町区富士見町二ノ三十二に移る。
十月四日　長男雄一郎出生。(麹町区富士見町)
十二月九日　夏目漱石歿。

大正六年(一九一七年―三十六歳)
一月二十六日　漱石絶筆『明暗』刊行。
三月　学士院蔵版(大谷亮吉編著)『伊能忠敬』刊行。
五月一日　阿部次郎主幹『思潮』創刊。
六月　子供達の健康の為、家族鎌倉坂之下に住む。
六月十日　倉田百三著『出家とその弟子』刊行。
十月　西田幾多郎の岩波書店での最初の書『自覚に於ける直観と反省』刊行。
十二月　「漱石全集」(全十二巻)予約刊行。

大正七年(一九一八年―三十七歳)

五月　広重画『保永堂板東海道五十三次』予約刊行。
六月　阿部次郎著『合本三太郎の日記』刊行。
八月　燕岳、槍ヶ岳に登る。同行、上野直昭、高橋穣。

大正八年(一九一九年―三十八歳)

一月　『思潮』終刊。
四月三日　長田幹雄入店。
六月十五日　次男雄二郎出生。(鎌倉坂之下)
十二月一日　書籍商組合規定として新本定価販売励行となる。
十二月　「漱石全集」第二次(全十四巻)予約刊行。

大正九年(一九二〇年―三十九歳)

一月　東大スキー部の赤倉温泉合宿所に、百合、小百合を伴ってスキー練習に行く。
二月五日　神田今川小路に倉庫附住宅を求め、卸部を移す。
四月　佐々木惣一著『普通選挙』を刊行。その大看板を店頭に立てる。
四月二十四日　小林勇入店。
七月五日　坪田(後に堤)久子入店。会計係に就任。
十一月十五日　小石川区小日向水道町九十二、中勘助所有の住宅を譲り受け、すまいとする。

大正十年(一九二一年―四十歳)

七月　石原純の東北帝国大学辞職後の生活安定をはかり助力す。

十月一日　雑誌『思想』創刊。

十月二十二日　四女末子出生。（小石川区小日向水道町）

十二月　寺田寅彦、石原純編集「科学叢書」刊行。

寺田寅彦、石原純編集「通俗科学叢書」刊行。

大正十一年（一九二二年―四十一歳）

七月―八月　長野県上伊那郡教育会の南アルプス縦走に参加して、仙丈ケ岳、塩見岳を踏破す。

八月十四日　野外騎乗中、代々木練兵場で落馬重傷し、附近の『アララギ』発行所に運ばれ、築地の片山外科病院（院長片山国幸は乗馬の友人）に入院す。

十月　宮本和吉、高橋穣、上野直昭、小熊虎之助編集『岩波哲学辞典』刊行。

十月二十八日　天竜下りを試む。同行、速水滉、上野直昭、中勘助、和辻哲郎、津田青楓、安倍能成、篠田英雄、高橋健二。

大正十二年（一九二三年―四十二歳）

六月十四日　ケーベル博士歿。

八月一日　今月の『思想』を「ケーベル先生追悼号」とする。

八月十日　鎌倉市大町名越に住宅入手。下旬家族ここに移り住む。

九月一日　関東大震災。店舗、倉庫は、神保町二棟、今川小路三棟、有楽町印刷工場等全部商品資材と共に焼失。当時神保町の店にありし茂雄自身及び全店員に被害なし。住宅は、小石川、鎌倉ともに無事。家族は、小石川に上の子供二人、鎌倉に夫人

十月　及び下の子供四人、いずれも無事。

十一月　小石川宅を仮事務所として出版復興に着手。十月にはすでに鳩山秀夫『日本民法総論　上巻』、河合栄治郎『社会思想史研究　第一巻』、津田左右吉『神代史の研究』ほか数点の刊行を見る。

十二月　神田書店街のトップを切って南神保町焼跡に棟上げ、半成の店舗に古本を並べて開業す。

「ストリントベルク全集」刊行に着手。

カント生誕二百年記念「カント著作集」刊行に着手。

大正十三年(一九二四年―四十三歳)

六月　「漱石全集」第三次震災後新版(全十四巻)予約刊行。

十二月　多額納税者となる。

大正十四年(一九二五年―四十四歳)

八月　大朝日岳連峰に登る。同行、酒井由郎、豊川武衛門。

九月　岩波書店の会計制度を確定し、複式簿記を採用。明石照男、曽志崎誠二経理関係相談役となる。

大正十五年(一九二六年―四十五歳)

七月二十日　南アルプス赤石岳に登る。同行、小林勇、長田幹雄。

昭和二年（一九二七年―四十六歳）

一月　初めての教科書、亀井高孝著『中等西洋史』刊行。
小泉丹監修「進化学典籍叢書」刊行。

七月　「岩波文庫」発刊。
下旬、仙丈北岳、間の岳、農鳥岳に登る。同行、矢沢米三郎。

十一月　「芥川龍之介全集」（全八巻）予約刊行。

十二月　朝鮮、満洲、北支を三木清と共に巡遊す。（三年一月央まで）

昭和三年（一九二八年―四十七歳）

二月　岩波講座の第一次『世界思潮』（全十二巻）予約刊行。
郷里諏訪郡中洲村中金子に水道敷設の寄附をなす。

三月　普及版「漱石全集」（全二十巻）予約刊行。

三月十二日　岩波書店に待遇改善要求の争議起る。数日にして解決。

六月　連盟版「マルクス・エンゲルス全集」刊行発表。連盟書店は、希望閣、同人社、弘文堂、叢文閣及び岩波書店。七月末岩波書店脱退。

八月五日　開店十五周年記念名著特売を行う。

八月二十七日　小林勇退店。

九月　『思想』休刊。

九月十日　大倉書店、普及版「漱石全集」刊行に関し、『吾輩は猫である』ほか大倉書店元

十一月　版のものに対する利益侵害、三万五千円賠償要求の訴訟を提起する。
「哲学論叢」刊行。

昭和四年（一九二九年—四十八歳）

一月　「学芸叢書」刊行。
四月　『思想』再刊。和辻哲郎、谷川徹三、林達夫編集。
六月　「続哲学叢書」発刊。
岩波講座『物理学及び化学』（全二十四巻）予約刊行。
八月三日　初めて発売禁止さる。岩波文庫、アルツイバーシェフ『サーニン』。
十月　神田区一ツ橋（七月入手）に、編集、出版部を移す。（小売部のみ神保町に残す。）
「トルストイ全集」（全二十二巻）予約刊行。
十一月　「露伴全集」（全十二巻）予約刊行。
「赤彦全集」（全八巻）予約刊行。
トルストイ令嬢来朝、歓迎懇遇す。

昭和五年（一九三〇年—四十九歳）

二月　郷里から衆議院議員立候補を薦められて受諾せりと誤報せられたのに対し、政界出馬の意志なし出版に専念する旨の声明を出す。
末川博による劃期的の企画、事項索引、参照条文附の『岩波六法全書』刊行。
岩波講座『生物学』（全十八巻）予約刊行。

四月三日　長女百合、小平吉男と結婚。
六月　「左右田喜一郎全集」(全五巻)予約刊行。
八月　西駒ヶ岳に登る。
八月三十日　大倉書店との係争事件解決。『猫』以下四点の権利を一万円にて譲り受けて事件落着。
十一月　『経済学辞典』(全六巻)刊行。

昭和六年(一九三一年―五十歳)

二月　岩波講座『地質学及び古生物学、鉱物学及び岩石学、地理学』(全三十三巻)予約刊行。
四月　雑誌『科学』創刊。
五月　河上肇訳『マルクス資本論』『賃労働と資本』『労賃・価格および利潤』廃刊宣言。
六月　『校本万葉集』(全十巻)予約刊行。
　岩波講座『日本文学』(全二十巻)予約刊行。
　岩波講座『物理学及び化学』改訂増補第二回(全三十巻)予約刊行。
九月　ヘーゲル歿後百年を記念して岩波版「ヘーゲル全集」刊行開始。
　『思想』十月号、ヘーゲル百年祭記念「ヘーゲル研究号」発行。
十月　『物理学概説』刊行開始。
　岩波講座『教育科学』(全二十巻)予約刊行。

十一月　岩波講座『哲学』(全十八巻)予約刊行。
　　『化学概説』刊行開始。

昭和七年(一九三二年—五十一歳)

二月　『福沢諭吉伝』(全四巻)刊行。
四月　「内村鑑三全集」(全二十巻)刊行。
五月　『日本資本主義発達史講座』(全七巻)予約刊行。
　　岩波講座『生物学』改訂増補第二回(全二十二巻)予約刊行。
六月　岩波書店図書券発売。
九月　次女小百合、小林勇と結婚。
十一月　岩波講座『数学』(全三十巻)予約刊行。
　　岩波講座『世界文学』(全十五巻)予約刊行。
十二月　亀井高孝、石原純、野上豊一郎編集『岩波西洋人名辞典』刊行。

昭和八年(一九三三年—五十二歳)

三月　春秋文庫『イミターショ・クリスチ』の訳者内村達三郎の「あとがき」の文章に関し、発行所春秋社を告訴す。(十二年十月勝訴解決)
四月　雑誌『文学』創刊。
　　雑誌『教育』創刊。
五月　「続福沢全集」(全七巻)予約刊行。

六月　十和田湖に旅行す。同行、幸田露伴、小林勇夫妻。
九月　岩波講座『日本歴史』（全十八巻）予約刊行。
十月―十一月　創業満二十年記念一般特売を行う。
十二月　「岩波全書」発刊。この時から、従来の甕のマーク（橋口五葉考案）をやめて、ミレーの『種蒔く人』に変更。

昭和九年（一九三四年―五十三歳）

五月　岩波書店二十周年記念事業の一として、学界、社会、国家的に優れた貢献をなした人に奨励の意味で金一封を贈与する。以後継続。第一回は、日本のローマ字社、国民高等学校、山田盛太郎、神山復生病院、田辺元。
六月　岩波講座『東洋思潮』（全十八巻）予約刊行。
十月　「吉田松陰全集」（全十巻）予約刊行。普及版「芥川龍之介全集」（全十巻）予約刊行。
十一月　小林勇復帰す。
十二月　中等教科書『国語』（全十巻）刊行。『法律学辞典』（全五巻）刊行。

昭和十年（一九三五年―五十四歳）

一月　『岩波動物学辞典』刊行。
三月　普及講座『防災科学』(全六巻)予約刊行。
四月　『理化学辞典』刊行。
四月二十七日　欧米の旅に出発。靖国丸にて横浜出帆。
五月五日　門司出帆に際し、外遊挨拶状を出す。
六月　「大思想文庫」(全二十六巻)予約刊行。
十月　『岩波版露和辞典』刊行。
決定版「漱石全集」(全十九巻)予約刊行。
十一月　『思想』漱石歿後二十周年記念特集「漱石記念号」発行。
十二月十三日　欧米旅行より帰る。浅間丸にて横浜入港。
十二月三十一日　寺田寅彦逝去。

昭和十一年(一九三六年—五十五歳)

三月　かねて調停中の、郷里四賀村、上諏訪町間の「桑原山事件」和解成立す。
「大教育家文庫」(全二十四巻)予約刊行。
四月　『岩波英和辞典』刊行。
五月　『教育学辞典』(全五巻)刊行。
六月　「鷗外全集」著作篇(全二十二巻)予約刊行。
八月　『能面』(全九十面)予約刊行。

九月　『国宝刀剣図譜』（全百六十枚）予約刊行。
十月　「寺田寅彦全集」文学篇（全十六巻）予約刊行。
十月十一日　岩波講座『国語教育』（全十二巻）予約刊行。
十二月　三女美登利を伴い、野上豊一郎と共に朝鮮旅行に出発。約二週間で帰る。
　　　「寺田寅彦全集」科学篇（全六巻）予約刊行。

昭和十二年（一九三七年―五十六歳）

七月　山田盛太郎著『日本資本主義分析』自発的絶版。
八月　吉野源三郎入店。
八月十一日　内山完造を通じ「魯迅文学奨金」に、金一千円を寄附す。魯迅未亡人許広平より感謝状来る。
十月　「二葉亭四迷全集」（全八巻）予約刊行。
　　　「中村憲吉全集」（全四巻）予約刊行。
十月二十日　『イミタ－ショ・クリスチ』に関する対春秋社訴訟、岩波書店の勝訴となる。

昭和十三年（一九三八年―五十七歳）

二月　大内兵衛が教授グループ事件により起訴されたのを理由に、同著『財政学大綱』の休版を命令される。
　　　「岩波文庫」社会科学書目の自発的中止問題起きる。
　　　矢内原忠雄著『民族と平和』発売禁止される。

三月　「鈴木三重吉全集」(全六巻)予約刊行。
四月　憲兵隊からの干渉あり、天野貞祐著『道理の感覚』絶版処置をとる。(軍事教練否定に関して)
七月　三女美登利、山崎文男と結婚。
八月　岩波文庫マルクス、エンゲルス、レーニンの諸著作を絶版にする。
十一月　「鷗外全集」翻訳篇(全十三巻)予約刊行。
広告機関『岩波月報』を雑誌『図書』と改題して発行。
十二月　「岩波新書」発刊。
普及版「吉田松陰全集」(全十二巻)予約刊行。
岩波講座『物理学』(全二十二巻)予約刊行。
中等教科書『国語』女子用(全十巻)刊行。

昭和十四年(一九三九年―五十八歳)

一月二十三日　自己及び店員の健康保持の為、全員のラジオ体操開始。
七月―八月　四女末子を伴い、青森、北海道に旅行す。同行、十河信二等。
九月　買切制度全面的施行。
十一月　「山本有三全集」(全十巻)予約刊行。
『ペスタロッチー伝』(全五巻)予約刊行。

昭和十五年（一九四〇年―五十九歳）

一月二十一日　津田左右吉著書の件で、検事局に呼び出され、午前より夕方五時半まで尋問さる。
二月　「藤樹先生全集」（全五巻）予約刊行。
　津田左右吉著『古事記及日本書紀の研究』発売禁止。
三月八日　津田左右吉著『古事記及日本書紀の研究』『神代史の研究』『日本上代史研究』『上代日本の社会及び思想』の出版に関し、著者と共に起訴される。
　熱海市伊豆山東足川に温泉つき土地入手。
三月　「鏡花全集」（全二十八巻）予約刊行。
五月　能勢朝次著『能楽源流考』恩賜賞。
　斎藤茂吉著『柿本人麿』帝国学士院賞。
　岩波講座『倫理学』（全十五巻）予約刊行。
六月　「山鹿素行全集」思想篇（全十五巻）予約刊行。
七月十日　かねてからの自発的絶版処置に洩れて未処分であった左翼的出版物に対し、禁止命令来り紙型押収さる。
七月十九日　長男雄一郎応召、即日帰郷。
九月二十日　「昭和十五年九月十日現在左翼出版物治警処分台帳検閲課」とある台帳に基づき追加処分あり。
十月十日　公益のため私財寄附により紺綬褒章を受く。

十月三十日　津田左右吉著書に関する予審開始。
十一月二日　学術奨励のため百万円を投じて財団法人「風樹会」設立す。
十一月　「水上滝太郎全集」(全十二巻)予約刊行。

昭和十六年(一九四一年—六十歳)

四月　「解析数学叢書」刊行。
八月　岩波講座『機械工学』予約刊行。(全二十巻の予定、戦争の為十巻で中絶。)
九月　熱海市伊豆山に別荘を新築し惜櫟荘と名づく。
十一月一日　津田事件公判開始。
十二月　「少国民のために」刊行。
十二月二十三日　津田事件検事求刑、津田禁錮八月及罰金四百円、岩波禁錮四月及罰金四百円。

昭和十七年(一九四二年—六十一歳)

一月六日　隣家の出火により神保町小売部一部類焼。
五月二十一日　津田事件公判、第一審判決。津田禁錮三月、岩波禁錮二月、何れも執行猶予二年間。
五月二十三日　津田事件判決に対し、検事控訴。こちらからも控訴。
七月十五日　長男雄一郎を伴い、苗場山登山。同行、小泉丹、酒井由郎等。
八月　店員の徴用令頻々とあり。
十一月三日　回顧三十年感謝晩餐会を催す。(大東亜会館)

十一月六日　同じ趣旨において、業務取引関係の人々、店員及び家族を歌舞伎座に招く。
十二月　「本居宣長全集」予約刊行。(全二十九巻の予定、六巻で中絶。)

昭和十八年(一九四三年―六十二歳)

四月二十一日　四女末子、種田孝一と結婚。
七月　長野県国民学校訓導内地留学生の為に、神田三崎町の一棟を寄宿舎として提供する。
十一月　日本出版会に企業整備本部設置され、整備統合に着手。
店員徴用中堅幹部に及ぶ。

昭和十九年(一九四四年―六十三歳)

三月　雑誌『教育』廃刊を要請さる。(既に同業『中央公論』『改造』の強制廃刊あり。)
五月六日　黒田挟範株式会社(四月創立、役員たり)の曽志崎誠二専務の就任祝賀会に出席中、発病。日中立ち尽したせいか、発汗多量、眩暈を感じたものの如し。
六月　信州富士見の古島一雄の山荘を譲り受け、三傾園と名づく。
六月四日　長男雄一郎発病。
十一月四日　津田事件控訴裁判、時効により免訴。

昭和二十年(一九四五年―六十四歳)

二月十一日　東京都多額納税者議員補欠選挙に立候補す。
三月二十七日　補欠選挙に当選、貴族院議員となる。

五月二十五日　小石川の住宅全焼。
　戦災罹災者続出。希望退職者多数。
六月七日　西田幾多郎逝去。
七月二日　四月以降、用紙刷本等を疎開中なりし成城町労働科学研究所に、鷗友学園や十文字学園の女子生徒勤労隊を迎えて挨拶をなす。
七月十五日　次男雄二郎応召。
九月三日　長男雄一郎を喪う。
九月四日　貴族院初登院。
　今年四月、薦めて大日本教育会長野県支部事務局長に就任せしめた藤森省吾病歿。
九月六日　貴族院閉院式参列。
九月八日　長男雄一郎葬儀。
九月十日　長野市に於ける藤森省吾の葬儀に列席、弔詞を読みつつある時倒る。脳溢血症状顕著。そのまま長野市妻科町、岩波書店長野分室に十月十六日まで静養。
九月二十六日　三木清逝去。

昭和二十一年（一九四六年―六十四歳）

一月　『世界』創刊。
二月十一日　文化勲章授与さる。
四月二十日　熱海惜櫟荘にて発病。再度の脳溢血。

四月二十五日　死去。

四月二十六日　遺骸を鎌倉宅へ運び二十七日店員の告別。

四月二十八日　茶毘に附す。

四月三十日　東京築地西本願寺にて葬儀。法名、文猷院剛堂宗茂居士。北鎌倉東慶寺の墓地に埋葬。

五月十八日　郷里、長野県諏訪郡中洲村にて葬儀、菩提寺小泉寺墓地に分骨埋葬。

本の民衆化を目指して——「文化の配達夫」の肖像

十重田裕一

岩波茂雄(一八八一〜一九四六年)が生涯をかけて目指したのは、本の民衆化であった。まだ本が高価であった時代に、人々のためになる出版とは何かをひたすら考えつづけ、だれもが手にすることができる、廉価で良質な本を考案しようと試行錯誤を繰り返した。世界の出版状況に鑑みて発案された岩波文庫と岩波新書は、その理想の実現であった。

良書をつくり、それを多くの人々に届けることを天職とし、喜びと感じていた茂雄は、どのような時代にいかなる出版活動を展開したのだろうか。岩波書店創業から一〇年の間には、第一次世界大戦(一九一四〜一八年)、ロシア革命(一九一七年)、スペインかぜの流行(一九一八〜二〇年)、関東大震災(一九二三年)と、戦争・革命・パンデミック・大震災が相次いだ。その後も多くの困難がつづく中で、茂雄は理想とする出版の実現に力を注ぎ、「文化の配達夫」として生涯を駆け抜けた。

この解説では、安倍《あべ》能成《よししげ》『岩波茂雄伝』の記述を引用しながら、岩波茂雄の出版人としての生涯に照明を当てることにしたい。

「一番無遠慮な友人」による評伝

安倍能成『岩波茂雄伝』は、約三千部を非売の記念品として頒布、好評を博したことで、一九五七(昭和三二)年一二月に決定版として岩波書店から出版された。そして、岩波書店創業一〇〇年を機に、現行の漢字・かな遣いに改めて、「新装版」として二〇一二(平成二四)年一二月に上梓された。本文庫は、この「新装版」を底本としている。

著者の安倍は、第一高等学校、東京帝国大学を卒業し、法政大学教授、京城帝国大学教授、第一高等学校校長を歴任し、アジア・太平洋戦争後は、文部大臣に就任して教育制度改革に尽力した。また、一九四六(昭和二一)年から死去する一九六六(昭和四一)年まで学習院院長をつとめている。岩波書店の創業以来、自身の書物を出版すると同時に企画・編集に協力した。茂雄とは、第一高等学校で出会って以来、四〇年以上の親交があった。安倍は、『岩波茂雄伝』「序」で「一番無遠慮な友人で、大切な事を相談するに足るとは思われていた」から茂雄の評伝を書くことになったと記している。

茂雄をよく知る人物によって書かれた評伝には他に、小林勇『惜櫟荘《せきれきそう》主人——一つの岩波茂雄伝』(岩波書店、一九六三年三月)がある。小林は一九三二(昭和七)年に茂雄の次女小百合と結婚、アジア・太平洋戦争後に岩波書店支配人、専務取締役、会長を歴任し、長年にわたって出版界に大きく貢献をした。この評伝は、出版人と親族の複眼的視点から茂雄像が描かれている点に特色がある。それに対して、安倍の評伝は、終生にわたって親交を結んだ「一番無遠慮な友人」でなければ書けない、茂雄の青春時代や私生活についても踏み込んだ内容となっている。

この二つの評伝からは、茂雄が一意専心の出版人で、強いリーダーシップを発揮する経営者であったことがわかる。その一方で、師友に恵まれ、周囲の人々の意見を柔軟に取り入れる側面があったことも浮かび上がってくる。茂雄は、どのような環境の中で育ち、岩波書店を創業し、出版事業に大きく貢献することになるのだろうか。

「低く暮らし、高く想う」

岩波茂雄は、一八八一(明治一四)年八月二七日、長野県諏訪郡中洲村中金子(現在の諏訪市中洲)で、父・義質、母・うたの長男として生まれた。故郷の諏訪の小学校・中学校に学び、上京を強く希望し、一八九九(明治三二)年に杉浦重剛が校長をつとめる日本中学校に編入した。一九〇〇(明治三三)年に同校を卒業、一年の浪人を経て、一九〇一(明治三四)年に憧れの第一高等学校に入学する。入学時の同級生には、鳩山秀夫・阿部次郎・上野直昭・石原謙・荻原藤吉(井泉水)らがおり、彼らと親交を結び、ボート部に所属し、青春を謳歌していた。

しかし、一九〇三(明治三六)年五月二二日、一学年下の藤村操が日光華厳の滝で投身自殺した出来事を契機に状況が一変する。エリート青年が人生に煩悶し自殺したこの事件は、同時代の若者たちに大きな影響を与えた。茂雄もまた大きな衝撃を受け、内省的な生活を送るようになり、同年六月の試験を放棄して落第する。その結果、一級下の安倍と同級となった。『岩波茂雄伝』では、茂雄が「狂するばかりの煩悶児」に急変したと書かれている。そのように記した安倍もまた、『我が生ひ立ち――自叙伝』(岩波書店、一九六六年一一月)で藤村の死の衝撃を回想している。後年、安倍は藤村の妹と結婚することになる。

茂雄は、一九〇五(明治三八)年に東京帝国大学哲学科選科に入学、一九〇八(明治四一)年に卒業した。そして、神田高等女学校での約四年の勤務を経て、一九一三(大正二)年八月に神田神保町で古書店を開業、その後、出版事業を開始する。茂雄が古書店主に転身した時代には、古本はもとより新本の場合も、定価はあっても、値切ることがごく普通であった。そのような状況にあって、岩波書店は、あらかじめ付けた定価で商品を販売する正札販売を行おうとした。安易な廉価販売を慎み、適正な価格で良書を読者に届けようとしたのである。この理念は、岩波書店「開店案内」に記された、「低く暮らし、高く想う」という言葉にもうかがえる。この言葉は、ウィリアム・ワーズワースの“Plain living and high thinking.”に基づいており、茂雄の座右の銘となるのである。

「文化の配達夫」としての生涯

岩波書店創業から三十余年を経て、茂雄は、一九四六(昭和二一)年二月一一日に、戦後第一回の文化勲章を受章する。出版文化の普及に多大な貢献をしたことが授章理由であり、出版人の受章は創設以来はじめてのことであった。茂雄の受章は、出版事業が重要な「文化」の一つとして社会的に広く認識される象徴的な出来事であった。文化勲章受章者について報じる同日の『朝日新聞』朝刊紙上に、「「文化の配達夫」岩波氏談」という見出しで、岩波茂雄に関する記事と談話が掲載されている。茂雄はこの談話で、「良書は作家、校訂者、印刷者などの総力によつて世に出るもので」あり、「思想家、芸術家達の余光で、私はその時々に応じて忠実に伝達した一配達夫に過ぎません」と、「良書」を多くの民衆に届ける、メディア(媒体)としての機能に徹しようとしたことを述べている。茂雄への文化勲章の授章は、三十余年にわたって、出版文化の向上に努めてきたことへの評価であり、敗戦直後の日本の出版界に光明を齎《もたら》す出来事であった。

しかし、同年四月二〇日、茂雄は熱海に建てた惜櫟荘で脳溢血の発作をおこし、二五日に死去する。茂雄の三度目の脳溢血の発作から終焉に至るまでについては、『岩波茂雄伝』に詳しく記されている。茂雄の遺体は四月二八日に荼毘に付され、三〇日に東京築地の西本願寺にて葬儀が執り行われ、会葬者は約千人を数えた。法名は「文猷院剛堂宗茂居士」、北鎌倉の東慶寺の西田幾多郎の墓地の隣に埋葬され、故郷の諏訪の小泉寺にも分骨埋葬された。「私もやがては岩波の近くに葬られることになろう」と『岩波茂雄伝』の末尾に記した安倍もまた、茂雄の近くで静かに永遠の眠りについている。

「文化の配達夫」に徹した茂雄の、出版人としての事業は数多く、多岐にわたる。その中で逸することができない企画に、今日まで命脈を保っている岩波文庫と岩波新書がある。茂雄は、関東大震災後の困難と戦争の危機にそれぞれ直面する状況下で良書を民衆に届けるべく、岩波文庫と岩波新書をいかにして発案したのだろうか。

関東大震災後、「真の良書」を民衆に

関東大震災後の厳しい経済状況下で、茂雄は日本出版史上に残る企画を実現した。ドイツのレクラム百科文庫にヒントを得て、一九二七(昭和二)年七月一〇日に創刊された

岩波文庫である。一八六七年に創刊されたレクラム百科文庫は、文学・哲学・自然科学・社会科学など幅広いジャンルの古典を廉価で販売した、ドイツの国民文化の教養を形作ることに貢献したシリーズで、明治時代の日本でも普及していた。学生時代にこれに親しんだ茂雄は、日本において、「古今東西の典籍」を普及するために、厳選した内容の廉価版の書物の刊行を目論んだのである。

岩波文庫刊行に際しては、茂雄の名前で、「読書子に寄す――岩波文庫発刊に際して」が巻末に掲載されている。この文章は、三木清が草案を作成し、茂雄が入念に手を加えてまとめたものとされる。「読書子に寄す」では「近時大量生産予約出版」の改造社『現代日本文学全集』(一九二六年一二月刊行開始)を批判している。『現代日本文学全集』と岩波文庫はいずれも、廉価な書物を介して知を広く民衆に解放しようとした点において共通する部分が少なくない。しかし、改造社の商業主義的な企画に対して、茂雄は違和感を示していた。

公共性を重視する茂雄は、公器である新聞の広告を積極的に活用し、岩波文庫の特色を伝えるために、岩波茂雄「読者に謝す」(『読売新聞』一九二七年八月五日朝刊)などを発表した。その見出しは、「真の良書は自己自らを宣伝し普及する」である。「真の良書」を出版すること自体が、最良の宣伝であるとする茂雄の強い信念の表れであった。

岩波文庫は「永遠の事業だ」と、茂雄は「岩波文庫論」(『東京帝国大学新聞』一九三八年九月一九日)で述べている。大言壮語とも受け止められるこの言葉とそれを裏付ける並々ならぬ熱意がなければ、この事業の成功はなかったに違いない。その一方で、三木清のような、周囲の協力があったことも忘れてはならない。『岩波茂雄伝』の中で、安倍は岩波文庫創刊について、「大正末期より昭和の始にかけての大不況を受けて生じた日本の経済界、従って出版界の不況に対して、何か新天地を打開しようとする企であった」と記している。

言論統制と戦争に抗って

一九三一(昭和六)年の満洲事変以降、次第に強くなるメディア規制は、一九三七(昭和一二)年七月七日の北京郊外の盧溝橋事件を直接のきっかけとする日本と中国の全面的な戦争勃発によって、より一層厳しさを増していった。一九三三(昭和八)年には左翼への弾圧が強化され、二月には小林多喜二の築地警察署における拷問死、六月には佐野学と鍋山貞親の獄中での転向声明が続き、プロレタリア文学が壊滅的な打撃を受けることになる。そうした社会情勢の中で、戦時下の日本ではメディア検閲が緩められることはなかった。岩波書店刊行の出版物も、発禁処分や削除処分に見舞われることが少なくなかったが、茂雄の言論統制に抗おうとする姿勢は変わることはなかった。

一九三八(昭和一三)年一一月に創刊された岩波新書は、岩波文庫と対をなす、創業二五周年を記念する企画である。企画と編集は岩波書店の吉野源三郎と小林勇が主に担当、三木清がこれに加わった。岩波新書は、イギリスで普及していたペンギン・ブックスを参考にしていた。形式については、判型は縦長のポケットサイズで、その後新書判と呼ばれる形式を採用している。装幀は、雑誌『白樺』の同人であった児島喜久雄が担当、フランス風の瀟洒で質素な仕上がりとなった。

「古典」の岩波文庫に対して、「現代」の岩波新書は時代に相即した現代的なテーマが想定されていた。岩波新書の創刊には、前年にはじまった日中戦争が密接にかかわっている。この戦争に反対する茂雄は、隣国への理解を深めるため、中国に関連する企画を重視していた。岩波新書創刊は、茂雄の戦争に抗おうとする思想と平和主義の表れであった。岩波新書創刊の狙いに「戦争に対する抵抗」があったことを、安倍は『岩波茂雄伝』に記している。

「芸術は長し、人生は短し」

「一番無遠慮な友人」であった岩波茂雄と安倍能成が、ともに師と仰いだのは夏目漱石である。二人は、小宮豊隆・森田草平・阿部次郎・鈴木三重吉らとともに、第一高等学校の時から敬愛していた漱石の門下生となり、終生にわたって大きな影響を受けた。

茂雄は、岩波書店創業当初から、敬愛する夏目漱石の書物を刊行したいと考えていた。その念願がかない、漱石自ら装幀を行い、自費出版した『こゝろ』が一九一四(大正三)年九月に岩波書店から出版された。漱石は、『こゝろ』の「序文」に「箱、表紙、見返し、扉及び奥附の模様及び題字、朱印、検印ともに、悉く自分で考案して自分で描いた」と記し、茂雄への「感謝」を表している。『こゝろ』は、藘野敬三郎『宇宙之進化』(一九一三年一二月)、内田正『儒家理想学認識論』(一九一四年五月)に次ぐ三冊目の書籍であった。しかし、茂雄は、漱石の代表作を岩波書店の起源を象徴する最初の著作としたのである。

漱石が「悉く自分で考案して自分で描いた」『こゝろ』の見返しの裏に〝ars longa, vita brevis〟というラテン語の朱印が押されている。「芸術は長し、人生は短し」というこの言葉は、岩波書店を創業したばかりの茂雄の心に深く刻まれたに違いない。茂雄が、『漱石全集』の出版に全力を注いだのは、敬愛する師の芸術を後代に伝えるためであった。「永遠の事業だ」と述べた岩波文庫など、「真の良書」にこだわったのも、漱石の言葉を起源としているように見える。良書を民衆化すると同時に後代に伝えることを、

「文化の配達夫」は生涯をかけて志向しつづけたのである。

【附記】本解説は、十重田裕一『岩波茂雄　低く暮らし、高く想ふ』（ミネルヴァ書房、二〇一三年九月）の記述と重なる箇所がある。編集・校閲に際して、永沼浩一・居郷英司・西岡亜希子の各氏にご協力いただいた。記して謝意を表したい。

人名索引

あ　行

か　行

さ　行

た　行

な　行

は　行

ま　行

や　行

ら　行

わ　行

（編集付記）

本書は二〇一二年一二月、岩波書店より刊行された安倍能成著『岩波茂雄伝（新装版）』を底本としている。岩波文庫に収録するにあたっては、『岩波書店百年』（岩波書店、二〇一八年刊）をもとに修正を加えた箇所がある。なお、本文には今日の視点からは不適切とされる表現もあるが、原文の歴史性を考慮し、原文のままとしている。

（二〇二三年八月、岩波文庫編集部）

岩波茂雄伝《いわなみしげおでん》

2023年8月10日　第1刷発行

著　者　安倍能成《あべよししげ》

発行者　坂本政謙

発行所　株式会社 岩波書店
〒101-8002 東京都千代田区一ツ橋2-5-5
案内 03-5210-4000　営業部 03-5210-4111
文庫編集部 03-5210-4051
https://www.iwanami.co.jp/

印刷・精興社　製本・松岳社

ISBN 978-4-00-381285-3　Printed in Japan

読書子に寄す

――岩波文庫発刊に際して――

岩波茂雄

真理は万人によって求められることを自ら欲し、芸術は万人によって愛されることを自ら望む。かつては民を愚昧ならしめるために学芸が最も狭き堂宇に閉鎖されたことがあった。今や知識と美とを特権階級の独占より奪い返すことはつねに進取的なる民衆の切実なる要求である。岩波文庫はこの要求に応じそれに励まされて生まれた。それは生命ある不朽の書を少数者の書斎と研究室とより解放して街頭にくまなく立たしめ民衆に伍せしめるであろう。近時大量生産予約出版の流行を見る。その広告宣伝の狂態はしばらくおくも、後代にのこすと誇称する全集がその編集に万全の用意をなしたるか。千古の典籍の翻訳企図に敬虔の態度を欠かざりしか。さらに分売を許さず読者を繫縛して数十冊を強うるがごとき、はたしてその揚言する学芸解放のゆえんなりや。吾人は天下の名士の声に和してこれを推挙するに躊躇するものである。このときにあたって、岩波書店は自己の責務のいよいよ重大なるを思い、従来の方針の徹底を期するため、すでに十数年以前より志して来た計画を慎重審議この際断然実行することにした。吾人は範をかのレクラム文庫にとり、古今東西にわたって文芸・哲学・社会科学・自然科学等種類のいかんを問わず、いやしくも万人の必読すべき真に古典的価値ある書をきわめて簡易なる形式において逐次刊行し、あらゆる人間に須要なる生活向上の資料、生活批判の原理を提供せんと欲する。この文庫は予約出版の方法を排したるがゆえに、読者は自己の欲する時に自己の欲する書物を各個に自由に選択することができる。携帯に便にして価格の低きを最主とするがゆえに、外観を顧みざるも内容に至っては厳選最も力を尽くし、従来の岩波出版物の特色をますます発揮せしめようとする。この計画たるや世間の一時の投機的なるものと異なり、永遠の事業として吾人は微力を傾倒し、あらゆる犠牲を忍んで今後永久に継続発展せしめ、もって文庫の使命を遺憾なく果たさしめることを期する。芸術を愛し知識を求むる士の自ら進んでこの挙に参加し、希望と忠言とを寄せられることは吾人の熱望するところである。その性質上経済的には最も困難多きこの事業にあえて当たらんとする吾人の志を諒として、その達成のため世の読書子とのうるわしき共同を期待する。

昭和二年七月